인물로 보는 종교개혁사

인물로 보는 종교개혁사

초판 1쇄 발행 | 2019년 8월 28일
초판 2쇄 발행 | 2022년 8월 19일

지은이 박경수
펴낸이 김운용
펴낸곳 장로회신학대학교 출판부

등록 제1979-2호
주소 (우)04965 서울시 광진구 광장로5길 25-1(광장동)
전화 02-450-0795
팩스 02-450-0797
이메일 ptpress@puts.ac.kr
홈페이지 http://www.puts.ac.kr

값 19,000원
ISBN 978-89-7369-446-4 93230

인물로 보는
종교개혁사

박경수 지음

장로회신학대학교출판부

역사 앞에서, 하나님 앞에서

　"현실에 살지 말고 역사에 살라!" 고려대학교 총장을 지낸 고(故) 김준엽 선생님의 가르침이 역사를 공부하는 한 사람인 제게는 언제나 좌표가 되었습니다. '그래, 당장 눈앞에 있는 현실의 평가보다 역사의 평가를 두려워하자'는 마음을 품었습니다. 하지만 한 사람의 그리스도인으로서 현실의 평가보다, 역사의 평가보다 더욱 하나님의 평가가 두렵습니다. 우리는 그리스도인으로서 현실보다, 역사보다, 하나님 앞에서 살아야 합니다. 이것이 '하나님 앞에서' 바로 'Coram Deo!'의 정신일 것입니다.

　종교개혁 역사를 공부하고 가르치면서 하나님 앞에서, 역사 앞에서 불꽃같은 삶을 살아냈던 많은 사람들을 만났습니다. 어떤 때는 그들의 용기에 감탄했고, 또 어떤 때는 그들의 진정성에 내 모습을 비춰 보고 부끄러움을 느꼈습니다. 그래서 동양의 어떤 선생님이 '물에 제 모습을 비추어 보지 말고, 사람에게 비춰보라.'(無鑑於水 鑑於人)고 가르쳤나 봅니다. 종교개혁자들은 나 자신을 비춰보는 거울이 되어 주었고, 어떻게 살아야 하는지를 일러주는 스승이 되어 주었습니다. 본서에는 하나님과 역사 앞에서 치열하게 살았던 12명의 삶과 사상이 담겨 있습니다.

　본서의 특징이 있다면 다양성입니다. 종교개혁의 선구자라 할 수 있는 후스, 로마가톨릭의 개혁을 요구하면서도 끝까지 로마교회 안에 남아 있었던 에라스무스와 테레사, 루터교회의 전통을 형성한 루터와 멜란히톤 그리고 그들과 다른 입장을 가졌던 칼슈타트와 플라키우스, 개혁교회의 전통을 형성한 츠빙글리와 칼뱅, 아나뱁티스트 개혁자인 시몬스와 후프마이어에 이르기까지 다양한 종교개혁 전통을 대표하는 인물들이 포함되어 있습니다.

뿐만 아니라 대부분의 종교개혁사에서 쉽게 간과되었던 여성들도 포함되어 있습니다. 스트라스부르의 개혁자 카타리나 쉬츠 젤, 제네바의 마리 당티에르, 위그노 여성 지도자 잔 달브레, 로마가톨릭 수도원 개혁자 아빌라의 테레사의 삶과 사상이 소개됩니다. 종교개혁이 결코 남성만의 전유물이 아니었으며 수많은 여성들의 헌신과 지도력이 있었음을 밝히기 위해 12명의 개혁자 중 4명의 여성 개혁자를 포함시켰습니다. 다양한 전통에 속한 개혁자들을 통해, 또 남성뿐만 아니라 여성 개혁자들을 통해 우리는 종교개혁을 보다 넓은 범위에서 동시에 균형 잡힌 시각으로 이해할 수 있게 될 것입니다.

본서에 포함하지 못한 중요한 인물들도 많이 있습니다. 굳이 12명으로 한정한 것은 본서를 기본적으로는 종교개혁사 수업을 위한 교재로 생각했기 때문에 수업시수를 고려한 때문입니다. 한 주에 한 인물씩 공부하면서 글에서 다룬 1차 자료들을 찾아 같이 읽어보면 분명 도움이 될 것입니다. 본서에 수록된 글들은 이런 저런 기회를 통해 이미 발표된 것들입니다. 그 출처는 각 장을 시작하는 곳에서 밝혔습니다. 필자로서 작은 바람이 있다면 이 글을 읽는 독자들이 시대를 앞서 살았던 선배들의 삶과 사상을 통해 자신의 모습을 비춰보고 나아갈 방향을 모색하는 데 작은 도움을 얻기를 원합니다. 역사 앞에서, 하나님 앞에서 치열하게 살아가고자 하는 마음을 다잡는 자극제가 된다면 더없이 기쁠 것입니다.

작은 책을 내는데도 고마움을 표할 사람이 참 많습니다. 하나님 나라의 길동무로, 신학과 실천의 동지로 언제나 함께 해주는 나의 학생들에게 감사합니다. 그대들이 있기에 나의 존재가 의미를 가집니다. 30년 함께 하면서 항상 나를 지지해 준 아내 없이는 나를 생각할 수 없을 것 같습니다. 이 자리를 빌려 고마운 마음을 전하고 싶습니다. 어려운 환경 속에서 기꺼이 출판을 맡아준 장로회신학대학교 출판부와 편집부에 감사드립니다. 항상 하나님 앞에, 역사 앞에 서 있음을 기억하려고 애쓰겠습니다. Coram Deo!

2019년 8월
장로회신학대학교 광나루 연구실에서
박 경 수

차 례

제 1 장

얀 후스의
『교회』(*De ecclesia*)에 나타난
교회개혁 사상

* 본 글은 「장신논단」 47-4 (2015), 41-67쪽에 게재된 것입니다.

Ⅰ. 서론

　　몇 년 전에 러시아 뚤라에 위치한 톨스토이의 생가인 '야스나야 뽈랴냐'를 방문한 적이 있다. 한겨울이라 집 이름의 의미처럼 하얀 눈으로 '빛나는 들판'이었다. 사유재산 부인, 무정부주의, 무저항주의, 평화주의를 근간으로 하는 소위 톨스토이즘이 형성되었던 곳, 주옥같은 문학작품들이 집필되었던 현장은 고즈넉하게 필자를 맞아 주었다. 눈에 덮인 넓은 평원, 똑바로 늘어선 자작나무 숲길, 얼어붙은 호수, 박물관의 이모저모, 비석조차 없는 너무도 작고 소박한 톨스토이의 무덤 등 모든 것이 기억에 남는다. 그 중에서도 필자에게 특히 인상적이었던 것은 그가 생전에 사용하던 이층 방으로 올라가는 계단의 끝에 걸린 한 장의 그림이었다. 다름 아닌 체코의 교회개혁자 얀 후스(Jan Hus, ca 1371-1415)가 콘스탄츠에서 화형을 당하는 그림이었다. 과연 톨스토이에게 후스라는 인물은 어떤 의미였을까? 정교회로부터 파문을 당한 톨스토이가 로마가톨릭교회로부터 파문을 당한 후스에게 동질감을 느꼈던 것일까? 아니면 자신의 신앙과 진리를 위해 목숨까지 바쳤던 후스를 닮고 싶었던 것일까? 누가 이 그림을 그렸는지, 왜 이 그림이 톨스토이의 방에 걸려있는지를 안내인에게 물었지만 대답은 듣지 못했다. 그래서 지금도 톨스토이에게 후스는 어떤 의미였을지 궁금하다.

　　그렇다면 오늘 우리에게 후스는 어떤 의미인가? 후스가 콘스탄츠에서 화형을 당한 지 600년 이상이 지났음에도 불구하고 그가 한국교회에 어떤 빛과 통찰을 던져주고 있는가? 필자는 이 질문에 대답하기 위해 그의 대표작인 『교회』를 꼼꼼하게 분석하면서 그의 개혁사상이 무엇이며, 그것이 어떻게 로마가톨릭교회에 중대한 도전이 되었는지, 그리고 그것이 오늘날 한국교회에는 어떤 의미를 가지는지를 탐구하고자 한다. 먼저 후스의 생애와 그의 책 『교회』가 나오게 된 배경, 책의 구조와 내용을 소개할 것이다. 그리고 『교회』에 나타난 후스의 교회개혁 사상을 중요한 주제별로 분류하여 다룰 것이다. 그 후에 후스의 사상이 21세기 한국교회에 어떤 의미와 통찰을 제공하는지를 제시하고자 한다. 본 논문이 후스의 대표작 『교회』에 대한 차분한 분석이라는 점에서 어느 정도 기여하는 부분이 있으리라 생각하며, 이를 계기로 후스의 작품에 대한 학문적 연구가 계속 이어지기를 기대한다.

II. 후스의 『교회』

1. 후스: 생애

종교개혁을 말할 때 우리는 보통 루터를 떠올리게 된다. 그러나 루터보다 100여 년 전에 이미 로마가톨릭교회를 비판하면서 교회개혁의 기치를 높이 들어 올린 인물이 바로 체코의 종교개혁자 후스이다. 일찍이 루터는 "우리 모두는 후스주의자가 되어야 합니다."라고 고백함으로써 자신이 후스의 정신과 사상을 이어받았음을 천명하였다. 로마가톨릭교회에 의해 이단으로 정죄를 받고 화형을 당한 후스의 이름을 입에 올리는 것만 해도 위험천만한 일인데 루터는 자신이 바로 후스주의자라고 고백했던 것이다. 그러면 후스는 어떤 인물이었던가를 간략하게 살펴보자.

얀 후스는 1371년경에 보헤미아 남부지역에 있는 후시네츠(Husinec)에서 가난한 농부의 아들로 태어났다.[1] 1390년경에 그는 프라하대학(카를 4세에 의해 1348년 설립되었기 때문에 카를대학으로도 불린다)의 인문학부에 입학하였다.[2] 그 무렵 체코의 프라하와 잉글랜드의 런던은 정치적·사상적으로 대단히 두터운 관계를 맺고 있었다. 이러한 이유로 잉글랜드의 개혁자 존 위클리프(John Wyclif, 1324-1384년)의 사상이 프라하에 널리 소개되었다. 프라하대학에서 가르쳤던 교수들 가운데 팔레츠의 스테판(Stephen von Palecz)과 츠나임의 스타니스라우스(Stanislaus von Znaim) 등이 위클리프의 사상에 매료되었고, 이들은 후스의 동료들이었다.[3] 따라서 후스는 자연스럽게 위클리프의 작품을 소개받았고, 그의 저서들을 직접 손으로 필사하면서 공부하였다. 후스는 1393년에 바칼라르(Bakalar, 요즘의 학사) 학위를 받았고, 1396년에는 마기스터(Magister, 요즘의 석사) 학위를 받았다. 1398-1399년 사이에 후스는 프라하대학에서 강의하는 한편 신학을 공부하기 시작하였다. 후스는 1403년 6개월 동안 프라하대학의 학장을 맡았고 1409년 다시 1년 동안 학장직을 수행하였다.

후스는 1400년에 로마가톨릭교회의 사제로 서품을 받았다. 그 후 그는 1401년부터 프라하에 있는 성 미가엘교회에서 설교하였고, 1402년부터는 베들레헴채플의 설교자가 되었다. 베들레헴채플의 설교자로서 후스는 향후 10여 년 동안 약 3,000번 이상 설교하였다. 후스는 일반 대중들이

---

1 후스의 출생일은 흔히 1369년으로 알려져 왔으나 바르토스(F. M. Bartos)에 따르면 1371년이다. 이것은 "내가 설교한 두 번째 해, 내 나이 31살"이라는 후스의 글에 근거하여 추정한 것이다. 후스가 사제서품을 받은 것이 1400년이니 두 번째 해라면 1401-1402년일 것이다. 이로 볼 때 후스는 1371년 출생한 것으로 추정된다. Matthew Spinka, "John Hus, Advocate of Spiritual Reform," *Advocates of Reform: From Wyclif to Erasmus* (Philadelphia: The Westminster Press, 1953), 187.

2 후스 생애의 연도와 내용은 임희국, "후스," 대한예수교장로회총회교육부 편, 『16세기 종교개혁과 개혁교회의 유산』(서울: 한국장로교출판사, 2003), 25-41; Jan Hus, *De ecclesia, trans. David S. Schaff, The Church* (New York: Charles Scribner's Sons, 1915)에 수록되어 있는 번역자의 "Introduction," vii-xlii; 토마시 부타(Tomas Butta), 이종실 옮김, 『체코 종교개혁자 얀 후스를 만나다』(서울: 동연, 2015)를 참고하였다.

3 그러나 이후 이들은 입장을 바꾸어 위클리프를 이단으로 비난하고 로마가톨릭교회의 편에 서게 되면서 후스와 적대적인 입장에 놓이게 된다. 이들은 위클리프의 가르침을 "꿀이 발린 독"(honeyed poison)이라 비난했지만, 후스는 그를 "심오한 사상의 스승"(master of deep thoughts)이라 높였다. David S. Schaff, "Introduction," xxvi.

사용하는 체코어로 설교하였다. 또한 그의 설교는 배우지 못한 사람도 쉽게 이해할 수 있는 간단하고 쉬운 문장으로 짜여졌다. 뿐만 아니라 그는 체코 사람들의 정서에 잘 맞는 찬송 가사를 지어서 대중적인 찬송을 보급하였다. 그래서 일반 대중들은 찬송으로 신앙의 진리를 고백하였다. 지금도 베들레헴채플 벽에는 당시 회중들이 함께 불렀던 찬송의 일부가 복원되어 있다. 후스의 설교는 프라하대학의 동료 교수들과 학생들에게 커다란 공감을 불러 일으켰고, 이 공감대는 설교를 듣는 일반 청중들에게로 확산되었다. 체코의 종교개혁 운동은 프라하대학과 베들레헴채플을 중심으로 일어났는데, 이 두 곳에서 일한 개혁의 선구자가 바로 얀 후스였다.

이런 가운데 1406년 이후로 위클리프 사상에 대한 찬반 논쟁과 시비가 프라하에서 본격적으로 일어났다. 대체로 위클리프의 사상을 따르려는 후스와 그 반대편에 있는 로마가톨릭교회의 추기경 츠비넥(Zbynek)이 입장을 달리하였다. 당시 프라하대학의 교수진은 후스를 중심으로 한 체코 출신들과 츠비넥을 중심으로 한 독일 출신들로 구성되었다. 이들은 위클리프 사상에 대하여 상반된 판단을 내리면서 상대방을 비방하였다. 이런 상황에서 1409년 1월 18일에 황제가 대학의 체제를 개편하였는데, 독일 출신 교수의 수를 대폭 줄이고 그 빈자리에 체코 출신의 교수들을 대거 채용하였다. 그해 후스가 프라하대학의 학장으로 선출되자 체코 출신 교수들이 프라하대학을 이끌며 교회갱신과 사회개혁 운동이 활기를 띄었다. 그러나 새롭게 선출된 교황 알렉산더 5세는 추기경 츠비넥이 자신의 선출을 도와준 보답으로 1409년 12월 교서를 내려 후스를 공격하였다. 그리하여 후스는 설교금지 조치를 당하였고, 종교재판에 회부될 위기에 처하게 되었다.

로마가톨릭교회는 후스에게 설교금지령을 내렸으나 후스는 이에 굴복하지 않았다. 그러자 교황은 1411년 3월 15일에 후스의 파문을 선포하였다. 오히려 후스는 이제 더욱 목소리를 높여서 기성 교회의 면죄부 판매의 부당함에 대해서 공격하였다. 그런데 이점에 대해서 황제가 썩 달갑게 여기지 않았다. 왜냐하면 황제도 면죄부 판매를 통해서 그 일부를 자기 몫으로 가져갔으므로 재정적으로 큰 이득을 보았기 때문이다. 이로 인해 후스는 교황뿐만 아니라 황제와도 결별하고 말았다. 결국 후스는 1412년 11월 초순에 프라하를 떠나 망명길에 나섰다. 처음에는 어느 귀족의 보호 아래 프라하 근처에서 머물다가, 1413년 4월에 남부 보헤미아로 내려가서 코지 흐라텍(Kozí Hrádek)에서 지냈고, 그러고 나서 계속해서 남쪽으로 내려갔다. 1414년 7월 이후에는 서부 보헤미아에 있는 크라코베치(Krakovec bei Rakoviník)에 머물렀다. 그러면서 어디서든 하나님의 복음을 전하고 가르쳤다. 그의 설교는 누구라도 이해할 수 있는 쉬운 내용으로 구성되었고, 그의 설교언어는 중세교회의 라틴어가 아니라 토착 언어인 체코어였다.

1414년에 독일의 도시 콘스탄츠(Konstanz)에서 로마가톨릭교회의 공의회가 열렸을 때, 신성로마제국의 황제 지기스문트(Sigismund)는 이 공의회에 후스를 참석시키고자 하였다. 후스는 9월 1일 지기스문트 황제에게 자신의 신변안전을 보장받고 콘스탄츠로 향했다. 1414년 10월 11일에 콘스탄츠를 향해 출발한 후스는 11월 3일 그곳에 도착하였다. 그러나 콘스탄츠에 도착한 지 몇 주일 뒤인 11월 28일에, 그는 추기경의 명령으로 도미니칸 수도원의 지하 감옥에 갇혔다. 후스를 심리하는 배심위원회가 교황 요하네스 23세의 참석 아래 1414년 12월 4일 결성되었다. 보헤미아의 귀족들은 후스의 구명을 위해 노력하였고 지기스문트 황제도 세 번이나 공개석상에 후스가 스스로의 입장을 변호하도록 주선하였다. 공개석상에서 주로 권위에 대한 문제가 논쟁의 주제로 부각되었다. 후스의 반대파들은 공의회의 결정이 궁극적인 권위를 가진다고 강변했지만, 후스는 진리의 유일무이한 원천은 성서라고 주장하였다. 후스의 반대자들은 교황이 교회의 머리라고 강조했지만, 후스는 그리스도만이 교회의 머리가 되신다고 주장하였다. 결국 1415년 7월 6일에 소집된 콘스탄츠 공의회 전체회의에서 후스는 이단으로 정죄되어 사형선고를 받고 화형에 처해졌다.

2. 『교회』: 배경, 구조, 내용

1) 배경

얀 후스의 저술들 중 가장 중요한 것으로 여겨지는 것이 바로 『교회』이다. 이 책은 그의 친구들뿐만 아니라 적들에게도 깊은 인상과 영향을 남겼다. 이 책의 내용으로 인해 후스는 결국 콘스탄츠 공의회에서 이단으로 정죄를 받았고 화형에 처해졌다.

후스의 『교회』의 영역자인 데이비드 샤프(David S. Schaff)는 15세기 초 프라하에 소요를 일으킨 세 가지 사건이 『교회』의 배경이 된다고 지적한다.[4] 첫째는 위클리프 사상의 유입이다. 위클리프의 사상은 교황 그레고리우스 11세에 의해 이단적인 것으로 선언되었음에도 불구하고, 그가 죽은 1384년 직후부터 보헤미아 지역으로 확산되어 후스와 동료들에게 영향을 미쳤다. 후스는 위클리프의 저술을 읽거나 가르칠 수 없다는 로마가톨릭교회의 금지령을 거부했을 뿐만 아니라 그의 영혼이 구원받은 사람들 가운데 있을 것이라는 소망을 공개적으로 표현하였다. 따라서 후스에게 적대적인 프라하의 성직자들은 로마교황 인노켄티우스 7세에게, 나중에는 피사의 교황 알렉산더 5세에게 호소하였고, 이에 따라 1410년 프라하의 추기경인 츠비넥은 자신의 공관 마당에서 이단자인 위클리프의 책 200권을 불태웠다. 그렇지만 이 사건 후에도 후스는 위클리프의 저술 중 하나인 삼위일체에 관한 논문을 공개적으로 옹호하였다.

둘째는 1409년 있었던 프라하대학의 헌장 변경이 후스를 둘러싼 심각한 논쟁과 분쟁을 불러일으켰다. 헌장 변경의 요점은 독일을 비롯한 외국의 영향력을 줄이고 체코의 입장을 강화시키는 것이었다. 이것은 당시 프라하에서 영향력을 행사하던 독일인들의 강한 반대를 불러일으켰고, 이 변경안의 주동자로 인식되었던 후스에 대한 강력한 반발로 이어졌다. 이

---

4   David S. Schaff, "Introduction," viii-ix.

사건으로 인해 후스는 생명의 위협까지 받게 되었다.

셋째는 후스가 1410년 교황 요하네스 23세가 나폴리의 왕 라디스라우스를 공격하기 위한 십자군을 조직하기 위해 승인한 면죄부 판매를 비판한 사건이었다. 후스는 100년 후의 루터가 그랬던 것처럼 면죄부 판매에 대해 강력하게 항거하였다. 이로 인해 후스는 교황청에 의해 파문의 위험을 받았으며, 프라하는 도시 전체가 성례금지에 처해졌다. 성례금지령은 도시 전체가 도덕적, 종교적으로 고사(枯死)하게 된다는 것을 의미했다. 이제 후스는 교황청이 아니라 교회의 머리이시며 재판관이며 최고통치자인 그리스도에게 호소하였다. 후스는 프라하를 빠져나와 1412년 11월부터 1414년 10월까지 2년 동안 보헤미아의 시골지역으로 피신하였다. 이때 후스는 자신의 사상을 많은 저술로 남길 수 있었다.

이러한 세 가지 사건을 배경으로 하면서 후스가 『교회』를 집필하게 된 직접적인 계기는 1413년 2월 6일 프라하대학 신학부에 속한 8명의 교수들이 서명한 문서 때문이었다.[5] 이 문서는 교황 요하네스 23세의 요청에 따라 프라하의 도심에서 면죄부를 파는 것에 동의하는 문서였다. 8명의 교수들은 보헤미아의 성직자들은 신앙과 예배의 문제에 있어서 로마가톨릭교회와 전적으로 동일하며, 교황이 로마가톨릭교회의 머리이고 추기경단이 그 몸이라고 선언하였다. 그리고 마치 아우크스부르크에서 카예타누스 추기경이 루터에게 그랬던 것처럼, 8명의 신학박사들은 후스에게 오직 철회하라는 한 가지만을 요구하였다. 이 무조건적이며 강압적인 복종의 요구에 대한 후스의 대답이 바로 『교회』로 나타나게 된다. 하지만 그의 최종적인 대답은 콘스탄츠에서 그의 목숨으로 주어졌다.

2) 구조와 내용

『교회』의 전체 목차를 살펴보면 구조를 한눈에 파악할 수 있을 것이

---

5   David S. Schaff, "Introduction," x-xi.

다. 책은 23개의 장으로 이루어져 있는데 각 장의 제목은 다음과 같다.

1장 교회의 하나됨
2장 하나의 보편적 교회는 세 부분으로 나누어진다.
3장 모든 그리스도인들이 교회의 구성원인 것은 아니다.
4장 그리스도, 교회의 유일한 머리
5장 교회 안의 선한 사람과 악한 사람
6장 그리스도, 선택받은 자들의 머리
7장 로마교황과 추기경들이 보편교회는 아니다.
8장 교회의 토대인 신앙
9장 반석이신 그리스도 위에 세워진 교회
10장 매고 푸는 권세
11장 성직자의 권세를 옹호하기 위한 성서의 남용
12장 구원은 진정한 로마의 감독이신 그리스도에게 달려 있다.
13장 교황은 교회의 머리가 아니라 그리스도의 대리인이다.
14장 추기경들이 사도들의 진정한 계승자일 때
15장 교황과 추기경들이 없이도 교회는 다스려질 수 있다.
16장 하나님의 법이 교회의 판결 기준이다.
17장 교황권에 대한 후스의 저항
18장 사도적 지위 혹은 베드로의 권좌
19장 언제 교회의 지도자들에게 복종해야 하는가?
20장 교회나 고위성직자들에게 언제나 복종해야 하는 것은 아니다.
21장 어떤 상황에서 고위성직자들에게 복종해야 하는가?
22장 정당한 파문과 부당한 파문
23장 성직 정지와 금지

1장부터 6장까지는 교회란 무엇인가에 대한 탐구이다. 후스는 먼저 교
회에 대한 다양한 표상들을 제시한다. 어머니, 포도원, 비둘기, 여왕, 하나

님의 집, 그리스도의 몸이라는 표상들을 통해 교회가 무엇인지를 밝힌다. 이어서 교회는 이 땅의 전투하는 교회, 연옥의 수면 중인 교회, 천국의 승리한 교회로 구분할 수 있다고 말한다. 후스의 관심은 이 땅의 교회이다. 이 땅의 교회에는 택함 받은 알곡과 버림받을 쭉정이가 뒤섞여 있다. 후스는 선택받지 못한 사람들도 교회 안에(in) 있을 수는 있지만 진정으로 교회에 속한(of) 것은 아니라고 주장한다. 무엇보다 후스는 그리스도만이 교회의 머리며 성도들의 머리라고 강조한다.

7장부터 10장까지 후스는 마태복음 16장 16-19절을 주석하면서 교회가 누구에게 속한 것인지, 교회의 토대가 무엇인지, 교회가 기초한 반석이 무엇인지, 소위 '열쇠의 권세'라 불리는 매고 푸는 권세는 어떤 것인지를 다루고 있다. 후스의 대답은 명쾌하고 단순하다. (1) 그는 교회는 교황이나 추기경에게 속한 것이 아니라 그리스도에게 속한 것이라고 확답한다. 교회는 그리스도의 교회이다. (2) 교회의 토대는 신앙이다. 하지만 로마교회가 가르치는 대로 무조건 따르기만 하면 되는 맹목적(implicit) 신앙이 아니라 분명하고 명시적(explicit)인 신앙의 필요성을 역설한다. (3) 교회가 기초하고 있는 반석은 결코 베드로로 대표되는 로마교황이 아니라 예수 그리스도 자신이다. 교회는 오직 그리스도 위에 세워진다. (4) 매고 푸는 권세 소위 '열쇠의 권세'도 교황이나 사제들의 전유물이 아니라, 하나님이 이미 매고 푼 것을 이후에 추인하는 것일 뿐이다. 이 부분에서 후스는 교황을 교회의 머리요, 반석이요, 열쇠를 가진 권세자로 삼고 있는 로마가톨릭교회의 모순을 비판하고, 오직 그리스도만이 교회의 머리요, 반석이요, 권위라고 주장한다.

11장부터 18장까지 후스는 교황권과 교회권력자들에 대해 조목조목 비판하고 있다. 후스는 11-12장에서 로마교황과 고위성직자들이 자신들의 권력을 옹호하기 위해 성서를 얼마나 파렴치하게 왜곡하여 사용하고 있는지 보여준다. 후스는 사제들이 돈을 주고 성례를 사거나 팔면서 더럽히고, 쾌락과 탐욕과 허영을 따라 살고, 온갖 범죄로 사제직의 권세를 모독한다며 직격탄을 날린다. 후스는 이런 행위는 하나님의 이름을 멸시하는 것이며, 하나님의 아들을 못 박는 것이고, 주님의 위엄을 모독하는 것이라고 목소리를 높인다. 그는 로마가톨릭교회의 성직자들이 입으로는 하나님을 안다고 하면서, 행동으로는 하나님을 부인한다며 비판한다.

이어서 13-16장에서 로마교회에서 주장하고 있는 6가지 어리석은 주장을 나열하면서 하나하나 반론을 제시한다. 로마교회는 (1) 교황이 거룩한 로마교회의 머리이다. (2) 추기경단이 거룩한 로마교회의 몸이다. (3) 교황은 사도들의 대표인 베드로의 명백하고도 진정한 후계자이다. (4) 추기경들은 그리스도의 다른 사도단의 명백하고도 진정한 후계자이다. (5) 온 세계를 아우르는 교회의 통치를 위해 사도들의 대표자의 직무와 그리스도의 다른 사도들의 직무와 동일한 종류의 후계자들이 항상 있어야만 한다. (6) 이런 후계자들은 실존하는 머리인 교황과 실존하는 교회의 몸인 추기경단이 아니고서는 어디에서도 발견할 수 없다고 주장한다. 그러나 후스는 이런 어리석은 주장들은 지성으로도, 계시로도, 성서로도 입증할 수 없는 터무니없는 것들이라며 구체적으로 비판을 가하고 있다. 후스는 로마교회의 일방적 주장이나 로마교회 신학자들이 늘어놓는 거짓말이 아니라, 오직 하나님의 법인 성서가 교회의 모든 판단의 기준이 되어야 한다고 주장한다.

그리고 17장에서 18장까지 후스는 소위 사도좌라고 불리는 교황권에 대해 직접적으로 저항하고 있다. 후스에 따르면 사도적이란 말은 사도의 길 즉 사도의 삶의 방식을 지키는 것을 뜻한다. 사도적인 사제는 사도의 삶을 살고 사도의 가르침을 가르치는 사람이다. 따라서 말과 행동에서 사도의 가르침을 따르지 않는 자는 거짓사도(pseudo-apostolic)이거나 배교자(apostate)이다. 후스가 볼 때 지금까지 로마교황들은 사도가 아니라 거짓사도였으며 나아가 사도의 길을 버린 배교자였다. 그들은 겉으로는 사도들의 가르침과 삶을 가르치면서도 실제로는 자신의 야욕을 따라 자신의 것을 가르치는 최악의 위선자들이었다. 그렇기 때문에 후스는 로마교회나 로마교황에게 복종할 수가 없었다.

따라서 자연스럽게 후스는 19장부터 23장까지 상위 권위에 대한 불복종의 문제를 다룬다. 후스는 선한 명령이거나 중립적인 문제라면 상급자에게 복종하는 것이 옳지만, 악한 명령이라면 오히려 그 명령에 불복하는 것이 마땅하며 나아가서는 그 명령에 과감하게 맞서야 한다고 주장한다. 그렇게 하는 것이 하나님에게 복종하는 길이기 때문이다. 때문에 그는 자주 "우리가 사람보다 하나님께 순종하는 것이 마땅하다."고 되풀이하여 말한다. 후스는 올바른 복종을 위해서는 누가 명령하는지, 어떤 명령인지, 어떤 상황에서 그 명령이 주어지는지를 충분히 고려하여, 그것이 하나님의 법에 합당하고, 이성적이며, 교회의 유익을 세우는 것이라면 마땅히 귀를 기울여야 하지만, 그렇지 못하고 악한 것을 명령하거나 부분별한 파문이나 성직금지를 일삼는다면 오히려 그것에 맞서 저항하는 것이 옳다고 주장한다. 그는 자신이 당한 설교금지나 파문에 복종할 수 없는 이유도 바로 여기에 있다고 말한다.

Ⅲ. 『교회』에 나타난 교회개혁 사상

이제 『교회』 안에 진술되어 있는 후스의 교회개혁의 사상들을 주제별로 고찰해 보자. 이를 통해 후스의 어떤 주장이 로마가톨릭교회에 위협이 되었는지, 후스는 어떤 면에서 프로테스탄트 종교개혁의 선구자라 말할 수 있는지, 왜 로마교회는 후스를 파문하고, 이단으로 정죄하고, 화형을 시킬 수밖에 없었는지가 드러나게 될 것이다.

1. 교회의 속성

후스는 『교회』의 1장부터 6장까지 교회가 어떤 공동체인지를 다룬다. 먼저 1장에서 후스는 교회의 하나됨을 강조한다. 사도신경이 고백하는 거룩한 보편적 교회는 택함 받은 모든 자들, 즉 과거, 현재, 미래의 모든 선택된 자들이다. 이 거룩하고 보편적인 교회는 하나이다. 이것은 한 분 그리스도가 모든 교회의 머리이기 때문이다. 한 분 그리스도로부터 교회의 일치성과 보편성이 유래하는 것이다.

2장에서 후스는 중세 로마교회의 가르침을 따라 교회가 전투하는 교회, 수면 중인 교회, 승리한 교회의 세 부분으로 나뉘어져 있다고 말한다.[6] 전투하는 교회는 이 땅에서 천상을 향해 순례하는 사람들로 이루어진 가시적 교회이다. 이 교회를 전투하는 교회라고 부르는 이유는 이 교회가 이 땅에서 육체, 세상, 마귀와 맞선 그리스도의 전투를 수행하고 있기 때문이다. 수면 중인 교회는 연옥에서 고통당하고 있는 사람들로 이루어진다. 수면 중인 교회라고 불리는 이유는 이 교회가 하나님의 선행(先行)적이고 돕는 은총을 통해 누리기에 합당한 복락을 현세에서는 제대로 누리지 못하기 때문이다. 이 교회는 연옥에서 모든 배상을 끝낸 후에야 천국에서 보상을 받게 될 것이다. 승리한 교회는 천국에서 안식하고 있는 복된 사람들로 이루어진다. 이들은 사단에 맞선 전투에서 결국 승리한 사람들이다. 그리스도가 이 땅에서 33년 동안 사시고, 십자가에 못 박혀 돌아가신 후에 옥에 내려가시고, 하늘에 올라 하나님 보좌 우편으로 가신 것도 세 교회 모두를 방문하기 위함이었다고 해석한다. 여기에서 우리는 후스가 교회의 분류에 관한 한 중세 로마가톨릭교회의 견해를 그대로 수용하고 있음을 본다.

3장의 제목 "모든 그리스도인들이 교회의 구성원인 것은 아니다."에서 짐작할 수 있듯이 후스는 현재 선택된 사람처럼 보이는 사람일지라도 하나님의 영원한 은총에서 배제될 사람도 있다고 주장한다. 이것은 로마교황과 고위성직자라 할지라도 그들이 영원한 은총을 받았다고 단정할 수 없다는 의미이다. 어쩌면 후스는 교황과 성직자들의 삶이 도무지 구원받

---

6 Jan Hus, *De ecclesia, trans. David S. Schaff, The Church* (New York: Charles Scribner's Sons, 1915), 11-12. 이후 Jan Hus, 11-12와 같은 방식으로 표기한다.

은 사람처럼 보이지 않기 때문에 그들이 이름뿐인 그리스도인이지 실제적인 그리스도인이 아니라고 말하고 싶었을 것이다. 마치 유다가 당장에는 예수 그리스도의 제자요 사도처럼 보였지만 결국 그는 영원한 은총에 속한 자가 아니었다. 오히려 예수 믿는 자들을 핍박하던 사울은 당장에는 버림받은 자처럼 보였지만 결국 그는 그리스도의 은총에 의해 선택된 사도 바울이 되었다.[7] 이처럼 지금 눈에 보이는 것만으로 그가 구원으로 택함을 받았는지 아니면 유기되었는지를 알 수가 없다. 가라지가 밀과 함께 자라고, 까마귀가 비둘기와 같은 타작마당에서 먹고, 쭉정이가 알곡과 같은 창고에 보관되지만, 그것들 사이에는 넘나들 수 없는 차이가 존재한다.[8] 지금은 교회 안(in)의 모든 사람들이 그리스도인인 것처럼 보이지만, 그들 모두가 참된 교회의(of) 구성원이라 말할 수는 없다.[9] 지금은 교회 안에 알곡과 쭉정이가 섞여 있지만, 미래에는 마치 배설물이 몸에서 분리되는 것처럼 유기된 자들은 떨어져 나가고 말 것이다.

후스는 『교회』 4-6장에서 그리스도만이 교회의 머리라고 강조한다. 더 정확하게 표현하자면 그리스도만이 영원으로 선택받은 성도들의 머리라고 말한다. 버림받은 자들은 그리스도의 몸의 지체가 아니라 마귀의 몸의 지체이기 때문에 엄밀하게 말해 그리스도는 선택된 사람들의 머리가 되신다. 이 선언은 중세 로마가톨릭교회에서 말하는 교황이 교회의 머리를 이루고 고위성직자들이 교회의 몸을 이룬다는 주장을 정면으로 반박하는 것이다. 후스는 이렇게 말한다.

교회에서 높은 자리를 차지하고 앉아 가르치면서 하나님의 계명을 범하는 자들은 유기된 자들이다. … 하나님의 계명을 행하는 신실한 그리스도인들이 하나님의 거룩한 교회에서 진실로 지극히 큰 자이며, 명령하는 자리에 앉아 계명을 행하지 않는 고위성직자들은 지극히 작은

---

7   Jan Hus, 24.
8   Jan Hus, 21.
9   Jan Hus, 46.

자이다.[10]

    단지 교회 안에 있다는 것만으로, 교회 안에서 높은 지위를 차지하고 있다는 것만으로 선택받았다고 단정할 수 없다. 아우구스티누스의 말처럼 "주님은 자기 사람들이 누구인지 아신다. ⋯ 그러나 사람들에게는 누가 비둘기이고 누가 까마귀인지 숨겨져 있다."[11] 후스는 그가 얼마나 하나님의 계명을 신실하게 지키는 삶을 살아가는지가 그가 선택받은 자인지를 알 수 있는 척도가 된다고 말하면서, 당시 교회의 고위성직자들의 어그러진 삶을 정면으로 논박하고 있다. 하나님의 계명을 따르지 않는 교황이나 성직자라면 교회의 머리이기는커녕 참된 그리스도인이라고 볼 수도 없다는 것이다. 그리스도만이 보편교회와 개별교회의 진정한 머리이시며, 그리스도의 계명을 따라 살아가는 선택된 사람들이 교회의 지체들이다. 이런 후스의 주장은 외적인 로마교회가 곧 그리스도의 몸이며, 로마교회의 수장인 교황이 교회의 우두머리라고 생각하는 관념에 커다란 위협이 되었을 것이다. 이런 방식으로 『교회』는 중세 시대로부터 전수되어 내려온 15세기의 승인된 교회체계에 대해 반대하고 있다.

2. 교황권에 대한 공격

    이제 후스는 『교회』의 7장부터 10장까지 마태복음 16장 16-19절의 자세한 주석을 통해 교회의 머리, 신앙, 토대, 권위가 어떤 것인지를 차례대로 풀어가면서 로마가톨릭교회의 교황권을 반대한다. 첫째로 보편적 교회의 머리는 로마교황이 아니라 그리스도이다.[12] 로마가톨릭교회의 박사들

10 Jan Hus, 43.
11 Jan Hus, 51.
12 후스는 교회를 삼중적인 의미로 규정한다. 첫째, 믿는 자들의 모임 혹은 회합이다. 둘째, 예정된 사람들과 유기된 사람들로 이루어진 혼합된 몸이다. 셋째, 예정된 자들의 회합이다. 첫째와 둘째 의미의 교회는 이 땅에 있는 가시적 교회를 의미한다면, 셋째 의미의 교회는 하나님만 아시는 비가시적 교회를 의미한다. Hus, 58 참조.

은 로마교회의 교황을 지상 교회의 머리요, 심장이요, 중심이요, 끊임없는
원천이고, 충분한 피난처라고 말하지만, 후스가 볼 때 이것은 마치 교황을
제4의 위격으로 취급하는 것과 마찬가지이며 교황을 성령과 동등한 위치
에 두는 것과 진배없다고 비판한다.[13] 후스는 "로마교회가 혐오스러운 황
폐함으로 변질되었고, 겸손한 사도들과 우리 주 예수 그리스도와는 전혀
어울리지 않는 정반대의 집단으로 변질되었다."[14]며 신랄하게 비판한다.
이어서 후스는 "모든 그리스도인들이 교황에게 복종해야 할 의무가 있다
고 믿어야 할 무슨 이유가 있는가? 교황이 머리이며 가장 거룩한 아버지
라고 인정하는 것이 구원에 필수적이라고 믿어야 할 무슨 이유가 있는
가?"[15] 반문한다. 후스에 따르면 로마교회는 로마교황을 인정하고 로마 감
독의 권위 하에 있는 개별교회일 뿐이다. 로마교회가 곧 보편교회는 아니
다. 보편교회와 개별교회의 진정한 머리는 오직 그리스도이다.

　둘째로 교회는 신앙의 공동체이다. 후스는 『교회』 8장에서 신앙이 무
엇인지, 로마교회에서 가르치는 신앙이 어떤 면에서 오류인지, 무엇이 신
앙을 약화시키는지, 믿음과 소망의 차이점이 무엇인지를 논하면서 신앙이
교회의 기초가 된다는 사실을 논증하고 있다. 이 신앙으로 교회는 반석이
신 그리스도 위에 세워지며, 이 신앙을 통해 교회는 예수 그리스도를 살아
계신 하나님의 아들로 고백한다. 사도 요한의 말처럼 세상을 이기는 승리
는 우리의 믿음으로 말미암는다. 후스는 로마가톨릭교회에서 가르치는 교
리를 단순히 받아들이고 복종하기만 하면 된다는 맹목적(implicit) 신앙 개
념을 비판하면서 스스로가 분명하게 하나님의 뜻을 따르는 명시적(explic-
it) 신앙이 필요함을 역설한다.[16] 이러한 신앙은 하나님에게 기초한 것이
며, 성서에 기초한 것이다. 이것을 교황에 기초한 신앙, 혹은 교서에 기초
한 신앙으로 변질시킨다면 그것은 교회가 아니다.

13　David S. Schaff, "Introduction," xiv-xv.
14　Jan Hus, 62.
15　Jan Hus, 64.
16　Jan Hus, 67-68.

셋째로 교회의 반석, 즉 토대는 베드로가 아니라 그리스도이다. 그리스도는 베드로에게만 양떼를 돌보라고 맡기신 것이 아니라 모든 사도들에게 맡기셨다. 베드로의 후계자라고 자처하는 교황도 감독들 중 한 사람일 뿐이다. 초대교회에서 그들 모두는 '아버지'(교황의 어원)라고 불렸다. 베드로가 그리고 베드로의 후계자라는 교황이 교회의 토대라면 타락한 교황 심지어 이단으로 정죄된 교황에게 기초를 두고 있는 교회는 도대체 어떻게 될 것인가? "나는 바울에게, 나는 아볼로에게, 나는 베드로에게 속했다"고 말할 수는 있지만, 교회는 근본적으로 반석이신 그리스도에게 속하였다.[17]

넷째로 교회의 권위, 소위 매고 푸는 권세는 베드로 개인에게 준 것이 아니라 모든 사도들에게, 다시 말해 교회공동체에게 주어진 것이다. 이것은 16세기 종교개혁자들의 만인제사장설을 예고한 것이다. 사제들에게 매고 푸는 권세가 주어졌다고 하더라도 그것은 어디까지나 하나님의 용서하시는 은혜에 대한 이차적인 추인일 뿐이다. 하나님이 첫 번째 원인이시고, 사제들은 두 번째 원인이다. "하나님이 그 사람을 풀어 주거나 용서하지 않는 한, 누구라도 죄에서 풀려날 수 없으며 죄의 용서를 받을 수 없다는 사실은 명백하다. … 왜냐하면 매고 푸는 것은 무엇보다도 하나님의 무조건적[절대적] 행위이기 때문이다. … 그런데도 어리석고 무지한 자들은 사제가 먼저 매고 풀고 그 후에 하나님이 추인하신다고 생각한다."[18] 뿐만 아니라 후스는 사제라 할지라도 그리스도의 법에 따르는 삶이 없다면 사제의 어떤 행위도 효력이 없다고 강조한다. 후스만큼 성직자 직분에서 삶의 순수성이 가지는 중요성을 강조한 사람은 없을 것이다.

---

17 Jan Hus, 74.
18 Jan Hus, 101.

3. 성서와 교부들에 의지

후스는 『교회』에서 자신의 논지를 뒷받침하는 권위 있는 전거로 성서, 교부들의 글, 교회법, 위클리프의 글을 사용하고 있다. 무엇보다 첫째로 후스 사상의 근거는 성서이다. 후스는 『교회』의 거의 모든 쪽에서 성서구절을 인용하고 있다. 성서는 신앙과 행위에 있어서 최상의 규칙이다. 최상의 규칙으로서의 성서에 대한 강조야말로 후스가 종교개혁의 선구자임을 분명하게 보여준다.

둘째로 후스는 『교회』에서 교회사, 특히 교부들의 글을 많이 언급한다. 후스는 성서의 진리를 증명하기 위해 역사를 사용한다. 로마가톨릭교회를 비판하면서 비뚤어진 교황들의 역사를 예로 들면서 교황권을 강력하게 비판하는 것도 같은 맥락이다. 후스의 글에는 성서만큼이나 많은 교부들의 글이 계속적으로 인용되고 있다. 교부 가운데는 매장마다 빈번하게 인용되는 사람들로는 아우구스티누스, 암브로시우스, 히에로니무스, 그레고리우스 대제, 베르나르, 페트루스 롬바르두스 등이 있다. 마치 16세기의 종교개혁자들이 "근본으로 돌아가자"(ad fontes)는 표어 아래 성서와 함께 초대교회 교부들의 글에 호소했듯이, 후스도 자신의 사상을 성서와 교부들에게 의지하고 있다.

셋째로 후스의 글에서는 『그라티아누스 교령집』(Decretum Gratiani)이 자주 인용된다. 후스는 로마가톨릭교회가 자신들의 근거인 교령집의 원칙에조차도 맞지 않는다는 사실을 밝히면서 내부로부터의 비판을 가한다. 그런데 흥미로운 사실이 있다. 『그라티아누스 교령집』에는 허구적인 '위이시도루스 교령,' 특히 악명 높은 '콘스탄티누스의 증여문서'(Donation of Constantine)가 포함되어 있었다.[19] 후스는 위클리프와 마찬가지로 교회 타락의 첫 단추가 콘스탄티누스의 증여문서에 있다고 보았다. 하지만 아직 그는 이것이 위조문서인지는 알지 못했다. 이것이 위조문서라는 사실은 1440년경 인문주의자 로렌조 발라에 의해 밝혀지게 된다. 만일 후스가 이 사실이 미리 알았더라면 얼마나 흥분하여 로마교회를 비판했을지 짐작이 된다.

넷째로 후스는 위클리프에게 상당히 의존하고 있다. 오늘날의 관점에서 보면 후스는 위클리프의 지적 재산권을 심각하게 침해한 것으로 보인다. 때문에 로제르트(Johann Loserth)는 "후스는 존 위클리프의 모방자요 추종자에 지나지 않는다."[20]고 단언하기도 하였다. 좋게 평가한다고 하더라도 후스는 위클리프의 가르침 위에다 체코 개혁운동의 특색을 가미함으로써 자신의 관점을 수립한 인물 정도로 볼 수 있을 것이다. 중세 작가들이 자기 편리한 대로 자료를 무단으로 문자 그대로 베끼는 것이 일반적인 관행이었고, 후스만이 아니라 토마스 아퀴나스(Thomas Aquinas), 장 제르송(Jean Gerson), 피에르 다이(Pierre d'Ailly)도 이런 혐의에서 벗어날 수 없음을 고려한다면, 그리고 오늘날의 관점을 과거에 그대로 투사하는 것은 역사적 거리를 무시한 비역사적 방법이라는 사실을 기억한다면, 우리는 후스에 대해 그나마 관대할 수 있을 것이다. 또한 위클리프의 저작이 서술적인 반면 후스의 글이 날카롭고 대중적인 언어로 명확하게 표현된 점은 후스의 독특성으로 꼽을 수 있을 것이다.

4. 삶으로 드러나는 신앙

삶과 앎은 한글 자음 순서로 보아도 곧바로 연결되어 있다. 이 둘은 분리되어서는 안 된다. 지식은 윤리로, 신앙은 실천으로, 앎은 삶으로 이어져야 한다. 이 사실을 후스는 『교회』에서 계속하여 강조하고 있다. 특히

---

19 '콘스탄티누스의 증여문서'는 로마 교구의 권력을 강화하기 위해 8~9세기경 프랑크 왕국에서 조작된 문서이다. 이에 따르면 로마의 콘스탄티누스 황제는 교황 실베스테르(Sylvester) 1세(재위 314~335)에게 안티오키아, 콘스탄티노플, 알렉산드리아, 예루살렘에 대한 수위권, 로마와 서방의 여러 지역 및 이탈리아 전역에 대한 통치권, 그리고 성직자들에 대한 최고 재판권을 부여하였다. 이 문서는 위(僞) 이시도루스 교회법령집 속에 포함되어 있었다. 이시도루스 교령집은 7세기 스페인 세비야의 이시도루스가 편집했다고 알려졌으나 실제로는 프랑스에서 9세기 중반에 만들어진 위조문서였다. 이것이 12세기 그라티아누스 교령집에도 그대로 수록되었다. 후스 당시에는 그라티아누스 교령집이 로마교회의 대표적인 법령집이었다. 그런데 후스 사후 15세기(1439-1440)에 로마가톨릭교회 사제이자 인문주의자 로렌조 발라(L. Valla)에 의해 '콘스탄티누스의 증여문서'가 거짓문서임이 밝혀졌다.

20 Matthew Spinka, "John Hus, Advocate of Spiritual Reform," 187.

교황권을 논하면서 후스는 교황이나 고위 성직자가 그 자리에 임명 혹은
선출되었다는 이유만으로 권위를 가질 수 없다고 주장한다. 오로지 그리
스도의 가르침에 따라 합당하게 사는 사람들만이 참된 직분자요 권위자라
는 것이다. 그 사람이 그 직분에 합당한 사람인가를 판단하는 기준은 후스
가 여러 차례 인용했던 "그들의 열매로 그들을 알 것이다."(마 7:20)는 말
속에 있다.

그러므로 후스는 페트루스 롬바르두스(Petrus Lombardus)를 따라서
'미숙한 신앙'(fides informis; unformed faith)과 '성숙한 신앙'(fides formata;
formed faith)을 구별하여 대립시킨다.[21] 전자가 지적인 믿음(intellectual
belief)이라면 후자는 살아있는 믿음(living faith)이다. 전자가 사랑과 분리
된 믿음이라면, 후자는 사랑과 함께 가는 믿음이다. 전자가 행함이 없는
믿음(약 2:18)이라면, 후자는 사랑으로 역사하는 믿음(갈 5:6)이다. 이처럼
후스는 참된 신앙은 사랑의 실천을 동반해야 한다고 주장한다. 어쩌면 삶
으로 표현되는 사랑의 행위야 말로 신앙의 진실성을 가름하는 척도가 된
다. 얼핏 보면 후스의 이런 주장은 믿음으로 의롭게 된다는 루터의 이신칭
의(以信稱義) 가르침과 정반대로 보인다. 실제로 20세기 초 로마가톨릭교
회의 신학자 데니플(Heinrich Denifle)은 루터가 요청한 신앙은 단순한 지
적인 동의, 즉 사랑의 행함이 없는 신앙이었다는 어리석은 혹평을 가하기
도 하였다.[22] 그러나 후스와 루터의 주장을 대립적으로 바라보는 것은 마
치 바울과 야고보의 주장을 그 맥락을 도외시한 채 반대되는 것으로 오해
하는 것과 마찬가지로 어리석은 일이다.

이어서 후스는 누가 참된 목회자인지를 논한다. 만일 사제들이 돈으로
성례를 팔면서 더럽히고, 쾌락과 탐욕과 허영을 따라 살고, 온갖 범죄로
사제직의 권위를 모독한다면 그들은 결코 참된 사제가 아니다. 오히려 이
런 일들은 하나님의 이름을 멸시하는 것이고, 하나님의 아들을 못 박는 것

---

[21] Jan Hus, 39. 롬바르두스는 암브로시우스의 말을 인용한다. "사랑은 모든 덕의 어머니로서 우리 안
에 모든 것을 형성한다. 사랑이 없으면 덕도 없다."
[22] Jan Hus, 39, 각주를 참조하라.

이며, 그리스도의 법을 허무는 것이다.²³ 그들이 아무리 입으로 하나님을 찬양한다고 하더라도 이런 행위를 한다면 그것은 하나님을 멸시하는 것이다. 그들이 사제라는 심지어는 교황이라는 이름을 가지고 있다 하더라도 이런 행위를 한다면 그들은 적그리스도이다. 후스는 교황이 교회의 머리이며 베드로의 후계자라고 주장하고자 한다면 그에 걸맞은 삶을 보이라고 요구한다. 교황의 삶이 올곧은 모습으로 드러날 때 비로소 사람들은 그를 교회의 지도자요 사도의 후계자라고 인정할 것이다. 클레르보의 베르나르(Bernard of Clairvaux)도 "악한 성직자들은 그리스도의 친구, 종, 사역자를 가장하지만, 사실상 그들은 그리스도의 적이며 적그리스도의 종들"²⁴이라고 말했다. 후스는 참된 목회자라면 그 이름과 지위에 어울리는 삶이 동반되어야 함을 강하게 주장한다.

한 걸음 더 나아가 후스는 묻는다. "교황과 추기경들이 요란하게 치장된 마차를 타고, 화려한 옷을 입고, 세련되고 우아한 가구를 사용하고, 성직록과 돈을 쌓아둘 염려를 하고, 세속의 평신도보다 더욱 명예를 탐하면서 그리스도를 믿는 사람들을 실족케 한다면, 도대체 어떻게 그들이 보편 교회의 통치를 위해 베드로와 다른 사도들의 직무를 맡은 명백하고 진정한 계승자라고 떠들 수 있단 말인가?"²⁵ 이것이야말로 스캔들이 아닌가? 후스에 따르면 거룩한 이름과 자리를 차지하고 있으면서 악하게 행동하는 자보다 교회에 해를 끼치는 사람은 없다. 악한 목회자들이야말로 사람들을 노략하는 이리이며 영혼을 멸망시키는 주범이다. 이런 자는 차라리 연자 맷돌을 목에 걸고 깊은 바다에 빠지는 것이 더 나은 것이다. 어떤 목회자가 그리스도에게 속한 사람인지 적그리스도에게 속한 사람인지를 분별하는 방법은 열매를 보는 것이다. 그가 그리스도의 편에서 그분의 법을 위해 부지런히 일하며, 교만과 이 세상의 쾌락을 멀리하고, 그리스도의 가르침에 일치하는 삶을 추구한다면 그는 참된 목회자이다. 그러나 만일 그가

---

23 Jan Hus, 115-16.
24 Jan Hus, 141.
25 Jan Hus, 149.

교만하며, 호화롭게 살며, 욕심을 쫓으며, 성마르며, 양을 돌보지 않고 억누르고 흩어버린다면, 그가 바로 적그리스도의 고용인이다.[26]

후스는 1413년 쓴 『성직매매론』에서 자신이 사제가 되기로 마음먹었던 때를 회상하면서 이렇게 고백하고 있다. "나는 자신의 악한 욕망 때문에 어렸을 때 빨리 사제가 되어 좋은 집에 살며 화려한 옷을 입고 사람들의 존경을 받으려고 했다. 그러나 성경을 알게 되면서 그것이 악한 욕망임을 알았다."[27] 아마도 그 당시에 사제가 되는 것은 다른 사람들에게 인정받으면서 부유하게 살 수 있는 지름길이었을 것이다. 후스는 어린 시절 자신도 이런 세속적 욕망 때문에 사제가 되기를 원했고 세속적 화려함에 이끌려 성직을 동경했다는 부끄러운 고백을 하고 있는 것이다. 하지만 후스는 이후에 자신의 다른 책『주석』에서 "하나님으로부터 비롯된 소망 안에서 사제가 된 것은 사람들이 하나님을 믿고, 하나님의 명령을 실천하고 그리고 하나님께 바르게 기도하도록 가르치기 위함"[28]이라고 말한다. 이제는 사제의 소명이 하나님으로부터 말미암았다는 것을 분명히 깨달았고, 그 사명도 자신의 욕망이 아니라 하나님의 영광임을 알게 된 것이다. 참된 목회자는 자신의 야망을 쫓는 것이 아니라 하나님의 영광을 구하며, 자신의 세속적인 안락보다는 성도들의 영적 안위를 우선시하는 사람이다.

5. 저항권

로마교회의 교황과 고위성직자에 대한 비판적 견해는 자연스레 저항권으로 이어진다. 후스는 두 가지 결론에 이른다. 『교회』 제15장 '교황과 추기경들이 없이도 교회는 다스려질 수 있다.'라는 제목에서 알 수 있는

26　Jan Hus, 159-60.

27　후스의 『성직매매론』(On Simony)은 Matthew Spinka가 편집한 Advocates of Reform: From Wyclif to Erasmus, 196-278에 수록되어 있으며, 백충현·김봉수 옮김, 『개혁의 주창자들: 위클리프부터 에라스무스까지』 (서울: 두란노아카데미, 2011), 222-312에 번역되어 있다. 토마시 부타, 이종실 옮김, 『체코 종교개혁자 얀 후스를 만나다』 (서울: 동연, 2015), 22.

28　토마시 부타, 이종실 옮김, 『체코 종교개혁자 얀 후스를 만나다』, 62.

것처럼 후스는 교황이라는 직책이 있기 이전에 교회는 아름다운 모습을 지키며 존재하였고 앞으로도 그럴 수 있다고 주장한다. 이것은 교황이라는 직분이 꼭 있어야만 하는 필수적인 것이 아니라는 의미이다. 교황이 있기 전 초대교회에서는 그리스도가 교회의 머리였고 그리스도만으로 충분했다.[29]

초대교회 때에는 로마의 감독은 다른 지역의 감독들과 동역관계였다. 후스는 위클리프를 따라서 이 동역관계가 깨어지고 로마의 감독이 교황이라는 이름으로 보편교회 위에 군림하기 시작한 시점이 '콘스탄티누스의 증여문서'가 주어진 때부터라고 보았다. 후스는 콘스탄티누스의 증여문서 이후 1,000년 동안 있었던 교황권의 남용과 다툼 사례 15가지를 연대기 순으로 소개한다. 그리고 교황이 세 명이나 있었던 자신의 시대를 비판한다.[30] 후스는 교황이 그리스도의 법에 따라 교회를 섬기는 사도의 계승자가 아니라 자신의 욕심을 따라 교회를 위협하는 적그리스도의 용병과도 같다며 강하게 논박한다. 따라서 후스는 이런 악한 권위에 복종할 수가 없었다.

후스는 교회 안의 정당한 권위에는 복종해야 하지만 악하고 잘못된 권위에는 복종해서는 안 되고 오히려 저항해야 한다고 주장하였다. 그렇게 하는 것이 하나님께 복종하는 참된 길이라는 것이다. 프라하대학 신학부의 8명의 박사들은 무조건 사도좌와 고위성직자에게 복종해야 한다고 주장하면서 후스가 사람들을 선동하여 거룩한 가르침에 불복종하도록 만들고 있다고 비난하였다. 후스는 『8명의 박사에게 보내는 답변』에서 자신은 사람들을 참된 복종에서 벗어나게 하려는 것이 아니라 그리스도의 법에 따라 살도록 하려는 것이며, 성직자들이 예수 그리스도의 가르침에 따라

---

29 Jan Hus, 147, 149.

30 Jan Hus, 178-82. 1409년 피사공의회는 서방교회의 분열을 끝내고자 로마계열의 그레고리우스 12세와 아비뇽 계열의 베네딕투스 13세를 폐위시키고 밀라노의 추기경(Peter Philargi)을 알렉산더 5세로 새롭게 선출하였지만 그는 1년밖에 살지 못했고 뒤이어 요하네스 23세가 교황이 되었다. 이것이 후스가 죽은 당시의 상황이었다. 후스가 죽은 1415년 콘스탄츠공의회는 요하네스 23세를 폐위시키고, 뒤이어 그레고리우스 12세의 사직과 베네딕투스 13세의 파문을 단행하고, 1417년 마르티누스 5세를 새로운 교황으로 선출함으로써 서방교회의 분열을 종식시켰다.

정직하게 살고 허세와 악덕과 사치를 버리게 하려는 것이라고 응수하였다.[31] 그는 리라의 니콜라스(Nicholas of Lyra)를 인용하면서 어떤 사람의 견해든지 그것이 오류를 담고 있다면 신봉할 이유가 없으며, 하나님의 법이 개인적 판단이나 교회적 판결의 기준이기 때문에 판관들이 하나님의 법을 저버리도록 만든다면 그들의 말을 들을 필요가 없다고 주장하였다.[32] 후스는 아무리 많은 사람들이 넓은 길로 편한 길로 간다고 하더라도 그것이 그리스도의 법에 어긋나는 것이라면 따라가서는 안 된다고 말한다. "다수를 따라 악을 행하지 말며 송사에 다수를 따라 부당한 증언을 하지 말라."(출 23:2)고 하였기 때문이다. 그리스도인은 교황보다는 그리스도에게 복종해야 한다.

이제 후스는 자신이 왜 면벌(죄)부 판매에 저항했는지, 교황의 설교금지령에 불복종했는지, 파문에 대해 항거했는지를 논한다. 후스의 전제는 상급자가 정당한 명령을 할 때에는 복종해야 할 의무가 있지만, 그리스도의 법과 성서의 가르침에 어긋나는 부당한 명령을 할 때에는 불복종해야 한다는 것이다. 이 점은 로마가톨릭교회의 교령집에서도 인정하고 있는 바이다. 위 이시도루스는 말한다. "다스리는 사람이 하나님의 뜻이나 성서가 분명하게 명하는 것 외의 것을 명령하거나 말한다면, 그는 하나님에 대해 거짓 증거 하는 자로, 다시 말해 신성모독을 범하는 자로 간주되어야만 한다."[33] 따라서 아무리 교황이라 하더라도 그리스도와 성서의 뜻에 어긋나거나 교회에 해를 끼친다면 누구라도 이런 일들에 대해 과감하게 저항해야만 한다. 그렇지 않으면 암묵적으로 동의함으로써 그 일에 동참하는 죄를 범하는 것이기 때문이다. 그렇기 때문에 후스는 요하네스 23세가 1412년 교서를 통해 승인한 프라하에서의 면벌(죄)부 판매에 대해 저항할 수밖에 없었던 것이다.[34] 이처럼 후스는 루터보다 훨씬 이전에 면벌(죄)부

---

31 Jan Hus, 184. 후스는 8명의 교회박사 이름을 『교회』 117쪽에서 명시하고 있다. Stephen Palecz, Peter of Znaim, John Heliae, Andrew Broda, John Hildissen, Matthew the Monk, Herman the Hermit, George Boras, Simon Vuenda가 바로 그들이다.

32 Jan Hus, 165-66.

33 Jan Hus, 194.

의 부당함에 대해 강력하게 저항하였다. 그는 면벌(죄)부뿐만 아니라 부당한 성직임명이나 성직록에 대해서도 강하게 비판하였다.

후스는 1409년 교황 알렉산더 5세가 자신에게 내린 설교금지령(1409년 12월 20일 교서)에 대해서도 저항하였다. 왜냐하면 그런 명령은 첫째는 그리스도의 명을 어기는 것이며, 둘째는 교회에 해를 끼치는 것이며, 셋째는 유독 베들레헴채플에서 설교를 금한다는 것은 편파적인 것이기 때문이다.[35] 이를 바로잡기 위해 후스는 알렉산더 5세와 그의 후임인 요하네스 23세에게 호소했지만 아무런 결실이 없었고, 공의회에 한 호소도 기약 없이 무작정 답변을 기다려야 했기에, 그는 마지막으로 교회의 머리이신 예수 그리스도에게 호소할 수밖에 없었다고 말한다. "그리스도의 사제는 그리스도의 법을 따라 살아야 하고, 성서의 지식을 갖추어야 하고, 사람들을 세우기를 열망해야하며, 말씀을 설교해야만 한다."[36] 이처럼 말씀을 설교하는 것은 설교자의 의무이다. 사제가 설교하는 것과 부자가 구제하는 것은 하거나 하지 않거나 상관없는 중립적인 일이 아니라 반드시 해야만 하는 명령이다. 따라서 만일 교황이나 상급자가 사제에게 설교하지 못하도록 명한다면, 부자에게 구제하지 못하도록 명한다면, 그 사제와 부자는 이 명령에 복종해서는 안 된다. "내가 알렉산더 교황의 설교금지 명령에 복종하지 않는 이유가 바로 이것이다."[37]

또한 후스는 성서의 가르침에 근거하여 교황이 자신에게 내린 파문의 부당성에 대해서도 강력하게 논증하였다. 만일 교황이 그리스도의 대리자라면 무엇보다 첫째로 형제의 잘못을 사랑의 심정으로 드러내 보여야지 무작정 이단으로 정죄하고 파문하고 죽이는 것은 잘못이다. 둘째로 교황이 그리스도의 대리자라면 잘못을 범한 사람을 강압적으로 소환할 것이 아니라 주님과 사도들이 그랬듯이 찾아가서 말해야 한다. 셋째로 교황이

---

34 Jan Hus, 207.
35 Jan Hus, 205-206.
36 Jan Hus, 238.
37 Jan Hus, 240.

그리스도의 대리자라면 신중하고 부지런히 다른 이의 잘못을 말해주어야 하고, 세 차례의 견책이 끝나기 전에 파문이나 출교를 남발해서는 안 된다. 넷째로 믿는 자들이 형제의 잘못을 확인해야 한다. 다섯째로 교황이 그리스도의 대리자라면 주님이 베드로에게 명한 대로 형제의 잘못을 교회에다가 말해야 한다.[38] 후스는 이런 근거에서 자신에 대한 파문은 잘못된 것이라고 항의하였다. 마치 예수를 정죄한 빌라도의 법정처럼, 자신을 이단으로 파문한 교황과 로마가톨릭교회의 법정은 모순으로 가득하다고 주장하였다. 설혹 이단이라 할지라도 설득의 방법으로 그들을 그리스도의 양우리로 불러들여야지 함부로 사형을 선고하는 것은 그리스도의 방법도 아니며 복음의 목적도 아님을 상기시킨다. 이처럼 이단에 대한 사형에 대해서 반대한 것은 종교개혁 이전에는 매우 드문 경우였다.

이와 같이 후스는 교황의 면벌(죄)부 판매나 자신에게 내려진 설교금지령과 파문은 그리스도의 법과 성서의 가르침에 어긋난다며 저항하였다. 후스는 상급자가 그리스도의 법을 가르치고, 이성적인 것들, 교회의 덕을 세우는 일들, 합법적인 사항들을 가르칠 때에는 마땅히 그들에게 귀를 기울이고 복종해야 한다고 보았다. 그러나 상급자들이 그리스도의 길을 따르지 않고 악한 것을 강요한다면 그들에 대해 불복종하는 것이 그리스도에게 복종하는 길이라는 사실을 분명히 하였다. 이것이 후스가 자신의 상급자인 교황과 추기경에게 저항한 이유이다. 후스는 이렇게 주장한다. "하급자들이 … 로마교회의 사도좌에, 교황과 추기경들에게, 고위성직자들에게 무조건 복종해야 할 이유가 없다."[39]

---

38 Jan Hus, 249-50.
39 Jan Hus, 230.

IV. 결론

후스의 『교회』는 그의 작품 중에서 가장 중요한 것으로 여겨진다. 이 작품은 그의 친구들뿐만 아니라 적들에게도 깊은 인상과 영향을 남겼다. 콘스탄츠 공의회에서 후스의 반대자들이 후스를 정죄하기 위해 그의 저술에서 발췌한 30쪽 분량의 글 가운데 20쪽이 『교회』에서 뽑아낸 것이다.[40] 이 사실만 보아도 후스의 『교회』가 로마가톨릭교회에 얼마나 큰 충격을 주었는지 알 수 있다. 이 책의 내용으로 인해 후스는 결국 콘스탄츠 공의회에서 이단으로 정죄를 받았고 1415년 7월 6일 화형에 처해졌다. 이처럼 후스의 『교회』는 15세기 로마가톨릭교회에 큰 도전이었으며, 16세기 종교개혁을 향한 디딤돌의 역할을 했다. 필자는 후스의 『교회』를 읽으면서 이 책이 15세기 체코교회만이 아니라 21세기 한국교회에도 유용한 통찰력을 제공한다는 것을 발견하였다. 어떤 점에서 이 책이 여전히 필요한 것일까?

첫째로, 참된 교회가 무엇인지를 말한다. 후스는 무엇보다도 교회의 머리는 교황이 아니라 그리스도이심을 강조하였다. 그리스도만이 교회의 머리이시며, 그리스도만이 교회의 반석이시다. 이것은 교회가 인간의 피조물이 아니라 성령의 피조물이라는 말이다. 이것은 교회의 기원이 인간적인 것이 아니라 신적인 것임을 말해준다. 행여 목사든 장로든 성도든 누구든지 교회의 주인 노릇이나 머리 행세를 하려고 해서는 안 된다. 교회는 그리스도의 몸이기 때문이다. 또한 후스는 이 땅 위의 전투하는 교회는 알곡과 쭉정이가 섞여 있는 '혼합된 몸'(corpus mixtum)이기는 하지만, 궁극적으로 참된 교회는 하나님의 은총을 따라 선택을 받은 예정된 무리라고 주장하였다. 이것은 내가 교회 안에(in) 있다는 것만으로 그리스도인이라 불릴 수 없으며 참된 교회에 속했다고(of) 확정할 수 없다는 의미이다. 이름뿐인 명목적(nominal) 그리스도인이 아니라 이름과 실제가 서로 부합되

---

40 토마시 부타, 이종실 옮김, 『체코 종교개혁자 얀 후스를 만나다』, 79.

는 실제적(real) 그리스도인이라야 교회에 속했다고 할 수 있다는 것이다. 그저 교회에 출석하는 교인이 아니라 좁은 길을 순전한 믿음으로 걸어가는 제자가 그리스도인이다. 후스의 가르침은 '한국교회가 과연 그리스도의 교회인가?' '내가 과연 그리스도인인가?' 자성하도록 한다.

둘째로, 실천하는 신앙의 중요성을 보여준다. 후스는 자신의 책에서 거듭 삶의 열매를 요구한다. 그리스도인이라는 이름만으로, 목회자라는 직분만으로, 교황이라는 자리만으로 그를 그리스도인이라, 목회자라, 교황이라 할 수 없다는 것이다. 그에 걸맞은 삶과 행동이 있을 때라야 비로소 우리는 그 이름에 어울리는 권위를 갖게 된다는 것이다. 후스는 계속하여 "그들의 열매로 그들을 알리라."는 말씀을 인용한다. 지금까지 한국교회가 루터의 '오직 믿음'으로 받는 구원을 강조하며 지켜왔다면, 이제부터는 구원 그 이후의 거룩한 삶의 열매를 강조해야 할 것이다. 후스는 『교회』에서 이렇게 한탄한다. "권좌에 앉아 악한 것을 가르치거나 악하게 사는 자, 선한 것을 가르치지만 악하게 사는 자, 선한 것을 가르치지도 않고 선하게 살지도 않는 자들 모두가 나쁘다. 더욱이 많은 사람들이 예수 그리스도의 것이 아니라 자신의 것을 구하고 있으니 이 얼마나 통탄할 일인가!"[41] 이어서 이렇게 말한다. "모세나 베드로 혹은 그리스도의 자리에 앉아 선한 것을 가르치긴 하지만 행하지 않는 자들은 나쁜 자이다. 더욱 나쁜 자들은 가르치지도 않고 행하지도 않는 자이다. 최악은 선한 것을 가르치지도 못하도록 하는 자이다. 모든 것 중 최악은 악하게 살면서 선한 것을 가르치는 것을 금하고 자신의 것을 가르치는 자이다."[42] 후스는 우리에게 단지 머리로만 동의하는 신앙으로 만족하지 말고, 경건의 진보를 분명히 드러내는 신앙, 삶으로 입증되는 신앙, 하나님과 사람들 앞에서 인정받는 신앙, 열매 맺는 신앙을 가지라고 강력하게 도전한다.

셋째로, 복음이 가르치는 진리로 돌아가라고 말한다. 종교개혁은 다름

41　Jan Hus, 201.
42　Jan Hus, 201.

아닌 "근본으로 돌아가자."(ad fontes)는 운동이었다. 후스는 루터보다 100년이나 앞서 혼탁한 때에는 성서가 가르치는 복음의 진리로 돌아갈 것을 주장하였다. "진리를 알지니 진리가 너희를 자유롭게 하리라."(요 8:32)는 말씀처럼 우리가 복음의 진리로 돌아갈 때 모든 군더더기로부터 벗어나서 진정한 자유를 누리게 될 것이다. 후스의 말을 들어보자. "하나님께서 말씀하신 진리에 대해 망설임 없이 굳게 붙드는 것이 복이다. 이것은 너무나 확실하기 때문에 이 진리를 위해 사람은 자신의 생명을 죽음의 위협에도 내어놓는다. 이런 방식으로 모든 그리스도인은 성령께서 성서에 기록해 둔 모든 진리를 명시적으로 동시에 암묵적으로 믿어야 한다."[43] 그는 자신의 말처럼 진리를 위해 생명을 내어놓음으로써 자신의 가르침을 실천하였다. 오늘날 프라하를 방문하는 사람은 구시가지 광장 한복판에 서 있는 후스 동상을 보게 된다. 후스 동상 아래에는 "서로 사랑하십시오. 그리고 모든 이들에게 진리를 요구하십시오."라는 그의 당당한 외침이 기록되어 있다.

후스는 진리를 따라 사는 삶이 얼마나 좁은 길이며 어려운 길인지를 잘 알고 있었다. 그렇기 때문에 그는 자신이 이 길을 걸어갈 수 있도록 도와달라고 간절히 기도하였다. "전능하신 주님, 당신은 길이요 진리요 생명이십니다. 주님은 알고 계십니다. 당신 안에서 오늘을 걷고 사는 사람이 얼마나 적은지, 겸손, 가난, 순결, 성실, 인내로 머리이신 당신을 닮고자 애쓰는 사람이 얼마나 적은지. 사단의 길은 활짝 열려있고, 많은 사람들이 거기로 걸어갑니다. 주님, 당신의 연약한 양떼를 도와주소서. 그리하여 당신을 떠나지 아니하고, 이 세상 끝날까지 좁은 길로 당신만 따라가게 하소서."[44] 후스가 콘스탄츠에서 죽임을 당한지 603년이 지났다. 그러나 그는 여전히 우리에게 말하고 있다. "그가 죽었으나 그 믿음으로써 지금도 말하느니라."(히 11:4)

---

43   Jan Hus, 71.

44   Hus, 55.

제 2 장

에라스무스의 평화주의:
『평화의 탄식』과 『투르크족에 대항하는 전쟁에 관하여』를
중심으로

* 본 글은 「신학논단」 85집 (2016), 101-134쪽에 게재된 것입니다.

Ⅰ. 서론

인류는 언제나 평화를 염원해 왔다. 이것은 인류의 역사가 늘 전쟁의 그늘 속에 있었다는 말이기도 하다. 인류가 바라고 꿈꾸는 것은 평화지만, 현실은 항상 갈등과 테러와 전쟁의 연속이었다. '평화의 도시'라는 의미를 지닌 '예루살렘'이 언제나 전쟁의 한복판에 있는 것과 마찬가지로, 바람과 현실은 메울 수 없는 괴리와 모순을 가지고 있는 것이다.

21세기에도 여전히 대한민국(남한)과 조선민주주의인민공화국(북한)이라는 적대적 분단국가로 남아 있는 우리에게 평화는 더 절실하다. 지금도 남북한은 정전(停戰) 상태다. 1950년 발발한 한국전쟁이 1953년 정전협정으로 잠시 중단된 상태이지 완전히 끝난 것이 아니다. 북한은 핵 개발에 박차를 가하고 있고 미사일 발사 시험으로 핵 공격의 능력을 키워가고 있다. 남한은 한미군사동맹을 강화하면서 한반도에 사드(고고도 미사일방어 체계, THAAD)를 배치하여 대치하고 있다. 전쟁의 먹구름이 언제 비가 되어 쏟아질지 모를 일이다. 지금 우리에게는 남북한 사이의 정치만이 아니라 모든 사회 분야에서 갈등과 대립이 심각하다. 계층, 세대, 빈부, 이념의 간격이 점차 커지고 있다. 종교, 특별히 그리스도교계도 예외는 아니다. 보수와 진보의 진영논리가 복음의 핵심인 은혜와 공의마저도 삼켜 버릴 기세다. 이런 현실 속에서도 우리는 평화를 꿈꾼다.

16세기 종교개혁 시기 유럽의 상황도 크게 다르지 않았다. 밖으로는 오스만제국이 유럽을 위협하여 전쟁이 끊이지 않았고, 안으로는 로마가톨릭과 프로테스탄트의 대립으로 갈등이 고조되고 있었다. 어디를 둘러보아도 평화는 찾을 수 없었다. 하지만 16세기 이런 갈등의 한복판에서 전쟁을 반대하며 평화를 갈구했던 사람이 있었는데 그가 바로 인문주의자 에라스무스였다.[1] 필자는 본 논문에서 먼저 에라스무스의 생애와 작품을 전체적으로 소개한 후, 그가 평화와 전쟁에 관해 쓴 대표적인 두 작품을 소개하고자 한다. 첫 번째 작품은 1517년에 나온『평화의 탄식』(*Querela pacis*)이고, 두 번째 작품은 1530년 출판된『투르크족에 대항하는 전쟁에 관하여』(*De bello turcico*)이다. 이 두 작품에 담긴 에라스무스의 목소리를 통해 그의 전쟁과 평화에 대한 입장이 밝혀질 것이다. 에라스무스의 말을 직접 듣기 위해서 가능하면 많은 본문을 인용하려고 노력할 것이다. 에라스무스의 평화주의에 대한 평가가 어떠하든지 간에, 그가 보여준 평화에 대한 열망은 21세기 한반도에서 살아가는 우리에게 여전히 큰 울림을 준다.

II. 에라스무스의 생애와 작품

　고귀하신 선생님, 아마도 선생님은 나에게 편지를 쓰는 이 사람이 누군가 의아하실 겁니다! 제 이름은 에라스무스입니다. 저는 선생님과 전혀 다른 에라스무스입니다. 그렇지만 제 이름 때문에 사람들은 종종 저에게

1　에라스무스의 생애와 작품과 영향에 대해서는 Roland H. Bainton, *Erasmus of Christendom*, 박종숙 옮김, 『에라스무스』 (서울: 현대지성사, 1998); Cornelis Augustijn, *Erasmus: His Life, Works, and Influence*, trans. J. C. Grayson (Toronto: University of Toronto Press, 1991, rep. 1995); Hans Trapman, "Erasmus, His Life and Work," *Images of Erasmus*, ed. Peter van der Coelen (Rotterdam: Museum Boijmans Van Beuningen, 2008)을 참고하라. 또한 에라스무스 자신이 쓴 자서전과 저작목록이 있다: Erasmus, "Brief Outline of His Life(Compendium vitae)," and "Catalogue of His Works(Catalogus lucubrationum)," *The Erasmus Reader*, ed. Erika Rummel (Toronto: University of Toronto Press, 1990, rep. 2014), 15-49.

대단한 존경을 표합니다. 에라스무스라는 이름은 브랑방 지역에서 드문 이름인데 선생님의 학문의 탁월함 때문에 잘 알려져 있고 존중받고 있습니다.[2]

이 편지는 1525년 1월 30일 안트베르프(Antwerp)의 은행가인 에라스무스 세츠(Erasmus Schets)가 동명이인(同名異人)인 로테르담의 에라스무스에게 보낸 것이다. 편지는 그 당시 에라스무스의 명성이 얼마나 대단했는지를 잘 보여주고 있다. 세츠는 에라스무스의 글을 읽는 사람이라면 누구든지 어둠에서 벗어나 빛으로 나아가며 하나님에 대한 사랑과 거룩한 삶에 대한 갈망에 사로잡히게 될 것이라고 말하고 있다. 에라스무스는 시대의 지성이요 유럽의 스승이었다.

에라스무스는 네덜란드 로테르담에서 태어나 스위스 바젤에서 숨을 거두었다.[3] 그가 태어난 해는 정확하지 않다. 스위스에서는 에라스무스가 1466년 태어났다고 보고 1966년에 탄생 500주년 기념행사를 가졌다. 하지만 네덜란드에서는 에라스무스가 1469년 탄생했다고 생각하여 1969년에 탄생 500주년 기념식을 거행했다. 그의 출생일의 애매함이 극단적 대립의 시대에 항상 중용의 사람으로서 모호한 태도를 취했던 에라스무스를 대변하는 것만 같다. 심지어 에라스무스가 죽은 날짜도 분명하지 않다. 그의 친구 아머바흐(Bonifacius Amerbach)는 에라스무스가 1536년 7월 11일 죽었다고 말한다. 그런데 바젤 뮌스터에 있는 그의 묘비에는 7월 12일 숨을 거두었다고 기록되어 있다. 베인튼은 이 차이가 16세기 당시 바젤과 그 인근 도시 사이의 1시간 시차 때문이라고 말하면서 에라스무스 생전의 모

---

2 편지 1541번(Ep. 1541). Erasmus, *The Correspondence of Erasmus Letters, 1535-1657(1525)*, Collected Works of Erasmus, vol. 11 (Toronto: University of Toronto Press, 1994), 19. 이후 CWE 11, 19와 같은 방식으로 표시한다.

3 에라스무스 1524년 자서전적인 개요를 작성한 적이 있다: Erasmus, "Brief Outline of His Life(-Compendium vitae)," *The Erasmus Reader*, ed. Erika Rummel (Toronto: University of Toronto Press, 1990, rep. 2014), 15-20. 그의 생애와 작품과 영향에 대해서는 Cornelis Augustijn, *Erasmus: His Life, Works, and Influence*, trans. J. C. Grayson (Toronto: University of Toronto Press, 1991, rep. 1995)을 참고하라.

호함이 죽음에서도 그를 따라다녔다고 평가한다.[4]

에라스무스는 어린 시절 하우다(Gouda)와 데이번터(Deventer)에 있는 학교에서 교육을 받았다. 데이번터는 당시 공동생활형제단의 '근대적 경건'(Devotio Moderna) 정신이 지배적인 도시였다. 그 후 세흐토헨보쉬('s Hertogenbosch)에 있는 학교에서 공부하였다. 그러다가 아마도 1486/1487 년경에 하우다 인근 스타인(Steyn)에 있는 아우구스티누스회 수도원에 가게 되었다. 루터가 영적 불안(anfechtung)을 해결하고 구원에 이르기 위해 수도원을 찾았다면, 에라스무스는 좋은 책들로 정신의 허약성(pusillanim-itas)을 극복하고 계몽하기 위해 수도원에 들어갔다.[5] 에라스무스는 수도원 생활을 옹호한 『세상에 대한 경멸』(De contemptu mundi)에서 "공부하는 사람에게 수도원은 얼마나 큰 행복을 제공해 주는가! 이곳에서 그는 독서를 하고, 숙고를 하고, 책을 쓸 수 있다. … 책 속에서 당신은 성경의 보물들을, 예언자들과 사도들의 불멸의 저술들을, 주석가들과 박사들을 만날 수 있다."[6] 참으로 그는 책의 사람이었으며, '학문의 공화국'에 속한 사람이었다.[7]

1492년 에라스무스는 위트레흐트(Utrecht)에서 사제로 서품을 받았다. 서품을 받은 후 캉브레의 주교인 헨드릭 판 베르헨(Hendrik van Bergen)의 비서로 잠시 일하다가 1495년경 프랑스 파리로 가서 콜레주 몽테귀(Collège de Montaigu)에서 신학을 공부하였다. 이후 프로테스탄트 종교개혁의 대표자인 장 칼뱅과 로마가톨릭의 옹호자이며 예수회의 창설자인 로욜라의 이냐시오도 바로 이곳 콜레주 몽테귀에서 수학하였다. 지금은 학교가 도서관으로 바뀌기는 했지만, 여전히 벽에는 에라스무스, 칼뱅, 이냐시오의 이름이 나란히 기록되어 있다. 에라스무스는 1499년 도버해협을 건너 잉

---

4 Roland H. Bainton, *Erasmus of Christendom*, 박종숙 옮김, 『에라스무스』 (서울: 현대지성사, 1998), 14, 345.
5 Roland H. Bainton, 『에라스무스』, 22, 29.
6 Roland H. Bainton, 『에라스무스』, 25-26.
7 Roland H. Bainton, 『에라스무스』, 148.

글랜드로 가서 존 콜렛(John Colet)과 토머스 모어(Thomas More) 같은 인문
주의자들과 교류하면서 자신의 사상을 형성해 나갔다.

다시 대륙으로 돌아온 에라스무스는 프랑스의 파리와 오를레앙 그리
고 네덜란드에 머물다가, 1502년경 루뱅(Louvain)에 자리를 잡았다. 이때
출간된 책이 『엔키리디온』(*Enchiridion militis christiani*)이다. 이 작품은 '그
리스도인 병사의 지침서/단검'이라는 의미로 그리스도인이 필수적으로 알
아야 할 내용 혹은 그리스도인이 반드시 지참해야 할 무기라는 뜻을 가지
고 있다. 이것은 1501년경에 씌어졌으며 1503년 안트베르프에서 처음으로
출판되었다. 이 책은 그리스도교 교회와 성도가 성경과 기도의 본질로 돌
아가야 함을 강조하고 있다. 외적이고 형식적인 것에 얽매이고 매달릴 것
이 아니라 내적이고 본질적인 경건을 지녀야함을 역설하고 있다. 이 책의
내용은 외적인 것보다 내적인 것을 중시하는 에라스무스의 신플라톤주의
를 잘 보여주고 있으며, 사실상 열매는 없이 잎사귀만 무성한 당시의 로마
가톨릭교회에 대한 맹렬한 비판이었다. 이런 점에서 에라스무스는 프로테
스탄트 종교개혁에 앞선 교회개혁자였다.

이후 '세계시민' 에라스무스는 온 유럽을 종횡무진 돌아다녔다.[8] 두 번
째로 잉글랜드를 방문하여 토머스 모어의 집에 머물기도 했고, 이탈리아
의 여러 도시들을 방문하기도 하였다. 에라스무스는 이탈리아 토리노에서
신학박사 학위를 취득하였다. 볼로냐에서는 1506년 11월 11일 도시로 진
입하는 교황 율리우스 2세의 군대를 목격하고 이후에 전쟁광 율리우스 교
황이 천국에 입장하지 못하고 쫓겨난다는 풍자문(Dialogus Julius exclusus
e coelis)을 익명으로 출판하기도 했다. 하지만 이 풍자문이 에라스무스의
작품인지 아닌지는 여전히 논쟁거리이다. 베네치아에서는 출판업자 알두
스 마누티우스(Aldus Manutius)의 인쇄소에 머물면서 『격언집』(*Adagia*) 작
업을 하기도 했다. 1509년에 에라스무스는 세 번째로 잉글랜드를 방문하
였다. 이때 가장 널리 알려진 『우신예찬』(*Moriae encomium*)을 집필하였다.

---

8   Roland H. Bainton, 『에라스무스』, 148.

이 책의 제목은 '어리석음의 예찬' 또는 '모어의 예찬'으로도 해석될 수 있다. 『우신예찬』은 『엔키리디온』의 내용을 익살스럽고 풍자적인 방식으로 표현한 것이다. 에라스무스는 잉글랜드에 머무는 1511-1514년 동안 케임브리지 대학에서 강의를 하기도 했다.

1514년 에라스무스는 바젤을 방문하여 인쇄업자 요하네스 프로벤(Johannes Froben)을 비롯한 라인강 상류지역의 인문주의자들과 교류하였다. 1516년은 에라스무스의 인생에서 정점이었다. 그는 성로마제국의 황제 카를 5세의 고문으로 임명되었고, 그를 위해 『그리스도인 군주 교육론』(Institutio principis christiani)을 저술하였다. 뿐만 아니라 『그리스어판 신약성경』을 본문, 번역, 주석을 곁들여 출판하였다. 이제 성경을 라틴어 번역이 아닌 그리스어 원어로 읽을 수 있게 되었다. 이 에라스무스의 신약성경은 루터를 비롯한 종교개혁자들에게도 대단히 중요한 영향을 미쳤다. 또한 그가 가장 좋아한 초대교회 교부인 『히에로니무스 저작선집』을 편집하여 출판하기도 하였다. 1517-1521년 사이 에라스무스는 루뱅에 머물면서 신학을 가르쳤고, 인문주의자에게 필수적인 세 언어 즉 히브리어, 그리스어, 라틴어를 가르칠 학교(Collegium Trilingue)를 세우는 일에 협력하기도 했다. 이때 쓴 작품 중 하나가 바로 본 논문에서 다루고자하는 『평화의 탄식』(Querela pacis)이다. 이 작품에 대해서는 아래에서 본격적으로 소개할 것이다.

1522-1529년 사이 에라스무스는 바젤에 머물면서 루터와 논쟁을 벌였다. 에라스무스는 교회권력의 남용에 대한 루터의 입장에는 충분히 동의했으나, 루터의 거칠고 폭력적인 태도가 교회와 사회의 일치를 위협한다고 생각했다. 결국 두 사람은 자유의지 문제를 두고 서로 설전을 벌였다. 1524년 에라스무스는 『자유의지론』(De libero arbitrio)을 통해 루터의 견해를 비판하였다. 그는 『자유의지론』에서 인간의 자유로운 선택이 구원의 과정에서 맡는 역할을 옹호했고, 성경해석에서는 오랜 세월에 걸친 교회의 합의가 권위를 갖는다고 주장하였다. 1525년 루터는 『노예의지론』(De servo arbitrio)을 통해 에라스무스에게 반론을 펼쳤고 이로써 인문주의자

와 종교개혁자의 차이가 분명해졌다. 프라이부르크의 법학자 울리히 자시우스(Ulrich Zasius)는 1521년 아머바흐에게 보낸 편지에서 이렇게 말한다. "에라스무스에게 루터의 대담함과 날카로움이 있었더라면, 그리고 루터에게 에라스무스의 풍부한 학식과 말솜씨와 겸손과 분별력이 있었더라면, 이보다 더 훌륭한 피조물이 어디 있었겠는가? 나는 둘 다 좋아하지만 에라스무스를 더 좋아한다. 그는 성경을 푼다. 반면에 루터는 성경을 꼬아 매듭을 만든다."[9]

1529년 에라스무스는 바젤을 떠나 프라이부르크로 갔다. 1521년 보수적인 로마가톨릭이 에라스무스의 자유를 제약하려하자 루뱅을 떠나 바젤로 갔다면, 1529년 프로테스탄트가 로마가톨릭의 미사를 금지하자 바젤을 떠나 로마가톨릭 도시인 프라이부르크로 향했다.[10] 온 유럽을 자기 집 삼아 떠돌던 그가 생애 처음으로 이곳에서 집을 샀다. 그리고 1529년 오스만 투르크족의 유럽 침입을 목격하고서 본 논문이 다루게 될 또 하나의 작품 『투르크족에 대항하는 전쟁에 관하여』(De bello turcico)를 1530년에 출판하였다. 이 글에서 에라스무스는 다시 한 번 자신의 평화에 대한 입장을 진술한다. 1535년 5월 에라스무스는 다시 바젤로 돌아왔다. 그는 자신의 건강이 급격히 나빠진 것을 느끼고 [1527년과 1533년에 이어] 1536년 2월 12일 유언을 작성하였다. 그리고 7월 11(혹은 12)일 요하네스 프로벤의 아들인 히에로니무스(Hieronymus)의 집에서 숨을 거두었고, 바젤 뮌스터 안에 영원히 잠들었다.

에라스무스는 다양한 분야에서 많은 저술을 남겼다. 에라스무스는 생전에 직접 자기 작품에 대해 설명하는 글을 작성한 적이 있다.[11] 그는 1524과 1530년 자신의 저작들 목록을 9개 범주로 정리하였다: 문학, 격언, 편지, 윤리, 종교, 신약성경, 신약성경 의역, 교부, 논쟁. 이후 에라스

---

9   Roland H. Bainton, 『에라스무스』, 313.

10   Hans Trapman, "Erasmus, His Life and Work," *Images of Erasmus*, ed. Peter van der Coelen (Rotterdam: Museum Boijmans Van Beuningen, 2008), 21.

11   Erasmus, "Catalogue of His Works(Catalogus lucubrationum)," *The Erasmus Reader*, 21-49.

무스의 전집을 편집할 때에는 이 범주를 따라 이루어졌다. 최초의 에라스무스 전집은 그가 죽은 후 얼마 지나지 않아 스위스 바젤에서 친구인 레나누스(Beatus Rhenanus)에 의해 9권으로 편집되어 출판되었다(Basel, 1540-41). 두 번째는 18세기 초에 네덜란드 레이든에서 레크레흐(Jean Leclerc)에 의해 10권으로 편집되었다(Leiden, 1703-6; LB로 인용됨).

본격적인 에라스무스 전집 편찬 작업은 20세기 후반에 와서야 이루어졌다. 20세기에 유럽은 두 차례의 세계대전의 참상을 겪었고, 나치즘과 파시즘으로 대변되는 국가주의 그리고 공산주의라는 전체주의를 경험하였다. 그리스도교 내부에서 20세기는 다름을 인정하고 서로 포용하려는 에큐메니칼 운동의 시대였다. 에릭 홉스봄(Eric Hobsbawm)이 말한 '극단의 시대'에 서로를 포용하며 연합하려는 흐름이 나타난 것이다.[12] 이런 역사적 맥락으로 인해 평화주의자 에라스무스에 대한 관심이 고조되면서 '에라스무스 르네상스'라 부를만한 움직임이 싹텄다. 그 결과로 나온 것이 암스테르담 전집이다(Amsterdam, 1969- ; ASD로 인용됨). 이것은 라틴어 비평 편집본으로 암스테르담에 위치한 KNAW(Royal Netherlands Academy for Arts and Sciences)의 주도 하에 수십 명의 전문가들이 작업에 참여하여 47년이 지난 지금까지도 진행 중이며, 현재 브릴(Brill) 출판사를 통해 48권이 출판되었다. 또 다른 중요한 에라스무스 전집 번역 작업이 캐나다 토론토대학에서 진행 중이다(Toronto, 1974- ; CWE[Collected Works of Erasmus]로 인용됨). 멕코니카(James K. McConica)의 책임 하에 수십 명의 학자들이 협력하여 시작된 이 작업은 라틴어로 기록된 에라스무스의 작품을 영어로 번역 소개함으로써 에라스무스의 대중화에 결정적인 공헌을 하고 있다. 처음에는 40권 정도를 예상했지만 지금은 89권으로 늘어났으며, 현재 토론토대학 출판사를 통해 65권이 출판되었다. 이와 같은 장기적이며 체계적인 학문적 열정이 놀랍고 부러울 뿐이다.

---

12   Eric Hobsbawm, *Age of Extremes: A History of the World, 1914-1991*, 이용우 옮김, 『극단의 시대: 20세기 역사』(서울: 까치, 1997).

Ⅲ.『평화의 탄식』에 나타난 에라스무스의 평화주의

1517년에 출판된『평화의 탄식』(Querela pacis)은 에라스무스가 평화라는 주제를 본격적으로 다룬 작품이다. 이 책은 캉브레(Cambrai)에서 열리는 평화회담, 즉 막시밀리안 황제, 프랑스의 프랑수아 1세, 잉글랜드의 헨리 8세, 네덜란드를 포함한 저지대의 통치자 샤를 등 유럽의 통치자들이 모이는 회담을 위한 준비로 부르고뉴의 장 러 소바스(Jean Le Sauvage)의 요청에 따라 씌어졌다. 에라스무스는 이전에도 평화에 관해 언급한 바가 있다. 예를 들면 "전쟁은 경험해 보지 않은 사람들에게만 달콤하다." 그리고 "누구든지 왕 혹은 바보로 태어나야 한다."는 격언을 풀이한『격언집』(Adagia; Adages, 1500, 1508, 1515)에서,『오스트리아의 대공 필립에 대한 찬사』(Panegyricus ad Philippum Austriae ducem; Panegyric of Philip Duke of Austria, 1504)에서, 그리고『그리스도교 군주의 교육』(Institutio principis christiani; The Education of a Christian Prince, 1516)에서 평화의 중요성에 대해서 논한 바가 있다. 하지만 이제『평화의 탄식』에서는 평화라는 하나의 주제를 본격적으로 다루고 있다. 이 책이 1517년에 두 번이나 출판되었고, 16세기에 30판 이상이 나왔으며, 독일어, 프랑스어, 스페인어, 네덜란드어, 영어 등 여러 언어로 번역되었다는 것은 16세기에 얼마나 평화가 절실했는지를 역설적으로 보여주는 것이다.

이 책에서 에라스무스는 평화를 의인화하였다. 그는 이미『우신예찬』(1511)에서 의인화의 방식을 사용한 바가 있다.『우신예찬』의 논조가 냉소적인 풍자라면,『평화의 탄식』은 쓰라린 아픔과 슬픔의 어조이다.[13] 에라스무스는 처음부터 평화와 전쟁을 대비시킨다.

---

[13] 『평화의 탄식』을 수사학적 설득이라는 관점에서 분석한 Philip C. Dust, "Rhetorical Persuasion in Erasmus' Querela pacis," in *Three Renaissance Pacifists: Essays in the Theories of Erasmus, More, and Vives* (New York: Peter Lang, 1987), 33-48을 참조하라.

평화는 하늘과 땅의 모든 좋은 것들의 원천이며 근원이고, 만물을 지
탱하며 유지하고 보호한다. 평화가 없다면 번영도, 안전도, 거룩함과
순수함도 있을 수 없으며, 인간에게 더 이상의 기쁨이 없을 것이고 하
나님께서 기꺼워할 어떤 것도 없을 것이다. 반면에 전쟁은 세상의 모
든 악이 도사리는 대양과 같다. 전쟁의 본질적인 사악함 때문에 번영
은 즉각적으로 쇠락하며, 강해지던 것은 약해지며, 요새는 무너지며,
건전한 기초는 파괴되며, 달콤한 것은 쓴 맛으로 변하게 된다. 결론적
으로 전쟁은 사악한 것이어서 모든 경건과 종교를 즉각적으로 파괴하
며, 전쟁보다 더 인간을 불행하게 만들고 하나님이 미워할 만한 것은
없다.[14]

에라스무스는 이토록 평화와 전쟁의 결과가 명확한데도 전쟁에 열을
올리며 광적으로 매달리는 자를 어떻게 제정신을 가진 인간이라고 말할
수 있을 것인지 묻는다. 또한 에라스무스는 동물, 식물, 심지어는 생명력
이 없는 물질과 우주의 천체도 서로 다투지 않고 조화 가운데 공존하는데,
이성을 가지고 있고 언어라는 도구까지 선물로 받은 인간만이 평화를 외
면하고 종족상잔의 전쟁에 광분한다는 것이 얼마나 안타까운 일인지 탄식
한다.

의인화된 평화는 인간에게서, 특별히 그리스도인에게서 자신이 환영
을 받을 것이라 생각하고 달려갔지만 세상 어디에서도 자신의 안식처를
발견하지 못했다고 한탄한다. 평화는 성벽으로 둘러싸인 도시로 갔지만
거기서는 단 며칠이라도 머물만한 안식처를 찾지 못한다. 평화는 이번에
는 궁정으로 간다. 그곳에는 민중들보다 훨씬 더 세련되고 현명한 군주와
엘리트가 있으니 분명 자신의 자리를 발견할 수 있으리라 생각했지만 공
개적 파당과 보이지 않는 불화만 가득했다. 이제 평화는 학자들을 찾아간
다. 철학은 탁월한 사람을 만들고 신학은 거룩한 사람을 만들기 때문에 평

---

14   Erasmus, "A Complaint of Peace(Querela pacis)," The Erasmus Reader, 289.

화는 학자들 가운데서 자신이 환대를 받으리라 생각했다. 그러나 거기에
는 또 다른 형태의 전쟁이 난무했다.

> 비록 동일한 신앙을 고백하고 있다 하더라도, 스코투스주의자와 토머
> 스주의자들이 싸우고, 유명론자와 실재론자들이 싸우고, 플라톤주의
> 자와 소요학파가 싸우고 있었다. 그들의 싸움은 워낙 맹렬해서 아주
> 사소한 문제에서도 그들 사이에 일치란 없다. … 비록 그들이 칼이나
> 창을 사용하지는 않지만 독이 가득한 펜으로 상대방을 찌르고, 신랄한
> 말재간으로 상대방을 찢고, 치명적인 혀의 화살로 서로의 명예를 추락
> 시킨다.[15]

평화는 그래도 종교 안에서라면 잠시 쉴 안식처 정도는 발견할 수 있
으리라는 기대를 가진다. 평화의 상징인 십자가, 서로 형제자매라 부르는
호칭, 예배 때마다 '평화가 당신과 함께 하기를' 말하며 나누는 평화의 인
사, 이 모든 것이 종교 안에는 평화의 거처가 있으리라 기대하도록 만들었
다. 그러나 성직자와 성도들 사이에, 성도와 성도 사이에는 다툼과 분쟁과
고발만이 난무했다. 심지어 수도원과 수도회 안에서도 평화가 머물 곳은
어디에도 없었다. 이제 평화는 서로 사랑해서 결혼한 부부들 안에서 그나
마 자신이 머물 처소가 있지 않을까 생각한다. 하지만 한 가정을 이룬 부
부 안에도 진정한 평화는 없었다. 그래도 평화는 소위 위선적인 종교인들
에게서보다는 부부들 안에서 자신이 쉴 자리를 발견할 가능성이 있다는
사실을 그나마 다행이라 생각하며 자조(自嘲)한다. 마지막으로 개인의 마
음 안에서 자신의 거처를 찾아보았지만 마음조차도 온갖 욕심과 탐욕으로
얼룩지고, 감성과 이성이 충돌하여 평화가 머물 곳은 없었다. 결국 평화는
도시, 궁정, 학자, 종교, 부부, 개인 그 어디에서도 자신이 환영받지 못한
다며 탄식한다.

---

15 Erasmus, "A Complaint of Peace," 293-94.

에라스무스는 이제 우리가 믿는 예수 그리스도가 누구이며 무엇을 가르쳤는지 상기시킨다. 예수는 '평화의 왕'이시다. 의인화된 평화는 계속하여 우리에게 묻는다.

> 그리스도의 생애가 처음부터 끝까지 화합과 상호 사랑의 교훈이 아니라면 도대체 무엇이란 말인가? 그분의 모든 계명과 비유가 가르치는 것이 평화와 사랑이 아니면 도대체 무엇이란 말인가? … 하나님의 아들이 이 땅에 오신 것이 세상을 아버지와 화목케 하고, 사람들을 상호 끊을 수 없는 사랑으로 연결하고, 인간을 자신의 친구로 삼기 위함이 아니라면 도대체 무엇이란 말인가?[16]

사도 바울은 때로는 '평화의 하나님'을 말하고, 때로는 '하나님의 평화'를 전한다. 이것은 다음과 같은 결론에 이르게 한다. "하나님이 없는 곳에 평화도 없고, 평화가 없는 곳에 하나님도 없다."[17] 따라서 에라스무스에게 예수 그리스도를 예표(像表)하는 구약의 인물은 다윗이 아니라 솔로몬이다. 다윗은 전사로서 수많은 피를 흘린 왕이었지만, 솔로몬은 그 이름이 뜻하는 바가 '평화를 만드는 사람' 혹은 '평화의 사람'이다. 하나님의 성전을 짓는 일이 다윗이 아닌 솔로몬에게 맡겨진 것도 바로 이런 이유 때문이었다.[18]

에라스무스는 다시 우리에게 도전한다. "그리스도께서 인간으로 오셨을 때, 그분이 가르치고 설파하신 것이 평화가 아니라면 무엇이란 말인가?" 그리스도께서는 우리에게 "새 계명을 너희에게 주노니 서로 사랑하라. 내가 너희를 사랑한 것 같이 너희도 서로 사랑하라."(요 13:34)고 말씀하신다. 또한 "평안을 너희에게 끼치노니 곧 나의 평안을 너희에게 주노라. 내가 너희에게 주는 것은 세상이 주는 것과 같지 아니하니라."(요

---

16 Erasmus, "A Complaint of Peace," 295, 297.

17 Erasmus, "A Complaint of Peace," 296.

18 Erasmus, "A Complaint of Peace," 297.

14:27)고 말씀하신다. 그리스도가 우리에게 주시고자 하는 것은 두려움과 근심이 아니라 사랑과 평화였다. 그리스도는 우리를 두려움의 사자(使者)가 아니라 평화의 사도(使徒)로 부르셨다. 예수 그리스도가 우리에게 남긴 유산은 재물도 제국도 아닌 평화였다. 친구뿐만 아니라 원수까지 사랑함으로써 얻는 평화였다.[19]

에라스무스는 주님이 가르쳐 주신 기도의 첫마디가 '우리 아버지'라는 사실이 그리스도인의 일치와 평화의 놀라운 암시라고 말한다. 그런데 "어떻게 하나님을 '우리' 아버지라고 부르면서 서로 끊임없는 전쟁을 벌일 수 있단 말인가? 어떻게 같은 아버지를 부르면서 형제의 심장에 칼을 꽂을 수 있단 말인가?"[20] 에라스무스는 다시 그리스도인들에게 묻는다. "그리스도의 가르침, 교훈, 명령, 기도의 핵심이 서로 사랑하라는 것이 아니면 도대체 무엇이란 말인가? 성만찬의 빵과 잔의 교통이 결코 끊을 수 없는 새로운 일치의 끈을 확증하는 징표가 아니라면 도대체 무엇이란 말인가?"[21] "그리스도께서는 암탉처럼 자신의 날개 아래 병아리들을 모아 품는데, 도대체 그분을 따르는 제자라고 고백하는 그리스도인들이 어떻게 감히 매와 솔개처럼 행동할 수 있단 말인가?"[22] 에라스무스는 고백과 삶이 다르다면, 그리스도인이라는 자들이 아무리 자신의 옷이나 집이나 교회에 십자가 장식을 한다고 하더라도 주님께서는 사랑 이외의 어떤 표식도 인정하지 않을 것이라고 단언한다.[23]

이제 에라스무스는 자신이 살던 시대의 그리스도교를 되돌아보면서

19 Erasmus, "A Complaint of Peace," 298.
20 Erasmus, "A Complaint of Peace," 298. 에라스무스는 뒷부분에서 주기도문의 모든 구절을 조목조목 언급하면서 자기 시대의 성직자와 그리스도인들이 얼마나 주기도문을 위선적으로 입으로만 암송하고 있는지 신랄하게 비판한다. Erasmus, "A Complaint of Peace," 303-304.
21 Erasmus, "A Complaint of Peace," 299.
22 Erasmus, *The Complaint of Peace* (Chicago: The Open Court Publishing Co., 1917), 24. 이것은 1521년 판 Querela pacis를 영어로 번역한 것이다. 번역자는 명시되어 있지 않지만 아마도 T. Paynell에 의해 번역되어 1802년 재발행된 것으로 추정된다. Erika Rummel이 편집한 The Erasmus Reader에서 누락되어 있는 부분은 이 책에서 인용하였다. 이후 Erasmus, CP, 24와 같은 방식으로 표기한다.
23 Erasmus, CP, 25-26.

교회와 성직자들이 얼마나 평화를 홀대했는지를 신랄하게 비판한다. "단지 지난 10년 동안의 사건들만 회상해보자. 이 세상의 땅과 바다에서 야만적인 전쟁이 일어나지 않은 곳이 어디 있었는가? 그리스도인의 피로 젖지 않은 땅이 어디에 있으며, 인간의 유혈로 뒤덮이지 않은 강이나 바다가 어디 있는가? 말하기도 부끄럽게 전쟁의 잔인성은 유대인이나 이교도나 짐승보다 더하다."[24] 에라스무스의 애끓는 탄식을 더 들어보자.

> 하나님께서는 모세의 엄격한 율법으로 사제들이 피로 더럽혀지는 것을 금했지만 그들은 전쟁의 선동자가 되고서도 부끄러움을 모른다. 우리 삶의 길잡이가 되어야 할 성직자, 설교자, 신학자들도 부끄러움을 모르기는 매한가지다. 주교나 추기경뿐 아니라 그리스도인의 대리자라는 교황까지도 전쟁을 부추기고 승인하는 자들로 변질되었지만 도무지 부끄러움을 모른다. 그리스도를 대적하고 그리스도가 가장 싫어하는 짓들을 하면서도, 자신들이 가진 권위가 그리스도에게서 온 것인 양 위선을 떤다.[25]

주교관과 전투헬멧, 목자의 지팡이와 군인의 창, 복음서와 방패가 도대체 어떻게 조화될 수 있단 말인가? 온 세상을 피비린내 나는 전장으로 몰고 가면서 어떻게 동시에 아무렇지도 않게 '평화가 당신과 함께 하기를!' 하며 인사할 수 있단 말인가? 입으로는 평화를 말하면서도, 어떻게 손과 행동으로는 파괴를 일삼을 수 있단 말인가? 그리스도를 화해자요 평화의 왕이라 말하면서, 어떻게 감히 같은 입으로 전쟁을 부추길 수 있단 말인가? 이것은 그리스도와 사탄 앞에서 동시에 트럼펫을 부는 것과 같지 않은가?[26]

24 Erasmus, "A Complaint of Peace," 300.
25 Erasmus, CP, 35-36.
26 Erasmus, CP, 36.

'평화를 전하며 복된 소식을 가져오며 구원을 공포하는 사람의 발이
어찌 그리 아름다운가!'(사 52:7)라며 그리스도의 오심을 알렸던 예언
자들의 말이, 당신들의 경우에는 '전쟁을 선동하며, 악을 부추기고, 사
람들을 파멸로 재촉하는 성직자의 혀가 얼마나 더러운가!'로 바뀔까
두렵다. '피 흘리는 성직자'이 얼마나 모순된 어처구니없는 단어의 조
합인가![27]

에라스무스는 전쟁을 막고 평화를 지켜야 할 성직자들이 오히려 교황
과 황제를 부추겨 피 흘리는 전쟁터로 몰아가고 있는 기막힌 현실에 좌절
한다. 이들은 자신들의 목적을 위해서라면 거룩한 하나님의 말씀조차도
왜곡하여 전쟁을 정당화하는 도구로 만들어버린다. 이들은 자신들의 탐욕
을 위해서라면 교회를 버리고 전쟁터로 나간다. 그것도 십자가를 높이 들
고서 말이다. "그들은 십자가를 자신들의 깃발로 가지고 다닌다. 몇 푼의
돈에 인간도살자로 팔린 믿음이라고는 찾아볼 수 없는 용병들까지도 십자
가를 지니고 다닌다. 십자가를 바라보기만 해도 전쟁에서 떠나야 할 텐데
오히려 십자가가 전쟁의 상징이 되어버렸다."[28] 이제 평화의 상징인 십자
가가 전쟁을 이기게 만드는 부적이 되어버렸다. 이어서 에라스무스는 전
쟁터에 있는 병사들에게 호소한다.

당신이 어떻게 한 손에 구원의 상징을 들고서, 당신의 형제를 죽이기
위해 서둘러 달려갈 수 있는가? 당신이 십자가의 이름으로 죽이려는
그 누군가가 사실은 십자가로 구원받은 사람이다. 설상가상으로 어떻
게 여러분이 거룩한 성만찬의 신비에 참여하고서 곧바로 전쟁터로 달
려가 잔인한 칼을 여러분 형제들의 배에 쑤셔 넣을 수 있단 말인가?
성만찬은 모두가 존엄하게 지켜야할 그리스도인들 사이의 긴밀한 연

27 Erasmus, CP, 36.
28 Erasmus, "A Complaint of Peace," 303.

합의 특별한 상징임에도 불구하고 말이다. … 무엇보다 가장 부조리한 것은 십자가 깃발이 양 진영 모두에서 펄럭인다는 사실이다. 그리고 성례들이 양쪽에서 모두 베풀어진다. 십자가가 십자가와 싸우고, 그리스도가 그리스도와 전쟁을 벌이다니! 이보다 더 희한한 일이 어디 있겠는가?[29]

[그리스도인들은] 투르크인들을 신앙도 없는 이교도라며 저주한다. 자신들도 그들과 마찬가지 죄를 저지르면서도 마치 자기들은 참된 그리스도인인 양 위선을 떠는 것이다. 서로를 향해 칼을 휘두르는 자신들보다 투르크인들이 더하기라도 하는 양 허풍을 떠는 것이다. 그리스도인들은 투르크인들이 악마에게 제사를 드린다고 말하지만, 자신들도 투르크인들과 똑같은 짓을 하고 있지 않은가? 사실상 악마들이 가장 기뻐할 제물은 그리스도인에 의해 죽은 그리스도인이 아닌가? 아니 실제로 죽인 자와 죽은 자 모두 악마의 제물이기 때문에 악마는 이중의 제사를 즐기는 것이다. 누구든지 투르크인들을 좋아하고 악마와 친구가 되고 싶은 사람이 있다면 이런 종류의 제사를 바치면 될 것이다.[30]

마침내 에라스무스는 자신의 유명한 명제도 도달한다. "부당한 평화란 거의 있을 수 없으며, 아무리 정당한 전쟁이라도 부당한 평화만 못하다."[31] 전쟁과 평화 중에서 어떤 것이 정말 유리한지 손익계산을 꼼꼼히 해보라고 권면한다. 그렇게 한다면 에라스무스는 누구라도 전쟁이 아닌 평화를 선택할 것이라 확신한다. 어떤 이유도 한순간에 모든 것을 빼앗아 가버리는 전쟁을 일으킬 명분이 될 수 없다는 것이다.

현실에 대한 냉철한 진단을 한 후, 이제 에라스무스는 정치인, 성직

---

29   Erasmus, "A Complaint of Peace," 303.

30   Erasmus, "A Complaint of Peace," 304.

31   Erasmus, "A Complaint of Peace," 305.

자, 그리스도인에게 평화를 이루기 위한 실제적인 조언을 한다. 우리는
『평화의 탄식』에서 에라스무스가 정치인들에게 주는 두 가지 충고를 발견
할 수 있다. 첫째로, 정치인은 자신의 욕심을 채우기 위해 전쟁을 이용해
서는 안 된다고 말한다. "군주들은 전쟁에서 어떤 상처도 입지 않으며, 고
위층은 오히려 전쟁을 통해 부를 축적한다. 전쟁이라는 불행의 파도는 정
작 전쟁에 아무런 관심도 없고 책임도 없는 농민과 가난한 민중을 덮친다.
만일 군주가 이런 것을 전혀 생각하지 못한다면 그가 과연 현명한 사람인
가? 만일 그가 이것을 대수롭지 않게 여긴다면 그가 과연 자비로운 사람
인가?"[32] 이것이 전쟁의 현실이다. 실제 전쟁으로 다치고, 빼앗기고, 죽는
것은 지배층이 아니라 민중이다. 전쟁이 민중에게는 말할 수 없는 고통이
지만, 지배자에게는 오히려 자신의 탐욕을 채울 수 있는 기회가 된다. 그
래서 "전쟁은 경험해 보지 않은 사람들에게만 달콤하다."는 격언이 나온
것이다. 따라서 에라스무스는 정치인들을 향해 사욕을 위해 백성을 사지
로 몰아넣는 전쟁을 벌여서는 안 된다고 조언한다. 오히려 전쟁을 몰아내
고 평화를 이루는 것이 정치인의 의무이자 책임이다. 놀랍게도 에라스무
스는 나쁜 정치인이 부당한 욕심을 가지고 있다면 시민의 결합된 의지로
그를 견제하고 저지할 수 있어야 한다는 매우 근대적인 사상을 내비치고
있다.[33]

둘째로, 정치인은 민족주의 정서를 이용하여 전쟁을 부채질해서는 안
된다고 말한다. 에라스무스는 정치인들이 외국인에 대한 혐오를 은근히
조장하고 자기 민족의 우월성을 노골적으로 조작하는 행위를 비판한다.
에라스무스는 정치인들에게 민족적 영광이라는 환상을 국민에게 심어서
는 안 된다고 조언한다.[34] 이것은 협소한 민족주의를 넘어서 세계시민으로
살고자 했던 에라스무스의 정신과 일치한다. "왜 우리는 인간 대 인간으로
서로를 선의로 대하지 못하는가? 왜 그리스도인 대 그리스도인으로 대하

32 Erasmus, "A Complaint of Peace," 306.
33 Erasmus, "A Complaint of Peace," 306.
34 Erasmus, CP, 52.

지 못하는가? 민족이라는 사소한 이름이 애정이 깃든 자연적 유대나 그리
스도교의 강한 결속보다 더 중요하고 단단하단 말인가?"[35] 에라스무스는
적어도 네덜란드인이기 이전에 인간이었고 그리스도인이었다. 나라를 가
르는 인위적이며 지리적인 경계가 그리스도인을 나눌 수 없다. 국가나 민
족의 정체성이 그리스도의 신비한 몸을 나눌 수 없다. 이와 같이 에라스무
스는 전쟁을 초래하는 극단적 민족주의를 비판하며 경계한다. 이것은 지
난 20세기에 왜곡된 국수주의와 인종주의로 인한 참극을 겪었던 우리에게
여전히 유효한 조언이다.[36]

이제 에라스무스는 교회의 성직자들을 향해 간곡한 탄원을 한다. 정치
인에게는 자신의 권력과 명예가 최우선 관심이기 때문에 평화를 외면하고
현실적인 타협책들을 선택하는 것을 그나마 용인해 줄 여지가 있다. 하지
만 평화의 복음을 전하고 평화의 왕인 그리스도를 따른다고 나선 성직자
가 평화가 아닌 전쟁을 선동하는 것은 어떤 변명의 여지도 없다. 일찍이
교황 율리우스 2세가 직접 군대를 이끌고 볼로냐로 입성하는 장면을 목격
한 에라스무스로서는 더욱 가차 없는 비판을 가할 수밖에 없었다.

> 주교는 그들의 의무를 행해야만 한고, 성직자는 진정한 성직자가 되어
> 야 하며, 수도사는 자신들의 서원을 유념해야 하고, 신학자는 그리스
> 도에게 합당한 것을 가르쳐야 한다. 모두가 연합하여 전쟁을 반대해야
> 하며, 모두가 전쟁을 감시하고 전쟁에 반대 목소리를 내야 한다. 사적
> 으로나 공적으로나 그들은 오로지 평화를 설교하고 선포하고 가르쳐
> 야 한다. 만일 문제해결을 위한 노력에도 불구하고 전쟁을 막을 수 없
> 다면, 그때에는 그 전쟁에 조금이라도 찬동해서는 안 되며 참여해서도
> 안 된다.[37]

---

35 Erasmus, CP, 58.

36 1950년 José Chapiro가 에라스무스의 『평화의 탄식』을 번역(Erasmus and Our Struggle for Peace.
Boston: Beacon Press, 1950.)한 후 그것을 UN에 헌정했다는 사실은 이 책이 20세기에 꼭 필요했
음을 보여준다.

37 Erasmus, "A Complaint of Peace," 308.

에라스무스에게 '정당전'(just war)이니 '성전'(holy war)이니 하는 것들은 그 단어 자체가 모순이다. 어떻게 정당하다는 단어와 전쟁이라는 단어가 붙어 있을 수 있단 말인가? 어떻게 거룩이라는 단어와 전쟁이라는 단어가 함께 사용될 수 있다는 말인가? 도대체 전쟁치고 정당한 것이 어디 있으며, 거룩한 것이 어디 있단 말인가? 더욱이 성직자라는 사람이 전쟁을 지지하고, 교황이라는 사람이 군대를 이끌고 다니는 것보다 더 부조리한 일이 어디 있겠는가?

> 성직자는 이성과 종교로부터 배운 지식과 지혜로 평화주의를 모든 논점에서 역설해야 할 특별한 임무를 지니고 있다. ⋯ 그러므로 성직자들은 설교단에서든 일상대화에서든 때와 장소를 가리지 말고 평화와 사랑을 가르쳐야 한다.[38]

> 하나님께 헌신된 성직자들에게 간청한다. 하나님이 가장 기뻐할 것을 당신의 모든 열정을 다해 드러내고, 하나님이 가장 싫어할 것을 전심을 다해 제거하라. 신학자들에게 호소한다. 평화의 복음을 설파하고 당신의 메시지가 세상 사람들의 귀에 끊임없이 울리도록 하라. 주교와 고위 성직자들에게 부탁한다. 당신의 권위가 미치는 곳에서는 영원히 지속될 결속 가운데 평화가 굳게 자리 잡도록 하라.[39]

에라스무스가 500년 전에 했던 간곡한 탄원이 지금 우리 상황에도 그대로 적용될 수 있다는 사실이 새삼 안타깝고 놀랍지 않은가? 에라스무스는 전쟁을 택하는 쪽과 억울하더라도 평화를 유지하는 쪽의 손익계산을 정직하게 따져 본다면, 누구라도 평화를 택하게 될 것이라고 확신한다. 전쟁이 가져올 황폐함을 생각한다면 평화는 아무리 비싼 대가를 치르더라도

---

38 Erasmus, CP, 62-63.
39 Erasmus, "A Complaint of Peace," 313.

지나치지 않은 것이다. 에라스무스는 평화에 도달하기 위해 전쟁이 불가피하다는 말장난에 대해서도 강하게 반대한다. "만일 당신이 더없이 행복한 천국에 가기 위해서는 전쟁이라는 길을 통과할 수밖에 없다고 생각한다면, 이보다 더 빈약하고 불합리한 것이 어디 있겠는가!"[40] 전쟁은 어떤 구실과 핑계를 동원한다 해도 정당할 수 없고 거룩할 수 없다.

"평화를 이루는 가장 중요한 요소는 온 마음을 다해 평화를 염원하는 것이다."[41] 16세기 당시 평화를 위해 많은 정략적 결혼동맹이 맺어졌고, 수없는 평화조약이 체결되었다. 그러나 그것은 전혀 평화를 보장하지도 가져오지도 못했다. 정말 중요한 것은 평화에 대한 간절한 소망이다. 이런 소망의 마음들이 결집하여 하나의 뜻이 될 때, 평화에 이르는 길이 열리게 될 것이다.

Ⅳ.『투르크족에 대항하는 전쟁에 관하여』에 나타난 에라스무스의 평화주의

1530년 출판된『투르크족에 대항하는 전쟁에 관하여』는 적어도 두 가지 역사적 배경을 염두에 두고 읽어야 한다. 첫째는, 1529년 있었던 투르크족의 오스트리아 빈 공격이다. 16세기에 들어서면서 오스만 제국의 술레이만 대제(Suleiman the Magnificent, 재위 1520-1566)는 점차 세력을 넓혀가며 유럽을 위협하였다. 오스만 제국은 1521년 세르비아의 베오그라드를 함락한데 이어, 1526년에는 모하치전투(Battle of Mohács)에서 대승을 거두고 헝가리를 점령하였다. 마침내 1529년에는 합스부르크 제국의 관문

---

[40] Erasmus, CP, 75.
[41] Erasmus, "A Complaint of Peace," 309.

인 오스트리아의 빈을 공습하였다. 이제 유럽의 운명이 풍전등화(風前燈火)
와도 같았다. 다행히 오스만 제국의 빈 공성전은 실패하였고, 1529년 10
월 14일 오스만 군대는 빈 공격을 포기하고 철수하였다. 하지만 이 일로
인해 유럽 전체가 두려움과 불안에 휩싸였다. 둘째는, 똑같은 제목으로 1
년 전 출판된 루터의 책이다. 루터는 빈이 공격당하기 1년 전인 1528년 10
월『투르크족에 대항하는 전쟁에 관하여』라는 책을 저술하였다. 루터는 이
미 1518년『95개 조항에 대한 해설』에서 투르크족은 하나님의 채찍이기 때
문에 대항해서는 안 된다고 주장한 바가 있었다.[42] 이런 루터의 입장은
1520년 교황의 교서「엑수르게 도미네」(Exsurge Domine)에서 정죄를 당하
기도 했다. 하지만 오스만 제국이 유럽 전체를 위협하는 상황이 되자 루터
의 심경에 약간의 변화가 생겼다. 루터는 여전히 성직자가 전쟁에 연루되
어서는 안 된다고 철석같이 믿었지만, 이제 정치 지도자인 황제나 왕은 방
어적 차원에서 투르크족에 맞서는 군대를 이끌 권한이 있음을 인정하였
다. 그 결과물이 1529년 출판된『투르크족에 대항하는 전쟁에 관하여』이
다. 루터가 빈이 공격당하기 전에 글을 썼다면, 에라스무스는 빈이 공격당
한 후 1530년 6월에 같은 제목의 책을 썼다. 이제 에라스무스가 투르크족
과의 전쟁에 대해 무엇을 말하고 있는지 살펴보자.

　　첫 문단에서 에라스무스는 그리스도교를 믿는 나라들이 이교도인 투
르크족에게 유린당하고 있는 현실을 슬퍼한다. "그리스도교 왕국이 어디
서 왔는지도 모호한 이 야만족의 손에 얼마나 많은 패배와 고통을 당했는
가? 그들이 우리에게 범하지 않은 잔학행위가 있기나 한가? 도대체 그들
이 그리스도의 영토에서 얼마나 많은 도시, 섬, 지역을 강탈해 갔는가? 그
들 때문에 한때 온 세상에 미치든 그리스도교의 힘과 영향력이 얼마나 좁
은 영토로 제한되었는가를 보라!"[43] 그러면서 사태가 이 지경이 된 것은 투

42　Martin Luther, "Explanations of the Ninety-Five Theses, 1518," in *Career of the Reformer I, vol. 31 of Luther's Works*, ed. Robert C. Schultz and Helmut T. Lehmann (Philadelphia: Fortress Press, 1967), 91-92.

43　Erasmus, "On the War against the Turks," The Erasmus Reader, 315-16.

르크족이 선하거나 탁월해서라기보다 그리스도인들의 죄 때문이라고 진단한다.[44] 투르크족이 이토록 강성해지고 유럽을 위협하게 된 것은 다름이 아니라 그리스도인들 사이에 편만한 배신, 권력에 대한 야심과 부에 대한 탐욕, 선천적인 불신앙에 대한 하나님의 경고요 심판이라는 것이다.

본론에서 에라스무스는 다른 경우에서도 흔히 그렇듯이 중간적인 입장을 취한다. 즉 투르크족과의 전쟁을 무조건 주장하는 자들과 투르크족과의 전쟁을 무조건 반대하는 자들 사이에서 애매한 입장을 취한다. 먼저 에라스무스는 무조건 전쟁을 하자며 달려드는 사람들에게 이렇게 말한다.

> 무지한 군중들이 '투르크족'이라는 말을 들을 때면 그들은 즉시로 분노에 사로잡혀 투르크인들을 개라고 그리스도의 원수라고 부르며 피를 보자고 아우성을 친다. 사람들은 무엇보다 투르크족도 사람이고, 더욱이 절반은 그리스도인이라는 사실을 염두에 두지 않는다. 사람들은 전쟁의 이유가 정당한지, 갑절로 복수를 할 대적을 자극하며 무장을 하는 것이 현실적인지 생각하지도 않는다. 하지만 정작 사람들은 고위 성직에 있는 죄인들보다 교회에 더 위험한 적이 없다는 사실을 깨닫지 못한다. 사람들은 우리의 사악함 때문에 진노하신 하나님께서 우리를 개혁하기 위해 때때로 야만족의 광기를 이용하신다는 사실을 이해하지 못한다. … 투르크족의 행위가 얼마나 잔인하든지 간에, 그리스도인이 그 동료들에게 자행한 행동은 실상 투르크족보다 잔인하다. … 이것이 무조건 '투르크족과 전쟁을!'이라고 외쳐대는 자들에게 내가 하고 싶은 이야기이다.[45]

이 인용문에서 두 가지가 우리의 관심을 끈다. 첫째로, 에라스무스가 투르크인을 우리와 같은 '사람'이며 더욱이 '절반의 그리스도인'이라고 부

---

44 Erasmus, "On the War against the Turks," 316.
45 Erasmus, "On the War against the Turks," 317-18.

른다는 점이다. 인류애를 중시하는 인문주의자인 에라스무스가 투르크인이 뿔 달린 괴물이 아니라 사람이라고 본 점은 충분히 이해할 수 있다. 그런데 그가 투르크인을 절반은 그리스도인이라고 불렀다는 사실이 흥미롭다. 어떤 이유에서 그가 이런 생각을 했는지는 명시되어 있지 않다. 어쩌면 그리스도인이나 무슬림이나 모두 동일하게 아브라함을 믿음의 조상이라 여긴다는 점 때문일 수도, 또는 하나님이라고 부르든 알라라고 부르든 양쪽이 모두 유일신을 믿는다는 점 때문일 수도 있을 것이다. 둘째로, 에라스무스는 투르크족과의 전쟁 이전에 그리스도교 안의 개혁과 회개가 더 우선적이고 절실하다고 생각한다는 점이다. 교회 안의 죄, 성직자와 그리스도인의 사악함과 잔인함이 전쟁을 불러온 근본 원인이며 따라서 그것을 개혁하는 것이 투르크족과 전쟁을 하는 것보다 먼저라는 입장을 분명히 밝히고 있다.

이제 에라스무스는 무조건 전쟁을 반대하는 사람들에 대해서도 비판적 태도를 취한다. 그러나 우리가 앞에서 살펴본 『평화의 탄식』을 염두에 둔다면 에라스무스의 입장에 상당한 변화가 생긴 것으로 보인다. 에라스무스도 이런 차이를 알았기 때문에 자신의 입장변화에 대한 변명과 해명을 덧붙이고 있다. 에라스무스의 말을 들어보자.

> 그리스도인에게는 전쟁할 권리가 전혀 없다고 주장하는 사람들이 있다. 나는 이런 견해가 너무 터무니없어 반박할 필요가 있다고 생각한다. 내가 나의 이전 작품들에서 전적으로 평화를 찬양하고 전쟁을 지독히 미워했기 때문에, 아마도 많은 사람들이 이런 말을 하는 나를 비난하려 할 것이다. 하지만 내 책들을 정직하게 읽은 사람이라면 그런 비방이 터무니없다는 것을 알 것이다. 내 입장은 이것이다: 전쟁이 피할 수 없는 마지막 수단이 되기 전에는 행해져서는 안 된다; 전쟁이란 그것의 본성상 인간에게 흑사병과 같은 것이어서, 아무로 정의로운 군주에 의해 전적으로 정당한 이유로 일어난다 할지라도 지휘관과 병사들의 사악함으로 인해 선보다는 악을 초래하게 된다.[46]

이전에 『평화의 탄식』에서 우리는 철저한 평화주의자 에라스무스를 만날 수 있었다. 하지만 『투르크족에 대항하는 전쟁에 관하여』에서는 어쩔 수 없는 마지막 수단으로서의 전쟁을 인정하는 태도를 취한다. 아마도 이런 태도 변화는 1529년 투르크족의 빈 침공과 루터의 투르크족에 대한 태도를 둘러싼 논쟁 때문에 일어났을 것이다.

에라스무스는 로마가톨릭교회의 신학자들, 즉 1521년 소르본의 학자들이 발표한 루터에 대한 비판을 무비판적으로 수용한다. 그리고 상황에 따라 정당하게 받아들일 수밖에 없는 전쟁도 있을 수 있다며 이전 자신의 입장에서 한발 후퇴한다.

투르크족과 전쟁을 하는 자들은 그들을 통해 우리의 죄를 벌하시는 하나님께 반역하는 것이라는 루터의 주장에 동조하는 사람들이 있다. 소르본의 학자들은 '이 주장은 일반적으로 잘못되었다고 이해할 수 있고, 성경의 가르침에 맞지 않는다.'고 정죄하였다. 그들은 루터의 주장이 이단적이라고 한 것이 아니라 잘못된 것이라 비판했고, 곧바로 정죄한 것이 아니라 일반적으로(universally) 잘못되었다고 선언하였다. 내가 믿기로 이 말의 의미는 투르크족과의 전쟁이 상황에 따라 때로는 정당하게, 때로는 부당하게 이해될 수 있다는 뜻이다.[47]

에라스무스는 계속하여 로마가톨릭의 신학자들의 입장에 서서 루터를 비판하면서 투르크족과의 전쟁이 상황에 따라 불가피할 수도 있다는 입장을 펼친다.

루터의 주장과 관련하여 나는 이렇게 덧붙이고자 한다. 만일 하나님이 투르크족을 통해 우리 죄를 벌하시는 것이기 때문에 투르크족에 저항

---

46 Erasmus, "On the War against the Turks," 318.
47 Erasmus, "On the War against the Turks," 318-19.

하는 것이 합당하지 않다고 한다면, 우리가 아플 때 의사를 부르는 것
도 마찬가지로 합당하지 않을 것이다. 왜냐하면 하나님께서는 때로 자
기 백성의 죄를 제거하기 위해 병을 허락하기도 하시기 때문이다. 하
나님께서는 같은 목적을 위해 사단의 간계를 이용하기도 하시지만, 그
럼에도 우리는 그것에 대항하도록 명령을 받았다. 따라서 하나님이 투
르크족에 맞서 싸우는 것을 명백하게 금지하지 않는 한 우리는 투르크
족에 맞서 싸우는 것이 정당하다.[48]

여기서 우리는 루터가 과연 투르크족은 우리를 벌하시는 하나님의 회
초리이니 그들과 맞서 전쟁을 해서는 안 된다고 말했는지, 만일 루터가 그
런 말을 했다면 어떤 맥락에서 어떤 의미로 그랬는지 묻지 않을 수 없다.
루터의 말을 직접 들어보자.

우리 독일인들 중에 투르크족에 맞서 싸워서는 안 된다고 믿도록 만드
는 어리석은 설교자들이 있다. 어떤 자들은 그리스도인은 세속적 칼을
들어서도 안 되며, 통치자가 되어서도 안 된다는 어리석은 소리까지
하고 있다. 뿐만 아니라 독일인들은 사납고 미개한 족속이라 투르크족
이 다스리는 것이 더 낫다고 말하는 자들까지도 있다. 이런 사악한 오
류가 모두 루터 때문이라고, '루터의 복음의 결과'라고 비난한다. 마치
루터가 이 세상에서 일어나고 있는 모든 악한 일과 모든 반역에 대해
책임을 저야하는 것처럼 비난하고 있다.[49]

따라서 나로서는 내 자신과 복음을 위해서 이러한 것들에 관한 글을
작성하여 우리를 변호해야 할 필요를 느꼈다. … 나는 순진한 사람들

---

48 Erasmus, "On the War against the Turks," 320.

49 Martin Luther, "On War Against the Turk, 1529," trans. Charles M. Jacobs, in *The Christian in Society III*, vol. 46 of Luther's Works, ed. Robert C. Schultz and Helmut T. Lehmann (Philadelphia: Fortress Press, 1967), 161.

이 이런 중상자들에게 더 이상 속지 않도록 하기 위해, 나와 내 가르침
을 공연히 의심하지 않도록 하기 위해, 그리고 우리가 투르크족에 맞
서 싸우지 말라고 선동한다는 흑색선전에 속지 않도록 하기 위해 이
글을 쓸 수밖에 없다.[50]

　　루터는 투르크족과 맞서 싸워서는 안 된다느니, 그리스도인은 군인이
나 정치인이 되어서는 안 된다느니, 차라리 투르크족이 통치하는 편이 더
낫다느니 하는 어처구니없는 생각들에 대해 '사악한 오류'라고 말한다. 그
리고 루터가 이런 오류에 대해 책임이 있다는 말에 대해 반박하기 위해서
자신이 이 책을 썼다고 진술한다. 루터가 투르크족에 대항하여 전쟁을 해
서는 안 된다 말을 한 것은 사실이다. 그러나 이것은 교황과 성직자들을
향해 한 말이었다. 루터는 정치인의 경우에는 평화를 지키기 위해 필요하
다면 전쟁을 할 수 있다고 주장했다. 따라서 루터는 로마가톨릭교회의 신
학자들이 자신이 이 말을 하게 된 상황적 맥락과 이유를 무시한 채 그 구
절만을 취하여 진의를 왜곡했다고 항변한다. 우리는 신중한 학자인 에라
스무스가 루터의 주장의 본뜻을 헤아리기보다 로마가톨릭의 신학자들의
주장에 담긴 루터 비판만을 가지고 자신의 논증을 펼치고 있다는 것에 대
해 아쉬움을 가지게 된다.
　　비록 에라스무스가 불가피한 전쟁의 가능성을 인정하긴 했지만, 그것
은 어디까지나 매우 제한적인 조건과 상황 하에서 어쩔 수 없는 경우에만
해당되는 것이었다. 에라스무스는 『평화의 탄식』에서 이미 강조했듯이 여
전히 성직자는 전쟁에 관여해서도 동조해서도 안 된다고 강조한다.

　　사실을 말하자면 추기경, 주교, 수도원장, 사제들이 전쟁에 연루되는
　　것은 적절치 못하다. 이런 연루는 성경의 가르침과도 조화되지 않으며
　　교회의 법령에도 어울리지 않을 뿐만 아니라 이런 시도가 지금까지 성

50　Martin Luther, "On War Against the Turk, 1529," 161-62.

공한 예가 없었다. … '추기경-대장' '주교-장군' '수도원장-대위' '사제-병장' 같은 조합은 어울리지 않는다. 마치 돌과 진흙을 반반씩 섞어 만든 조각상이나 반인반마(半人半馬)의 켄타우로스 같이 조화가 되지 않는다.[51]

에라스무스는 전쟁이 성경과 교회법에 비추어 정당화될 수 없다고 못박는다. 따라서 성직자는 전쟁에 참여해서 안 되는 것은 말할 것도 없고 직접적으로든 간접적으로든 조금이라도 연루되어서도 안 된다. 성직자가 해야 할 싸움은 주님을 위한 영적 전투이지, 이 세상의 육과 혈의 전쟁이 아니다. 에라스무스에게 "전쟁은 영혼 없는 일(soulless business)이어서 참으로 이교적"인 것이다.[52] 성직자의 직제가 마치 군대의 계급처럼 여겨지는 것도 교회가 얼마나 타락했는지를 보여주는 예일 뿐이다.

하지만 에라스무스는 이전과 달리 정치인들이 전쟁을 벌일 가능성을 예외적으로 인정하였다. 어쩌면 1년 전인 1529년 투르크족의 빈 공격을 경험한 바가 있기 때문에 방어적 성격의 전쟁을 인정할 수밖에 없었을 것이다. 그러나 이 경우에도 에라스무스는 매우 조심스럽다.

내 대답은 이것이다. 그리스도인들 사이에 평화를 유지할 다른 방법이 없기 때문에, 세속 관료들이 국가의 법과 관습을 지키지 않는 범죄자들을 형벌의 위협으로 제지할 필요가 있다는 것이다. 만일 우리가 정치인들에게 이런 권한을 위임한다면, 우리는 또한 군주들에게 전쟁을 할 권한을 부여해야만 한다. 이것을 분명히 인정하긴 하지만 그럼에도 불구하고 나는 그리스도인 사이에 전쟁을 하기 전에는 모든 종류의 시도가 이루어져야만 한다고 믿는다. 아무리 심각하고 정당한 이유라 할지라도 할 수 있는 모든 방편을 다 동원하기 전에는 전쟁을 벌여서는

51 Erasmus, "On the War against the Turks," 328-29.
52 Erasmus, "On the War against the Turks," 322.

안 된다. 또한 전쟁의 동기가 권력욕, 야심, 사적 불만, 복수심에 의한 것이라면 그것은 분명 전쟁이 아니라 강탈행위에 불과하다. 더군다나 그리스도인 군주라면 비록 전쟁을 하는 것이 군주들의 중요한 역할이라 하더라도 자신의 백성과 나라 전체의 동의가 없이 전쟁이라는 위험한 방편에 의지해서는 안 된다. 마지막으로 불가피하게 전쟁을 할 때 조차도 관여되는 사람들이 최소한이 되도록 해야 하며 최소한의 피만 흘리고 전쟁이 빨리 끝나도록 모든 노력을 기울이는 그리스도인의 자비가 요청된다.[53]

에라스무스는 어쩔 수 없이 정치인들의 전쟁 권한을 인정하기는 했지만 여러 가지 단서조항을 덧붙인다. 전쟁은 모든 노력을 기울이고도 해결할 수 없을 때 마지막 수단이어야만 하며, 개인적 욕심이 동기가 되어서는 안 되며, 백성 전체의 동의가 있어야 하며, 또 피해는 최소한이어야 한다는 유보조항을 둔 것이다. 그럼에도 불구하고 살짝 열린 전쟁의 가능성이란 문틈은 걷잡을 수 없는 위력으로 문 전체를 열어젖히게 될 것이 분명하다. 상황의 변화가 에라스무스의 전쟁에 대한 입장의 변화를 가져온 것이다. 물론 에라스무스 자신은 그것이 입장의 변화나 퇴보가 아니라고 강변할지 모르지만 말이다.

에라스무스의 이런 입장은 사실상 루터와 크게 다르지 않다. 루터도 성직자들은 전쟁에 참여하거나 관여해서는 안 되며, 정치인은 자신에게 맡겨진 평화수호의 의무를 다하기 위해 불가피한 경우에는 전쟁에 참여해야 한다고 말한다.

만일 내가 투르크족과 맞서 싸우는 진영의 황제나 왕이나 군주라면, 나는 주교들과 사제들에게 집에 머물면서 성경과 교회법이 요구하는 대로 그들의 직무에 따르는 의무, 즉 기도하고, 금식하고, 미사를 올리

---

53 Erasmus, "On the War against the Turks," 319-20.

고, 설교하고, 가난한 자를 돌보는 일에 전념하라고 권고할 것이다. …
만일 내가 병사이고 전장에서 성직자의 깃발이나 십자가 깃발을 보았
다면, 비록 그것이 십자가에 못 박힌 예수 그리스도의 상(像)이라고 할
지라도, 나는 마귀가 나를 쫓아오기라도 하는 것처럼 도망을 갈 것이
다.[54]

루터와 에라스무스는 동일하게 성직자들은 세상의 전쟁에 관여하지
말고 영적인 직무에 충실해야 한다고 조언한다. 하지만 정치인은 질서와
평화를 지키는 본연의 책임을 다하기 위해 마지막 수단으로서 전쟁을 택
할 수도 있음을 인정하고 있다. 굳이 두 사람의 차이를 말한다면 에라스무
스가 루터보다 훨씬 더 전쟁에 신중하다는 정도이다.

에라스무스가 이 글에서 가장 강조하는 점은 투르크족과의 전쟁 이전
에 먼저 그리스도인들의 회개와 개혁이 선행되어야 한다는 것이다. 따라
서 현 상황에서 해야 할 우선순위는 그리스도인들이 각자의 양심을 돌아
보고, 악한 행실을 버리고, 회개하며 하나님의 자비를 구하는 일이다.

하나님께서는 종종 우리의 삶을 개혁하기 위해 투르크족을 보내기 때
문에, 만일 하나님께서 야만적인 잔인함을 통해 우리를 징벌할 수밖에
없도록 만든 오류들을 우리가 개선하지 않고서 무장만 갖춘다면 이 전
쟁에서 모든 흉조는 우리 것이 되고 말 것이다. 나는 우리가 전심으로
주님을 향해 돌아서서 시편이 제시하고 있는 헌신을 드리지 않는다면
미래의 상황이 더 악화될까봐 두렵기만 하다.[55]

지금 어디에서 참된 신앙, 그리스도인의 사랑, 평화와 조화의 흔적이
라도 찾아볼 수 있는가? 도대체 어느 시대에 사기, 폭력, 약탈, 협잡이

---

54 Martin Luther, "On War Against the Turk, 1529," 167-68.

55 Erasmus, "On the War against the Turks," 321.

이토록 자유롭게 행해졌던가? … 만일 우리가 투르크족으로부터 자유
롭게 되기를 원한다면 먼저 투르크적인 것들 즉 탐욕, 야망, 권력욕,
자만, 불경건, 사치, 쾌락, 사기, 분노, 미움, 시기와 같은 온갖 역겨운
것들을 집어던져야만 한다. 이런 악들을 성령의 검으로 부순 후에야
우리는 그리스도인의 삶의 방식을 회복할 것이며, 그 후에 필요한 상
황이 되면 육과 혈의 투르크족에 맞서 그리스도의 군기 아래에서 싸워
그들을 무찌를 것이다.[56]

에라스무스는 군주들에게 자신이 줄 수 있는 최상의 충고는 전쟁터로
달려가기 전에 먼저 하나님께 범한 모든 악을 근절하라는 것이라고 말한
다.[57] 상황과 이유를 핑계될 것이 아니라 우리 양심을 죄로부터 깨끗하게
하고 주님의 자비를 구하는 것이 먼저라는 것이다. 에라스무스는 "만일 우
리가 우리 삶의 개혁을 통해 하나님의 자비를 얻지 않고서, 하나님이 여전
히 화가 나 있는 동안에 투르크족을 공격한다면, 우리가 얻을 수 있는 결
과는 슬픔과 비참한 혼란밖에 없음을 알아야 한다."[58]고 주장한다. 특별히
교회의 지도자들과 성직자들이 모든 종류의 사치, 야망, 탐욕, 폭정을 버
리고 그 삶을 바꿀 것을 강력히 요청한다.

이 책에서 보여준 에라스무스의 애매한 태도는 사람들을 혼란에 빠뜨
렸다. 사람들은 에라스무스의 책에서 각자 자신들이 듣고 싶은 구절들만
선택적으로 받아들였다. 어떤 사람은 에라스무스가 전쟁을 반대한다고 생
각했고, 어떤 사람은 에라스무스가 전쟁을 찬성한다고 생각했다. 이런 애
매함에 대해 에라스무스는 이렇게 답한다.

어떤 사람들은 우리가 투르크족과 전쟁을 해야 하는지 아닌지 분명하
고 간단하게 말하라고 나를 몰아붙일지 모른다. … 나는 투르크족과의

56 Erasmus, "On the War against the Turks," 323-24.
57 Erasmus, "On the War against the Turks," 323.
58 Erasmus, "On the War against the Turks," 331-32.

전쟁에 반대하지 않는다. 하지만 어떻게 전쟁을 성공적으로 시작하고
수행할지를 보여주려고 최선을 다할 것이다. … 그러면 아마도 당신은
투르크족의 온갖 악행들을 참고 견디라는 말이냐고 항의할지 모른다.
지난 세기 동안 우리에게 행해진 투르크족의 그 무자비한 악행이 우리
의 미래에도 계속될 것인데도 어떻게 반격을 가하지 않고 참으란 말이
냐며 항의할 것이다. 나도 그것이 어려운 일이라는 것을 알고 있다. 그
렇지만 이 곤경을 참고 견디는 것이 더 낫다. 하나님의 원하시면 갑자
기 멸망하게 될 것이다. 사도들이 이 땅의 모든 족속들을 이긴 것과 같
은 방식으로 오스만 왕국을 정복하는 것이 최상의 방책이다.[59]

에라스무스의 결론적인 대답에서도 그의 신중함은 여전히 독자들에게
혼란을 준다. 분명 그는 투르크족과의 전쟁에 반대하지 않는다고 말한다.
그러면서 동시에 이 어려운 시간을 참고 견디면 어느 순간에 갑자기 하나
님이 그 족속을 물리쳐 주실 것이라고 말한다. 어쩌면 바로 이 어중간한
회색의 느낌, 이것이 에라스무스일지도 모른다. 이제 에라스무스는 마지
막 문단에서 독자들에게 자신의 입장을 정리하여 밝힌다.

첫째, 그리스도교는 단지 말이 아니라 행동으로 복음의 가치를 지킨다
는 것을 투르크족이 보게 하라. 둘째, 수확을 위해 신실한 설교자들을
파송하면, 사람들은 자신의 이익보다 그리스도의 유익을 진전시킬 것
이다. 셋째, 불신자가 빨리 설득되지 않으면 점차 우리에게 동의하기
까지 당분간 자신의 법에 따라 살도록 하라. … 이런 식으로 우리의 종
교는 점차 강해지고, 이교는 진멸되고, 그리스도의 승리의 표식이 온
세상에 가득할 것이다.[60]

59 Erasmus, "On the War against the Turks," 333.
60 Erasmus, "On the War against the Turks," 333.

마지막 충고에서도 그는 여전히 전쟁에 대해서는 신중하다. 단지 분명한 것은 전쟁 이전에 그리스도인의 회개와 개혁이 먼저 이루어져야 한다는 것이다.

V. 결론

필자는 에라스무스의 글을 읽으면서 위대한 수사학자로서의 그의 진가를 확인할 수 있었다. 『평화의 탄식』에서 의인화된 평화가 이 세상에 진정한 평화가 없음을 한탄할 때 독자로서 현재 우리의 현실도 별로 다르지 않음을 인정할 수밖에 없었다. 특히 그리스도인이라면 전쟁에 털끝만큼이라도 동조해서는 안 되고, 평화의 왕인 그리스도를 따르는 제자답게 평화의 사도로 살아야한다는 그의 호소에 설득당할 수밖에 없었다. 우리가 주기도문을 진심으로 드린다면, 성만찬의 빵과 잔에 진정으로 참여한다면, 목자이신 주님의 참된 양이라면, 평화의 길을 걸어갈 수밖에 없다. 『투르크족에 대항하는 전쟁에 관하여』에서 당시 교회와 성직자에 대한 에라스무스의 신랄한 비판에 자연스럽게 오늘 한국교회와 목회자의 모습을 비추어보게 되었다. 에라스무스의 거울에 비친 나와 우리의 자화상이 일그러지고 부끄러운 모습일까 두렵고 부끄러운 마음도 들었다. 역시 에라스무스는 최고의 설득력을 지닌 최상의 수사학자였다.

에라스무스가 『평화의 탄식』에서 절대적 평화주의자의 면모를 드러내었다면, 『투르크족에 대항하는 전쟁에 관하여』에서는 현실적 평화주의자의 모습을 보인다. 『평화의 탄식』에서 에라스무스는 어떠한 형태의 전쟁에 대해서도 비판적이다. 탐욕으로 시작되는 전쟁은 말할 것도 없고, '정당전'(正當戰)이나 '성전'(聖戰)도 비판한다. 전쟁은 결코 정당하지도 거룩하지도 않다. 전쟁은 파괴와 참상을 가져올 뿐이다. 전쟁은 온갖 종류의 악을 초래할 뿐이다. 따라서 에라스무스는 '정당한 전쟁'보다 차라리 '부당한 평화'를 선호할 수밖에 없었다. 하지만 『투르크족에 대항하는 전쟁에 관하여』에서 에라스무스는 투르크족의 침공이라는 역사적 상황 가운데서 전쟁의 가능성을 인정하였다. 물론 전쟁에 대해서는 여전히 매우 신중한 입장이긴 하지만 이전과 비교할 때 논조의 차이가 나타난다.

투르크족과의 충돌이라는 당시의 긴급하고 현실적인 주제와 관련하여 루터와 에라스무스는 각각 1529년과 1530년 동일한 제목의 책을 펴냈다. 그 두 책의 출판 사이에 오스만 투르크족의 오스트리아 빈 공격이 있었다. 우리가 살펴본 것처럼, 에라스무스는 루터의 입장을 비판했지만 사실상 두 사람의 견해는 정도의 차이만 있을 뿐 다르지 않다. 두 사람 모두 교회와 성직자의 전쟁 참여에는 적극적으로 반대하며, 정치인의 경우 전쟁을 할 가능성을 소극적으로 인정하였다. 적어도 전쟁이라는 주제에 관한 한 두 사람의 차이는 크지 않다.[61]

평화는 인류 역사에서 언제나 도달해야 할 목표요, 풀어야 할 숙제와 같은 것이었다. 인류의 역사는 전쟁의 역사라고 할 정도로 갈등과 충돌이 끊이지 않았다. 그렇기 때문에 더욱 역설적으로 평화를 원했던 것이다. 에라스무스의 평화사상은 남북한으로 나뉘어서 갈등을 겪고 있는 우리에게 많은 도전을 준다. 아마도 그가 우리 시대를 살았다면 현실적 평화주의를 버리고 절대적 평화주의로 돌아섰을 것이다. 핵 시대에는 어떤 상황적 이유를 대더라도 전쟁을 용인할 근거가 되지 못할 것이기 때문이다. 에라스무스가 오늘 우리 사회에서 일어나고 있는 양심적 병역거부 문제, 군목 제도, 대규모 전쟁대비 훈련 등에 대해 어떤 말을 할지도 궁금하다. 에라스

---

61 최근 일부 학자들은 에라스무스와 루터의 차이가 생각하는 것보다 심각하지 않다고 본다. "에라스무스의 화해 시도와 '루터의 호전적 발언' 사이의 차이는 인문주의 진영의 평화선호와 종교개혁 진영의 양보 없는 진리추구 사이의 이율배반이 아니다. … 에라스무스와 루터 사이의 차이는 평화 대(對) 진리의 문제가 아니라 얼마간 수사학의 문제였다. 에라스무스는 루터의 타협 없는 단정에 반대하여 보다 온건한 설득의 방식을 선호하였다. 에라스무스에게 진리는 신중함을 통해 발견될 수 있으며 설득을 통해 전파될 수 있는 것이었다." Hilmar M. Pabel, "The Peaceful People of Christ: The Irenic Ecclesiology of Erasmus of Rotterdam," *Erasmus' Vision of the Church*, ed. Hilmar M. Pabel (Kirkswill, Missouri: Sixteenth Century Journal Publishers, Inc., 1995), 76.

무스의 말이 여전히 마음에 남는다. "평화를 이루는 가장 중요한 요소는 온 마음을 다해 평화를 염원하는 것이다."[62]

---

62 Erasmus, "A Complaint of Peace," 309.

제 3 장

1521-22년 비텐베르크의 소동을
어떻게 해석할 것인가?:
칼슈타트와 루터의 논쟁을 중심으로

---

* 본 글은 「한국교회사학회지」 50집 (2018), 43-84쪽에 게재된 것입니다.

I. 서론

16세기 종교개혁은 기존의 로마가톨릭주의 세계관과 결별하고 그것과는 차별된 새로운 세계관을 제시한 근본적인 '인식체계의 전환'(paradigm shift)이었다. 그렇지만 기존 패러다임과의 완전한 결별까지는 상당한 진통의 시간이 필요했다. 종교개혁이 시작된 후 얼마 동안은 로마가톨릭주의라는 이전 패러다임과 새롭게 등장한 프로테스탄트 패러다임 사이에 불연속성과 더불어 연속성이 공존하였다. 종교개혁자들은 각각 서로 다른 근거와 비전과 전략을 가지고 새로운 운동을 이끌고자 했기 때문에, 그들은 로마가톨릭주의라는 옛 체계를 비판함에 있어서 그 내용과 속도와 강도가 서로 달랐다. 이로 인해 종교개혁자들은 로마가톨릭주의라는 옛 패러다임을 비판하면서 넘어서려고 한 점에서는 공통점이 있지만, 어떻게 혹은 얼마나 빠르고 강력하게 개혁과 변화가 일어나야 하는지에 대해서는 차이점이 존재했다. 종교개혁 운동의 요람이었던 비텐베르크에서 1521-22년 벌어진 루터(Martin Luther, 1483-1546)와 칼슈타트(Andreas Rudolff Bodenstein von Karlstadt, 1480/86-1541)의 논쟁도 바로 이 차이점에서 기인하였다.

필자가 종교개혁 운동의 초기인 1521-22년 비텐베르크의 소동에 대해 관심을 가지는 이유는 이것이 이후 종교개혁의 역사에서뿐만 아니라 우리 시대에서도 여전히 중요한 문제가 되고 있기 때문이다. 오늘날 교회개혁을 주장할 때에도 우리는 이전 체제와의 관계를 어떻게 설정해야 할지, 얼마나 빨리 개혁을 추진해야 할지, 어떤 것까지 개혁의 대상에 포함해야 할지, 무엇이 가장 근본적인 문제인지를 두고 고민하고 충돌하게 된다. 이런 점에서 종교개혁 초기 루터와 칼슈타트의 논쟁은 오늘의 교회개혁을 위한 통찰력을 제시해 줄 뿐만 아니라 개혁을 위한 논리의 근거와 자료를 풍부하게 제공해 줄 것이다. 또한 비텐베르크에서 벌어진 루터와 칼슈타트의 논쟁을 통해서 우리는 그들이 참된 신앙과 교회의 회복을 위해 얼마나 진정성 있게 분투했는지를 알게 될 것이고, 우리 또한 믿음대로 살고자 하는 열망을 가지고 교회를 주님의 몸으로 올곧게 세워야 한다는 도전을 받게 될 것이다.

필자는 먼저 1521-22년 비텐베르크의 소동이 일어난 역사적 배경에 대해서 간략하게 소개할 것이다. 당시 역사적 맥락에 대한 설명은 두 사람의 논쟁을 바르게 이해하기 위한 최소한의 배경이 될 것이다. 그런 다음 칼슈타트의『성상의 제거에 관하여』(1522년 1월)와 루터의『사순절 설교』(1522년 3월)의 내용을 중심으로 두 사람의 논쟁의 핵심이 무엇인지를 살펴볼 것이다. 두 사람의 논쟁은 얼마 후 다시 불붙었는데 칼슈타트가 루터의 사순절 설교를 비판하는『하나님의 뜻과 관련된 문제에서 약자들을 자극하지 않기 위해 개혁을 천천히 진행해야 하는가?』(1524년 11월)를 내놓자 루터는『천상의 예언자들에 반대하여: 성상과 성례』(1525년)로 응수하였다. 마지막으로 필자는 이러한 일련의 논쟁을 어떻게 해석해야 할 것인지를 검토할 것이다. 이들의 논쟁의 핵심이 무엇이었는지, 루터가 보수적인 입장으로 선회한 이유는 무엇인지를 질문하고 개연성 있는 대답을 제안하고자 한다.

II. 역사적 배경

1517년 10월 31일 비텐베르크 성(城)교회 문에 내걸린 루터의 95개 논제는 예기치 않은 상황을 불러 일으켰다. 루터의 면벌부에 대한 노골적인 비판은 로마가톨릭교회의 공로사상을 뿌리째 흔들었다. 기습적으로 급소를 공격당한 로마교회는 1518년 4월에 하이델베르크로, 10월에는 아우크스부르크로 루터를 소환하여 신학논쟁을 벌였으나 무위로 돌아갔다. 이어서 1519년 6월 27일부터 7월 15일까지 라이프치히 논쟁이 있었다. 로마가톨릭교회의 대표자는 요하네스 에크(Johannes Eck)였고, 비텐베르크에서는 루터를 비롯하여 칼슈타트와 멜란히톤(Philip Melanchthon)이 참여하였다. 이때만 해도 루터와 칼슈타트는 동료로서 한편을 이루어 로마가톨릭의 폐해를 비판하였다. 에크는 루터와 칼슈타트가 이단적 사상을 가지고 있다고 판단하여 교황에게 파문을 요청하였다.

교황 레오 10세는 1520년 6월 15일 「주님, 일어나소서」(Exsurge Domine)라는 교서를 통해 루터가 60일 이내에 자신의 주장을 철회하지 않으면 파문에 처할 것을 위협하였다. 하지만 루터는 1520년 12월 10일 교황의 교서와 로마의 교회법을 불태워버렸다. 이로써 루터는 로마교회로 돌아갈 수 있는 다리를 불살라 버린 것이다. 교황 레오는 1521년 1월 3일 루터를 파문하였다. 하지만 이것이 끝이 아니었다. 로마교회는 황제 카를 5세에게 루터의 청문회를 열라고 압박하였고, 카를은 마침내 1521년 3월 루터를 보름스에서 열리는 제국의회로 소환하였다. 루터는 황제의 소환장을 받고 가야할지 말지를 고민하다가 동료인 니콜라우스 폰 암스도르프(Nikolaus von Amsdorf)와 포메른 출신의 페터 슈바베(Peter Swawe)와 함께 보름스로 떠났다.[1] 루터는 1521년 4월 16일부터 26일까지 열흘간 보름스

1　Scott H. Hendrix, *Martin Luther: Visionary Reformer*, 『마르틴 루터: 새 시대를 펼친 비전의 개혁자』, 손성현 옮김 (서울: IVP, 2017), 226.

에 머물렀는데 그는 제국의회 앞에서 하나님의 말씀과 양심에 따라 자신의 주장을 철회할 수 없다고 당당하게 소신을 밝혔고, 이에 황제는 루터와 루터의 사상을 정죄하는 내용을 담은 「보름스칙령」을 공표하였다. 이제 루터는 교회뿐만 아니라 제국에 의해서도 쫓기는 범법자가 되었다.

다행히 루터는 작센의 선제후인 프리드리히 현공(Friedrich der Weise)의 도움으로 아이제나흐의 바르트부르크 성에 몸을 피할 수 있었다. 이곳에서 루터는 밖의 폭풍이 지나가기를 기다리며 10개월(1521년 5월부터 1522년 2월까지) 정도 은신하였다. 루터는 가까운 동료들에게 편지를 보내면서 발신지를 '새들의 나라,' '나의 밧모섬' 등으로 기록하였다. 몇몇 가까운 동료들을 제외한 대부분의 사람들은 루터가 갑자기 사라져버렸다고 생각했다. 그가 죽은 것인지, 살아서 어딘가에 숨어 있는 것인지 온갖 추측만 무성했다. 루터가 없는 동안에도 비텐베르크에는 개혁이 진행되었다. 멜란히톤이 있었지만 그는 평신도였고 나이도 어렸기 때문에, 그보다 연장자이면서 성직자였던 칼슈타트가 지도력을 행사하였다.

칼슈타트는 그가 태어난 독일의 작은 도시의 지명이고, 그의 정식 이름은 안드레아스 보덴슈타인이다. 그렇지만 그는 보통 칼슈타트라고 불린다.[2] 칼슈타트는 루터보다 3년 빠른 1480년에 혹은 루터보다 3년 늦은 1486년에 태어났다. 그는 에어푸르트와 쾰른에서 수학하였고, 토머스 아퀴나스에 정통한 스콜라 신학자였고, 비텐베르크 대학에서 1510년 신학박사 학위를 받았다. 그는 비텐베르크 대학의 신학교수 및 학장으로서 가르쳤다. 1512년 루터가 비텐베르크 대학에서 신학박사 학위를 받을 때 그에게 박사학위를 수여한 학장이 바로 칼슈타트였다. 칼슈타트는 1515-16년

---

2   칼슈타트에 대한 간략한 소개는 알레한드로 쏘르씬(Alejandro Zorzin), "안드레아스 보덴슈타인 칼슈타트," 『종교개혁과 신학자들』, 카터 린드버그 편, 조영천 옮김 (서울: 기독교문서선교회, 2012), 579-96; 토머스 카우프만(Thomas Kaufmann), "오르람뮌데: 안드레아스 칼슈타트," 『종교개혁, 유럽의 역사를 바꾸다』, 미하엘 벨커 외 엮음, 이준섭 옮김 (서울: 대한기독교서회, 2017), 397-408을 참조하라. 본 주제와 관련된 국내의 선행연구로는 김옥주, "16세기 칼슈타트의 성상타파주의," 『피어선 신학논단』 7-1 (2018), 81-104; 최재호, "비텐베르크 운동과 성상파괴주의," 『역사교육』 94 (2005), 117-50; 홍지훈, "초기 비텐베르크 종교개혁에서 '신앙약자보호' 문제에 대한 루터와 칼슈타트의 논쟁," 『한국교회사학회지』 13집 (2003), 351-82가 있다.

이탈리아에서 교회법과 시민법 두 분야에서 법학박사 학위를 받고 다시 비텐베르크로 돌아왔다. 칼슈타트가 돌아왔을 때 비텐베르크 대학은 루터의 주도로 스콜라신학을 벗어나 아우구스티누스주의로 돌아서 있었다. 칼슈타트도 아우구스티누스 연구를 통해 토머스주의에서 아우구스티누스주의로의 신학적 회심을 경험하였다. 이런 극적인 변화는 칼슈타트가 1517년 4월 발표한 자연, 율법, 은혜에 대한 151개 논제에서 뚜렷하게 나타난다.[3] 칼슈타트의 151개 논제는 아우구스티누스의 반(反)펠라기우스 사상의 요약으로 다름 아닌 루터의 찬사를 받았다. 이것은 은총의 신학에 대한 강력한 논증이었다. 특히 칼슈타트는 아우구스티누스의『영과 문자』를 강의하면서 깊은 영향을 받았다. 칼슈타트의 아우구스티누스주의로의 회심은 그와 루터를 더 가깝게 만들었다. 루터가 성서 주석 작업에 몰두하여 새로운 신학의 윤곽을 잡은 이후에 아우구스티누스를 발견했다면, 칼슈타트는 아우구스티누스와의 만남을 통해 신학적 재정립을 경험하였다.[4] 그리하여 1519년 라이프치히 논쟁에 루터와 함께 참여하면서 역할분담을 하여 로마 가톨릭주의를 비판하였다. 이처럼 칼슈타트는 루터와 함께 비텐베르크 초기 종교개혁을 이끌었던 가장 중요한 인물 가운데 한 사람이었다. 따라서 루터가 부재했을 때 자연스럽게 그 공백을 메울 사람으로서 지도력을 행사하게 된 것이다.

비텐베르크는 종교개혁을 처음 시작한 도시이기 때문에 참고하거나 따를만한 어떤 선례나 모범이 없었다. 온전히 새로운 길을 개척하고 방향을 찾아야만 했다. 교회를 어떻게 규정할 것인지, 믿음과 예전을 어떻게 형성할 것인지, 세속정부와의 관계를 어떻게 설정할 것인지 등 모든 것이 새로운 숙제였다. 몇 가지 중요한 문제에서 개혁이 진행되었고 그 과정에서 혼란과 진통이 수반되었다.

---

3 칼슈타트의 151개 논제는 루터보다 6개월 앞선 것이다. 151개 논제는 Ernst Kahler, *Karlstadt und Augustin: Der Kommentar des Andreas Bodenstein von Karlstadt zu Augustins Schrift de Spiritu et Litera.* (Halle-Saale: Niemayer, 1952), 8-37에 수록되어 있다.

4 Hans J. Hillerbrand, "Andreas Bodenstein of Carlstadt, Prodigal Reformer," *Church History* 35-4 (Dec. 1966), 381-83.

먼저 성직자의 결혼이 이루어졌다. 16세기 당시 성직자의 독신은 교회 법만이 아니라 제국법이 규정하고 있는 의무였다. 그러나 종교개혁이 일 어나면서 사제 독신제도는 비판을 받았고 성직자의 공개적인 결혼이 이루 어졌다. 1521년 5월 비텐베르크에서 바르톨로매우스 베른하르디(Bartholomäus Bernhardi)를 포함한 세 명의 성직자가 결혼을 감행하였다. 칼 슈타트는 1521년 6월 『독신에 관하여』라는 글을 발표함으로써 학문적 논 쟁을 촉발시켰다. 그는 성직자의 결혼을 옹호하면서, 60세 미만의 사람들 은 수도원에 들어가서는 안 되며 이미 수도원에 있는 사람이라 할지라도 60세 미만이라면 결혼할 수 있는 자유가 주어져야 한다고 주장하였다.[5] 그 리고 자기 스스로가 1521년 12월 26일 안나(Anna von Mochau)라는 여인과 약혼을 하고, 1522년 1월 19일 결혼함으로써 공개적인 모범을 보였다. 루 카스 크라나흐가 1522년 그린 '한 남자와 한 여자의 초상' 그림의 주인공 이 바로 칼슈타트와 안나로 추정된다. 칼슈타트는 자신의 결혼식에 주교 와 선제후를 초청하는 대담함을 보임으로써 새로운 개혁의 나팔을 불었 다. 오즈먼트가 지적했듯이, "종교개혁으로 인해 발생한 제도적인 변화를 가장 분명하게 보여준 사건"이 바로 결혼이었다.[6] 성직자의 결혼은 새로운 변화를 가장 가시적으로 확인할 수 있는 사건이었다. 바르트부르크 성에 서 비텐베르크의 변화를 전해들은 루터는 1521년 11월 『수도원 서약에 관 하여』를 통해 사제의 독신을 비판하는 자신의 입장을 정리하였지만, 루터 가 카타리나 폰 보라(Katharina von Bora)와 결혼한 것은 칼슈타트보다 3 년 5개월이 늦은 1525년 6월 13일이었다.

---

5   Carter Lindberg, 조영천 옮김, 『유럽의 종교개혁』 (서울: 기독교문서선교회, 2012), 157.

6   Steven Ozment, *The Age of Reform 1250-1550* (New Haven: Yale University Press, 1980), 381.

Lucas Cranach the Elder (1522): Portrait of a Man and Portrait
of a Woman, National Gallery of Art (Washington DC)

　결혼과 더불어 미사의 폐지가 비텐베르크에 혼란과 진통을 가져온 또
다른 주제였다.[7] 루터와 같은 아우구스티누스회 수도사인 가브리엘 츠빌
링(Gabriel Zwilling)은 미사에서 성체를 축성하는 행위와 사적 미사를 공격
하면서 1521년 10월 비텐베르크 수도원에서의 미사를 전면 중단하였다.
게다가 12월에는 반(反)성직주의 폭력 행위가 시작되었다. 칼슈타트 또한
로마가톨릭교회의 미사를 비판하면서 1522년 1월 1일 새로운 신학에 부합
하는 방식으로 미사를 개혁할 것임을 예고하였다. 이에 대해 선제후는 미

7　Carter Lindberg, 『유럽의 종교개혁』, 166-67.

사에 있어서 어떤 변화도 있어서는 안 된다며 반대 입장을 분명하게 밝혔
다. 칼슈타트는 그렇다면 1521년 성탄절에 미사 개혁을 실행하겠다고 답
변했다. 칼슈타트에게 있어서, 질서를 유지하고자 하는 군주의 관심사나
평화를 바라는 사람들의 바람보다 더 중요한 것은 하나님의 뜻과 복음의
명령이었다. 따라서 1521년 성탄절 칼슈타트는 성직자의 복장을 벗고 평
신도처럼 평범한 검은 옷을 입고서, 라틴어가 아닌 독일어로 예배를 진행
했으며, 빵만이 아니라 포도주까지 모두 나누어주는 이종배찬(二種排餐)을
실시하였다. 그리고 그 다음날인 12월 26일 보란 듯이 안나와 약혼하였
다.

　이런 상황에서 토머스 뮌처(Thomas Müntzer)의 영향을 받은 츠비카우
에서 온 세 사람의 소위 예언자들이 비텐베르크의 혼란을 부추겼다. 뮌처
는 1520년 5월부터 1521년 4월까지 1년 남짓 츠비카우의 성 카타리나 교
회에서 설교자로 일했다. 이때 옷감 장수인 니콜라우스 슈토르흐(Nikolaus
Storch), 직공인 토머스 드레히젤(Thomas Drechsel), 비텐베르크 대학 학생
이었던 마르쿠스 토마이(Markus Thomä, Markus Stübner로 알려지기도 했다)
가 뮌처의 영향을 받아 성령으로부터의 직접적 계시, 유아세례 반대, 임박
한 종말론을 주장하다가 도시에서 추방당하여 1521년 12월 27일 비텐베르
크에 도착하였다.[8] 이들은 당시 비텐베르크의 혼란을 틈타 자신들의 극단
적이며 급진적인 주장을 펼치다가 결국 다른 곳으로 떠나갔다.

　결혼, 미사 개혁에 이은 또 다른 주제는 성상의 폐기를 둘러싼 문제였
다. 1521년 말부터 1522년 초기에 비텐베르크에서는 성상파괴 운동이 일
어났다. 수도원과 교회당의 성화상이 폭력적인 방법으로 끌어 내려지고
부서지고 불태워졌다. 칼슈타트에게는 성상이 구약의 십계명 중 첫 번째
계명을 위반하는 것이기 때문에 당연히 그리고 반드시 제거되어야만 할
적폐였다. 그리하여 칼슈타트가 쓴 작품이 『성상의 제거에 관하여』이다.
성상의 문제에 관한 칼슈타트의 입장에 대해서는 이어지는 장에서 보다

8　Carter Lindberg, 『유럽의 종교개혁』, 168.

자세하게 다룰 것이다. 비텐베르크 종교개혁의 횃불을 들었던 루터가 없는 상황에서, 안에서는 칼슈타트와 츠빌링이 경계를 넘어선 주장과 개혁을 실행하고 있었고, 밖에서 온 츠비카우의 선동자들이 혼란을 부추겼으며, 선제후로부터는 혼란을 수습하라는 압력을 받았다. 새로운 개혁의 요람인 비텐베르크 대학교의 입학생이 1년 사이에 560명에서 250명으로 급격하게 줄어들었다는 사실이 비텐베르크의 혼란상을 잘 보여준다.[9] 이런 와중에 멜란히톤은 비텐베르크의 혼란과 무질서를 수습하려면 루터가 돌아와야 한다고 판단하고 바르트부르크 성에 숨어 지내던 루터에게 돌아올 것을 강하게 요청하였다. 그리하여 루터는 은신처인 바르트부르크를 떠나 1522년 3월 6일 비텐베르크에 도착하였고 3월 9일 사순절 첫째 주일부터 16일 사순절 둘째 주일까지 8일 동안 연속적인 설교를 통해 비텐베르크의 혼란을 수습할 자신의 입장을 내어놓았다. 이제 칼슈타트의 입장과 루터의 입장을 좀 더 자세하게 살펴보자.

Ⅲ. 칼슈타트와 루터의 논쟁

1. 칼슈타트의 『성상의 제거에 관하여』(1522년 1월)

칼슈타트는 글을 시작하면서 먼저 자신의 주장을 요약하는 3개의 논제를 제시한다. 자기의 논점을 먼저 분명하게 선언하고 나서 그 이유와 논거들을 풀어나가는 연역적 방식을 택하고 있다. 그가 주장하는 3가지 논제는 다음과 같다.

---

9 Carter Lindberg, "Theory and Practice: Reformation Models of Ministry as Resource for the Present," *Lutheran Quarterly* 27-1 (Feb. 1975), 30.

1. 우리가 교회나 하나님의 집에서 성화상을 가지는 것은 잘못된 것이며 십계명의 첫째 계명에 어긋나는 것이다.
2. 제단에 깎아 만든 혹은 그려진 우상을 두는 것은 더더욱 부당하며 악마적인 것이다.
3. 그러므로 우리가 그것들을 제거하고, 성서에 마땅한 권위를 돌리고, 그렇게 함으로써 성서의 판단을 받아들이는 일은 선하고, 필요하며, 마땅하며, 경건한 것이다.[10]

하나님의 집은 하나님 홀로 영광과 높임을 받아야 할 곳이다. 그럼에도 불구하고 거룩한 곳에 가증한 성상을 세우고 그것을 경배한다면, 그것은 하나님의 집을 강도의 소굴로 만드는 행위(마 21:13)와 다름없다. 칼슈타트는 성상 숭배는 성상에 대한 잘못된 사랑에서 나온다고 말한다. "만일 우리가 성상을 사랑하지 않았더라면, 그것들을 하나님만이 거하시며 다스리는 그곳에 두지는 않았을 것이다. 만일 우리가 성상을 반대했더라면, 그것들을 받아들이기보다 피했을 것이다."[11] 하나님만을 사랑해야 할 그리스도인이 우상을 사랑한다면 그 행위 자체로 유죄이다.

칼슈타트는 성상을 숭배하는 행위가 얼마나 모순이며 하나님에 대한 배신행위인지, 그리고 그 행위로 인해 그 사람이 얼마나 가증한 존재가 되는지를 강조한다. 칼슈타트는 몇 가지 질문들을 통해 우리가 성상숭배에 깊이 빠져있음을 상기시킨다.

왜 우리는 성상들에게 색을 입히고, 벨벳과 실크와 은과 금으로 치장하게 되었는가? 왜 우리는 성상들을 금관과 값비싼 대리석으로 장식하는가? 더욱이 우리 자녀, 아내, 부모, 영주들에게는 보여주지 않는

---

10 Andreas Bodenstein von Karlstadt, "On the Removal of Images," *The Essential Carlstadt*, trans. and ed. E.J. Furcha (Ontario: Waterloo, Herald Press, 1995), 102.

11 Karlstadt, "On the Removal of Images," 103.

영예를 성상들에게 기꺼이 돌리고 있는가? '우리는 깎아 만들고 그린 성상들을 사랑하지 않았다.'고 말할 때 누가 우리를 믿어주겠는가? 우리의 행동이 우리를 배신하고 있지 않은가? 이제 내가 보여주겠지만 하나님은 우상을 미워하시고 질투하신다. 또한 하나님은 성상을 가증한 것으로 여기시며, 모든 사람은 자신이 사랑하는 것을 닮게 된다고 선언하신다. 성화상은 역겨운 것이다. 우리가 그것들을 사랑하게 되면 우리 자신도 역겨운 존재가 된다.[12]

칼슈타트는 자기 시대의 예배당을 "살인강도의 소굴"이라 부른다.[13] 왜냐하면 성상 숭배로 인해 영혼들이 폭행을 당하고 살해를 당하고 있기 때문이다. 그러면서 "우리에게 죽음과 파멸을 가져다 준 교황들에게 사탄이 상을 내릴 것이다. 성상은 하나님의 집이 아니라 지옥이나 불타는 용광로에 세우는 것이 천 배나 나을 것이다."[14]라며 로마가톨릭교회의 성상 숭배를 비꼬아 비판한다.

하나님의 집인 교회에서는 오직 하나님만 영광을 받으시고, 통치해야 한다. 또한 교회는 하나님에게만 기도하는 집이어야 한다. 그런데 그 자리를 성상이 가로채고 차지해 서 있는 것이 얼마나 어처구니없는 일인지 칼슈타트는 되묻는다. 사람이 손으로 만든 성상 앞에 절을 하고, 무릎을 꿇고, 촛불을 켜고, 서약의 헌물을 바치는 것이 어떻게 정당화될 수 있는지 반문한다. 하나님께서 이스라엘 백성을 팔로 안아 고쳐주셨지만, 그들은 그것을 알지 못하고 오히려 하나님을 떠나 거짓을 말하고 악을 행했던(호 11:3, 7:13,15) 것처럼, 우리를 도우시고 치료하시고 살리시는 하나님을 제쳐두고 성상에게 달려가 도움을 구하는 것은 배은망덕이라며 책망한다. 이어서 칼슈타트는 성상 숭배는 십계명의 첫 번째 계명, "너는 나 외에는 다른 신들을 네게 두지 말라."는 명령에 위배되는 것임을 분명하게 말한

---

12 Karlstadt, "On the Removal of Images," 103.
13 Karlstadt, "On the Removal of Images," 103.
14 Karlstadt, "On the Removal of Images," 103.

다.[15]

　　중세 로마가톨릭교회의 교리문답에는 십계명의 우상숭배에 관한 구절
(출 20:4-5)이 빠져있는데, 로마교회는 이것이 구약성서의 유대인들에게만
적용되는 것이라 믿었기 때문이다. 루터도 이런 전통을 당연한 것으로 수
용하였다. 하지만 칼슈타트, 츠빙글리, 칼뱅과 같은 개혁자들은 성상에 반
대하는 계명이 유대인뿐만 아니라 그리스도인들에게도 여전히 유효하다
고 믿었다.[16] 칼슈타트는 성상을 제거해야 할 가장 중요한 근거로 십계명
의 첫 번째 계명을 반복적으로 제시한다.

　　칼슈타트는 구약성서에서 우상을 금지한 구절들을 인용하면서 현재
로마가톨릭교회가 우상을 위안물로 삼고 있는 것은 하나님의 명령을 어긴
것이라고 주장한다. "하나님께서는 모든 숭배를 금하시며 교황주의자들의
위안물을 깨부순다. 교황주의자들은 항상 교묘하게 성서를 왜곡하며, 흰
것을 검게 만들고, 선한 것을 악하게 만드는 자들이다."[17] 그저 조각품에
불과한 것을 성상(聖像)이라고 부르는 것 자체가 잘못된 것이다. 더군다나
그런 것들에게 기도를 하며, 촛불과 향을 피우는 것은 그 자체로 우상숭배
이다. 더욱이 하나님의 거룩한 제단에 성상을 세운다면 그것은 "악마적인
짓"이다.[18]

　　이어서 칼슈타트는 성상의 무용성을 논한다. 일찍이 로마교회의 그레
고리우스 1세는 성화상을 "가난한 자들의 책"(biblia pauperum)이라고 말했
다.[19] 그러나 칼슈타트는 이에 반대하여 "오 그레고리우스여, 아니면 어느
누구라도 좋으니 성화성으로부터 평신도들이 어떤 좋은 것을 배울 수 있
는지 말해주시오."라고 요구한다.[20] 그리고 계속하여 말한다. "성화상은

15　Karlstadt, "On the Removal of Images," 104.
16　*A Reformation Debate: Karlstadt, Emser, and Eck on Sacred Images*, trans. Bryan D. Mangrum and Giuseppe Scavizz (Toronto: Centre for Reformation and Renaissance Studies, 1998), 24.
17　Karlstadt, "On the Removal of Images," 105.
18　Karlstadt, "On the Removal of Images," 106.
19　Karlstadt, "On the Removal of Images," 106.
20　Karlstadt, "On the Removal of Images," 107.

귀머거리에 벙어리라 볼 수도 들을 수도 없으며, 배우지도 가르치지도 못하며 그저 아무런 소용도 없는 육적인 물질에 불과하다. 결론적으로 그것들은 아무 소용이 없다. 하나님의 말씀만이 영적이며, 신자들에게 유익한 것이다."[21] 그러므로 성화상이 평신도를 위한 책이라는 것은 사실이 아니다. 그리스도는 제자들을 아버지의 말씀으로 가르치셨지, 성상을 통해 가르친 것이 아니기 때문이다.[22] 칼슈타트는 "당신들[교황주의자들]은 바울이 이런 일을 행하는 자는 하나님 나라를 유업으로 받지 못한다고 말한 것을 알지 못하는가?"라고 반문한다.[23]

성상은 어떤 목적도 이루지 못한다. 교황주의자들은 아픈 사람들에게 아무 효험도 없는 그리스도의 고상(苦像)을 제시하는 것 외에 아무것도 할 수 없다. 성인들의 조각상만이 아니라 그리스도의 상이라 할지라도 그것은 나무, 돌, 금과 은 외에 아무것도 아니다. 성상은 사람들에게 아무런 위로도 주지 못하며 구원은 어림도 없는 이야기이다. 오직 하나님의 말씀만이 위로, 건강, 생명, 구원을 줄 수 있다. 하나님의 말씀인 성서는 교황주의들의 위안물인 성화상을 하나님께서 미워하신다고 분명하게 말한다. 이사야 선지자는 "우상을 만드는 자는 다 허망하도다. 그들이 원하는 것들은 무익한 것이거늘 그것들의 증인들은 보지도 못하며 알지도 못하니 그러므로 수치를 당하리라."(사 44:9)고 선언한다. 에스겔 선지자도 "우상을 마음에 들이는 자는 하나님의 백성 가운데서 끊어질 것"(겔 14:7-8)이라고 분명히 경고한다. 이렇게 하여 칼슈타트는 자신의 마지막 결론, 즉 3번째 논제에 도달한다. 그러므로 모든 그리스도인은 성서의 가르침에 따라 성상을 제거해야한다.[24]

성상숭배를 옹호하는 자들과 성상에 입을 맞추는 자들은 자신들의 우상숭배를 정당화하기 위해 구약의 율법은 성상을 금하지만, 신약은 그렇

---

21 Karlstadt, "On the Removal of Images," 107.
22 Karlstadt, "On the Removal of Images," 107.
23 Karlstadt, "On the Removal of Images," 108.
24 Karlstadt, "On the Removal of Images," 118.

지 않다고 말할지도 모른다. 그러나 그리스도께서 율법을 폐하러 오신 것
이 아니라 완성하러 오셨음을 깨달아야 할 것이다.[25] 칼슈타트는 살인, 간
음, 도적질과 같은 율법의 조항들은 여전한데, 어떻게 가장 중요한 우상숭
배의 조항만 폐지될 수 있는 것인지 되묻는다. "그렇다면 어찌하여 당신들
은 부모를 공경하라는 것은 구약의 율법이니 우리는 그렇게 할 필요가 없
다고 말하지 않는가? ⋯ 왜 당신은 '우리는 교회에서 간음하고 도적질하고
살인해도 된다. 왜냐하면 그런 것들은 구약의 율법이 금지하는 범죄이기
때문이다.'라고 말하지 않는가?"[26]

　칼슈타트는 성상이 당시의 사람들 속에 얼마나 깊이 뿌리박혀 있는지
를 잘 알고 있다. 그는 성상이 얼마나 실제적으로 자신을 속박했었는지를
회상한다.

> 내가 젊은 시절부터 내 마음에 성화상을 숭배하고 예배하도록 교육받
> 고 자랐음을 한탄한다. 영혼을 파괴하는 두려움이 내 속에 자랐고, 나
> 는 그 두려움으로부터 벗어나기를 간절히 바랐지만 그럴 수가 없었다.
> 결과적으로 나는 두려움 때문에 우상들을 불태우지 못했을 것이다. 나
> 는 마귀의 나무토막(우상)이 나를 해할지도 모른다는 두려움을 가졌다.
> 한편으로 나는 성서를 통해 성상은 아무런 힘도 없고 생명도, 피도, 영
> 도 없음을 알고 있었지만, 다른 한편으로는 두려움에 사로잡혔고 마귀
> 의 성상을 두려워했던 것이다.[27]

　칼슈타트는 계속하여 성상에 대한 두려움에서 벗어나 성상을 거부할
수 있는 은혜를 더해달라고 간구한다.

　하나님께서 당신의 은혜를 베푸시어 내가 더 이상 마귀의 수하들(성상

25　Karlstadt, "On the Removal of Images," 119.

26　Karlstadt, "On the Removal of Images," 119.

27　Karlstadt, "On the Removal of Images," 117.

들)을 돌이나 나무 이상으로 경배하지 않도록 해주시길 원합니다. 그리하여 내가 성인의 이름과 모양을 가진 돌과 나무를 숭배하지 않도록 해주옵소서. 아멘.[28]

이제 칼슈타트는 작센의 선제후를 비롯한 프로테스탄트 영주들이 성서의 히스기야나 요시야 왕과 같이 하나님의 말씀에 따라 사람들의 영혼을 옥죄고 좀먹고 있는 성상들을 제거해 줄 것을 간청한다.[29]

2. 루터의 『사순절 설교』(1522년 3월)

멜란히톤에게서 비텐베르크의 혼란과 소요에 대해 전해들은 루터는 10개월의 은둔을 깨고 비텐베르크로 돌아왔다. 그리고 시립교회 설교단에서 3월 9일 사순절 첫째 주일(Invocavit Sunday)부터 3월 16일 사순절 둘째 주일(Reminiscere Sunday)까지 매일 설교하였다.[30] 이 일련의 설교는 매우 강력하고 호소력이 있었고 따라서 비텐베르크는 곧바로 질서와 평온을 되찾았다.[31] 루터의 의도는 열광적인 분위기에서 이루어지고 있는 성상파괴와 미사철폐 등의 과격한 소동을 진정시키고 안정적이고 질서 있는 분위기 속에서 비텐베르크의 개혁을 천천히 진행하는 것이었다. 루터는 "칼슈타트와 츠빌링이 사람들을 잘못 인도하여 비텐베르크를 사탄의 공연장으로 만들어 버린 탓에 개혁의 대의명분이 손상되었고, 그래서 사탄의 일을 쳐부수기 위해 어쩔 수 없이 비텐베르크로 돌아왔다."고 말했다.[32] 루터로

---

28 Karlstadt, "On the Removal of Images," 117.

29 Karlstadt, "On the Removal of Images," 118-19.

30 8편의 설교에 대한 분석은 M. Hopson Boutot, "Invocavit Imperatives: The Third Use of the Law and the Survival of the Wittenberg Reformation," *Mid-America Journal of Theology* 27 (2016), 49-66을 참조하라.

31 마르틴 브레히트(Martin Brecht)는 "인보카비트 설교는 깊은 인상을 남겼다. … 루터는 탁월한 웅변, 진중함, 열정으로 어느 때보다 뛰어나게 설교하였다. 그의 설교를 듣기 위해 모여든 비텐베르크의 청중은 즉시로 루터의 권위에 복종하였다."고 평가하였다. Martin Brecht, *Martin Luther: Shaping and Defining the Reformation, 1521-1532*, trans. James L. Schaaf (Minneapolis: Fortress Press, 1990), 61.

서는 그렇게 해야만 새로운 운동에 대한 선제후의 의심을 털어내고 지지를 획득할 수 있을 것이며, 만일 이 소동을 잠재우지 못한다면 종교개혁 운동 자체가 실패할 수도 있다는 두려움을 느꼈을 것이다.

　루터의 설교는 단지 성상의 제거 문제만이 아니라 미사의 철폐, 육식의 금지, 이종배찬, 사적 고백과 같은 여러 주제들에 대해 언급하고 있다. 전체적으로 보면 개혁의 필요성은 인정하지만 그것을 진행하는 과정에서 강압적이고 폭력적인 방법을 사용해서는 안 된다는 점과 개혁이 필요하다고 하더라도 아직 믿음이 연약한 사람들을 고려하여 천천히 진행할 필요가 있음을 강조한다.

　첫 번째 설교에서 루터는 이웃사랑의 필요성을 내세우며 개혁을 진행하는 과정에서 믿음이 연약한 지체들을 고려해야 한다고 주장한다. 루터는 고린도전서 13장을 인용하면서 "사랑이 없으면 믿음은 아무것도 아니다."라고 말하면서 "나는 여러분 가운데서 사랑의 표적을 볼 수 없다."고 지적한다.[33] 루터는 "사랑이 없는 믿음은 충분하지 못하여, 더 나아가 그것은 믿음이 아니라 믿음의 모조품에 불과하다. 마치 거울에 비친 얼굴이 진짜 얼굴이 아니라 단지 얼굴의 반영일 뿐인 것과 마찬가지이다."[34]고 주장한다. 이 인용문만 떼어 놓고 보면, 이신칭의 즉 '오직 믿음으로 말미암는 의로움'을 그렇게 강조한 루터의 말이라고 믿기 어려울 정도로 사랑의 중요성과 필요성을 역설하고 있다.

　루터는 "모든 것이 내게 가하나 다 유익한 것이 아니라"(고전 6:12)는 성서 구절을 인용하면서, "그리스도인은 자신의 권리를 주장할 것이 아니라 자기 형제에게 유익하고 도움이 되는 것이 무엇인지를 살펴야 한다."[35]고 언급한다. 루터에 따르면 "믿음은 언제나 우리 마음속에 순수하고 확고

32　Scott H. Hendrix, 『마르틴 루터: 새 시대를 펼친 비전의 개혁자』, 282-83.

33　Martin Luther, "Eight Sermons at Wittenberg, 1522," *Luther's Works*, vol. 51, ed. and trans. John W. Doberstein (Philadelphia: Fortress Press, 1959), 71.

34　Martin Luther, "Eight Sermons at Wittenberg, 1522," 71.

35　Martin Luther, "Eight Sermons at Wittenberg, 1522," 72.

하게 남아 있어 결코 흔들려서는 안 되지만, 사랑은 우리 이웃이 그것을 이해하고 따를 수 있도록 굽히고 방향을 바꿀 수도 있다."[36] 따라서 이웃에 대하여 인내심을 가지고 그의 약점을 참아주고 그가 성숙한 신앙으로 자라나기를 기다려야 한다. 우리도 신앙이 약할 때에는 젖을 먹고 자란 것처럼, 우리 이웃에게도 그들이 장성한 믿음의 분량에 자라기까지 딱딱한 음식보다는 젖을 먹이자고 권한다.[37]

　루터의 설교에서 반복적으로 나타나는 논리는 "자유로운 것"(free)을 "필수적인 것"(must)으로 만들어서는 안 된다는 것이다.[38] 루터는 칼슈타트를 비롯한 과격한 사람들이 성상은 파괴해야만 하고 미사는 철폐해야만 한다고 강변하는 것을 보면서, 그렇다면 그리스도인의 자유는 어디에 있는 것인지를 물었다. 루터는 로마교회가 그리스도인에게 자유로 맡겨진 문제들, 즉 이래도 좋고 저래도 좋은 비본질적인 문제들까지도 필수적인 것으로 만들어 가련한 영혼들을 옥죈 것과 똑같은 실수를 개혁을 주장하는 사람들이 범해서는 안 된다고 보았다. 루터는 자신의 논지를 뒷받침하기 위해 바울이 할례를 반드시 지켜야만 하는 필수적인 것으로 만들지 않고 자유로운 선택에 맡겼음을 제시하였다. 루터는 여덟 번의 설교를 통해 미사, 성상, 결혼, 수도원, 육식, 고백의 경우에도 자유를 법으로 만들어서는 안 된다고 계속적으로 강조하였다.[39]

　루터는 비텐베르크의 청중들에게 간곡하게 호소한다.

　그러므로 우리 이웃에게 사랑을 보여줍시다. 만일 우리가 그렇게 하지 않으면 우리의 개혁은 지속될 수 없을 것입니다. 우리는 당분간 그들에 대해 인내해야 합니다. 믿음이 약한 사람들을 쫓아내서는 안 됩니다. 사랑이 그렇게 할 것을 요구하고 있고 또한 그것이 우리 믿음에 손

36　Martin Luther, "Eight Sermons at Wittenberg, 1522," 72.
37　Martin Luther, "Eight Sermons at Wittenberg, 1522," 74.
38　Martin Luther, "Eight Sermons at Wittenberg, 1522," 74.
39　Martin Luther, "Eight Sermons at Wittenberg, 1522," 81.

상을 주지 않는 한, 우리는 어떤 일들을 할 수도 있고 하지 않을 수도 있습니다.[40]

루터는 사랑, 인내, 자유와 같은 그리스도교의 가치를 들어 칼슈타트, 츠빙링, 츠비카우의 예언자들이 추진하는 성급하고 강압적인 변혁에 저항하였다.

루터는 강압과 폭력은 그리스도교적 가치에 어긋날 뿐만 아니라 결코 선한 열매를 맺을 수 없다며 반대하였다. 루터는 성급하게 비텐베르크를 바꾸려는 자들의 대의와 주장은 납득할 수 있지만, 그들이 그것을 추진하는 과정에서 신앙이 연약한 형제자매들은 고려하지 않고 너무 성급하게 몰아붙였다고 비판하였다. 그러면서 "내가 여기에 있었더라면, 나는 당신들이 한 것처럼 나가지는 않았을 것"[41]이라고 말한다.

예를 들어, 루터는 미사를 철폐하는 일에 앞장선 자들이 잘못한 것은, 그 행위 자체 때문이 아니라 그 일을 하는 과정에서 질서를 지키지 않고 폭력을 사용함으로써 혼란을 부추겼기 때문이라고 지적한다. 미사는 분명 성서적으로 옳지 않으며, 루터 자신도 미사의 남용에 대해 가장 먼저 비판한 사람들 중 한 명이었다. 그러나 미사를 철폐하는 일이 하나님과 정치 지도자들의 도움과 동의를 구하지도 않고, 나아가 아직 새로운 개혁에 대해 확신을 갖지 못한 연약한 이웃들을 하나님의 말씀으로 설득하는 과정과 절차도 없이, 강압적이고 폭력적인 방식으로 이루어지는 것에는 루터는 결코 동의할 수 없었다.[42] 루터는 강압적인 방식이 아니라 "혀와 펜"으로 하나님의 말씀을 설교하고 가르침으로써 미사를 폐지해야 한다고 주장한다. 강제력으로는 사람의 마음속에 믿음을 심어 줄 수 없으며, 오직 하나님의 말씀만이 믿음을 일으킬 수 있기 때문이다. "요컨대 나는 이것을 [미사철폐] 설교하고, 가르치고, 이것에 대해 글을 쓰겠지만, 어느 누구에

---

40 Martin Luther, "Eight Sermons at Wittenberg, 1522," 74.

41 Martin Luther, "Eight Sermons at Wittenberg, 1522," 72.

42 Martin Luther, "Eight Sermons at Wittenberg, 1522," 73.

게도 힘으로 강제하지는 않을 것입니다. 왜냐하면 믿음은 강압 없이 자유롭게 생겨나야하기 때문입니다."[43]

성상의 문제에 대해서도 루터는 성상이 기본적으로 불필요하다는 사실에는 동의한다. 때문에 루터는 "성상은 아무것도 아니며 그것들을 세우는 것은 하나님을 예배하는 데 아무런 도움이 되지 않는다고 설교해야만 합니다. 그러면 그것들은 저절로 무너지게 될 것입니다."[44]라고 말한다. 하지만 1521-22년 비텐베르크의 과격한 무리들은 성상을 뒤엎고 제단을 부수며 소동을 일으켰다. 루터는 설교와 가르침을 통해 우상숭배자들의 마음을 바꾸는 것이 중요하지, 눈에 보이는 우상을 뒤엎는다고 우상숭배가 사라지는 것은 아니라고 강조한다. 눈에 보이는 우상보다 눈에 보이지 않는 마음의 우상을 제거하는 것이 보다 근본적인 해결책이며, 마음의 우상을 제거하는 일은 오직 하나님의 말씀 진리로만 가능하다. 후에 루터는 1529년 『대교리문답』에서 "우상숭배는 단지 성상을 세우고 그것을 예배하는 데 있지 않다. 우상숭배는 기본적으로 마음의 문제이다. 다른 것을 추구하고, 피조물이나 성인이나 혹은 마귀에게 도움과 위로를 찾는 마음이 문제이다."[45]라고 결론짓는다. 따라서 루터는 외형적 우상이 아니라 마음의 우상을 무너뜨려야 한다고 역설한다.

루터는 설교에서 폭력과 강압으로 비텐베르크를 혼란에 빠트린 배후의 조정자가 다름 아닌 마귀라고 말한다. 그는 "여러분은 마귀가 잠자고 있다고 생각합니까?"라고 물으면서 이 싸움이 사실상 마귀와의 싸움임을 분명하게 밝힌다.[46] 루터는 성상은 그 자체로는 "선한지도 악하지도 않은 것"이라고 말한다.[47] 따라서 우리는 성상을 가질 수도 있고 버릴 수도 있는 자유를 가지고 있다. 성상이 남용되고 있는 현실 때문에 성상 자체를 거부

---

43 Martin Luther, "Eight Sermons at Wittenberg, 1522," 77.

44 Martin Luther, "Eight Sermons at Wittenberg, 1522," 83.

45 Martin Luther, "The Large Catechism," *The Book of Concord*, ed. Robert Kolb and Timothy J. Wengert, trans. Charles Arand et al. (Minneapolis: Fortress Press, 2000), 388.

46 Martin Luther, "Eight Sermons at Wittenberg, 1522," 73.

47 Martin Luther, "Eight Sermons at Wittenberg, 1522," 86.

하거나 정죄할 필요가 없다는 것이다. 루터는 금이나 은이 악의 온상이라고 해서 그것을 거부하거나, 포도주와 여인이 남자들을 망친다고 해서 모든 포도주를 멀리하고 모든 여인들을 정죄해서는 안 되는 것과 마찬가지라고 강변한다.[48] 루터의 설교를 읽으면 그가 비텐베르크의 과격파들의 성상파괴를 논파하기 위해 모순된 논리를 펴는 것이 아닌가 하는 의구심을 갖게 된다. 그는 성상을 숭배하는 것은 우상숭배이며 많은 사람들이 성상을 우상으로 섬기고 있는 현실을 알면서도, 성상 자체는 중립적인 것이며 한 사람에게라도 성상이 유용하다면 그 자체를 정죄해서는 안 된다는 논리를 펴고 있다. 아마도 루터는 성상파괴의 과정에서 보인 과격성이 결국은 참된 그리스도교 신앙과 삶을 위협할 것이라고 보았기 때문에 더 보수적인 방향으로 선회하였을 것이다.[49] 루터는 비텐베르크에서 혼란을 조장하고 있는 마귀를 경계하라고 다시 한 번 당부한다.[50]

3. 계속되는 두 사람의 논쟁

1522년 루터의 『사순절 설교』로 비텐베르크의 소동은 진정되었다. 결국 칼슈타트는 1523년 비텐베르크를 떠나야 했지만 올라뮌데(Orlamünde)로 가서 자신의 복음적 개혁을 계속 이어 나갔다. 그곳에서 성상은 제거되고, 유아세례는 거부되었고, 성만찬은 기념으로 해석되었으며, 예전의 변화가 도입되었다. 그렇지만 칼슈타트는 결코 혁명적 급진주의자는 아니었다. 칼슈타트는 올라뮌데 공동체의 이름으로 농민전쟁을 이끌던 토머스 뮌처에게 보낸 편지(1524년 7월 19일)에서 무장 혁명에 참여하기를 거부하며 뮌처에게 하나님을 신뢰하라고 촉구한다.[51]

칼슈타트는 올라뮌데에서 1523년 6월부터 1524년 9월까지 1년 조금 넘는 시간을 머물렀다. 이때 그는 루터의 사순절 설교에 대한 응답으로

---

48 Martin Luther, "Eight Sermons at Wittenberg, 1522," 85.
49 John A. Maxfield, "Martin Luther and Idolatry," *Logia* 27-1 (Epiphany, 2018), 24.
50 Martin Luther, "Eight Sermons at Wittenberg, 1522," 85.

『하나님의 뜻과 관련된 문제에서 약자들을 자극하지 않기 위해 개혁을 천천히 진행해야 하는가?』를 저술하였다. 이 팸플릿을 쓴 직후 칼슈타트는 작센의 영지에서 추방을 당했고, 이 작품은 1524년 11월 스위스 바젤에서 출판되었다. 이 책에서 칼슈타트는 루터의 점진적이며 타협적인 성향을 비판하면서 하나님의 법에 대해서는 즉각적이고 비타협적으로 복종해야 한다고 주장하였다. 이것은 곧 하나님이 주신 십계명에 어긋나는 성상은 즉시 제거되어야 한다는 의미였다.

칼슈타트는 루터가 믿음이 연약한 자들에 대한 사랑을 내세워 개혁을 지연시키고 후퇴시키는 것이야말로 마귀의 술책이며, 형제사랑이라는 가면으로 모든 악을 덮으려는 기만이라고 비판한다. 오히려 자신이 신속하게 성상과 다른 불경건한 예배 예식들을 제거하려는 이유가 바로 연약한 형제들에 대한 사랑 때문이라고 말한다. 칼슈타트는 위험한 칼을 가지고 있는 어린아이의 비유를 들면서, 어린아이에게서 곧장 칼을 빼앗는 것이 사랑의 행위인지 아니면 그 아이가 칼의 위험을 깨달을 때까지 계속 내버려 두는 것이 사랑의 행위인지 묻는다.

> 우리는 연약한 자들로부터 이와 같은 끔찍한 성상을 빼앗아, 그들이 울며 소리치고 피한다고 할지라도 그들의 손에서 제거해야 한다. 그들이 지금은 우리를 비난하고 저주할지 몰라도 때가 되면 우리에게 고마워할 것이다. … 그러므로 나는 묻지 않을 수 없다. 만일 순진한 어린아이가 날카롭고 뾰족한 칼을 손에 들고 있으면서 계속 가지고 있겠다고 할 때, 과연 그 아이가 원하는 대로 무서운 칼을 가지고 있도록 허락하여 상처를 입거나 죽도록 내버려두는 것이 형제 사랑을 보이는 것

---

51 Andreas Bodenstein von Karlstadt, "Letter from the Community in Orlamünde to the People of Allstedt," *The Radical Reformation*, ed. by Michael G. Baylor (Cambridge: Cambridge University Press, 2008), 33-35; P. Kirn and G. Franz, *Thomas Müntzer, Schriften und Briefe* (Gütersloh, 1968), 415-16. 이 편지는 올라뮌데 공동체가 알슈테트의 사람들에게 보낸 것으로 되어 있지만, 사실상 칼슈타트가 뮌처에게 보낸 편지이다. 편지는 1524년 7월 루터의 동의 아래 비텐베르크에서 인쇄되었다. 칼슈타트와 루터는 논쟁하였지만, 뮌처의 혁명적 무력투쟁에 반대하는 입장에서는 서로 연합할 수 있었다.

인가, 아니면 그 고집을 꺾고 칼을 빼앗는 것이 사랑의 행위인가?[52]

칼슈타트는 적어도 하나님의 뜻과 관련된 문제에 있어서는 다른 어떤 핑계나 이유도 정당화될 수 없다고 믿었다. 명백한 하나님의 명령이 있음에도 불구하고, 형제사랑이라는 논리로 그 명령을 무효화시키려고 하는 것은 사실상 사랑이 아니라 살인일 수 있다는 것이다. 진정으로 믿음이 연약한 사람들을 생각한다면 그들이 가지고 있는 성상을 즉각적으로 제거하는 것이 그 영혼을 살리는 길이라는 사실을 칼슈타트는 강조한다. 칼슈타트가 쓴 글들 중 "가장 탁월한 논쟁적 작품"[53]으로 평가되는 이 팸플릿은 비록 당대에나 지금에나 베스트셀러는 아닐지 몰라도 루터의 사순절 설교에 대한 칼슈타트의 효과적인 논박인 동시에 이후 급진종교개혁자들에게도 일정 부분 영향을 미쳤다.

칼슈타트의 『하나님의 뜻과 관련된 문제에서 약자들을 자극하지 않기 위해 개혁을 천천히 진행해야 하는가?』는 곧바로 루터의 또 다른 반론을 불러왔다. 루터는 과격한 혁신을 주장하는 자들을 "광신자"(schwärmer) 혹은 "천상의 예언자"로 매도하면서 1525년 『천상의 예언자들에 반대하여: 성상과 성례』를 통해 칼슈타트를 또 다시 비판한다. 책의 부제에서 보듯이 주로 성상과 성례 문제에서의 대립과 간격을 보여준다. 루터는 칼슈타트가 '믿음으로 얻는 칭의'라는 복음적 가르침을 율법과 행위에 복종하는 '행위로 얻는 의로움'으로 대체했다고 비판한다. 루터의 눈에 이것은 로마교회의 공로사상으로 되돌아가는 것과 진배없었다. 루터는 성상파괴에 대해 다루는 단락에서 칼슈타트의 이름을 거명하면서 이렇게 말한다.

나는 성상파괴의 과제에 대해 첫째로 하나님의 말씀을 통해 마음으로

---

52   Andreas Bodenstein von Karlstadt, "Whether We Should Go Slowly and Avoid Offending the Weak in Matters Pertaining to God's Will," *The Essential Carlstadt*, trans. and ed. E.J. Furcha (Ontario: Waterloo, Herald Press, 1995), 260-61.

53   Gordon Rupp, *Patterns of Reformation* (London: Epworth, 1969), 138.

부터 성상을 떼어내는 것이야말로 그것을 무가치하게 만들고 파괴하는 것이라고 주장한다. 칼슈타트가 꿈꾸는 성상파괴 이전에 이것이 반드시 이루어져야 한다. 성상이 우리 마음에서 더 이상 존재하지 않을 때, 그것이 우리 눈앞에 있다하더라도 우리에게 아무런 해를 끼치지 못한다. 그러나 칼슈타트는 마음의 문제에는 아무런 관심도 없이 순서를 뒤집어 눈에서 성상을 제거함으로써 마음에서 떠나보내려고 한다. 왜냐하면 그는 믿음을 설교하지 않고, 하지도 못하기 때문이다. 불행하게도 이제야 나는 그 사실을 알았다. 이런 두 가지 성상파괴 가운데 어느 것이 최상인지, 각 사람이 스스로 판단하기를 바란다.[54]

루터가 볼 때 칼슈타트의 또 다른 문제는 모세의 법과 복음을 부적절하게 해석하는 것이다. 칼슈타트는 하나님의 법이 모든 성상을 파괴할 것을 명한다고 보았지만, 루터는 숭배되는 성상만이 하나님의 법에 의해 금지된다고 보았다. "모세의 법에 따르면 사람들이 숭배하는 하나님 형상만이 금지되었다. 반면에 십자가나 다른 거룩한 성상은 금지되지 않았다."[55] 그 근거로 루터는 모세가 만든 놋뱀이 히스기야 시대까지 남아 있었으며, 히스기야 시대에 이르러 그것이 숭배되어졌기 때문에 비로소 파괴된 것을 예로 든다.[56] 루터의 입장에서 볼 때 칼슈타트는 구약의 율법을 무비판적으로 적용하면서 복음의 은총과 자유를 억압하는 오류를 범하고 있었던 것이다.

루터는 그리스도인의 자유라는 가치를 내세워 칼슈타트의 강제적이고 폭력적인 성상 제거를 반대하였다.

성상에 대해 복음적으로 말하자면, 나는 누구라도 하나님의 성상이라

---

54 Martin Luther, "Against the Heavenly Prophets in the Matter of Images and Sacraments," *Luther's Works*, vol. 40, trans. Bernhard Erling, ed. Conrad Bergendoff (Philadelphia: Fortress Press, 1958), 84.

55 Martin Luther, "Against the Heavenly Prophets," 85-86.

56 Martin Luther, "Against the Heavenly Prophets," 87.

할지라도 폭력적으로 파괴하도록 강요를 받아서는 안 되며, 모든 것은 자유로우며 누군가가 폭력으로 성상을 파괴하지 않는다고 하더라도 죄를 짓는 것이 아니라고 선언한다. 반면 모든 사람은 하나님의 말씀으로 성상을 파괴할 의무를 지닌다. 즉 칼슈타트 방식의 법이 아니라 복음으로 말이다. 이것은 양심을 일깨우고 가르치라는 것이다. 성상을 숭배하거나 신뢰하는 것은 우상숭배다. 왜냐하면 우리는 그리스도만을 신뢰해야하기 때문이다. 이것을 넘어서는 외적인 문제는 그 나름의 방식을 택하도록 내버려두라.[57]

성상파괴의 문제는 곧 그리스도인의 자유의 문제였다. 루터에 의하면 교황이 인간의 전통을 강요하는 법령을 만들어 그리스도인의 자유를 파괴했다면, 칼슈타트는 성상을 강제적으로 금지하고 파괴함으로써 동일한 잘못을 범했다. 루터는 자신이 "우도 아니고 좌도 아닌" 중도의 길을 옹호한다고 주장하면서 "우리는 교황주의자도 칼슈타트주의자도 아니며, 자유로운 그리스도인"이라고 말한다.[58] 이렇게 루터는 율법과 복음을 뒤섞어 결국 복음과 그리스도인의 자유를 파괴하는 칼슈타트의 오류에 대해 논박하였다.

루터는 성상을 제거하는 일은 적어도 두 가지 조건이 충족될 때에만 가능하다고 보았다. 첫째는 평화롭고 자발적인 방식으로 이루어져야 하는 것이고, 둘째는 공권력에 의해 정당하게 행해져야 한다는 것이다. 루터가 원한 방법은 설교와 가르침을 통한 그리스도교적 교육을 통해 교회 안에서 성상의 남용을 제거하는 것이었다. 이렇게 해야만 진정한 개혁, 즉 사람들의 마음의 개혁을 이룰 수 있을 것이기 때문이다. 루터는 "성상파괴가 폭력이나 소동 없이 이루어지고 정당한 공권력에 의해 이루어진다면, 나는 외적인 성상을 제거하는 일에 찬성할 것이고 금하지 않을 것이다."[59]라

---

57   Martin Luther, "Against the Heavenly Prophets," 91.

58   Martin Luther, "Against the Heavenly Prophets," 130.

59   Martin Luther, "Against the Heavenly Prophets," 85.

고 말한다.

IV. 칼슈타트와 루터의 논쟁을 어떻게 해석할 것인가?

역사는 대체로 승리자의 관점을 반영한다. 루터와 칼슈타트의 경우도 그렇다. 루터의 통렬한 수사(修辭)로 인해 칼슈타트는 오랫동안 "육화된 마귀"(incarnatus diabolus)로, "사탄의 영에 지배당하고 있는 사람"으로, "광신자"(schwärmer)로 혹평을 받았다.[60] 하지만 과연 칼슈타트가 사탄의 사람으로 혹은 광신자로 매도당하는 것이 정당한 것일까? 우리가 위에서 살펴본 칼슈타트와 루터의 논쟁만 살펴보더라도 그런 평가는 설득력이 부족하다고 할 것이다. 그런 평가들은 역사적 사실이 아닌 말 그대로 루터의 수사학에 불과하다. 그렇다면 루터와 칼슈타트의 차이를 만들어 낸 진짜 문제는 무엇일까? 무엇이 그들로 하여금 치열하게 논쟁할 수밖에 없도록 만들었는지를 묻지 않을 수 없다.

일찍이 스트라스부르의 개혁자 볼프강 카피토는 1524년에 루터와 칼슈타트의 불일치는 중심적인 문제가 아니라 "주변적이고 중요하지 않은" 것이라고 평가하였다.[61] 그리고 20세기 초에 헤르만 바르게는 두 권으로 된 칼슈타트의 전기에서 루터의 부정적 평가를 완화시키려는 의도로 카피도의 견해를 다시 전면에 제기하였다.[62] 카피토와 바르게의 입장을 이어받은 로날드 사이더 또한 두 사람의 불일치는 신학적 차이라기보다 비텐

60 Richard A. Beinert, "Another look at Luther's Battle with Karlstadt," *Concordia Theological Quarterly* 73-2 (April 2009), 155; Hans J. Hillerbrand, "Andreas Bodenstein of Carlstadt, Prodigal Reformer," 379를 참조하라.

61 Wolfgang Capito, *Was man halten und antworten soll von der Spaltung zwischen Martin Luther und Andres Carolstadt* (Strassburg, 1524).

62 Hermann Barge, *Andreas Bodenstein von Karlstadt*, 2 vols. (Leipzig: Friedrich Brandstetter, 1905; reprint Nieuwkoop, 1968).

베르크라는 도시의 상황에서 종교개혁을 '어떻게 진행할 것인가'에 대한
전략의 차이에서 비롯된 것으로 평가한다.[63] 로날드 사이더는 적어도 1522
년 3월까지 칼슈타트와 루터 사이에 근본적인 신학적 차이는 없었다고 주
장한다. 칼슈타트가 칭의와 복음이라는 단어를 루터만큼 자주 사용하지는
않았다고 할지라고 그 역시 법정적 칭의를 믿었다. 사이더의 책 *Karl-
stadt's Battle with Luther: Documents in a Liberal-Radical Debate*
의 부제가 보여주듯이, 그는 루터를 자유주의자(liberal)로 칼슈타트를 급
진주의자(radical)로 규정하면서 두 사람의 차이가 개혁을 추진하는 전략의
차이였다고 주장한다.

하지만 일부 학자들은 칼슈타트와 루터의 갈등은 단지 개혁 전략과 방
법의 차이라기보다는 신학적 차이에서 비롯된 것이라고 본다. 카터 린드
버그는 두 사람의 논쟁은 "상반된 신학적 방향성"에서 비롯된 결과물이라
고 주장한다.[64] 루터가 '은혜에 의한 믿음으로 말미암은 칭의(justification)'
의 신학을 전개했다면, 칼슈타트는 자기부정과 내적 중생(regeneration)의
신학을 펼쳤다. 루터 신학과 목회의 주제가 말씀이었다면, 칼슈타트의 열
쇠는 율법이었다. 칼슈타트가 성상의 폐지를 말할 때에도 가장 강조한 것
은 율법의 계명이었다. 칼슈타트에게 있어서는 율법을 지킴으로써 중생과
성화에 이르는 것이야말로 진정한 그리스도인이 되는 길이었다. 따라서
바르게(Hermann Barge)나 럽(Gordon Rupp)은 칼슈타트를 "청교도주의"의
대변인으로 간주하기도 하였다.[65] 하나님의 명령과 계명을 철두철미 지킴
으로써 온전한 그리스도인이 되고자 했던 것이다. 이런 점에서 고트프리
트 로허가 루터를 "믿는 자를 위한 개혁자"라고 명명한 것에 더하여, 에드

63 Ronald J. Sider, *Andreas Bodenstein von Karlstadt: The Development of His Thought, 1517-1525* (Leiden: E. J. Brill, 1974); Ronald J. Sider, ed., *Karlstadt's Battle with Luther: Documents in a Liberal-Radical Debate* (Augsburg Fortress Press, 1978; reprint Wipf and Stock Publishers, 2001).

64 Carter Lindberg, "Conflicting Models of Ministry - Luther, Karlstadt, and Müntzer," *Concordia Theological Quarterly* 41-4 (October 1977), 35.

65 바르게의 책 *Andreas Bodenstein von Karlstadt* 2권의 부제가 "평신도 그리스도인 청교도주의의 대변인"(Champion of Lay Christian Puritanism)이며, 럽의 책 *Patterns of Reformation*에서 칼슈타트를 다루는 장의 제목이 "청교도 개혁자"(The Reformer as Puritan)이다.

워드 푸르차가 칼슈타트를 "명목적 그리스도인을 위한 개혁자"라고 부른
것은 일리가 있어 보인다.[66] 루터가 동요하는 믿음의 사람들을 위한 위로
의 목회(ministry of comforting)를 추구했다면, 칼슈타트는 겉으로는 믿는
다고 하지만 안락에 빠진 사람들을 위한 동요의 목회(ministry of disturb-
ing)를 펼쳤다. 그러나 어쩌면 이 둘은 동시에 필요한 것일지 모른다. 둘
중 하나가 없다면 "제자도의 대가"가 없는 "값싼 은혜"로 전락하거나 혹은
복음이 없는 행위 의나 율법주의로 왜곡될 것이기 때문이다.[67] 이처럼 서
로 다른 강조점을 가진 신학적 입장으로 인해 두 사람의 갈등과 논쟁은 불
가피했다.

　한편 리처드 베어너트와 카를로스 아이어 같은 사람들은 칼슈타트와
루터가 갈등을 빚은 이유는 개인이 어떻게 그리스도인으로 형성되어지는
가에 대한 서로 다른 개념 때문이었다고 주장한다. 아이어는 "루터와 칼슈
타트 사이의 가장 중요한 차이는 예배에서 영적인 것과 물질적인 것 사이
의 관계에 대한 이해에 있었다."[68]고 말한다. 칼슈타트는 "영적인 사람은
외적인 것에 매이지 않는다. 내적인 것이 외적인 표징에 의해 반드시 확증
되거나 입증되어야 하는 것도 아니며, 영적인 것이 반드시 물질적인 것의
도움으로 그 활력과 효과를 달성하는 것도 아니다. 그것은 외적인 것의 조
력과 의존 없이도 그렇게 할 수 있다."고 주장한다.[69] 성례를 예로 들자면,
칼스타트에게 있어서 성례의 물, 빵, 포도주가 믿음을 유효하게 만드는 것
이 아니라, 오히려 믿음이 성례의 외적인 것들을 효과적이도록 한다. 이와
동일한 선상에서 칼슈타트는 성령의 내적인 말씀이 외적으로 기록된 성경

66 고트프리트 로허는 루터를 '믿는 자를 위한 개혁자'로, 칼뱅을 "교회의 개혁자"로, 츠빙글리를 "사
회의 개혁자"로 명명하였는데, 에드워드 푸르차는 이에 덧붙여 칼슈타트를 "명목적 그리스도인을
위한 개혁자"로 불렀다. Gottfried Locher, "Die reformatorische Katholizität Huldrych Zwinglis,"
Theologische Zeitschrift 42-1 (1986), 5; Edward J. Furcha, "Zwingli and the Radicals: Zwingli and
Carlstadt," *Fides et Historia* 25 (1993), 6.

67 Carter Lindberg, "Theory and Practice," 35.

68 Carlos Eire, *War against the Idols: The Reformation of Worship from Erasmus to Calvin* (Cam-
bridge: Cambridge University Press, 1986), 72.

69 Andreas Bodenstein von Karlstadt, "The Manifold, Singular Will of God, The Nature of Sin," *The
Essential Carlstadt*, 217.

보다 우선권을 지닌다고 여겼다.[70]

반면 루터는 1522년 사순절 둘째 주일 설교(8번째 설교)에서 하나님의 용서가 인간에게 전해지는 몇 가지 수단 혹은 통로에 대해 언급한다. 루터에게 믿음은 말씀과 성례를 통해, 즉 외적인 은혜의 수단(means of grace)을 통해 우리에게 전달된다. 루터는 이 점을 분명하게 밝힌다.

> 하나님께서 당신의 거룩한 복음을 전하실 때, 그분은 두 가지 방식으로, 즉 첫째는 외적으로 둘째는 내적으로 우리를 다루신다. 외적으로 하나님은 선포된 복음 말씀과 세례와 성만찬의 물질적 표징을 통해 우리와 교제하신다. 내적으로 하나님은 성령, 믿음, 은사들을 통해 우리와 교제하신다. 외적인 요소들의 정도가 어떠하든지 간에 그것들이 앞서고, 이어서 내적인 경험이 따라오며 외적인 것에 의해 효과를 나타낸다. 하나님은 외적인 것을 통해 내적인 것을 주시기로 작정하셨다. 따라서 하나님은 외적인 말씀과 제정된 표징 밖에서는 성령과 믿음을 주지 않기를 원하신다.[71]

루터에게는 선포된 말씀, 세례, 성찬을 통한 은혜의 외적인 매개 없이는 내적인 믿음이 없다. 루터는 말씀이라는 외적인 수단과 복음적 성례를 신앙의 형성과정에 필수적인 것으로 간주하였다. 따라서 루터는 성상이나 성례가 정당하게 사용되고 성직자와 성도들에 의해 남용되지 않는다면, 성상을 용인하고자 했으며 기존의 성례를 보존하고자 했다.

이처럼 두 사람을 갈라놓은 진짜 문제는 구원 혹은 믿음이 외적인 수단을 통해 인간에게 전해질 수 있는 것인가 하는 문제였다. 칼슈타트에게 믿음이란 외적인 매개와 관계없이 성령의 내적 역사로부터 즉각적으로 솟

---

70 성경에 앞선 성령을 주장하는 칼슈타트의 입장에 대해 루터는 "칼슈타트와 그 무리들은 저급한 것으로 고상한 것을 바꾸고, 사소한 것으로 최고의 것을 대체하고, 꼬리로 머리를 바꿔버린다. 그는 어쩌면 성령의 깃털까지도 게걸스럽게 먹어 치운 가장 영적인 자로 간주될 지도 모르겠다."며 비아냥거린다. Martin Luther, "Against the Heavenly Prophets," 83.

71 Martin Luther, "Against the Heavenly Prophets," 146.

아나는 것이기에 외적인 매개는 무용할 뿐 아니라 유해한 것이었다. 루터는 말씀과 성례라는 필수적인 은혜의 수단을 통해 성령이 우리에게 죄용서, 믿음, 구원을 전달한다고 보았다. 루터는 "칼슈타트가 하나님의 질서를 뒤엎어버렸고," "순서를 뒤집어 끝의 것을 처음에, 아래의 것을 위에 갖다 놓았다."고 비난하였다.[72] 칼슈타트 또한 루터를 안하무인의 폭군으로 묘사하며 그를 경계하라고 말한다.

> 달아나라, 달아나라, 루터의 심판에서 벗어나라. 만일 당신이 루터에게 잡히면, 당신은 어떤 자비도 없이 그의 먹이가 될 것이다. 일단 루터가 심판의 나팔을 불면, 당신은 더 이상 그를 피하지 못할 것이다. 루터가 모든 법의 주인이다. 그 앞에서는 하나님과 인간의 법들은 아무 것도 아닌 것이 된다. 루터는 비텐베르크와 로마로부터의 새로운 교서를 가지고 있으며, 당신을 자기 마음대로 복음의 걸림돌이라며 비난하고 정죄할 권력을 가지고 있다. 서둘러라, 빨리 달아나라. 루터가 당신을 심판하려는 자처럼 멀리서부터 으르렁 소리를 지르며 벼락을 던지고 있다.[73]

두 사람의 불일치는 신학적 차이나 얼마나 빨리 종교개혁의 이상을 실현시킬 것인가와 같은 전략적인 차이가 아니었다. 그들의 불일치는 보다 더 근본적이었는데, 영적인 것과 물적인 것의 구별, 믿음의 형성과 구원의 순서, 새로운 그리스도교를 형성하려는 종교개혁의 비전과 맞물려 있었다.

이처럼 학자들은 칼슈타트와 루터의 논쟁을 전략과 방법의 차이, 신학적 차이, 신앙형성에 있어서 원리의 차이 등으로 설명하려고 노력해 왔다.

---

72 Andreas Bodenstein von Karlstadt, "Several Main Points of Christian Teaching Regarding Which Dr. Luther Brings Andreas Carlstadt Under Suspicion Through False Accusation and Slander 1525," *The Essential Carlstadt*, 347.

73 Andreas Bodenstein von Karlstadt, "Several Main Points of Christian Teaching," 350.

어쩌면 이 모든 차이들이 두 사람의 논쟁의 이유였을지도 모른다. 그럼에도 불구하고 1521-22년 비텐베르크의 혼란과 이어진 논쟁을 이해하는 데 있어서 고려해야 할 가장 중요한 요인이 있다면 당시 비텐베르크의 정치적 상황과 종교개혁 운동의 대의를 지키려는 루터의 현실적 고려일 것이다. 스트리더 매튜는 칼슈타트와 루터의 분열은 기본적으로 "칼슈타트에 대한 루터의 계속적인 오해와 1522년 비텐베르크로 돌아온 후 루터가 보수적 입장으로 선회한 결과"였다고 주장한다.[74] 한스 힐레브란트도 "루터는 원래 분명한 교회개혁을 요구하는 사람들의 편에 섰지만, 선제후의 영향력 아래 그의 방향을 바꾸었으며 보수적 개혁의 단호한 옹호자로서 비텐베르크로 돌아왔다."[75]고 평가한다.

그렇다면 왜 루터는 이전보다 훨씬 보수적인 입장으로 선회했던 것일까? 그것은 분명 정치적 상황과 무관하지 않을 것이다. 1521-22년에 걸쳐 비텐베르크는 개혁이라는 이름으로 급격한 변화를 경험하였다. 미사가 철폐되고, 전혀 새로운 방식으로 예배와 예전이 진행되고, 성상이 폐기되는 등 기존의 질서가 무너지고 있었다. 그러나 작센의 선제후나 비텐베르크 시의회는 너무 급격한 교회와 사회의 변화에 거부감을 가졌다. 기득권을 가진 사람들로서 받아들이기 어려울 만큼 변화의 속도나 방향이 빠르고 혁신적이었기 때문이다. 사실 비텐베르크의 종교개혁은 작센의 선제후 프리드리히 현공의 우호적 도움이 없었다면 진행될 수가 없었다. 만일 선제후가 종교개혁에 대해 적대적으로 돌아선다면 개혁 자체가 무위로 돌아갈 수도 있는 상황이었다. 따라서 "루터는 선제후의 편에 섰다. 왜냐하면 루터에게 비텐베르크의 소동은 새로운 믿음의 대의를 위협할 수 있는 것으로 보였기 때문이다. 따라서 열광적인 개혁자들은 옳은 일을 나쁜 때에 하고 있는 것으로 보였다."[76]

---

74 Stryder Matthews, "Andreas Bodenstein von Karlstadt and Martin Luther: It's Complicated," *Tenor of Our Times* 6 (2017), 48, 56.

75 Hans J. Hillerbrand, "Andreas Bodenstein of Carlstadt, Prodigal Reformer," 379.

76 Hans J. Hillerbrand, "Andreas Bodenstein of Carlstadt, Prodigal Reformer," 386.

루터는 1522년 사순절 첫 번째 설교에서 "만일 당신들이 미리 하나님께 진지하게 기도하고 당국자들의 도움을 받았더라면, 사람들은 이 일이 하나님께로부터 온 것임을 확신할 수 있었을 것입니다."[77]라고 말함으로써 우상을 제거하거나 미사를 철폐하는 일들은 당국자의 허락 하에 이루어져야 함을 분명히 한다. 루터는 1525년『천상의 예언자들에 반대하여: 성상과 성례』에서도 "성상파괴가 폭력이나 소동 없이 이루어지고 정당한 공권력에 의해 이루어진다면, 나는 외적인 성상을 제거하는 일에 찬성할 것이고 금하지 않을 것이다."[78]라고 말한다. 이처럼 루터는 선제후의 입장에 자신을 조율시켜 보수적인 방향으로 선회한 것이다. 루터의 보수적 입장은 시대상황에 따른 루터의 정치적 판단이 낳은 산물이라고 보아야 할 것이다. 특히 1524-25년 농민전쟁이 발발하자 루터는 더 보수적인 방향으로 돌아설 수밖에 없었고 어쩌면 루터는 이것은 종교개혁이라는 대의를 지키기 위한 가장 현실적인 선택이라 판단했을 것이다. 그러므로 칼슈타트와 루터의 논쟁을 해석할 때에는 두 사람 사이의 신학적, 전략적, 신앙형성의 차이뿐만 아니라 당시의 정치적이며 역사적인 상황을 충분히 고려해야만 할 것이다.

V. 결론

필자는 1521년 말부터 1522년 초까지 비텐베르크 종교개혁의 과정에서 개혁의 속도와 내용을 둘러싸고 칼슈타트와 루터 사이에 벌어진 갈등과 논쟁을 그들의 작품을 중심으로 살펴보았다. 성상의 남용을 비판하며

---

77   Martin Luther, "Eight Sermons at Wittenberg, 1522," 73.
78   Martin Luther, "Against the Heavenly Prophets," 85.

즉각적인 제거를 주장하는 칼슈타트와 그리스도인의 자유와 질서를 주장
하며 설교와 가르침으로 천천히 변화를 이끌어야 한다는 루터의 입장이
충돌하였다. 루터의 1522년 3월 사순절 설교로 비텐베르크는 질서를 회복
하였고, 칼슈타트는 비텐베르크를 떠나야만 했다. 하지만 그 이후에도 칼
슈타트와 루터는 서로를 비판하는 팸플릿을 주고받으며 평행적인 입장을
좁히지 못하였다.

　두 사람이 갈등을 일으킨 문제의 핵심은 무엇이었는지를 둘러싸고 여
러 해석이 있었다. 두 사람의 불일치는 개혁의 속도와 방법을 둘러싼 전략
적 차이에서 비롯되었다는 주장, 칭의와 말씀을 강조하는 루터와 중생과
성령을 강조하는 칼슈타트의 신학적 차이에서 나왔다는 주장, 그리스도인
이 믿음을 얻고 구원에 이르는 영성형성의 방식의 차이로부터 야기되었다
는 주장 등 다양한 해석들이 있음을 확인하였다. 하지만 필자는 그런 여러
가지 차이도 중요하지만 더 기본적으로는 종교개혁의 대의를 지키기 위해
작센 선제후의 입장에 맞추려는 루터의 보수적 입장으로의 변화가 두 사
람의 논쟁의 밑바닥에 있다고 주장하였다. 칼슈타트가 이상주의자였다면,
루터는 현실주의자였다. 칼슈타트가 원칙을 지키고자 했다면, 루터는 정
치적 판단을 내리고자 하였다. 루터가 볼 때 칼슈타트가 폭력적 선동자였
다면, 칼슈타트에게 루터는 기회주의자였다.

　칼슈타트와 루터는 초기 종교개혁 운동을 이끌었던 동료였지만, 결국
서로의 차이를 극복하지 못하고 적대자로 결별하고 말았다. 칼슈타트는
비텐베르크를 떠나 올라뮌데와 몇몇 독일의 도시들을 전전하다가 스위스
로 갔다. 칼슈타트는 츠빙글리의 초청으로 취리히의 목회자로 섬겼으며,
1531년에는 스위스 알트슈테텐(Altstätten)의 설교자로, 1534년부터는 바
젤 대학에서 히브리어를 가르치며 대학교회에서 설교하다가 1541년 12월
24일 숨을 거두었다. 이미 살펴본 바와 같이 칼슈타트의 신학 안에는 "유
한이 무한을 포함할 수 없다." "물질적인 것이 영적인 것을 포함할 수 없
다." "외적인 것이 내적인 것을 포함할 수 없다"는 츠빙글리 개혁사상의
강조점이 보인다. 그가 츠빙글리의 초청으로 스위스 취리히로, 말년에 스

위스 바젤에 정착한 것이 우연은 아닐 수 있다. 또한 칼슈타트는 스위스형 제단에서부터 시작된 급진 종교개혁의 형성에도 상당한 영향을 미쳤다.[79] 역사의 승자인 루터에 밀려 그늘에 가려져 있던 칼슈타트의 진면목에 대한 객관적인 평가를 시도하는 것은, 초기 비텐베르크 종교개혁 연구에서뿐만 아니라 스위스의 개혁교회나 아나뱁티스트 연구에서도 새로운 활력을 제공해 줄 수 있을 것이다.[80]

---

[79] Hans J. Hillerbrand, "The Origin of 16ᵗʰ Century Anabaptism: Another Look," *Archive für Reformationsgeschichte* 53 (1962), 152-80; Gordon Rupp, "Andrew Karlstadt and Reformation Puritanism," *The Journal of Theological Studies* 10-2 (Oct. 1959), 308-326; George H. Williams, *The Radical Reformation* (Philadelphia: Westminter Press, 1962).

[80] http://karlstadt-edigion.org에서는 칼슈타트의 생애와 사상 그리고 현재 칼슈타트 연구의 동향에 대해서 유익하고 폭넓은 정보를 제공해 주고 있다.

제 4 장

'멜란히톤의 수수께끼':
라이프치히 잠정협정과 아디아포라 논쟁

---

* 본 글은 「장신논단」 50-3 (2018), 63-91쪽에 게재된 것입니다.

I. 서론

필립 멜란히톤(Philip Melanchthon, 1497-1560)은 루터와 함께 비텐베르크의 종교개혁을 이끌었던 교회개혁자이다. 루터교회의 중심인물이 루터인 것은 당연하지만, 사실상 멜란히톤이 없었다면 루터교회도 없다고 할 정도로 멜란히톤의 영향력은 막중하다. 루터교회의 신앙고백서인 「아우크스부르크 신앙고백」(1530)과 「아우크스부르크 신앙고백 변호」(1531)를 작성한 사람이 멜란히톤이었다. 루터교회뿐만 아니라 프로테스탄트 교회 최초의 조직신학 책이라고 할 수 있는 『신학총론』(Loci Communes, 1521)을 저술한 사람도 멜란히톤이었다. 루터교회 신학의 기준과 신앙고백의 원칙을 천명한 사람이 루터가 아니라 멜란히톤이다. 그만큼 루터교회 내에서 멜란히톤의 위치는 절대적이다. 멜란히톤은 루터의 계승자, '독일의 교사,' 최고의 인문주의자이자 신학자로 인정을 받았다. 루터조차도 멜란히톤이 자기보다 뛰어난 학자임을 스스럼없이 인정하였다.

반면에 멜란히톤은 루터를 저버린 배신자, 은밀한 칼뱅주의자, 로마가톨릭과 타협한 변절자로 매도당하기도 했다. 멜란히톤의 반대자들은 그가 처음에는 루터의 대변인의 역할을 충실하게 감당했지만, 나중에는 위장된 평화를 지키기 위해 로마가톨릭과 개혁교회의 사상을 무분별하게 받아들여 복음의 중심사상을 왜곡하거나 변질시켰다고 공격하였다. 특히 1548년 「라이프치히 잠정협정」(Leipzig Interim)은 멜란히톤이 얼마나 루터에게서 멀어졌는지를 잘 보여주는 증거로 제시되었다. 이후 30년 동안(1548-1577) 즉 루터교회의 신학에 대한 최종적인 판단을 담은 「일치신조」(Formula of Concord)가 나오기까지, 루터교회 내부에서는 멜란히톤을 지지하는 소위 '필립주의자들'(Philippists)과 멜란히톤을 반대하는 소위 '순수루터주의자들'(Gnesio-Lutherans) 사이에 치열한 노선투쟁 혹은 신학논쟁이 벌어졌다.

역사학자들과 신학자들은 어떻게 해서 멜란히톤이 루터의 계승자인 동시에 배신자가 되었는지, 왜 멜란히톤의 초기와 후기 사상이 그렇게 달라졌는지를 두고 '멜란히톤의 수수께끼'라고 부르기까지 한다.[1] 멜란히톤이라는 이름은 적어도 루터교회 내에서는 가장 위대한 이름인 동시에 가장 악명 높은 이름이기도 하다.

본 논문은 먼저 멜란히톤의 수수께끼를 담고 있는 중요한 문서인 「라이프치히 잠정협정」의 역사적 배경과 문서의 내용을 다룰 것이다. 그 후 이 문서가 촉발시킨 결과인 '아디아포라 논쟁'(Adiaphoristic Controversy)을 멜란히톤과 플라키우스(Matthias Flacius Illyricus)를 중심으로 조명할 것이다.[2] 「라이프치히 잠정협정」과 그것이 초래한 아디아포라 논쟁은 루터교회뿐만 아니라 종교개혁 진영의 역사와 신학에서 상당한 중요성을 가지고 있음에도 불구하고 지금까지 적어도 국내에서는 거의 다루어지지 않았기 때문에, 「라이프치히 잠정협정」의 내용과 아디아포라 논쟁을 살펴보는 것은 상당한 의미가 있는 작업이다.[3] 또한 아디아포라 개념은 오늘날에도 신학적 합의나 에큐메니컬 일치에 도달하기 위한 중요한 신학적 주제이기 때문에 과거의 역사적 유산을 신중하게 검토하는 일은 꼭 필요하다고 할 것이다.

---

1 Clyde L. Manschreck, "Preface," *Loci Communes 1555 (Melanchthon on Christian Doctrine)*, trans. and ed. Clyde L. Manschreck (Grand Rapids: Baker Book House, 1965), vii.

2 아디아포라(ἀδιάφορα)는 '비본질적인 문제,' '이래도 저래도 괜찮은 중립적인 문제'라는 의미이며, 그리스의 철학자들 중 견유학파나 스토아학파에서 사용되던 아디아포라 개념을 알렉산드리아의 클레멘트나 오리게네스 같은 그리스도인 신학자들이 도입하였고 차차 크리소스토무스, 존 카시안, 아우구스티누스 같은 교부들에게도 받아들여졌다. 이후 중세를 거치면서 성서에 '명해지지도 금해지지도' 않은 것이기에 '허용'될 수 있거나 '자유로운' 것으로 인식되었다.

II. 「라이프치히 잠정협정」의 배경

1. 루터의 죽음과 슈말칼덴 전쟁

개혁자 루터가 1546년 2월 18일 숨을 거두었다. 루터의 죽음은 루터 교회 내부의 정치적이며 신학적인 '전쟁'의 신호탄이었다. 루터가 살아 있는 동안에는 그의 권위 때문에 루터와 다른 목소리가 나오기 어려웠지만, 그가 죽자 마치 댐이 터진 것처럼 다양한 주장들이 터져 나왔다. 사실 루터는 자신이 죽은 후에 내부로부터 신학적 논쟁과 일탈이 생겨날 것을 예견하고 있었다. 루터는 죽기 전 1546년 1월 17일 비텐베르크에서 전한 설교에서 다음과 같이 말한다.

> 지금까지 그대들은 참되고 진실한 말씀을 들었습니다. 이제 당신 자신들의 사상과 지혜를 경계하십시오. 마귀가 이성의 촛불을 켤 것이고,

---

3   본 주제와 연관성을 가진 기존의 연구 중 영어로 저술된 것들로는 Oliver K. Olson, *Matthias Flacius and the Survival of Luther's Reform* (Wiesbaden, Germany: Harrassowitz Verlag, 2002); David Mark Whitford, *Tyranny and Resistance: The Magdeburg Confession and the Lutheran Tradition* (St. Louis: Concordia Publishing House, 2001); Nathan Rein, *The Chancery of God: Protestant Print, Polemic and Propaganda against the Empire, Magdeburg 1546-1551* (Burlington, Vermont: Ashgate, 2008); Thomas Kaufmann, "'Our Lord God's Chancery' in Magdeburg and Its Fight against the Interim," *Church History* 73-3 (September 2004), 566-82 등이 있다. 독일어로 저술된 것들로는 Thomas Kaufmann, *Das Ende der Reformation* (Tübingen: Mohr Siebeck, 2003); Thomas Kaufmann, "Matthias Flacius Illyricus: Lutherischer Theologe und Magdeburger Publizist," in *Mitteldeutsche Lebensbilder: Menschen im Zeitalter der Reformation*, ed. Werner Freitag (Köln: Böhlau Verlag, 2004); Thomas Kaufmann, *Konfession und Kultur* (Tübingen: Mohr Siebeck, 2006); Irene Dingel, ed., *Reaktionen auf das Augsburger Interim: Der Interimistische Streit (1548-1549)* (Göttingen: Vandenhoeck & Ruprecht GmbH & Co., 2010); Irene Dingel, "Flacius als Schüler Luthers und Melanchthons," in *Vestigia Pietatis. Studien zur Geschichte der Frömmigkeit in Thüringen und Sachsen*, ed. Gerhard Graf, Hans-Peter Hasse, and Ernst Koch (Leipzig: Evangelische Verlagsanstalt, 2000), 77-93; Anja Moritz, *Interim und Apokalypse* (Tübingen: Mohr Siebeck, 2009); Luise Schorn-Schütte, ed., *Das Interim 1548/50* (Heidelberg: Verein für Reformationsgeschichte, 2005); Horst Rabe, *Reichsbund und Interim: Die Verfassungs- und Religionspolitik Karls V und der Reichstag von Augsburg 1547/1548* (Köln: Böhlau Verlag, 1971); Wilhelm Preger, *Matthias Flacius Illyricus und seine Zeit.* 2 vols. (Erlangen: T. Bläsing, 1859-1861) 등이 있다. 국내의 연구로 관련이 있는 논문으로는 박준철, "16세기 중후반 독일 루터파의 교리적 정체성 확립," 「독일연구」 33 (2016. 11), 5-37; 이은재, "진정한 루터 신학자: 마티아스 플라키우스 일리리쿠스(1)," 「신학과 세계」 51 (2004. 12), 169-91; 이은재, "개신교 성서해석의 선구자: 마티아스 플라키우스 일리리쿠스(2)," 「신학과 세계」 54 (2005. 12), 193-217이 있다.

당신들을 신앙으로부터 떠나도록 만들 것입니다. 재세례파나 성례주의자들이 그렇게 잘못 인도된 것처럼 말입니다. … 하나님께서 우리에게 성실한 설교자와 사역자를 허락하지 않는다면, 마귀가 분파주의자들을 이용하여 우리 교회를 갈기갈기 찢을 것이라는 사실을 나는 분명히 알고 있습니다. 이것이 분명한 마귀의 목적입니다. 마귀가 교황과 황제를 통해 이것을 이루지 못한다면, 지금 우리와 교리적인 일치를 이루고 있는 자들을 통해서 이 일을 이룰 것입니다.(글자 위 방점 강조는 필자)[4]

루터는 사실상 로마가톨릭주의자들로부터의 공격보다 내부의 불화를 더 염려하였다. 루터가 자신의 죽음을 예감했을 때 그는 비텐베르크의 동료들에게 진지한 경고의 메시지를 남겼다.

나는 교황주의자들은 두렵지 않습니다. 왜냐하면 그들은 대부분 육체적이고, 무지한 당나귀와 에피쿠로스주의자에 불과하기 때문입니다. 하지만 우리 형제들이 복음에 손상을 끼칠 것입니다. '그들이 우리에게서 나갔으나 우리에게 속하지 아니하였다'는 말씀처럼(요일 2:19), 그들이 교황주의자들보다 복음에 더 심각한 타격을 입힐 것입니다.(글자 위 방점 강조는 필자)[5]

루터의 염려와 경고는 그가 죽은 후에 현실이 되었다. 루터교회에 감돌고 있던 분열의 조짐은 루터뿐만 아니라 다른 이들도 충분히 감지할 수 있는 일이었다. 멜란히톤 또한 루터가 죽은 바로 다음 날 비텐베르크의 학생들 앞에서 그의 죽음을 애도하면서 앞으로의 사태를 염려하였다.

---

4 Martin Luther, *Luther's Works* 55 vols., eds. Jaroslav Pelikan and Helmut T. Lehmann (St. Louis: Concordia Publishing House, 1955-86), 51, 377-78.

5 F. Bente, *Historical Introductions to the Book of Concord* (St. Louis: Concordia Publishing House, 1921), 120항, 94.

아! 이스라엘의 기병과 마병이 떨어졌습니다. 세상의 마지막 때 교회를 이끌던 루터가 하나님께로 돌아갔습니다. 이제껏 인간의 총명으로는 하나님의 아들 안에서의 죄 용서와 믿음에 대해 밝히지를 못했지만, 하나님께서 루터를 통해 이것을 계시하셨습니다. 그러므로 우리가 그의 가르침을 더욱 소중히 여깁시다. 이 불행 뒤에 다가올 참혹한 재난과 엄청난 변화를 신중히 생각하고 더욱 더 겸손해야 할 것입니다.(글자 위 방점 강조는 필자)[6]

루터와 멜란히톤을 비롯한 프로테스탄트 진영의 사람들은 루터 사후에 신학적이며 교리적인 '전쟁' 뿐만 아니라 실제 정치적 전쟁이 일어날지도 모른다는 두려움을 느꼈다. 그 두려움은 루터가 죽은 후 불과 네 달 만에 현실로 나타났다. 그것이 바로 슈말칼덴 전쟁이었다.

황제 카를 5세는 1521년 보름스 제국의회에서 루터와 그를 지지하는 사람들을 불법으로 규정하였다. 하지만 황제는 스페인의 내전, 투르크족의 위협, 프랑스와의 갈등으로 인해 독일의 상황에 적극적으로 개입할 수 없었고 따라서 보름스칙령을 집행할 수 없었다. 그러다가 1546년 루터가 죽은 직후에야 황제는 독일에서 프로테스탄트 영주와 도시에 대한 군사적 조치를 시작할 수 있는 여유를 갖게 되었다. 1546년 6월 26일 루터가 죽은 후 불과 4개월 만에 황제와 교황은 무력으로 프로테스탄트의 슈말칼덴 동맹을 와해시키고 로마가톨릭의 제도와 교리를 정착시키기로 합의한 비밀협정을 체결하였다. 작센의 선제후 요한 프리드리히와 헤센의 영주 필립이 이끄는 프로테스탄트 진영의 슈말칼덴 동맹에 대항하여 교황과 황제가 손을 맞잡고 전쟁을 일으킨 것이다. 교황은 1546년 7월 4일 교령에서 다음과 같이 선포하였다.

---

6   Philipp Melanchthon, *Corpus Reformatorum: Ph. Melanchtonis opera quae supersunt omnia*, vols. 1-28, ed. Heinrich Ernst Bindseil, Karl Gottlieb Bretschneider (Halis Saxonum(Halle): Schwetschke, 1834), 6, 59. (이후 *CR* 6, 59와 같은 방식으로 표기한다)

교황제가 시작된 이래로 어떻게 하면 이단자들이 독일 전체 지역에 뿌려놓은 사악한 교리의 잡초를 뿌리 뽑을 것인가 하는 문제가 언제나 우리의 관심사였다. … 이제 성령의 감동으로 우리가 그리스도 안에서 가장 사랑하는 아들 신성로마제국의 황제 카를이 하나님을 대적하는 적들에 대항하여 칼을 사용하기로 결심하였다. 우리는 신앙을 지키기 위해 우리 자신과 로마교회의 모든 것을 걸고 이 경건한 계획이 이루어지도록 애쓸 것이다. 우리는 사악한 이단이 뿌리 뽑히고 불화가 제거될 수 있도록 모든 그리스도인이 기도와 물질로 이 전쟁을 지원할 것을 권고한다. … 이 일을 하는 모든 사람들에게 우리는 전대사를 베풀어 그들의 모든 죄를 용서할 것이다.[7]

교황이 앞서서 황제와 결탁하여 전쟁을 부추기고 거기에다가 전쟁에 참여하는 자들에게 죄의 사면과 면벌을 약속하다니, 참으로 기가 막힐 노릇이 아닌가! 전쟁은 압도적인 군사력을 앞세운 교황과 황제의 승리로 끝났다. 프로테스탄트 진영의 패전에는 내부의 변절도 한몫을 했다. 루터란 영주들 중에는 자신의 정치적 입지 때문에 중립적 태도를 유지한 자들이 있었고, 특히 야심가인 작센의 모리츠 공작은 작센 선제후직을 얻기 위해서 황제와 비밀협정을 맺고 황제 편에 섰다. 모리츠가 프로테스탄트 동맹의 지도자인 헤센의 필립의 사위이고 또 작센의 요한 프리드리히의 사촌임에도 불구하고, 권력에 눈이 먼 모리츠는 자신의 신앙을 내팽개친 것이다.[8] 이처럼 안으로부터 무너져 내린 프로테스탄트 동맹은 1547년 4월 24일 엘베 강가의 도시 뮐베르크(Mühlberg) 전투에서 결정적으로 패하였다. 1547년 5월 23일 마침내 루터의 도시 비텐베르크가 황제의 군대에 점령당

---

7 F. Bente, *Historical Introductions to the Book of Concord*, 121항, 94-95.
8 작센의 백성들은 요한 프리드리히는 신앙의 고백자로 또한 순결한 순교자로 칭송했지만, 반면 모리츠는 황제의 노예라는 오명을 뒤집어썼고, 배반자요 배교자로 정죄되었으며, 루터주의 신앙의 반역자로 경멸을 당했고, 선제후직을 위해 자기 신앙의 동료들을 팔아먹는 '마이센의 유다'(Judas of Meissen)로 혐오를 받았다. F. Bente, *Historical Introductions to the Book of Concord*, 129항, 101.

했다. 황제 카를 5세가 개선장군으로 성(城)교회의 루터 무덤 앞에 섰을 때 누군가가 이단자(루터)의 무덤에서 시체를 파내야 한다고 말했지만, 카를은 자신은 산 자와 싸우지 죽은 자와는 다투지 않는다는 말을 남겼다는 일화가 전해진다.

2. 「아우크스부르크 잠정협정」(1548)

전쟁에서 승리한 황제 카를은 독일의 종교적 지형을 새롭게 만들기를 원했다. 이를 위해 황제는 1547년 아우크스부르크에서 제국의회를 소집하였고, 제국의 새로운 종교정책을 입안할 신학자들을 임명하였다. 최초의 임무는 마인츠의 미카엘 헬딩(Michael Helding)이 맡았고 쾰른의 카르멜수도회의 에버하르트 빌릭(Eberhard Billick), 스페인의 도미니크 수도사 페드로 말벤다(Pedro Malvenda), 발타자르 판네만(Balthasar Fannemann) 등이 함께 참여하였다. 이들은 소위 "12월 신조"(December Formula)라 불리는 새로운 종교정책 초안을 마련하였다. 하지만 이것이 여러 비판에 직면하면서 개정을 위한 새로운 위원회가 꾸려졌다.

새로운 위원회에는 나움부르크-자이츠(Naumburg-Zeitz)의 주교이자 개혁성향의 율리우스 플룩(Julius Pflug), 미카엘 헬딩, 브란덴부르크의 궁정 설교자 요한 아그리콜라(Johann Agricola)가 핵심에 있었다. 아그리콜라는 행위의 필요성을 원천적으로 부정하는 율법폐기론(antinomian)을 주장하다가 1530년대 말 루터와 결별한 바 있지만, 이때에는 브란덴부르크의 선제후 궁에서 선행의 필요성을 강조하는 에라스무스주의 개혁사상을 지지하여 이전의 입장과는 반대편에 서 있었다. 이들 세 사람은 쾰른의 로마가톨릭 신학자 요한 그로퍼(Johann Gropper)의 도움과 정치인들(브란덴부르크의 선제후 요아킴 2세, 팔츠의 프리드리히 2세, 작센의 모리츠, 뉘른베르크와 스트라스부르크의 대표자들)의 협조를 받아 오랜 협상 끝에 두 번째 초안, 소위 "3월 신조"(March Formula)를 마련하였다.[9]

1548년 5월 15일 공표된 「아우크스부르크 잠정협정」은 이런 과정을 통해 마련되었다. 잠정협정 문서는 성직자의 결혼을 허용하고, 성만찬에서 빵과 함께 포도주를 베푸는 것을 용인하는 등 프로테스탄트의 주장을 일부 수용하였지만, 로마교회의 미사와 관습과 예식을 즉시 복원시키고 교황의 수위권과 주교의 재판권을 비롯한 로마가톨릭교회의 가르침을 받아들일 것을 주장하였다. 화체설과 일곱 성사가 재확인되었고, 루터교회의 중요 가르침인 믿음만으로 의롭게 된다는 교리는 부인되거나 생략되었다. 많은 루터교회 목회자들은 이 문서에 반대하였고, 그로 인한 어려움을 겪었다.[10]

남부 독일의 뷔르템베르크 공작 지역에서만 3백 명 이상의 목회자들이 추방을 당하거나 피신해야만 했다. 충실한 루터주의자인 슈베비쉬 할 (Schwäbisch Hall)의 목회자 요하네스 브렌츠(Johannes Brenz)도 그 중의 한 사람이었다. 브렌츠는 잠정협정(Interim)을 가리켜 "멸망의 가증한 것" (Interitus)이라고 불렀다.[11] 남부 독일에 속한 도시의 개혁자들, 뉘른베르크의 안드레아스 오시안더(Andreas Osiander), 레겐스부르크의 니콜라스 갈루스(Nicholas Gallus), 스트라스부르의 마르틴 부처(Martin Bucer)와 파울 파기우스(Paul Fagius) 같은 프로테스탄트 개혁자들도 도시를 떠나야만 했다. 뇌르틀링겐(Nördlingen)과 에슬링겐(Esslingen) 같은 도시들은 잠정협정에 저항했다는 이유로 스페인 군대의 침입을 받아 도시가 무참하게 파괴되었다. 그나마 북부 독일의 도시들, 예를 들면 뤼벡, 함부르크, 브레멘, 마그데부르크는 황제의 군대가 미치는 범위 밖이었기 때문에 어느 정

---

9   "Introduction of Augsburg Interim" in *Sources and Contexts of The Book of Concord*, eds. Robert Kolb and James A. Nestingen (Minneapolis: Fotress Press, 2001), 144-45.

10 「아우크스부르크 잠정협정」은 *Sources and Contexts of The Book of Concord*, 146-82쪽에 수록되어 있다. 이 문서에 반대한 사람들 가운데 목회자 니콜라우스 로이팅거(Nikolaus Leutinger)는 문서를 초안한 요한 아그리콜라 면전에서 "나는 아그리콜라를 사랑한다. 그리고 그보다 더욱 영주를 사랑한다. 하지만 그 누구보다도 나의 주 예수 그리스도를 사랑한다."고 말하면서 서명하라고 건네받았던 잠정협정 문서를 불속으로 던져버렸다. 퀴스트린의 후작 한스(Margrave Hans von Küstrin)은 서명하라고 준 펜을 집어던지면서 "나는 절대로 이 독이 가득한 약을 받지 않을 것이며, 의회에 제출하지도 않을 것이다. 펜 대신 칼을, 잉크 대신 피를 택할 것이다." 작센의 요한 프리드리히 선제후 또한 잠정협정에 단호히 반대하면서 "내 양심을 침해하는 요구에 서명을 하기 보다는 차라리 내 목이 잘리고 비텐베르크가 고통을 당하는 편을 택할 것이다."라고 말했다. F. Bente, *Historical Introductions to the Book of Concord*, 122항, 96.

11 CR 7, 289.

도 잠정협정에 저항할 수 있었다. 그러다가 1552년 '파사우 휴전'(Truce of Passau)이 이루어지면서 「아우크스부르크 잠정협정」은 사실상 사문서가 되었다. 파사우 휴전협정은 1555년 「아우크스부르크 평화협정」(Peace of Augsburg)으로 결실을 맺었다.[12]

멜란히톤도 처음에는 「아우크스부르크 잠정협정」에 반대하였다. 멜란히톤은 요아킴 카메라리우스(Joachim Camerarius)에게 보낸 1548년 4월 25일자 편지에서 잠정협정이 칭의 교리를 훼손했기 때문에 그런 궤변에 동의할 수가 없다고 썼다.[13] 그리고 1548년 4월 29일자 편지에서는 "명백한 사실은 우리의 박해자들과 화해하려는 노력은 헛되다는 것이다. 어떤 화합이 날조될 수는 있겠지만, 그런 평화는 이리와 양 사이에 존재하는 것과 같은 허약한 것일 뿐이다."라고 말한다.[14] 멜란히톤은 여러 사람들에게 보낸 편지글에서 잠정협정 문서를 혐오스러운 문서라고 혹평하였으며,[15] 자신은 교리를 변개시키려는 자들에게 결코 동의하지 않을 것이며 이것 때문에 투옥되거나 추방을 당한다고 해도 오직 하나님만 의지할 것이라고 말했다.[16] 그럼에도 불구하고 멜란히톤은 잠정협정에 대해 공개적으로 단호하게 저항하는 것은 두려워했다.

그렇지만 사람들이 정작 멜란히톤에게 기대한 것은 공개적이고 단호한 반대 선언이었다. 왜냐하면 그가 대중들에게 루터의 합법적 계승자이자 교회의 신학적 지도자로 간주되었기 때문이다. 그러나 멜란히톤은 자신의 안전에 대한 두려움 때문에 이러한 간청에 귀를 닫았다. 포로로 잡힌 선제후 요한 프리드리히는 죽기를 결심하였고, 수백 명의 목회자들은 면

---

12 "Introduction of Augsburg Interim," in *Sources and Contexts of The Book of Concord*, 145.

13 *CR* 6, 878.

14 *CR* 6, 889.

15 *CR* 6, 923. 덴마크의 왕 크리스티안에게 보낸 1548년 6월 13일 편지에서, 멜란히톤은 잠정협정이 "수많은 교황주의 오류들과 남용을 재확인하였으며" "독일 땅에게 많은 불화를 불러올 혐오스러운 문서"라고 혹평하였다.

16 *CR* 7, 85. 멜란히톤이 브란덴부르크의 후작 요한에게 보낸 1548년 7월 31일자 편지에서는 "나는 여러 가지 중대한 이유 때문에 소위 잠정협정이라 불리는 이 문서에 동의할 생각이 없다. 내가 투옥되거나 추방을 당한다면 나는 이 비참한 인생을 하나님께 의탁할 것이다."라고 말했다.

직되고, 추방되고, 투옥되고, 심지어 처형을 당했음에도 불구하고, 멜란히톤은 황제의 분노에 자신을 노출시키기를 꺼려하였다. 오히려 멜란히톤은 모리츠 공작의 요청에 따라 「아우크스부르크 잠정협정」을 대체할 타협적인 문서인 「라이프치히 잠정협정」을 만들어냈다.

Ⅲ. 「라이프치히 잠정협정」의 내용

작센의 모리츠 공작은 황제 카를 5세의 편에 선 대가로 선제후 지위를 확보하였기 때문에 황제의 로마가톨릭적 종교정책에 어느 정도 순응할 수밖에 없는 입장이었다. 그렇지만 작센의 신하와 백성들은 철저히 루터주의 신앙을 지지하고 있었기 때문에 섣부르게 「아우크스부르크 잠정협정」을 강제적으로 실시하다가는 자칫 배척을 받을 수 있었다. 모리츠로서는 이러지도 저러지도 못하는 진퇴양난의 처지였다. 따라서 모리츠는 비텐베르크와 라이프치히의 신학자들에게 「아우크스부르크 잠정협정」을 대체할 만한 보다 타협적인 대안을 마련할 것을 촉구하였다. 목표는 루터의 이신칭의 가르침을 유지하면서도 황제의 종교정책에 부합할 만한 신앙과 실천의 선언서를 공식화하는 것이었다. 이렇게 하여 1548년 12월 22일 라이프치히에서 멜란히톤이 주도하여 작성한 타협적인 문서가 발표되었다. 이것이 소위 「라이프치히 잠정협정」이다. 이 문서에서 멜란히톤과 그의 동료들은 예식과 관계된 문제들은 아디아포라, 즉 성서가 명령한 것도 금지한 것도 아닌 문제들이기 때문에 로마가톨릭의 예식들일지라도 수용할 수 있다고 주장하였다. 그러나 반대쪽에서는 "박해의 상황에서는 어떤 양보도 할 수 없다"는 원칙을 고수하면서 루터주의 진영 내에서 날선 논쟁의 주제가 되었다.[17]

1. 서문

「라이프치히 잠정협정」은 첫 문장에서부터 이 문서의 목적이 종교적 문제에 있어서 황제가 요구하는 평화와 일치를 이루기 위한 것임을 명시적으로 밝히고 있다.

> 우리의 관심은 신성로마제국의 황제에게 순복하려는 열망 위에 기초해 있으며, 우리가 원하는 것은 오직 평온과 평화와 일치라는 사실을 황제께서 알 수 있는 방식으로 처신하려는 것이다. 이것은 선한 의도로 결정한 우리의 충언이다. 우리가 원하는 것은 가능한 모든 곳에서 이것을 위해 진력하고 증진시키는 것이다. 어떤 사람들이 아무런 근거도 없이 우리에 대해 말하고 쓰고 있는 것과 달리, 우리의 관심과 소망은 언제나 분열과 혼란이 아니라 평화와 일치를 지향하고 있다. 우리는 하나님 앞에서 그리고 모든 사람 앞에서 이 사실을 증언한다. 우리의 행동이 이 사실을 보여줄 것이다.[18]

문서는 정치와 종교의 평화와 일치를 위해서라면 로마가톨릭교회에서 지키고 있는 다양한 예식들은 수용할 수 있다고 말한다. 왜냐하면 예식들은 신앙의 본질적 교리와 달리 이래도 좋고 저래도 좋은 중립적인 문제, 즉 아디아포라로 간주될 수 있기 때문이다.

> 우리의 첫 번째 고려는 고대의 스승들이 아디아포라로 간주한 것들, 즉 하나님이 명령하지도 금지하지도 않은 문제들은 성서의 가르침을 침해하지 않는 아디아포라로 간주할 수 있다는 점이다. 비록 그런 것들이 지금은 다른 집단에서 지켜지는 예식들이라고 할지라도, 그런 예

---

17 "Introduction of Leipzig Interim," in *Sources and Contexts of The Book of Concord*, 183-84.
18 "The Leipzig Interim," *Sources and Contexts of The Book of Concord*, 184.

식들은 준수될 수 있다. 아무도 그런 것들을 짐으로 만들려고 하거나 피해야만 할 어떤 것으로 간주해서는 안 된다. 왜냐하면 그런 것들은 선한 양심을 손상시키지 않고서도 준수될 수 있는 것이기 때문이다.[19]

멜란히톤은 아마도 예식과 같은 비본질적인 사항들에 대해 로마가톨릭교회에 양보함으로써 칭의와 같은 핵심 진리를 지키고 임박한 박해를 모면할 수 있다고 믿었을 것이다. 비본질적인 문제들을 양보함으로써 교회의 평화와 질서를 지킬 수 있으리라 기대했을 것이다. 그러나 현실에서는 정반대의 상황이 벌어졌다. 루터를 철저하게 따른다고 자처하는 순수 루터주의자들은 「라이프치히 잠정협정」이 예식뿐만 아니라 교리까지도 희생시킨 항복문서와 다름없다고 판단하고 거세게 비판하였다. 결국 이 문서는 루터교회에 평화가 아니라 불화를 일으켰으며, 질서가 아닌 혼란만 가중시켰다. 이런 점에서 볼 때 이 문서는 애초의 목적을 달성하지 못했다고 할 수 있을 것이다.

2. 칭의에 관하여

문서는 먼저 칭의의 문제, 즉 어떻게 인간이 하나님 앞에서 의롭게 되는가라는 문제를 다루고 있다. 문서는 이렇게 선언한다.

비록 하나님께서 인간을 그들이 행하는 자신들의 공로에 따라 의롭게 하시는 것이 아니라 전적으로 하나님의 은혜로, 우리의 공로가 아니라 (따라서 우리에게는 자랑할 것이 아무 것도 없다) 오직 그리스도의 공로로 우리를 죄에서 구속하시고 의롭게 하시지만, 그럼에도 불구하고 자비로운 하나님께서 인간을 나무토막처럼 다루지 않으시고 인간이 이성을 활용할 나이가 되면 자신의 의지로써 협력하는 방식으로 인간을 인

---

19 "The Leipzig Interim," 184.

도하신다.[20]

문서는 분명 "하나님은 우리의 공로나 업적 때문이 아니라 당신의 아들로 인해 우리를 영원한 구원의 상속자로 삼으셨다."[21]고 선언한다. 하지만 루터가 그토록 강조했던 '오직'(sola)은 아니었다. 하나님의 은혜에 이어 인간의 '이성'과 '의지'의 협력을 덧붙임으로써 루터교회의 중심교리를 약화시키거나 희석시킨 면이 있었다.

> 그리스도교 교회에 속한 모든 사람들은 두 가지 사실을 분명히 알고 믿어야만 한다. 양심을 거슬러 죄 가운데 거하는 사람은 하나님의 진노 안에 있으며 만일 회개하지 않으면 영벌에 처해질 것이라는 사실을 분명하게 알아야 한다. 반면 우리가 하나님의 약속을 받아들이고, 우리의 의로움 때문이 아니라 화해자이자 중보자이신 하나님의 은혜로 말미암아 우리가 우리 죄에서 용서를 얻고, 하나님께 용납되며, 도움을 받게 된다는 사실을 믿는 것이야말로 하나님의 진정한 의도이며 명령임을 분명하게 알아야 한다.[22]

순수루터주의자 중 한 사람인 플라키우스에게 행위와 은혜를 혼합시키려는 이런 시도는 루터주의 신앙을 포기하고 로마교회로 회귀하는 것과 다름이 없었다. 더군다나 루터의 계승자이자 자기의 스승인 멜란히톤이 이와 같은 문서를 만들었다는 것에 대해 플라키우스는 분개할 수밖에 없었다. 순수루터주의자들의 입장에서 볼 때 멜란히톤과 그를 따르는 필립주의자들은 종교개혁의 대의를 배신했을 뿐만 아니라 사실상 로마교회의 부역자들이었다.[23]

---

20 "The Leipzig Interim," 185.
21 "The Leipzig Interim," 185.
22 "The Leipzig Interim," 187.
23 F. Bente, *Historical Introductions to the Book of Concord*, 127항, 100.

3. 선행에 관하여

멜란히톤의 타협적인 태도는 선행을 다루는 조항에서 더 분명하게 드러난다. 그는 선행의 가치와 중요성에 대해서 이렇게 말한다.

선행은 하나님이 명하신 것이기에 필수적이라는 사실은 쉽게 이해할 수 있다. 누구든지 선행에 어긋나게 행동하는 자는 하나님의 은혜와 성령을 버리는 자이다. 이러한 죄는 영벌에 처해질 것이다.[24]

잠정협정은 그리스도인에게 선행이 없다면 은혜도 성령도 없는 것이며 결국 영원한 형벌을 받게 될 것이라고 말한다. 그리고 이어서 이렇게 덧붙인다.

영생은 주님이신 그리스도로 말미암아 은혜로 주어지는 것이며, 또한 영원한 구원의 상속자들은 하나님에게로 회심한 사람들로서 죄의 용서를 받고 성령을 통해 믿음을 얻게 된다. 동시에 새로운 덕행과 선행 또한 대단히 필수적이어서 우리 마음속에서 이것들이 고무되지 않으면 하나님의 은혜를 받을 수 없다.[25]

영생은 은혜에 의한 믿음을 통한 선물이지만, 동시에 선행이 없다면 은혜도 받을 수 없다고 말한다. 결국 '오직'이 아니라 하나님의 은혜와 인간의 선행이 모두 필수적이라고 말한 것이다. 마침내 문서는 "덕행, 믿음, 사랑, 소망과 같은 것들이 우리 안에 있어야 하며, 이 모든 것들이 구원에 필수적이다."[26]라고 선언한다. 계속해서 문서는 "선행은 하나님을 기쁘게 하며, 이 세상에서 하나님의 계획하심에 따라 영적이고 육신적인 보답을

---

24 "The Leipzig Interim," 190.

25 "The Leipzig Interim," 190.

26 "The Leipzig Interim," 190.

얻게 하며, 더욱이 하나님의 약속에 근거한 영생을 얻도록 한다."²⁷라고 말
한다. 선행이 구원에 필수적이며, 선행이 있어야 영생을 얻고, 선행이 없
으면 영벌에 처해진다는 이와 같은 주장은 순수루터주의자들에게는 절대
로 용납할 수 없는 망언이었을 것이다.

4. 교회의 예식에 관하여

「라이프치히 잠정협정」은 교회의 사역자들에 대해 다음과 같이 규정한
다.

> 모든 사역자들은 자기보다 위에 있는 주교들에게 순복해야 한다. 주교
> 들은 하나님의 명령에 따라 그들의 주교직을 수행하며 교회를 무너뜨
> 리기 위해서가 아니라 든든히 세우기 위해 직무를 다하고 있는 사람들
> 이다. 교회의 사역자들은 먼저 영주나 의회의 지명을 받은 후에 주교
> 들에게 안수를 받아야 한다. 교회의 사역자들이 죄를 범한다면(사제가
> 명예롭지 못한 방식으로 살거나 그릇된 교리를 가르치는 것을 말한다) 적절한
> 방식으로 벌을 받아야 한다. 예를 들면 직무에서 파면을 당하거나 파
> 문을 당하게 된다.²⁸

모든 사역자들이 주교의 안수를 통해서만 세워져야 한다고 말하는 것
은 순수루터주의자들에게는 로마가톨릭교회의 신품성사를 다시 도입하자
는 것으로 이해되었다. 프로테스탄트 교회가 로마교회의 칠성례를 비판하
고 세례와 성만찬만을 성례로 확립한 것을 뒤엎으려는 시도로 해석할 수
밖에 없었다. 뿐만 아니라 로마가톨릭교회의 주교직이 "교회를 무너뜨리
기 위해서가 아니라 든든히 세우기 위한" 것이라는 주장도 도저히 받아들

27 "The Leipzig Interim," 190.
28 "The Leipzig Interim," 192.

일 수 없는 표현이었다.

그뿐 아니라 잠정협정 문서는 거룩한 교회의 성례 중 하나인 세례에서도 비성서적인 축귀를 허용하였고, 주교에 의한 견진성사를 도입하려 하였고, 미신적인 성상을 보존하고자 하였고, 사제에게 찾아가서 고해하는 비밀참회를 옹호하고, 사순절과 금요일 및 토요일에는 육식을 금지하고, 죽기 전에는 종부성사를 받도록 하는 등 로마가톨릭의 온갖 예식들을 도입하였다. 게다가 프로테스탄트 종교개혁을 통해 이미 폐지된 로마교회의 각종 축일들, 즉 성체축일, 마리아와 관련된 축일, 사도들의 축일 등을 지키도록 했을 뿐 아니라 미사에서의 각종 도구와 전통 의복과 복잡한 예식순서들을 도입한 것은 물론이고 미사를 예전처럼 라틴어로 진행하도록 하였다.[29]

멜란히톤을 비롯한 필립주의자들은 예식은 복음의 본질과는 상관없는 아디아포라이기 때문에 상황에 따라 받아들여도 큰 문제가 없으며, 선한 양심에 어긋나는 것이 아닐뿐더러 이렇게 하는 것이 현재의 루터교회를 보존하고 지킬 수 있는 지혜로운 방법이라고 믿었다. 그러나 순수루터주의자들은 이런 식의 주장을 도저히 받아들일 수가 없었다. 순수루터주의자의 대표자 중 한 사람인 플라키우스는 멜란히톤을 따르는 자들을 "아디아포라주의자들"(adiaphorists)이라고 부르며 이들에 대해 강력하게 반발하였다. 플라키우스는 이런 식으로 로마교회의 악폐들이 발을 들여놓기 시작하면 결국에는 온갖 오류와 남용이 루터교회를 망칠 것이라고 보았다.

---

[29] "The Leipzig Interim," 192-95. 예를 들어 미사에 관한 조항을 살펴보면 다음과 같다: "미사는 종, 촛불, 그릇, 성가, 의복, 예식을 동반하여 거행되어야 한다. 사제 혹은 목사는 교회의 전통적 복장과 의복을 갖추고 제단으로 나가야 한다. 고백기도(참회를 위한), 입당송(초입경), 자비송(키리에 엘레이손), 대영광송('하늘 높은 곳에는 하나님께 영광, 땅 위에는 그의 백성에게 평화')으로 시작하며, '주님이 당신과 함께'(Dominus vobiscum), 본기도, 서간경(Epistle, 사도 서신에서 발췌)을 노래해야 하며, 이 모든 것은 라틴어로 진행되어야 한다. 서간경이 라틴어로 불릴 때 회중들은 그것을 독일어로 읽어야 한다. 층계송(Gradual), 알렐루야(Allelujah), 속창(Tractus)을 시간과 축일에 따라 불러야 한다. 그 후에 신앙고백송(Credo in unum Deum)을 부른다. 설교는 복음서를 전한다. '주님이 당신과 함께,' 기도로의 초청(Oremus), 봉헌송(Offertorium), 감사송(Praefatio), 삼성창(Sanctus), 축성(Consecratio), 독일어로 주님의 기도, '하나님의 어린 양'(Agnus Dei) 노래, 성만찬송(Communio), 성체배령 혹은 성찬참여(Communicatio), 기도송, 축도송을 부른다." 잠정협정은 이토록 복잡한 미사의 예전이 다시 복원되는 것을 수용하였다.

작은 틈이 점점 벌어져 결국 댐 전체를 무너뜨리는 것처럼 말이다.

IV. 「라이프치히 잠정협정」의 결과

1. 아디아포라 논쟁

「라이프치히 잠정협정」은 곧바로 멜란히톤과 플라키우스 사이에 아디아포라 논쟁을 낳았다. 멜란히톤은 로마가톨릭교회의 예식들을 받아들인다 해도 전혀 해로울 것이 없고, 성서와 양심에 어긋나는 것도 아니라고 주장하였다. 오히려 비본질적인 문제들에 대해 양보함으로써 교회의 평화와 질서를 지키고, 황제와 교황의 박해를 피할 수 있다고 생각했다.

그러나 플라키우스는 박해의 상황에서는 그 자체로 해가 없는 아디아포라인 예식들도 더 이상 아디아포라가 아니게 되며, 선한 양심을 가지고서는 도저히 그것들을 받아들일 수 없다고 주장하였다. 왜냐하면 복음의 대적들이 그런 예식들을 강요하기 때문이고, 박해에 대한 두려움과 거짓 평화에 대한 욕구 때문에 그런 것들을 수용하기 때문이고, 그것들이 양심을 혼란케 하고 약한 자들로 하여금 죄를 짓도록 만들기 때문이고, 그것들이 그리스도의 적들을 고무시키고 대담하게 만들기 때문이다.[30] 따라서 플라키우스는 "신앙고백과 박해의 시기에는 어떤 아디아포라도 없다."[31]는 자신의 유명한 명제를 주장하였다. 이처럼 「아우크스부르크 잠정협정」이 루터주의자와 로마주의자의 신학적 싸움을 불러왔다면, 「라이프치히 잠정

---

30 F. Bente, *Historical Introductions to the Book of Concord*, 139항, 110.

31 Matthias Flacius, *Regula generalis de adiaphoris, in Omnia Latina scripta Matthiae Flacii Illyrici* (Magdeburg: Lotter, 1550), sig. C, fol. 2. 플라키우스의 저술은 2013년 디지털화 되어 바이에른 주립도서관에 소장되어 있다.

협정」은 여기에다 루터주의자 내부의 전쟁을 더하였다.

아디아포라주의자들은 자신들의 의도가 악의가 없고 절차도 정당했다고 주장하였다. 그들은 자신들이 사소한 문제들과 예식들에 대해서만 양보하였는데, 이렇게 한 이유는 칭의의 중심교리를 순수하게 지키기 위함이고, 정치적 평화를 보존하고 교회를 파괴로부터 구하기 위함이며, 박해를 견디기에는 너무 연약한 약한 자들을 보호하기 위함이라고 항변하였다. 그들은 두 가지 악이 있을 때 보다 작은 악을 택하라는 지혜의 가르침에 따라 사소한 문제들에 대해 양보하는 편을 택하였다고 주장하였다. 그들은 플라키우스를 비롯한 몇몇 극단주의자들이 작은 일을 부풀리고 편협한 주장으로 사람들을 선동한다고 비난하였다.

그러나 순수루터주의자들의 귀에는 그들의 변명이 옳지도 않고 정직하지도 않게 들렸다. 플라키우스는 신앙고백이 요청될 때 그리스도인의 의무는 박해를 피하는 것이 아니라 선한 양심을 지키는 것이라고 충고하였다. 플라키우스는 진리를 고백하고 결과를 견디라고 말한다. 그리스도인이라면 하나님의 마음을 상하게 하면서까지 위장된 평화를 얻을 수는 없다는 것이다. 그는 죄를 범하거나, 진리를 부인하거나, 교회를 사탄에게 넘겨주느니 차라리 연자 맷돌을 매고 엘베 강에 빠져 죽는 편이 나을 것이라고 말한다.[32] 신앙고백의 시대, 박해의 시대에는 아디아포라에 속하는 예식들조차도 우리 신앙의 순수성과 정직성을 보여주는 척도이기 때문에 양보하거나 굽혀서는 안 된다고 것이다.

멜란히톤은 본질적인 것들을 지키기 위해서 비본질적인 것들에 대해서는 너무 엄격할 필요가 없다고 주장하였다. 그러나 플라키우스는 1549년 마그데부르크에서 『참된 아디아포라와 거짓 아디아포라』라는 저술을 통해 참된 아디아포라는 궁극적으로 하나님에게서 유래하며, 그 문제가 아디아포라인지는 보편교회가 결정하며, 교회는 경건하고 학식 있는 사람에게 위임하여 그 문제를 결정해야 한다고 주장하였다. 그런데 「라이프치

---

32   F. Bente, *Historical Introductions to the Book of Concord*, 140항, 111.

히 잠정협정」은 이런 모든 기준을 만족시키지 못한다는 것이다. 하나님의
뜻과는 다른 미신적이고 우상적 요소를 가진 예식들을 재도입하려고 하
며, 교회의 자유로운 의사에 반하여 강제로 강요되었으며, 경건한 사람들
이 아니라 가장 뻔뻔한 그리스도의 적들이 결정하였으니 거짓 아디아포라
에 불과하다는 것이다. 따라서 플라키우스는 멜란히톤이 말하는 아디아포
라에 대해 "그것은 더 이상 참된 아디아포라가 아니다. 오히려 적그리스도
의 불경스러운 명령이다. … 교회에 이것을 위한 어떤 자리도 없다."[33]고
선언하였다.

플라키우스는 「라이프치히 잠정협정」이 수용하고 있는 예식들은 목적
의 측면에서도 정당성이 없다고 비판한다. 아디아포라의 자유는 하나님의
영광에 봉사하고 교회 공동체를 건강하게 세우기 위함이다. "비본질적인
모든 것은 오로지 하나님의 이름을 영화롭게 하는데 기여하고 교회를 든
든하게 할 때에만 비본질적인 것이다."[34] 그러나 잠정협정의 예식들이 필
연적으로 연약한 신자들이 믿음을 상실하도록 만들며, 교회를 세우기보다
허물고 스캔들을 일으킬 뿐이기 때문에 본래의 목적도 이룰 수 없다고 비
판하였다.

순수루터주의자들이 볼 때 「라이프치히 잠정협정」에 동의한 자들은 신
학적, 정치적 불충을 범했다. 왜냐하면 신학적 아버지인 루터를 배신했기
때문에 신학적 불충이요, 정당한 세속 군주인 요한 프리드리히를 배신하
고 변덕쟁이 모리츠를 섬겼기 때문에 정치적 불충이다. 결국 아디아포라
신봉자들은 예전의 양보를 통해 황제와 적그리스도를 기쁘게 만들었고,
칭의의 교리조차도 왜곡시킨 타협적 고백을 했다는 것이다.

멜란히톤은 플라키우스가 악한 편견으로 교회를 망가뜨리는 "일리리
안 독사"(Illyrian viper)라고 혹평하였고,[35] 플라키우스는 멜란히톤이 신앙

---

33 Matthias Flacius, *Liber de veris et falsis adiaphoris, in Omnia Latina scripta Matthiae Flacii Illyrici*, sig. Y, fol. 8.
34 Matthias Flacius, *Liber de veris et falsis adiaphoris*, sig. Y, fol. 5.
35 Oliver K. Olson, *Matthias Flacius and the Survival of Luther's Reform* (Wiesbaden, Germany: Harrassowitz Verlag, 2002), 129.

과 진리를 버린 배신자이고 「라이프치히 잠정협정」은 그리스도와 벨리알, 빛과 어둠, 그리스도와 적그리스도의 더러운 연합이라고 비난하였다.[36] 잠정협정을 지지하는 필립주의자들은 비텐베르크와 라이프치히를 중심으로 활동하였고, 플라키우스를 비롯한 순수루터주의자들은 마그데부르크와 예나를 중심으로 뭉쳤다. 플라키우스는 1520년 오늘날의 크로아티아 이스트라 반도의 도시 라빈(Labin)에서 태어났고, 바젤과 튀빙겐에서 수학한 후 비텐베르크로 와서 루터와 멜란히톤에게서 신학을 공부하였다. 그는 비텐베르크 대학에서 석사학위를 받았고 히브리어를 가르치기도 했지만,[37] 1548년 비텐베르크의 신학자들이 「라이프치히 잠정협정」을 내놓자 1549년 마그데부르크로 떠났다. 이후 플라키우스는 한때 스승이었던 멜란히톤을 비판하며 루터의 순수한 가르침을 지켜야 한다고 주장하는 순수루터주의자들의 대표자가 되었다.[38]

2. 다른 신학자들의 평가

루터의 계승자일 뿐만 아니라 독일의 교사로 존중을 받던 멜란히톤이 「라이프치히 잠정협정」으로 인해 일순간에 신망을 잃게 되었다. 안토니우스 코르비누스(Antonius Corvinus)는 1549년 9월 25일 친구인 멜란히톤에게 보낸 편지에서 부디 그리스도교의 교사로서의 예전의 공정함, 진실함,

---

36 F. Bente, *Historical Introductions to the Book of Concord*, 138항, 109.

37 플라키우스는 『성서는 처음부터 자음뿐만 아니라 모음까지 완전하게 기록되었다』라는 제목의 논문으로 1546년 2월 24일 석사학위를 받았다. 그의 석사논문은 마소라 본문의 모음이 원문과 어떤 관계에 있는지를 다룬 것으로, 그는 마소라 본문이 성서의 원문과 동일하다고 주장하였다. 이것이 중요한 이유는 로마가톨릭교회는 마소라 본문이 역사적 산물이기 때문에 성서를 해석하기 위해서는 로마교회의 교도권이 필수적이라고 주장했기 때문이다. 하지만 플라키우스에게는 성서 그 자체가 완전하게 주어졌기 때문에 로마교회의 교도권이 필요 없다고 주장했다.

38 플라키우스가 멜란히톤의 비판자가 되었음에도 불구하고 그는 멜란히톤의 학생으로서 자신이 진 빚을 인정했고 스승의 오류에 대해 안타까워했다. 더욱이 플라키우스는 멜란히톤의 『신학총론』이 건강한 루터교회 신학을 대표한다고 높이 평가하였다. 때로 플라키우스는 멜란히톤의 글을 가지고 멜란히톤을 반박할 때도 있었다. 딘겔(Irene Dingel)의 표현처럼 "16세기 후반기에 플라키우스보다 더 멜란히톤의 방법론과 루터의 신학을 효과적으로 종합한 사람은 찾기 어려울 것이다." Irene Dingel, "Flacius als Schüler Luthers und Melanchthons," in *Vestigia Pietatis. Studien zur Geschichte der Frömmigkeit in Thüringen und Sachsen*, ed. Gerhard Graf, Hans-Peter Hasse, and Ernst Koch (Leipzig: Evangelische Verlagsanstalt, 2000), 83.

신실함을 되찾기를 간청하였다. 교회의 평화를 바라는 마음은 충분히 이해하지만, 복음의 진리를 훼손한 평화는 위장된 평화일 뿐이며 오히려 혼란만 초래할 것이기 때문이었다. 코르비누스는 잠정협정에 반대했다는 이유로 3년 동안 감금을 당했고 그 결과로 1553년 죽어 루터교회의 순교자가 되었다.[39]

슈베비쉬 할(Schwäbisch Hall)의 루터주의 종교개혁자 요하네스 브렌츠 역시 1549년 초에 멜란히톤에게 보낸 편지에서 이렇게 반문하였다. "'멸망의 가증한 것'(브렌츠는 잠정협정을 이렇게 불렀다)이 주님의 말씀과 갈등을 일으킨다는 사실은 너무나 명백하다. 이토록 대립되는 것 사이에 무슨 조화가 있을 수 있단 말인가? … 어쩌면 당신(멜란히톤)은 우리가 그들의 예식들을 수용하면 그들이 순수한 교리만은 용인할 것이라고 믿을지 모른다. 그러나 정말 당신은 이 '멸망의 가증한 것'이 도입되도록 명령되었기 때문에 어느 아무도 이 문서에 반대하여 말하거나 쓰는 것이 허용되지 않는다는 사실을 모른단 말인가?"[40] 브렌츠는 잠정협정을 받아들이느니 차라리 추방당하고 고난을 당하는 편을 택하였다.

루터교회 안에서만 아니라 바깥에서도 멜란히톤의 처신을 우려하는 시선이 많았다. 1550년 6월 18일 제네바의 개혁자 장 칼뱅(Jean Calvin)도 멜란히톤에게 경계하는 편지를 보냈다.

> 나는 너무도 슬퍼 차마 말을 할 수가 없습니다. … 그리스도의 적대자들이 당신과 마그데부르크 신학자들 사이의 불화를 즐기며 냉소하게 되다니 말입니다. … 내가 당신에게는 비난받을만한 것이 아무 것도 없다고 말할 수 없음을 부디 용서하여 주시기 바랍니다. … 내가 당신의 진실한 친구로서 공개적으로 조언하는 것을 기꺼이 허락하여 주십시오. … 나도 당신의 행동을 승인하고 싶습니다. 그러나 지금 나는 면

---

39 F. Bente, *Historical Introductions to the Book of Concord*, 128항, 101.
40 *CR*, 7, 289.

전에서 당신을 책망할 수밖에 없습니다. … 당신은 어쩌면 교리의 순
수성을 지키기 위해서 외적인 문제들을 고집스럽게 주장해서는 안 된
다고 말할지도 모릅니다. 그러나 당신은 비본질적인 문제 즉 아디아포
라를 너무 멀리까지 확장시켰습니다. … 그것들 중 일부는 분명히 하
나님의 말씀에 위배됩니다. … 주님이 이것들에 대해 우리를 저항하도
록 이끄셨기 때문에 강력하게 싸워야 할 의무가 있습니다. 당신도 당
신의 견해가 많은 사람들과 다르다는 것을 알고 있을 것입니다."[41]

칼뱅은 멜란히톤이 아디아포라의 범위를 너무 멀리까지 확장시켰기
때문에 별다른 문제의식 없이 교황주의자들에게 지나치게 양보를 했다며
비판하고 있다. 이처럼 로마가톨릭의 예식을 지나치게 승인하며 도입하려
고 한 「라이프치히 잠정협정」은 루터교회뿐만 아니라 개혁교회에서도 비
판의 대상이 되었다.

19세기 개혁교회 교회사학자인 필립 샤프(Phillip Schaff)는 "이것은 멜
란히톤의 생애에서 실수였다. … 그는 늘 교리에 있어서 확고한 견고함을
옹호하였지만, 평화를 위해서 모든 것을 수용해 버렸다. 멜란히톤은 일시
적으로(1548년 5월 19일 - 10월 16일) 휴교했던 비텐베르크 대학이 다시 문을
열고 2천 명의 학생들이 모일 수 있게 되었다는 사실에 만족했을지 모르
지만, 비텐베르크 밖에서 그의 행동은 종교개혁의 대의에 대한 배신으로
보였고 파렴치하고 완고한 적을 격려하는 행위로밖에 비치지 않았다. 그
리하여 존경받던 사람은 사방에서 친구와 반대자들로부터 신랄하게 비난
을 받게 되었다."[42] 이처럼 「라이프치히 잠정협정」은 멜란히톤의 명성과 영
향력을 일시에 무너뜨린 걸림돌이었다. 이후 30년 동안(1548-1577) 이어
진 루터교회 내부의 논쟁에서 멜란히톤의 주장은 배척을 받았고, 플라키

---

41 John Calvin, *Letters of John Calvin*, 4 vols., ed. Jules Bonnet (New York: Burt Franklin, 1972),
271-73.

42 Philip Schaff, *Creeds of Christendom*, 3 vols. (Grand Rapids: Baker Books; Revised edition,
1984), 1, 300.

우스를 비롯한 엄격한 루터주의자들의 목소리가 「일치신조」(1577)에 반영
되었다.

3. 「일치신조」로의 길

루터가 죽은 이후 「일치신조」가 나올 때까지 루터교회 안에는 크게 세
분파가 있었다.[43] 첫째는 「라이프치히 잠정협정」을 주도한 사람들로 잠정
협정주의자 혹은 아디아포라주의자로 불리는 분파였다. 이들은 구원에 있
어서 하나님의 은혜뿐만 아니라 인간 의지의 역할을 동시에 인정한다는
점에서 신인협력주의자(synergists)로 불리기도 했으며, 개혁교회의 지도
자인 칼뱅의 사상에 동조한다는 점에서 은밀한 칼뱅주의자(crypto-Cal-
vinists)로 불리기도 했다. 필립 멜란히톤을 지지했기 때문에 흔히 필립주
의자로 불린 이들의 본거지는 비텐베르크 대학과 라이프치히 대학이었다.
멜란히톤의 가까운 친구이며 라이프치히 대학 교수였던 요아킴 카메라리
우스(Joachim Camerarius)와 요한 페핑거(Johann Pfefflnger), 비텐베르크
대학의 교수였던 파울 에버(Paul Eber), 카스파르 크루시거(Caspar Cru-
ciger, Jr.), 크리스토퍼 페즐(Christopher Pezel), 게오르크 마요르(George
Major) 등이 이 분파에 속했다.

두 번째는 소위 순수루터주의자 혹은 엄격루터주의자라고 불린 신학
자들로 플라키우스를 비롯하여 니콜라우스 암스도르프(Nikolaus von Ams-
dorf), 요한 비간트(Johann Wigand), 니콜라우스 갈루스(Nikolaus Gallus),
요아킴 베스트팔(Joachim Westphal), 틸레만 헤슈시우스(Tileman Hesshu-
sius) 등이 속한 분파였다. 이들은 「라이프치히 잠정협정」을 주도한 필립주
의자들이 루터의 가르침에서 떠났다면서 강력하게 반대했으며, 마그데부
르크와 예나 대학을 근거지로 삼고 있었다.

세 번째 분파는 필립주의자와 순수루터주의자 사이에서 벌어진 치열

---

[43]   F. Bente, *Historical Introductions to the Book of Concord*, 130항, 102-103.

한 논쟁에서는 눈에 띄는 역할을 하지 않았지만 이후 화해와 조정 작업이
시작될 때 전면에 나선 충실한 루터주의자들이다. 이들은 과열된 논쟁을
안정시키는 일을 수행하여 「일치신조」(Formula of Concord)의 골격을 형성
한 사람들이다. 요하네스 브렌츠(Johannes Brenz), 야콥 안드레아이(Jakob
Andreä), 마르틴 켐니츠(Martin Chemnitz), 니콜라우스 젤넥커(Nikolaus
Selnecker), 안드레아스 무스쿨루스(Andreas Musculus), 다비드 키트라에우
스(David Chytraeus)와 같은 사람들이 이 분파에 속했다.

뜨거운 논쟁 가운데 중재자의 역할을 자처했던 사람들은 기본적으로
루터의 사상에 충실하고자 하는 사람들이었다. 중도파의 대표자라 할 수
있는 마르틴 켐니츠(1522-15862)는 2세대 루터주의 신학자로 '두 번째 마
르틴'(Second Martin)이라고 불릴 만큼 루터의 사상에 충실한 인물이었다.
"만일 마르틴[켐니츠]이 나타나지 않았더라면, 마르틴[루터]은 거의 살아
남지 못했을 것이다."라고 말해질 정도로 루터주의 사상의 정립에 있어서
켐니츠의 역할이 중요했다.[44] 켐니츠는 아디아포라에 대해서 이렇게 정의
하고 규정하였다.

> 하나님께서 말씀으로 명하거나 금하거나 하지 않고 교회의 자유에 맡
> 기신 예식들은 단정함, 질서, 규율, 교화 혹은 사랑의 행위에 기여해야
> 하며 이런 것들을 아디아포라라고 부른다. 본질상 하나님의 말씀과 명
> 령에 대항하는 전통이나, 죄 없이(without sin) 지켜질 수 없는 전통은
> 아디아포라가 아니다.[45]

이것은 아디아포라 논쟁에서 필립주의자들의 주장이 하나님의 말씀에

---

44 루터주의 신학에서 마르틴 켐니츠의 중요성을 잘 보여주는 금언이다. J. F. Johnson, "Martin
Chemnitz," in *Evangelical Dictionary of Theology*, ed. Walter A. Elwell (Grand Rapids: Baker
Book House, 2007), 224.

45 Martin Chemnitz, *Indicium*, ed. Polycarp Leyser (Wittenberg, 1594), 147. Jame Alan Waddell,
*The Struggle to Reclaim the Liturgy in the Lutheran Church: Adiaphora in Historical, Theological
and Practical Perspective* (Lewiston, NY: Edwin Mellen Press, 2005), 297에서 재인용.

어긋나며, 신앙이 약한 사람들에게 죄를 짓도록 만드는 것이라는 입장을
표명한 것이라 할 수 있다. 이런 켐니츠의 입장은 1577년 「일치신조」로 이
어지게 된다.

「일치신조」의 10항은 아디아포라로 불리는 예전들에 대해 어떻게 대응
해야 하는가를 다음과 같이 묻고 답한다.

> 아디아포라 혹은 비본질적인 것들이라 불리는 교회의 예식들과 관련
> 된 중심 질문은 다음과 같다: 박해의 시기와 신앙고백이 요청될 때, 복
> 음의 대적들이 우리와 교리적으로 일치하지 못할 때, 지금은 폐지된
> 그 자체로는 비본질적인 문제이며 성서가 명령하거나 금지하지 않는
> 예식들을 적대자들이 강요하고 요구할 경우 양심에 거리낌 없이 그것
> 들을 다시 받아들일 수 있는가? 우리가 그런 예식과 아디아포라에 순
> 응하는 것이 옳은 일인가?[46]

> 우리는 다음과 같이 믿고, 가르치고, 고백한다. 박해의 때, 분명한 신
> 앙고백이 요구될 때, 우리는 이런 아디아포라와 관련하여 적대자들에
> 게 조금도 양보해서는 안 된다.(갈 5:1, 고후 6:14, 갈 2:5) 왜냐하면 그
> 것은 더 이상 아디아포라가 아니라 복음의 진리, 그리스도인의 자유,
> 공개적 우상숭배의 승인과 관련된 문제이며 믿음이 약한 사람들이 죄
> 를 범치 않도록 예방하는 것과 관련된 문제이기 때문이다. 이 모든 일
> 에 있어서 우리는 양보할 것이 아무 것도 없다.[47]

계속해서 「일치신조」는 아디아포라와 관련하여 다음과 같은 것들을 반
대한다고 분명하게 천명한다.

---

46 *Book of Concord*, ed. Robert Kolb and Timothy J. Wengert, trans. Charles Arand et al. (Minne-
apolis: Fortress Press, 2000), 515.

47 *Book of Concord*, 516.

교회가 외적인 문제들에 대해 가지고 있는 그리스도인의 자유를 무시
하고 이 같은 예식, 법령, 제도를 꼭 필요한 것이라며 하나님의 공동체
에 폭력적으로 강제하는 것을 반대한다. 공적인 신앙고백이 요구되는
박해의 때에 복음의 적대자들에게 이런 예식과 아디아포라는 양보할
수 있으며 그런 자들과 합의에 이를 수 있다고 말하는 것을 반대한
다.[48]

이와 같이 멜란히톤을 중심으로 한 필립주의자들과 플라키우스를 대
표로 하는 순수루터주의자들 사이의 논쟁에서 루터교회는 순수루터주의
자들의 주장을 받아들여 공식 신조로 채택하였고, 이로써 16세기 후반 내
내 전개되었던 치열한 논쟁이 막을 내리게 되었다.

V. 결론

필자는 루터의 계승자이자 독일의 교사로 추앙을 받던 멜란히톤이
1548년 12월에 제시한 「라이프치히 잠정협정」과 그 이후에 벌어진 아디아
포라 논쟁을 겪으면서 루터를 저버리고 복음을 왜곡시킨 배신자로 낙인을
찍히게 되는 과정을 살펴보았다. 지금까지 별로 관심을 받지 못했던 「라이
프치히 잠정협정」의 역사적 배경, 내용, 결과를 추적하면서 멜란히톤의 위
상 변화와 16세기 루터교회 내부의 다양한 분파의 갈등에 대해 고찰하였
다.
이제 필자가 서론에서 던졌던 질문, '멜란히톤의 수수께끼'로 다시 돌
아가 보자. 왜 멜란히톤은 자신에게 닥칠 풍파를 짐작할 수 있었음에도 불

---

[48] *Book of Concord*, 516.

구하고 「라이프치히 잠정협정」을 제시했던 것일까? 다음과 같은 몇 가지 그럴법한 가설이 적어도 이 수수께끼를 풀 수 있는 단초를 제시할 것으로 보인다. 첫째로, 멜란히톤의 이루어질 수 없는 기대감 때문이었을 것이다. 멜란히톤이 「라이프치히 잠정협정」을 제출한 것은 단지 자신과 교회의 안위에 대한 두려움 때문만이 아니라 그때까지도 로마주의자들과의 일치와 화해에 대한 미련을 가지고 있었기 때문일 것이다. 사실상 루터와 멜란히톤이 종교개혁을 시작했을 때, 그들은 새로운 교회를 만들고자 했던 것이 아니라 기존의 로마교회를 개혁하기를 원했다. 따라서 루터교회와 로마교회 사이에 계속적인 대화와 소통의 자리가 마련되었다. 1539년부터 1541년 사이에 라이프치히(1539년 1월), 프랑크푸르트(1539년 4월), 하게나우(1540년 6-7월), 보름스(1540년 10월), 레겐스부르크(1541년 4월)에서 연속적으로 회담을 가지고 일치를 위해 노력했지만 결과는 성공적이지 못했다. 결국 로마교회는 1545년 트렌트공의회를 개최하고 자기들만의 길로 갔고, 루터교회도 독자적인 길을 갈 수밖에 없었다. 그럼에도 불구하고 멜란히톤은 여전히 로마가톨릭교회와의 화해에 관심을 가지고 있었기 때문에 루터교회의 신앙에 일정 부분 희생이 따른다 하더라도 그것이 비본질적인 문제들에 한정된다면 받아들일 수 있다고 판단했을 것이다.

둘째로, 멜란히톤은 「라이프치히 잠정협정」이 그때 취할 수 있는 가장 현실적 선택이라 믿었을 것이다. 1546년 루터가 죽으면서 프로테스탄트 진영의 구심점이 사라졌고, 1547년 슈말칼덴 동맹이 황제와 교황의 군대에 패함으로써 프로테스탄트 신앙이 송두리째 뿌리 뽑힐 수 있는 위험한 상황에 놓였다. 이런 때에 비본질적인 것들은 과감하게 양보하고, 칭의 교리와 같은 가장 중요한 원칙이라도 지키는 것이 그나마 교회를 지키고 보존할 수 있는 현실적 대안이라고 믿었기에 약간의 위험을 무릅쓰고서 「라이프치히 잠정협정」을 제안했을 것이다. 최악(最惡)의 상황을 막기 위해서 차악(次惡)의 선택을 하는 것이 프로테스탄트 교회를 지켜야 하는 책임을 맡은 사람의 역할이라고 멜란히톤은 생각했을 것이다.

셋째로, 멜란히톤의 인문주의적 성향이 정통 루터사상으로부터 거리

를 두게 만든 요인이었을 것이다. 루터가 사제이자 신학자였다면, 멜란히
톤은 평신도이자 인문주의자였다. 따라서 멜란히톤은 인간의 선을 향한
의지와 이성의 긍정적 역할을 인정하였다. 그렇기에 멜란히톤은 루터가
쓴 『노예의지론』보다 에라스무스의 『자유의지론』에 더 끌렸던 것이다. 루
터가 하나님의 말씀에만 사로잡혀 "나는 다르게 말할 수 없습니다."(1521년
4월 보름스에서 했던 고백)라고 말했다면, 멜란히톤은 이성과 현실을 고려하
여 "나는 다르게 말할 수 있습니다."라고 고백했던 것이다. 이렇게 하여
멜란히톤은 「라이프치히 잠정협정」을 썼고 신앙에 있어서 비본질적인 문
제인 아디아포라라면 로마가톨릭적 예식이라도 수용하려 했을 것이다. 물
론 자신의 이런 선택이 루터교회 내부에서 이토록 엄청난 파장을 일으켜
자신의 위치가 하루아침에 달라질 것이라고 상상하지는 못했을 것이다.

　　오늘날에도 우리는 신앙의 정체성(identity)과 현실의 적합성(relevan-
cy) 사이에서 선택을 해야 하는 경우들을 많이 맞닥뜨린다. "우리가 어떻
게 예배하는가 하는 것이 우리의 믿음과 삶을 결정한다."[49]는 격언처럼, 예
배의 예식들이 결코 아디아포라가 아니라 우리의 믿음과 삶에 직접적이며
결정적인 영향을 미칠 수 있다. 이럴 때에는 예식들은 가볍게 타협하거나
양보할 성격의 것이 아니다. 하지만 "본질적인 것에는 일치를, 비본질적인
것에는 자유를, 모든 것에 사랑을"[50]이라는 금언이 가르치듯이, 비본질적
이고 불확실한 문제들에 있어서 자유를 허락한다면 예식들에 대해서는 보
다 관용적인 태도를 취할 수 있을 것이다. 정체성을 고수해야 할지, 적합
성을 고려해야 할지의 기로에서 멜란히톤은 자신만의 선택을 했다. 필자
가 16세기 멜란히톤의 입장이었다면 어떤 선택을 할 것인지도 어쩌면 수
수께끼일지 모른다.

---

[49]　"Lex Orandi, Lex Credendi, Lex Vivendi: As we Worship, So we Believe, So we Live."

[50]　"In necessaris unitas, in unnecessaris libertas, in omnes charitas: In essentials unity, in doubtful
things liberty, in all things charity."

제 5 장

16세기 스트라스부르의
평신도 여성 종교개혁자 카타리나 쉬츠 젤의
프로테스탄트 정체성 연구

* 본 글은 「장신논단」 50-1 (2018), 125-55쪽에 게재된 것입니다.

I. 서론

본 연구는 16세기 종교개혁 운동에서 여성들의 역할이 어떠했는지를 규명하려는 시도이다. 지금까지 종교개혁사는 거의 남성들의 활약상을 소개하는 것에 집중되었다. 몇몇 연구자들이 주류와는 다른 입장에서 개혁을 추구했던 아나뱁티스트 같은 비주류 개혁자들에게 관심을 보이기도 하지만 그들도 역시 대부분 남성들인 것은 마찬가지이다. 이런 점에서 종교개혁 운동에서 여성은 '비주류 중의 비주류'라 할만하다. 16세기 종교개혁에서 여성에 관심을 갖는 것은 역사의 중요한 한 축이지만 그동안 간과되고 소외되었던 이들을 다시 역사의 주체로 세우는 일이다. 이것은 지금까지 종교개혁 연구가 지나치게 남성중심적으로 이루어져 온 것에 대한 비판적 고찰인 동시에 그동안 묻혀 왔던 여성의 종교개혁 지도력에 대해 밝힘으로써 종교개혁 연구의 균형을 되찾고자 하는 노력이다.

필자는 16세기 여성 종교개혁자 중에서 스트라스부르의 카타리나 쉬츠 젤(Katharina Schütz Zell, c.1497/98-1562)에게 주목하고자 한다. 카타리나 젤을 택한 두 가지 이유가 있다. 첫째로, 카타리나 젤이 동시대의 다른 여성들과 비교할 때 훨씬 많은 저술을 남겼기 때문이다. 16세기 여성이 출판물을 남긴다는 것은 상당히 이례적이고 어려운 일이었다. 그럼에도 불구하고 카타리나 젤은 자신의 사상을 출판함으로써 후대의 연구자들에게 16세기 여성 프로테스탄트 개혁자들의 내면을 들여다볼 수 있는 창구를 열어주었다. 둘째로, 카타리나 젤이 중산층 평신도 여성이었기 때문이다. 종교개혁 운동은 다분히 남성 성직자들로부터 시작되고 주도된 운동이었다. 따라서 '여성' '평신도'인 카타리나가 그 운동을 어떻게 이해하고 수용하였는가 하는 것은 흥미로운 주제이다. 16세기 여성 중 왕족이나 고위층 귀족 출신이 간혹 개혁운동의 지지자로 등장하기는 하지만, 평범한 중산층의 여성이 종교개혁에서 핵심적 역할을 하는 경우는 결코 흔한 일이 아니기에 카타리나 젤에게 관심을 기울이게 된 것이다.

필자는 먼저 카타리나 쉬츠 젤의 삶과 활동의 토양이었던 스트라스부르에 대한 개략적 연구로부터 시작할 것이다. 어떤 사상이든 진공상태에서 발생한 것이 아니므로 그 사상의 역사적 맥락에 대한 분석은 필수적이다. 또한 종교개혁이 기본적으로 도시혁명이라는 점을 기억한다면, 종교개혁이 일어난 도시에 대한 연구는 가장 기본적인 출발점이라 할 수 있다. 도시 분석을 통해 스트라스부르의 사회적, 정치적, 경제적 맥락이 카타리나 젤이라는 여성 종교개혁자와 어떤 관련성을 가지는지를 보다 구체적으로 이해할 수 있을 것이다. 지금까지의 종교개혁 연구가 다분히 교리중심적이었던 것을 감안할 때 이와 같은 사회사적 방법론을 통해 종교개혁의 면모를 밝히려는 시도는 새로운 연구영역의 확대로 이어질 것이다.

그 후 카타리나 쉬츠 젤의 글, 특히 "남편 마스터 마태우스 젤을 위한 카타리나 쉬츠 젤의 변호"와 "마태우스 젤의 무덤 앞에 있는 사람들에게 드리는 카타리나 젤의 애가와 권고"를 중심으로 프로테스탄트로서의 그녀의 자의식과 정체성에 대해 밝힐 것이다. 많은 글들 중에서 이 두 가지를 택한 이유는 이것들이 카타리나의 프로테스탄트 신자로의 전환을 보다 선명하게 보여주기 때문이다. 또한 전자는 카타리나가 마태우스 젤과 결혼한 지 9개월 정도밖에 되지 않았던 1524년 9월에 출판되었으며, 후자는 결혼생활 24년 이상을 한 뒤 남편 마태우스 젤이 죽었던 1548년 1월에 씌어졌기 때문에 카타리나의 사상의 연속성을 볼 수 있다는 장점도 있다.

본 연구와 관련된 국외의 선행연구는 많지는 않지만 상당히 진행되고 있는 중이다. 16세기 여성 종교개혁자들을 전체적으로 소개하는 책으로는 롤란드 베인튼이 세 권으로 펴낸 책[1]과 필자가 번역한 키르시 스티예르나의 책을 꼽을 수 있다.[2] 그리고 카타리나 쉬츠 젤 연구에 있어서는 프린스턴신학교의 엘시 맥키가 독보적이다. 맥키는 카타리나 쉬츠 젤의 글을 영어로 번역하고, 편집하고, 주석하여 소개하였다.[3] 국내의 연구는 거의 찾아볼 수 없지만, 이정숙 박사가 카타리나 쉬츠 젤의 기도에 대해 소개한 단편적인 짧은 글이 있다.[4] 이런 상황에서 도시사(都市史)라는 사회사적 접근과 여성 평신도의 글을 통해 본 종교개혁 연구라는 필자의 시도가 앞으로 보다 다양한 관점에서 종교개혁 역사를 연구하도록 자극하고, 또한 보다 균형 잡힌 시각으로 종교개혁을 이해하도록 하는 데 작은 도움이 되기를 기대한다.

II. 16세기 스트라스부르

나는 독재 없는 군주정치, 분파 없는 귀족정치, 무질서 없는 민주정치, 사치 없는 부유함, 무례 없는 행복을 보았다. 누가 이 같은 질서의 조화보다 더 훌륭한 것을 상상할 수 있겠는가? 오! 신성한 플라톤이여, 당신도 이런 공화국을 가지는 기쁨을 갖지 못했을 텐데.[5]

---

1 Roland H. Bainton, *Women of the Reformation in Germany and Italy* (Minneapolis: Augsburg Publishing House, 1971); *Women of the Reformation in France and England* (Minneapolis: Augsburg Publishing House, 1973); *Women of the Reformation from Spain to Scandinavia* (Minneapolis: Augsburg Publishing House, 1977).

2 Kirsi Stjerna, *Women and the Reformation*, 박경수 · 김영란 옮김, 『여성과 종교개혁』 (서울: 대한기독교서회, 2013).

3 Elsie A. McKee, *Katharina Schütz Zell: The Life and Thought of a Sixteenth-Century Reformer*, vol. 1 (Leiden: Brill, 1999); *Katharina Schütz Zell: The Writings, A Critical Edition*, Vol. 2 (Leiden: Brill, 1999).

4 이정숙, "'교회의 어머니' 카타리나 쉬츠 젤: 그의 삶에서 기도와 실천을 배우다," 『기도의 신학 경건의 실천』, 박경수 책임편집 (서울: 북코리아, 2015), 29-48.

위의 찬사는 1514년 스트라스부르를 경험했던 에라스무스가 자신을 초청했던 야콥 빔펠링(Jacob Wimpfeling)에 보낸 글이다. 이것은 당시 최고의 인문주의자의 눈에 비친 스트라스부르가 어떤 모습이었는지를 잘 보여주고 있다.

현재 프랑스에 속한 스트라스부르는 16세기 당시에는 독일 도시였다. 16세기 스트라스부르는 공식적으로는 신성로마제국에 속해 있었지만 실질적으로는 도시 안의 문제들에 대해 자율권을 가진 자유제국도시(free imperial city)였다. 당시 스트라스부르는 알자스 지역의 중심도시로 2만여 명이 살던 독일 내의 가장 큰 도시 중 하나였다. 유럽의 중요한 무역 교차로에 위치했기 때문에 다양한 지역 시장과 길드 시스템의 중심도시로 안정적이며 풍요로운 경제생활을 누릴 수 있었다. 또한 인문주의와 출판 산업의 영향을 받아 새로운 사상의 유입과 유통에 있어서도 비교적 자유로운 곳이었다. 이 도시가 바로 카타리나 쉬츠 젤이 태어나고 활동했던 공간이다.

1. 사회적 배경

종교개혁사 연구에서 일찍이 도시의 중요성을 제기한 사람은 괴팅겐의 교회사학자 베른트 묄러이다.[6] 그는 1962년 『제국도시와 종교개혁』에서 종교개혁 연구가 세속 역사의 맥락 안에서 다루어져야 한다는 사실을 강조한다. 종교개혁이 농촌이 아닌 도시에서 발생한 혁명이라는 점을 기억한다면, 우리는 막스 베버의 표현을 빌려 도시의 사회적, 경제적, 정치적 요건이 프로테스탄트 종교개혁과 '선택적 친화력'(elective affinity)을 가진다는 점을 인정할 수 있다. 다시 말해 도시의 사회사가 종교개혁의 모든

---

5   Franklin L. Ford, *Strasbourg in Transition, 1648-1789* (Cambridge, Mass.: Harvard Univ. Press, 1958), 14.

6   Bernd Moeller, *Reichsstadt und Reformation* (1962), English trans. in *Imperial Cities and the Reformation, Three Essays*. trans. H. C. Erick Midelfort and Mark U. Edwards, Jr. (Philadelphia: Fortress Press, 1972).

것을 설명할 수는 없다고 하더라도, 종교개혁이 빠르게 도시 안에 정착할 수 있었던 이유를 설명할 수 있다는 것이다. 묄러는 16세기 요동치는 사회적 긴장과 갈등을 해결하기 위해 제국 도시들이 종교개혁 사상을 수용했다고 주장한다. 프로테스탄트 사상은 도시의 귀족들보다 점차 성장하는 장인 계층의 사람들로부터 특히 환호를 받았다. 묄러의 관점은 이후 많은 사람들에게 보다 넓은 연구의 가능성과 영역을 제시하였지만, 도시의 이해에 있어서 지나친 일반화의 오류에 빠졌다는 비판도 함께 받았다. 도시가 실상은 다양한 사람들의 이질적인 이해관계가 상충되는 공간임에도 불구하고, 마치 하나의 동질적인 가치가 도시를 지배한 것처럼 일반화시켰다는 것이다.

묄러 이후 스트라스부르라는 구체적인 한 도시와 종교개혁의 관계성을 세밀하게 연구한 미리암 크리스만은 1967년 『스트라스부르와 개혁: 변화의 과정에 대한 연구』라는 책을 출판함으로써 종교개혁의 사회사 연구에 물꼬를 텄다.[7] 그녀는 이 책에서 1480년부터 1548년까지 스트라스부르의 정치, 경제, 사회문화적 배경을 분석하고 종교개혁이 이루어진 과정과 종교개혁이 사회에 미친 영향에 대해 다루었다. 크리스만의 연구에 따르면, 스트라스부르는 13세기 초부터 자유제국도시로서의 정치적, 경제적 특권을 누렸다. 그 이전에는 주교나 주교의 대리인이 도시를 통제하였지만, 자유제국도시가 된 이후로는 귀족과 시민들이 참여하는 의회가 도시를 다스렸다. 의회는 귀족과 시민 12명으로 이루어진 소의회(Rat)와 참정권을 가진 남성들 300명 내외로 구성된 대의회(Schöffen)가 있었다. 소의회나 대의회의 인원은 시대에 따라 변화되었으며, 인원구성의 비율도 15세기 이후에는 귀족보다 장인이 중심이 된 시민이 2배 이상 많아졌다.

미국 버클리 대학의 명예교수인 토머스 브래디는 자신의 역작 『스트라스부르의 지배계급, 정치체제와 종교개혁, 1520-1555』에서 16세기 스트

---

7 Miriam U. Chrisman, *Strasbourg and the Reform: A Study in the Process of Change* (New Haven: Yale Univ. Press, 1967).

라스부르의 지배층이었던 시의원들의 계급적 배경을 상세하게 분석함으로써 종교개혁의 사회사 연구를 한층 심화시켰다.[8] 브래디는 20세기 초에 칼 홀(Karl Holl)과 그의 제자들이 루터 사상을 단지 종교적 관점에서만 해석함으로써 종교개혁의 사회적, 정치적, 경제적, 문화적 맥락을 도외시했다고 비판한다. 그러면서 오히려 1960년대에 이르러 종교개혁에 대한 사회사적 역사방법론을 제시한 막스 슈타인메츠[9]나 도시 연구의 관점에서 종교개혁에 끼친 정치사회적 요인들을 제시한 베른트 묄러의 연구를 높이 평가한다.

하지만 브래디는 종교개혁 연구에 묄러가 새로운 공헌을 했음을 인정하면서도 그것에는 심각한 오류도 있다고 비판하였다. 묄러는 종교개혁을 받아들인 남부 독일의 도시들이 루터의 사상에 기초하여 사회, 정치, 문화적으로 고도의 일치를 이룬 '성례적 합의체'(sacral corporation)였다고 판단했지만, 브래디는 묄러의 성례적 합의체 개념을 거부한다.[10] 사회사학자로서 브래디는 16세기 도시 구조를 있는 그대로 파악할 것을 요청한다. 지배계급과 성직자들은 도시의 일치라는 이상에 호소했지만, 정치적·사회적 통제는 적은 소수의 권력에 집중되어 있었고 동질성은 약했다. 브래디는 후기 봉건사회와 초기 근대사회의 복잡성을 보여주기 위해 마르크스주의 계급분석의 방법을 사용한다.

브래디는 사회에서 가장 중요한 계급인 지배계급에게 관심을 가진다. 그는 자신의 책에서 1520년부터 1555년까지 스트라스부르의 지배계급에 속하는 105명의 시의원에 대한 면밀한 분석을 시도한다. 독자는 브래디가 사용하는 자료의 방대함과 상세함에 압도당한다. 지대를 받는 귀족과 상업·사업·은행으로부터 나오는 이익을 누리는 상인이 도시 의회의 78.1%를

---

8   Thomas A. Brady, Jr. *Ruling Class, Regime and Reformation at Strasbourg, 1520-1555* (Leiden: E. J. Brill, 1978).

9   Max Steinmetz, "Probleme der frühbürgerlichen Revolution in Deutschland in der ersten Hälfte des 16. Jahrhunderts," *Die frühbürgerliche Revolution in Deutschland: Referat und Diskussion zum Thema Probleme der frühbürgerlichen Revolution in Deutschland 1476-1535*, ed. Gerhard Brendler (Berlin, 1961), 17-52.

10 Thomas A. Brady, Jr. *Ruling Class, Regime and Reformation at Strasbourg*, 4.

장악하였고, 기술을 가진 장인들은 고작 13.3%일뿐이다.[11] 앞의 두 계급 즉 귀족과 상인은 이해관계에서 동일하다. 이들의 계급 이해관계에 따라 스트라스부르 종교개혁의 방향성도 결정되었다. 예를 들어 1523–1525년 농민전쟁이 발발하자 귀족과 상인들은 자신들의 이익을 해치지 않는 범위 내에서 개혁을 원했고, 성직자의 권한을 자신들에게 이양하는 선에서 멈추기를 원했다. 지배계급은 로마가톨릭교회나 수도원의 재산을 공적인 분야, 즉 복지, 교육, 병원과 구제 등으로 돌림으로써 하층계급의 불만을 흡수하여 방향을 돌리고 대신 자신들의 나머지 이익들은 보존할 수 있었다.

브래디에 따르면, 통치체제는 크게 둘로 나뉘었는데, 츠빙글리와 스위스 도시들과 연결된 복음주의자들인 "열심당"(zealots)과 루터와 독일 도시들과 연대한 "정책당"(politiques)이 있었다.[12] 열심당은 상인이 중심이었으며 반봉건, 반영주, 반제국의 이념 아래 '성례적 합의체'의 이상을 추구했다. 정책당은 귀족이 중심이었으며 도시와 연결되어 있는 질서 잡힌 교회를 원했고 루터파 영주들과 연대하기를 원했다. 1534년의 스트라스부르 교회법령은 정책당의 승리를 보여준다. 때문에 스트라스부르는 1530년에 발표된 루터파의 아우크스부르크 신앙고백에 순응하였다. 1548년 황제 카를 5세가 '아우크스부르크 잠정협정'(Augsburg Interim)을 내놓았을 때, 귀족들은 황제와 타협하기를 원했고, 길드의 사람들은 도시가 독립적이길 바라며 저항하기를 원했다. 결국 스트라스부르는 정책당의 이익에 따라 황제의 친(親)로마가톨릭 정책에 순응하였다. 물론 계급에 따라 종교적 분파가 결정된다는 견해나, 귀족은 정책당, 길드의 장인은 열심당이라는 과도한 이분법은 받아들이기 어렵지만, 그럼에도 불구하고 방대한 자료를 사용한 브래디의 연구는 종교개혁의 사회사적 연구에서 새로운 지평을 열었다.

---

11 Thomas A. Brady, Jr. *Ruling Class, Regime and Reformation at Strasbourg*, 51.
12 Thomas A. Brady, Jr. *Ruling Class, Regime and Reformation at Strasbourg*, 208-209.

2. 종교적 배경

16세기 스트라스부르의 중요한 또 다른 축은 로마가톨릭교회의 교권이었다. 비록 중세 전성기에 비해 약화되고 제한받기는 했지만 교회는 정치와 사회 문제에 중요한 영향력을 행사하였다. 스트라스부르의 대성당이 한때 "세계 8대 불가사의" 중 하나로 꼽힐 정도로 도시는 종교적이었다.

중세 로마가톨릭교회의 성직자는 독자적인 내부 구조를 갖춘 독립적인 사회적, 정치적 집단이었다. 교회는 '국가 내의 국가'를 형성했다. 교회는 독자적 토지, 정부, 법원을 가지고 있었다. 정점에는 주교가 있고, 아래에 5명의 참사회 성직자(chapters: Cathedral, St. Thomas, Young St. Peter, Old St. Peter, All Saints)가 있었으며, 대개 귀족 출신들이었다. 그 아래에 9명의 교구사제(parishes: St. Martin, St. Aurelie, Old St. Peter, Young St. Peter, St. Laurence, St. Nicholas, St. Thomas, St. Stephen, St. Andreas)가 있었는데, 중간 계급 출신이 보통이었다. 도미니크와 프란체스코 수도원을 포함하여 9개의 수도원이 있었으며, 귀족출신으로 이루어진 요한기사단과 튜턴기사단이 있었다. 수도원과 교회는 영적인 기능뿐만 아니라 경제적 삶에 있어서도 중요한 역할을 했다. 많은 사람들이 수도원 땅을 빌려 일하고 있었고, 교회 경지 내에서 살고 있었다. 지주와 소작인의 관계가 성직자와 시민 사이에 생겼다.[13]

스트라스부르 종교개혁 역사에서 가장 선구자적 역할을 한 인물은 1478년부터 1510년까지 대성당 설교자였던 요한 가일러 폰 케제르베르(Johann Geiler von Kaysersberg, 1445-1510)였다.[14] 인문주의자들은 대개 소수의 귀족 후원자들과 동료 학자들을 대상으로 글을 썼지만, 가일러는

---

13 Miriam U. Chrisman, *Strasbourg and the Reform*, 32-34.
14 케제르베르(프랑스어: Kaysersberg), 카이제르스베르크(독일어: Kaisersberg)는 프랑스 콜마르에서 북동쪽으로 12km 정도 떨어져 있다. 2016년 1월 1일 케제르베르비뇨블(Kaysersberg-Vignoble)이라는 신설 코뮌으로 통합됐다. 이곳의 주민들은 케제르베르주아(Kaysersbergeois)라고 불린다. 이곳의 명칭은 독일어로 "황제의 산"을 의미한다. 알자스로렌의 나머지 지역처럼, 케제르베르는 프로이센-프랑스 전쟁과 제1차 세계대전 사이 독일의 영토였다. 케제르베르는 알자스 지역의 최상의 와인을 만드는 곳 중 하나이다.

스트라스부르 시민 전체를 위해 설교하였다. 가일러는 시민들에게 생활 방식을 바꾸고, 음주와 도박을 중단하고, 우상숭배를 멈추라고 요청하였다. 그는 행정관들에게 도시의 법을 개정하여 더욱 더 그리스도교적 정의를 실현하며 교회에 더 많은 자유를 제공하라고 요구하였다. 그는 목회자들에게 세속적 삶의 방식을 버리고 교회에 헌신하라고 강력하게 주장하였다. 이러한 가일러의 개혁 요구는 그가 1500년 제안한 21개 조항을 잘 드러나 있다. 가일러는 도시 전체가 더욱 영적으로 변화되기를 원했고 새로운 삶의 방식이 실현되기를 바랐다.[15]

가일러의 뒤를 이어 스트라스부르의 종교개혁을 본격적으로 이끌어간 인물이 바로 후일 카타리나 쉬츠 젤의 남편이 되는 마태우스 젤(Matthäus Zell, 1477–1548)이었다. 젤은 1518년 프라이부르크 대학의 교수직을 내려놓고 스트라스부르의 목회자로 도시에 도착하였다. 그는 가일러의 설교가 자신의 사상에 결정적인 영향을 미쳤다고 고백하였다. 젤은 가일러를 이어 로마가톨릭교회의 광범위한 남용에 대한 개혁을 요구하였고, 1521년 말부터 성 로렌스 채플 설교단에서 복음적 사상을 거침없이 설교하기 시작했다. 그는 성모 마리아 탄생축일에 마리아에 대한 터무니없는 숭배를 비판했고, 만성절에는 성인에게 중재를 빌며 기도하는 오류에 대해 설교했고, 교황의 교서, 연옥의 존재, 교회법의 강제력을 반박하는 설교를 했다. 이로 인해 1522년 젤은 주교 대리인으로부터 소환을 받았고, 24가지 이단혐의를 통보받았다. 1523년 젤은 자신의 이단혐의에 대한 답변을 출판하였는데, 이것이 젤의 복음 신앙에 대한 첫 번째 개요였다.[16]

스트라스부르를 대표하는 개혁자가 마르틴 부처(Martin Bucer, 1491–1552)였다면, 이 도시에서 가장 사랑받는 대중적 설교자는 마태우스 젤이었다. 사실 부처가 스트라스부르에 도착한 것은 1523년으로 젤보다 무려

---

15 Miriam U. Chrisman, *Strasbourg and the Reform*, 68-71.

16 Matthäus Zell, *Christliche Verantwortung über Artickel in vom Bischofflichen Fiscal dasselbs entgegen gesetzt und in rechten übergebe* (Strassburg, Köpfel, 1523). 그리고 Christian Thomas Nielson, "Women Confront the Reformation: Katharina Schütz Zell, Teresa of Avila, and Religious Reform in the Sixteenth Century" (Unpublished M. A. Thesis of Simon Fraser University, 2001), 33-36.

5년이나 뒤였다. 또한 부처가 스트라스부르에서 정착할 수 있도록 적극 도운 사람도 그보다 14년 인생 선배였던 젤이었다. 젤은 하나님의 말씀을 표준과 근거로 삼아 로마교회의 중요한 교리들을 논박했으며, 하나님의 말씀과 인간의 방식의 간격을 보여주었다. 젤을 비롯한 모든 개혁자들의 공통점은 오직 성서의 권위에 호소하는 것이었다.

> 복음이 설교되는 세 가지 방식이 있음을 알아야 한다. 첫째, 그리스도의 생애와 가르침을 모범으로 사용하는 것은 좋은 방법이지만 올바른 요점은 아니다. 둘째, 복음을 법령집으로 간주하는 것은 잘못된 것이다. 왜냐하면 그리스도께서 모세의 법을 알리기 위해 오신 것이 아니라 하나님의 진리와 은혜를 계시하기 위해 오셨기 때문이다. 신약성서를 해설하는 세 번째이자 올바른 방식은 그리스도를 통해 은총을 얻게 된다는 것이다.[17]

젤은 로마교회의 성직자들이 학식 있는 사람들임은 인정하지만, 성서 안에 있기보다 신학의 미묘함 속에 머물고 있으며 부도덕과 부패에 빠졌다고 비판하였다.

마태우스 젤의 추종자들 중에는 토머스 브래디가 "열심당"이라 부르는 열정적인 프로테스탄트들이 있었는데, 이들의 열심이 스트라스부르를 로마교회로부터 분리시키는데 중요한 요인이 되었다. 열심당은 스위스, 특히 츠빙글리의 취리히와 연대하기를 원했고, 1530년 1월 협정이 체결되었다. 그러나 1531년 스위스 프로테스탄트 세력이 카펠 전투에서 패배하고 츠빙글리가 죽음으로 말미암아 스위스 지향의 정책이 종지부를 찍었다. 그 후 스트라스부르는 루터주의 영주들과 다른 제국 도시들과 연대하는 방향으로 나아가게 되는데, 토머스 브래디는 이들을 "정책당"이라 부른

---

17 Matthäus Zell, *Christliche Verantwortung*, R. ii.; Miriam U. Chrisman, *Strasbourg and the Reform*, 121.

다. 이후 스트라스부르는 점차 정책당이 주도하여 보수적 루터주의 세력
과 연대하였으며, 1549년경에는 대부분의 개혁파 성향의 열심당은 추방되
었고 새로운 목회자들은 정책당이 원했던 것보다 더 엄격한 루터주의자였
다.[18]

3. 지적 배경

스트라스부르 대성당 앞의 광장에는 구텐베르크 동상이 서 있다. 그래
서 광장의 이름도 구텐베르크 광장이다. 인쇄기를 발아래 두고 그것으로
인쇄한 창세기 1장 3절 "그리고 빛이 있었다."(Et la lumière fut)라는 메시
지를 들고 당당히 구텐베르크가 서 있다. 독일 마인츠 출신인 구텐베르크
의 동상이 이 도시의 중심에 있는 이유는 그가 인쇄술을 발명한 곳이 스트
라스부르였기 때문이다. 16세기 스트라스부르는 인문주의의 중심 도시 가
운데 하나였다.[19] 인쇄술의 도시답게 인문주의자들뿐만 아니라 루터를 비
롯한 많은 종교개혁자들의 책들이 대량으로 출판되어 남부 독일 지역에서
종교개혁의 중심지가 되었던 곳이기도 하다.

프로테스탄트 운동과 함께 출판업은 인기 사업이 되었다. 1520년대
초 종교서적 출판은 정점을 이루었다. 라틴어뿐만 아니라 독일어로 된, 즉
자국어 팸플릿과 책들이 더 많이 출판되었다. 이제 누구든지 글을 읽을 수
있는 사람이라면 개혁사상을 담은 팸플릿, 성서, 시편찬송 등을 자유롭게
접할 수 있었다. 최근 종교개혁의 사회사 연구에서는 출판물과 팸플릿을

---

[18] Elsie A. McKee, "Volume Editor's Introduction," *Church Mother: The Writings of a Protestant Reformer in Sixteenth-Century Germany*, ed. and trans. Elsie McKee (The University of Chicago Press, 2006), 6-10.

[19] 스트라스부르에서 종교개혁이 본격 일어나기 이전 1480년부터 1520년까지의 짧은 시기 동안 도시는 인문주의의 중심지가 되었다. 17명의 탁월한 인물들이 스트라스부르 운동의 핵심을 형성했다. Sebastian Brant, Johann Geiler, Jacob Wimpheling, Jacob Han, Sixt Hermann, Jacob Sturm, Nicolaus Gerbel, Thomas Murner, Johann Gallinarius, Peter Schott, Thomas Wolf, Matthias Ringmann, Thomas Vogler, Hieronymus Gebwiler, Otmar Luscinius, Beatus Rhenanus, and Johann Hugonis. 이들의 출신은 다양했고, 이들은 인문주의자로서 특히 교육개혁에 헌신하였다. 자세한 내용은 Miriam U. Chrisman, *Strasbourg and the Reform*, 45-67을 보라.

통해 본 종교개혁 이해가 중요한 분야를 이루고 있다. 크리스만은 자신의
책의 부록에서 종교개혁이 스트라스부르에 일으킨 변화를 로마가톨릭과
프로테스탄트 설교집의 출판 통계를 통해 보여주었다. 통계에 따르면
1514년 이전에는 프로테스탄트 진영의 설교집은 하나도 없었다. 그러나
1520년대에는 프로테스탄트 설교집이 압도적이었으며, 1529년 이후에는
로마가톨릭 진영의 설교집은 하나도 없었다.[20] 이 통계를 볼 때 스트라스
부르에서는 1520년대에 종교개혁으로의 변화가 진행되고 그 기틀이 마련
되었다고 평가할 수 있을 것이다.

　　그런데 정작 평범한 사람들은 종교개혁을 어떻게 받아들였을까? 미리
암 크리스만의 후속 연구도 이 같은 질문에서 비롯되었다.[21] 크리스만은
종교개혁 시기 팸플릿의 7/8이 성직자의 저술일 만큼 종교개혁은 기본적
으로 성직자들이 주도한 사건이라고 말한다. 따라서 성직자 주도의 운동
에 대해 평신도들이 어떻게 반응했는지를 살펴보는 것은 대단히 흥미로운
일이다. 크리스만은 "종교개혁의 이념이 사회계층 구조 속에서 서로 다른
계층에게 어떻게 받아들여지고 변형되었는지를 보여주고자"[22] 다양한 계
층의 평신도가 쓴 284개 팸플릿을 주의 깊게 분석한다. 그녀는 평신도를
다섯 사회계층, 즉 귀족, 도시 엘리트, 교육받은 공직자와 전문가들, 낮은
지위의 도시 공직자와 기술자들, 평범한 시민과 장인들로 구분한다.[23] 이
중에서도 마지막 장인 계층이 어느 계층보다도 더 많은 팸플릿을 썼다. 카
타리나 쉬츠 젤로 바로 장인 계층 출신이다.

20　1510-14년 사이에 로마가톨릭은 16권 프로테스탄트는 0권이었고, 1515-19년에는 로마가톨릭은
　　25권 프로테스탄트는 3권이었다가, 1520-24년에는 로마가톨릭이 8권 프로테스탄트는 21권으로
　　역전된다. 1525-29년에는 로마가톨릭에서는 0권 프로테스탄트 진영에서는 6권이 출판된다. Miri-
　　am U. Chrisman, *Strasbourg and the Reform*, 301.

21　Miriam U. Chrisman, *Lay Culture, Learned Culture: Books and Social Change in Strasbourg,*
　　1480-1599 (New Haven: Yale Univ. Press, 1982)는 16세기 스트라스부르에서 출판된 지식계층
　　의 라틴어 출판물과 평신도의 독일어 출판물을 비교하면서 그 상이점을 분석하고 있다. 그녀의 또
　　다른 책 *Conflicting Visions of Reform: German Lay Propaganda Pamphlets, 1519-1530* (Atlantic
　　Highlands, N.J.: Humanities Press, 1996)은 평신도의 독일어 저작들 사이에도 종교개혁에 대한
　　다양한 입장과 비전들이 충돌하고 있음을 밝힌다.

22　Miriam U. Chrisman, *Conflicting Visions of Reform*, 14.

23　Miriam U. Chrisman, *Conflicting Visions of Reform*, 6.

분명 크리스만의 연구는 상당한 한계를 가지고 있다. 그녀가 한정했던 1519–1530년 사이에 출판된 팸플릿은 5,000개가 넘는데, 284개를 대상으로 분석했으니 전체의 5.8% 정도에 불과하다. 그녀가 구분한 다섯 사회 계층도 자의적이어서 분석한 팸플릿 중 54개가 어느 계층에 속하는지 판단하기 어렵다고 고백하고 있다. 계층 안의 다양성에는 전혀 주목하지 못한 점도 연구의 단점이다. 그럼에도 불구하고 크리스만이 종교개혁을 성직자의 관점이 아니라 평신도의 관점에서 이해하려고 했다는 점, 평신도의 팸플릿을 분석했다는 점, 교리적 관점이 아니라 사회사와 문화사의 관점에서 종교개혁을 해석한 점은 단연 돋보이는 공헌이라 인정할 만하다. 크리스만은 다양한 평신도의 팸플릿 분석을 통해 적어도 종교개혁이 획일적이며 단일적인 운동이 아니라, 다양한 계층의 "충돌하는 비전"이었음을 보여주었다.

20세기 후반에 일어난 도시 분석을 통한 종교개혁의 사회사 연구는 분명 종교개혁을 더 다양한 관점에서 이해하고 해석하도록 이끌었다. 교리 중심적 관점이나 종교적 차원에서만 종교개혁을 바라보는 데서 탈피해서 당시의 사회, 정치, 경제, 문화라는 맥락과 배경 안에서 종교개혁을 이해하도록 해주었고, 종교의 문제가 사회적 맥락과 결코 동떨어질 수 없다는 분명한 사실도 확인시켜 주었다. 그럼에도 불구하고 우리가 종교개혁의 사회적이며 경제적인 측면을 충분히 고려해야 하는 것은 맞지만, 그렇다고 해서 종교개혁의 신학적 관점을 소홀히 하거나 간과하는 것이 정당화되어서는 안 될 것이다.

Ⅲ. 카타리나 쉬츠 젤의 프로테스탄트 정체성

1. 카타리나 쉬츠 젤은 누구인가?

카타리나 쉬츠 젤은 16세기 유럽 여성들 가운데 가장 흥미로운 인물 가운데 하나이다. 스스로를 교회의 어머니로 생각했던 평신도 여성이었으며, 사제와 공개적으로 결혼하여 목회자의 아내로 살았고, 수많은 장르의 책을 출판한 저술가였고, 찬송집을 편찬하여 대중적 경건의 형성에 기여했으며, 피난민을 위한 복지사역을 펼쳤던 사회 활동가였고, 당시 위험하다고 여겨졌던 재세례파나 슈벵크펠트주의자들까지도 품었던 관용의 옹호자였다. 이것이 21세기가 아니라 16세기 여성의 면모였다는 사실이 놀랍기만 하다.

카타리나는 1497년 혹은 1498년에 목공 장인인 야콥 쉬츠와 엘리자베스 게스터의 여섯 자녀 중 한 명으로 태어났고, 그녀의 이름은 14세기 이탈리아 시에나의 카타리나의 이름을 따라 지어졌다. 어린 시절 카나리나는 신앙적인 경건훈련을 받았고, 모국어인 독일어를 읽고 쓸 수 있도록 교육받았고, 독일어 성서와 그리스도교 역사와 문헌에 대한 상당한 지식을 갖추었다. 그녀가 프로테스탄트로 회심하게 된 것은 아마도 1521년 말이나 1522년 초 마르틴 루터의 작품들을 읽고 마태우스 젤의 설교를 들은 후였을 것이다.

카타리나는 1523년 12월 3일 오전 6시 마르틴 부처의 주례로 로마가톨릭의 신학교수요 사제였다가 종교개혁자로 돌아선 마태우스 젤과 결혼했다. 이날 카타리나는 사제인 마태우스와 결혼함으로써, 그리고 빵과 포도주 두 가지를 모두 받는 성만찬에 참여함으로써 자신의 프로테스탄트 신앙을 분명하고 고백하였다. 이후 두 사람은 마태우스가 죽는 1548년까지 24년 이상 부부로 함께 동역하는 프로테스탄트 목회자와 사모의 전형을 보여주었다.

카타리나는 목회적 돌봄과 디아코니아 사역의 모범을 세웠다. 스트라스부르에서 그녀의 집은 환대, 개방, 돌봄, 중재의 요람이었다. 카타리나의 첫 번째 팸플릿은 1524년 7월 출판된 "켄징겐의 고통당하는 여성들을 위로하는 편지"였다. 젤 부부는 로마가톨릭의 보름스칙령 강요에 맞서다가 켄징겐으로부터 추방당해 스트라스부르로 온 150명의 피난민 중 80명을 자신의 집에 4주 동안이나 받아들였다. 그 이후에도 여행자, 피난민, 고통받는 자들의 평생 친구가 되었다. 카타리나의 마지막 팸플릿은 1558년 중반에 나온 "시편에 관한 묵상과 펠릭스 암브루스터를 위한 주기도문 해설"이다. 펠릭스는 스트라스부르의 행정장관 중 한 명이었는데 한센병에 걸리자 카타리나가 그를 심방하기 시작했고, 그를 위로하기 위해 주기도문 묵상을 썼던 것이다. 스트라스부르의 행정장관부터 피난민에 이르기까지 누구든지 그녀의 돌봄의 대상이었다. 그녀의 목회적 돌봄 사역은 지위의 고하를 떠나 모든 필요한 사람들에게 실제적 도움을 주는 것이었으며, 이것은 카타리나의 일생의 특징이 되었다. 카타리나는 돌봄 사역이 올바른 예배와 복음 선포의 연장이라는 개혁자들의 통찰력을 삶으로 이어나갔다.

또한 카타리나의 돌봄은 사상의 측면에도 적용되었다. 카타리나의 손님 중에는 제네바에서 쫓겨나 3년(1538-1541) 동안 스트라스부르에 머물렀던 칼뱅이나 1529년 마르부르크 회담에 참석하러 가던 츠빙글리와 오이콜람파디우스와 같은 주류 종교개혁자들뿐만 아니라 당시 위험한 '이단'으로 간주되었던 세바스찬 프랑크나 카스파르 슈벵크펠트와 같은 영성주의자들과 재세례파 지도자들도 있었다. 카타리나는 16세기 개혁자들 중에서는 드물게 에큐메니칼 감성과 관용정신을 지니고 있었다. 어쩌면 이런 교우관계를 통해 카타리나는 보다 포괄적 신학을 형성할 수 있었을 것이다. 카타리나는 그릇된 교리는 무력이 아니라 말로 논쟁하고 설득해서 싸워야 하는 대상이라고 믿었다. 그랬기에 그녀는 슈벵크펠트를 변호하고 자신의 집을 내어주기도 했다. 사람들은 이런 카타리나를 슈벵크펠트주의자라고 부르기도 했지만, 정작 그녀는 슈벵크펠트에게 보낸 편지에서 그렇지 않

음을 분명하게 밝혔다. 카타리나 생애 마지막에 슈벵크펠트를 따르던 엘
리자베스 해클레렌(Elisabeth Häckleren)이 장례식 설교자를 구하지 못하
자, 자신이 그녀를 위해 장례 설교를 한 것도 목회적 돌봄의 연속이었다.
평신도 여성이 설교를 한다는 것이 어떤 후폭풍을 몰고 올지 모르지는 않
았지만 카타리나는 소외당한 사람들을 외면할 수 없었다.

카타리나의 또 다른 면은 찬송가 편집자이다. 회중찬송은 민중들의 경
건의 성격을 형성하는 데 있어서 가장 중요한 요인이다. 성직자와 평신도
사이의 경계에 있던 카타리나는 평신도의 요구를 감지하고 그들의 경건
형성을 위해 보헤미아 형제단의 찬송가를 펴내었다. 보헤미아 찬송가를
카타리나에게 소개한 사람은 아마도 스트라스부르에 몇 년간(1529-1533)
머물렀던 슈벵크펠트였을 것이다.[24] 카타리나는 1534년 서문을 쓰고,
1535년에 4권의 소책자 중 1권을 출판하였다. 초기 보헤미아 형제단의 찬
송가를 편집해서 만든 것으로 제목은 『우리 구주 예수 그리스도를 찬송하
는 그리스도인의 위안이 되는 노래들』이다. 카타리나는 서문에서 "나는 이
책을 노래집이라기보다는 가르침의 책, 기도의 책, 찬미의 책이라고 불러
야 마땅하다. 그렇지만 '노래'라는 작은 단어가 적절한데, 왜냐하면 하나님
에 대한 최상의 찬미는 노래에서 표현되기 때문이다."[25]라고 썼다. 카타리
나의 새로운 독일어 회중찬송가는 스트라스부르의 예전 개혁에 중요한 영
향을 미쳤다. 이제 스트라스부르 사람들은 자국어로, 모든 회중이, 복음을
노래하였다. 카타리나는 찬송을 통해서 자신의 새로운 신앙, 즉 프로테스
탄트로서의 정체성을 고백했고, 스트라스부르 사람들은 카타리나의 찬송
을 부르면서 그녀의 신학을 노래하게 되었다. 카타리나의 찬송은 스트라
스부르의 영혼을 치유하고 교회공동체의 일치를 가져다주는 매개체 역할
을 하였다.

카타리나를 동시대의 다른 여성들과 분명하게 구별하는 측면은 저술

---

24 Elsie A. McKee, "Introduction of Some Christian and Comforting Songs of Praise about Jesus Christ Our Savior," *Church Mother*, 89.

25 Katharina Schütz Zell, "Some Christian and Comforting Songs of Praise," *Church Mother*, 93.

가로서의 모습이다. 당시 여성들은 신학적 저술이나 출판에서 소외되어 있었다. 여성은 공적인 자리에서 자신의 신학적 사상을 드러내도록 격려 받지 못했다. 여성들의 활동이나 참여는 주로 가정이나 가사의 소명을 통해 이루어져야 한다고 길들여지는 만큼, 교회와 사회에서 여성의 역할과 목소리는 줄어들었다. 여전히 여성에게는 교육의 문턱이 높았고, 따라서 신학도 마치 남성의 특권 영역처럼 남아 있었다. 이런 시대 상황에서 카타리나는 수많은 종류의 출판을 통해 자신의 결혼, 자신의 신앙, 자신의 실천과 신학을 스스로 옹호한 보기 드문 예이다. 카타리나는 자신의 생애 전체에 걸쳐 수많은 장르의 저술들을 출판하였다. 그녀가 자신의 작품을 처음 출판한 것은 1524년이고 마지막 출판이 1558년이니 34년 이상 꾸준히 목회, 음악, 설교, 논쟁, 경건, 교육, 성서주석과 관련된 저술활동을 펼쳤다. 카타리나는 스트라스부르에서 자신이 당면한 실존적인 중요한 문제들을 구체적으로 풀어나갔다. 따라서 그녀의 작품은 귀족이나 수녀 출신의 어떤 작가들보다 여성과 보통사람들의 목소리를 잘 반영하고 있다. 어떤 면에서 보면 저술이야말로 가장 멀리 그리고 오래 미치는 그녀의 항구적인 돌봄 사역이었다.

카타리나는 16세기 평신도 여성이라는 불리한 조건에도 불구하고 목회자의 아내로, 영혼을 돌보는 위로자로, 의심받고 소외되고 쫓겨난 사람들을 끌어안는 에큐메니칼 사상가로, 수많은 출판을 한 저술가로, 프로테스탄트 개혁자요 신학자로, 심지어 설교자로 불꽃같은 생애를 살았던 사람이었다. 카타리나가 이토록 여러 방면에서 자신의 소명을 충분히 감당할 수 있었던 것은 어쩌면 그녀에게 자녀가 없었기 때문이었을 것이다. 아이러니컬하게도 카타리나의 불행이 그녀가 더 자유롭게 쓰고, 일하고, 활동하도록 만들었다. 이런 점에서 그녀가 두 아이를 어려서 잃고 자녀가 없었다는 사실은 하나의 '비극적인 축복'이었을지도 모른다.[26]

---

26 Kirsi Stjerna, 박경수·김영란 옮김, 『여성과 종교개혁』, 229.

2. "남편 마스터 마태우스 젤을 위한 카타리나 쉬츠 젤의 변호"

1523년 12월 3일 마태우스와 카타리나가 결혼을 하자 이런저런 소문
이 떠돌았다. 카타리나는 직접 로마가톨릭교회가 조작하고 지어낸 이야기
들이 근거가 없는 비방일 뿐임을 지적하면서 남편을 적극적으로 변호하고
나섰다. 20대 중반의 평신도 여성이 사제와 결혼한 자신의 행위가 정당하
다고 주장하면서, 남편에 대한 잘못된 소문에 대해 공개적으로 입장을 밝
힌 것은 그 자체로 놀라운 사건이었다. 이 글은 카타리나의 두 번째 출판
물이긴 하지만, 실제로는 가장 먼저 저술된 것이었다. 전체 제목은 "스트
라스부르의 목사이자 하나님 말씀의 종인 마스터 마태우스 젤을 위한 카
타리나 쉬츠의 변호. 그에 대해 엄청난 거짓말이 조작되었기 때문에 기록
된 글."이며, 1524년 9월 초 볼프강 쾨펠(Wolfgang Köpffel)에 의해 스트라
스부르에서 출판되었다. 우리는 카타리나의 최초의 작품을 통해 그녀의
프로테스탄트로서의 자의식을 분명하게 볼 수 있다.

1) 오직 성서

카타리나는 "오직 성서"라는 종교개혁의 원칙에 의지하여 로마가톨릭
의 허황된 거짓말과 속임수를 비판하였다. 짧은 글 속에 나오는 수많은 성
서 인용구절은 카타리나의 주장의 근거가 성서라는 사실을 분명하게 보여
준다. 카타리나는 남편 마태우스를 옹호하는 것이 곧 성서가 가르치는 진
리를 지키고 이웃사랑을 실천하는 것이라고 말한다.

> 만일 내가 악한 거짓말로 중상을 당하여 많은 평범한 사람들이 현혹을
> 당한다면, 그리고 이런 거짓비방이 나뿐만 아니라 다른 사람들에게도
> 해로운 것을 알았을 때, 이때 누군가가 나를 변호해 주고 나의 결백을
> 옹호해 준다면 나는 얼마나 기쁠 것인가! 만일 내가 하나님의 말씀을
> 믿는다면, 어떻게 내가 가만히 있을 수 있단 말인가? 내 이웃이 나를

위해 해주기를 바라는 그것을 어떻게 내가 나의 이웃을 위해 하지 않을 수 있단 말인가? 마태우스가 나의 남편이라서가 아니라 그가 그리스도 안에서 나의 형제요 동료이기 때문에 나는 그를 변호하는 것이다. 만일 내가 단지 그가 나의 남편이라서 변호하는 것이라면, 그것은 하나님의 말씀에 따른 것이 아니라 인간애에 따른 것이 될 것이다.[27]

카타리나는 성서의 가르침이 자신이 외칠 수밖에 없도록 만든다고 생각했다. 진리를 위해 말할 것인가, 거짓에 대해 침묵할 것인가? 거짓에 대해 침묵하는 것은 그리스도의 가르침과 모범에 어긋나는 것이다. 따라서 남편 마태우스에 관한 거짓말은 논박되어야만 한다.

그렇다. 이웃을 사랑하라는 계명이 나로 하여금 침묵하면서 가만히 있도록 내버려두지 않는다. 다음과 같은 이유 때문에 나는 가만히 있을 수가 없다. 다시 말해 고난당하는 것은 그리스도인에게 지당한 것(이고 당연한 몫)이지만, 그리스도인이 침묵하는 것은 전혀 타당한 것이 아니다. 왜냐하면 침묵하는 것은 그 거짓말을 반쯤 시인하는 것과 다름없기 때문이다.[28]

결국 카타리나가 남편 마태우스를 위한 변호에 적극 나선 것은 복음을 위해서이며 성서의 가르침을 따르는 길이었다. 만일 무고한 이웃에 대한 중상비방에 대해 반박하지 않고 침묵한다면 그것은 죄를 짓는 것이나 마찬가지다. 카타리나는 성서에 나타난 예수의 가르침을 따라 남편 마태우스에 대한 거짓말을 논박하였다. 그래야만 사람들이 마태우스가 전한 복음에서 떠나는 것을 막을 수 있기 때문이다.

카타리나는 거짓 비방을 일삼는 마귀의 전령들도 성서를 언급하면서

27 Katharina Schütz Zell, "Apologia for Master Matthew Zell," *Church Mother*, 63-64.
28 Katharina Schütz Zell, "Apologia for Master Matthew Zell," 64.

평범한 사람들을 미혹시키지만, 그들은 결코 성서로부터 자신들을 증명할 수 없다고 주장한다. 반면 하나님의 전령들, 예를 들면 여호수아와 갈렙은 하나님이 그들에게 명하신 메시지를 선포할 의무를 다했기에 복된 땅에 들어가고 그 땅을 유업으로 받게 될 것이다. 여기에서 카타리나는 자기 시대의 하나님의 사자인 마르틴 루터와 마태우스 젤을 여호수아와 갈렙으로 여겼을 것이다. 카타리나는 "변호"의 마지막 부분에서 "인내하라"고, "인간을 두려워하지 말라"고, 그리고 "성서에서 위로를 얻고, 하나님의 말씀으로 서로를 격려하라"고 권면한다.[29]

2) 독신제도 비판과 결혼에 대한 옹호

카타리나는 "변호"를 통해 독신제도가 로마가톨릭교회의 발명품일 뿐이며, 성서는 성직자의 결혼을 옹호하고 있다고 주장하였다. 따라서 사제의 결혼은 교회법에 앞선 성서의 우선성을 주장하는 가장 생생한 방법 중 하나였다. 카타리나는 마태우스와 결혼함으로써 성서에 대한 자신의 믿음을 확증할 수 있으며, 유혹과 부도덕에서 구제될 수 있고, 성직자 독신이라는 로마교회의 잘못된 가르침에서 벗어날 수 있다고 생각했다. 카타리나의 자신의 결혼에 대해 이렇게 말한다.

> 하나님의 도우심으로 나는 스트라스부르에서 성직자 결혼의 길을 개척한 첫 여성이 되었다. 당시 나는 어떤 남자와도 결혼을 할 의사가 전혀 없었다. 하지만 내가 성직자 결혼에 대한 큰 두려움과 격렬한 반대를 목격했기 때문에, 또한 성직자들 사이에 만연된 성적 타락을 보았기 때문에, 나는 모든 그리스도인들을 위한 길을 격려하고 제시하고자 의도적으로 사제와 결혼하였다.[30]

---

29 Katharina Schütz Zell, "Apologia for Master Matthew Zell," 80-81.

30 Katharina Schütz Zell, "Apologia for Master Matthew Zell," 77.

아마도 16세기의 평범한 사람들이 로마가톨릭의 사제와 프로테스탄트의 목사를 구별할 수 있는 가장 눈에 띄는 표시가 결혼이었을 것이다.[31] 성직자가 독신으로 있는지 결혼을 했는지를 보면 곧바로 그가 로마가톨릭교회에 속했는지 프로테스탄트 교회에 속했는지를 구별할 수 있었다. 따라서 사제가 결혼을 하는 것은 자신의 신앙이 더 이상 로마교회에 속하지 않고 프로테스탄트 개혁진영에 속했음을 알리는 상징적 표지와 같았다.

카타리나는 성서가 분명하게 성직자의 결혼을 말하고 있는데도 불구하고 로마교회가 독신을 옹호하는 데에는 두 가지 이유가 있다고 말한다.

> 첫째 이유는 교황과 감독과 그 수하들이 결혼한 사람들로부터 매춘에 대한 대가로 많은 세금을 거두지 못하기 때문이다. … 독신서약을 한 사제들이 내연녀를 두면 그들이 봉건적 관계를 맺고 있는 교황과 감독에게 이런 관계에 대한 세금을 지불해야만 한다. … 때문에 그들은 성서가 이런 부끄럽고 수치스러운 일을 분명하게 금하고 있음에도 불구하고 이것을 오히려 옹호하고 있다. 둘째 이유는 사제가 법적인 아내를 가지게 되면 다른 여인들을 포기해야하기 때문이다.[32]

카타리나에 따르면 로마가톨릭교회의 성직자 독신 제도는 결국 돈과 욕정의 문제를 감추기 위한 허위라는 것이다. 로마가톨릭교회는 돈과 육욕 때문에 밖으로는 성직자 독신을 말하면서 안으로는 매춘을 행하고 있는 것이다. 하지만 카타리나에게 결혼은 분명 하나님에게서 나온 것이고, 결혼금지는 사단에게서 유래된 것이다.

이어서 카타리나는 남편인 마태우스에게 씌워진 누명에 대해 하나하나 반박하면서 이런 중상모략은 남편에 대한 시기 때문에 조작된 것이라고 주장한다. "마태우스는 하나님의 영광을 높이기 원했기에, 자신의 구원

---

31 프로테스탄트 진영의 결혼과 이혼에 관해서는 박경수, "16세기 제네바의 약혼, 결혼, 이혼에 관한 법령에 대한 연구,"「장신논단」 47-2 (2015. 6), 43-68을 참고하라.

32 Katharina Schütz Zell, "Apologia for Master Matthew Zell," 74-75.

과 그의 형제들의 구원을 위해 결혼을 했다. 나는 그에게서 어떤 불명예스러운 것이나 욕망으로 기울어진 것을 발견하지 못했다."[33] 카타리나는 항간에 떠도는 몇 가지 소문에 대해 언급하며 해명한다.

> 첫째로, 사람들은 내가 그를 버리고 도망쳤다고 말한다. 참으로 대답할 가치도 없다. 나는 단 하루도 스트라스부르를 떠난 적이 없으니 거짓말쟁이들은 부끄러워해야 할 것이다. 둘째로, 그들은 젤이 나와 결혼하고 슬픔에 빠졌다고 말한다. … 셋째로, 그들은 젤이 스트라스부르의 한 여인을 꾀었다고 말한다. … 심지어 그들은 젤이 나를 구타하고 쫓아내는 등 학대를 했다고 말한다. 그들은 젤이 가정부와 함께 있다가 나에게 들켰다는 어이없는 거짓말을 한다. … 우리 집에는 가정부가 없다. … 그들은 내가 울면서 시의 행정관을 찾아갔고 아버지 집에서 팔일을 머물렀다고 말한다. … 그들은 참으로 거짓의 아비인 마귀의 자녀들이다.[34]

카타리나는 남편 마태우스가 세상의 어떤 사람에게도 비난받을 만한 일이 없으며, 오직 하나님만이 그의 진정성을 판단하실 것이라고 단언한다. 그러면서 "내가 그의 아내가 되었으니 나는 그를 옹호하고 그를 위해서라면 내 명예와 육체와 삶의 위험도 감수할 것"[35]이라 증언한다.

3) 로마가톨릭교회의 가르침 비판

카타리나는 "악한 가르침이 사악한 삶보다 더 위험하다. 악한 가르침은 다른 많은 사람들에게 악영향을 미치지만, 악한 삶은 그 자신에게 가장

---

33 Katharina Schütz Zell, "Apologia for Master Matthew Zell," 77.
34 Katharina Schütz Zell, "Apologia for Master Matthew Zell," 78.
35 Katharina Schütz Zell, "Apologia for Master Matthew Zell," 79.

유해하기 때문"[36]이라고 주장한다. 따라서 로마가톨릭교회의 잘못된 신학과 가르침은 많은 영혼들을 절망하게 만드는 치명적인 독과 같다. 카타리나에 따르면 로마교회의 성직자들은 흙과 지푸라기, 즉 인간이 만들어낸 가르침으로 집과 성당을 짓고 있고, 루터와 개혁자들은 석회와 돌, 즉 하나님의 말씀으로 건축하고 있다.[37] 인간의 가르침과 하나님의 가르침 중 과연 무엇을 택해야 할 것인지는 명확하다. 그렇기에 "변호"에는 프로테스탄트 개혁자로서 카타리나가 로마가톨릭의 신학을 비판하는 내용도 포함되어 있다.

> 나와 모든 그리스도인들은 콘라트 트레거(Conrad Treger)를 개, 하나님의 포도원을 짓밟는 악한 일군, 노략하는 늑대, 모든 늑대의 아버지, 도적이자 살인자로 부른다. 그러므로 나는 영예로운 도시와 구원받기를 원하는 모든 사람들에게 그를 주의하라고 경고하는 바이다. 왜냐하면 그는 그리스도의 십자가의 원수이기 때문이다.[38]

카타리나는 지식인들을 위해서가 아니라 평범한 사람들이 로마가톨릭의 잘못된 가르침에 걸려 넘어지지 않도록 하려면 엉터리 사상에 대한 올바른 대답이 필요하다고 주장했다. 어쩌면 당대의 남성 개혁자들은 그것은 자신들의 몫이지 여성인 카타리나의 역할이 아니라고 생각했을지 모르지만, 카타리나는 자기에게도 대답해야 할 책임과 의무가 있으며 말할 권리도 있다고 믿었다.

카타리나는 로마가톨릭의 신학자들이 지푸라기 같은 헛된 주장과 많은 거짓말로 두꺼운 책을 쓰고, 하나님의 선한 일보다 자신의 일을 유지하려고 하고 있고, 이를 통해 부와 감각적 즐거움을 얻으려 하고 있다며 비판한다. 이런 상황에서 카타리나는 유딧과 호로페르네스(Judith against

---

36 Katharina Schütz Zell, "Apologia for Master Matthew Zell," 69.
37 Katharina Schütz Zell, "Apologia for Master Matthew Zell," 69-70.
38 Katharina Schütz Zell, "Apologia for Master Matthew Zell," 70.

Holofernes), 에스더와 하만(Esther against Haman)의 예를 들면서 자신이 기꺼이 유딧과 에스더의 역할을 할 것이라고 밝힌다.[39] 이처럼 카타리나는 성서에 근거하여 로마가톨릭의 남성 신학자들에 대해서도 정면으로 비판하며 저항하였다.

3. "마태우스 젤의 무덤 앞에 있는 사람들에게 드리는 카타리나 젤의 애가와 권고"

스트라스부르 종교개혁의 선구자이자 가장 대중적 설교자였던 마태우스 젤이 1548년 1월 하나님의 부르심을 받았다. 1548년은 프로테스탄트 도시들에게는 매우 가혹한 시기였다. 1547년 4월 프로테스탄트 슈말칼덴 동맹의 군대가 로마가톨릭 군대에게 패하게 되자, 황제 카를 5세는 1548년 5월 15일 공표된 '아우크스부르크 잠정협정'에 따라 친(親)로마가톨릭 정책을 신성로마제국의 모든 도시에 강요하였다. 성직자의 결혼과 평신도에게 잔을 허락하는 문제는 프로테스탄트에게 양보하였지만, 그 외의 모든 정책과 예전은 종교개혁 이전으로 돌아가야만 했다. 이처럼 프로테스탄트 진영이 쇠퇴하면서 로마가톨릭의 반격이 강화되던 때, 1548년 1월 10일 마태우스가 죽자 그와 24년 이상을 동고동락했던 카타리나는 큰 충격을 받았다. 다음날인 1월 11일 마태우스 장례식이 열렸고, 부처가 묘지에서 독일어와 라틴어로 장례식 설교를 하였다. 그런 다음 '마태우스의 갈비뼈'인 카타리나가 앞으로 나와 모인 사람들 앞에서 남편 마태우스의 경건한 삶에 대해 그리고 그녀의 슬픔과 그녀가 믿음으로 말미암아 받은 위로에 대해 긴 이야기를 전했다.[40] 이것이 바로 "애가와 권고"이다.

---

39   Katharina Schütz Zell, "Apologia for Master Matthew Zell," 72.

1) 애가: 마태우스를 기억해 주소서.

아브라함 뢰서의 숭덕시를 볼 때, 부처가 전한 마태우스의 장례식 설교 본문은 이사야 57:1-2절이었을 것이다.[41] 본문의 말씀처럼 설교자들의 죽음은 그들로서는 주님 안에 안식할 수 있으니 복이지만, 남은 사람들에게는 그들의 죽음이 큰 징계이다. 카타리나는 설교자들의 죽음과 추방이 스트라스부르가 잠정협정에 타협한 것에 대한 하나님의 벌이라고 생각했던 것으로 보인다. 이럴 때에 그리스도인들은 경건하며 복음적이었던 설교자들의 삶과 가르침을 더욱 또렷이 기억해야만 한다.

카타리나는 남편에 대해 회상한다. 마태우스는 1518년 여름에 스트라스부르 대성당의 사제로 부임하여 1548년 1월 죽기까지 거의 30년을 스트라스부르의 설교자로 활동했다. 그는 정직하며, 신실하며, 신뢰할 수 있는 사람이었다. 세속적 문제에 연루되지 않았고, 위선도 없었다. 마치 욥과 같은 사람이었다. 하나님을 사랑하고 두려워하며, 정직하고 신실하게 행했던 사람이었다. 자신의 육체에 대해 절제했으며, 음식에 소박했고, 집은 피난민들, 가난한 자들, 신앙의 동지들에게 항상 열려있었다.[42] 마태우스와 카타리나 부부는 켄징겐의 피난민들에게 자신의 집을 개방했으며, 비록 비본질적인 면에서는 차이가 있다 하더라도 그리스도를 유일한 구주로 고백하는 모든 이들을 환대했다. 카타리나의 회고에는 남편에 대한 짙은 존경심이 그대로 묻어난다.

카타리나는 마태우스의 마지막이 평온하며 경건했다고 전한다. 카타

---

40 Elsie A. McKee, "Introduction of Lament and Exhortation of Katharina Zell," *Church Mother*, 98. 역사가들은 카타리나가 연설한 사실이나 연설을 들은 청중에 대해 논란을 벌이긴 하지만, 적어도 두 사람이 카타리나의 연설을 증언하고 있다. 첫째는 당시 장례식에 참석했던 스트라스부르의 인문주의자이자 교사인 아브라함 뢰서(Abraham Löscher)가 마태우스 젤을 기리는 송덕문을 라틴어 시로 출판하였는데, 카타리나가 남편의 삶과 자신의 슬픔에 대해 연설을 했다고 전한다. 둘째는 한 세대 후인 1587년 스트라스부르의 연대기 편자인 다니엘 스펙클린(Daniel Specklin)도 "마태우스의 아내인 카타리나 젤의 아름다운 설교"를 칭송하면서 그녀의 청중이 여성들이었다고 전하고 있다.

41 이사야 57장 1-2절: "의인이 죽을지라도 마음에 두는 자가 없고 진실한 이들이 거두어 감을 당할지라도 깨닫는 자가 없도다. 의인들은 악한 자들 앞에서 불리어가도다. 그들은 평안에 들어갔나니 바른 길로 가는 자들은 그들의 침상에서 편히 쉬리라."

42 Katharina Schütz Zell, "Lament and Exhortation of Katharina Zell," *Church Mother*, 104-105.

리나가 남편의 마지막을 자세하게 전한 것은 남편이 구원의 확신 가운데
서 천국의 소망을 가지고 평화롭게 잠들었음을 강조하고자 함이다.

젤은 1548년 1월 8일 주일 아침 주 예수 그리스도의 이름을 높이려고
기쁜 마음으로 집을 나섰다. 젤의 목적은 사람들에게 끝까지 자신의
신앙을 고백하고, 자기 사람들을 위로하고, 거짓 교훈과 악한 행위를
떠나라고 경고하는 것이었다.[43]

주일 설교 후에 친구를 만나 대화를 나누다가 별다른 고통 없이 잠자
리에 들었다. 하지만 밤중에 가슴에 통증이 있어서 고통을 겪었고 새
벽 2-3시에 우리는 젤의 죽음에 대비하였다. 그는 하나님 앞에서 자
신의 죄를 고백하고, 주기도문을 외웠다. … 새벽 4시까지 여러 이야
기로 기도를 계속했고, 그 후 괜찮아져 다시 평화롭게 잠자리에 들었
다.[44]

월요일 친구들과 대화를 나누고, 밤까지 책을 읽고 글을 썼다. 그의 마
지막 글은 요한복음 8장 51절, "진실로 진실로 너희에게 이르노니 사
람이 내 말을 지키면 영원히 죽음을 보지 아니하리라."는 말씀에 관한
설교였다. 저녁을 맛있게 먹고 잠자리에 들면서 하나님께 감사하였다.
밤 11시쯤 다시 통증이 찾아오자 젤은 일어나 서재로 가서 무릎을 꿇
고 기도했다. 그리고 나에게 "나는 이것이 마르틴 루터의 병과 같다는
것을 잘 압니다. 내 마지막도 그와 같을 것이고 나는 그가 그랬듯이 나
의 죽음을 받아들일 것입니다."라고 말했다. … 그는 자신의 안락의자
에 앉았고 곧 조용해졌다. 새벽 1시에서 2시 사이에 내 품 안에서 세상
을 떠났다.[45]

43　Katharina Schütz Zell, "Lament and Exhortation of Katharina Zell," 109.

44　Katharina Schütz Zell, "Lament and Exhortation of Katharina Zell," 110.

45　Katharina Schütz Zell, "Lament and Exhortation of Katharina Zell," 110-11.

카타리나는 젤의 평화로운 죽음을 강조한다. 기도하면서, 눈을 감고, 잠을 자는 것처럼 평화롭게 죽었다. 이것은 로마가톨릭교회의 터무니없는 공격을 막기 위함이기도 했다. 로마교회는 루터나 칼뱅이 두려워하는 가운데 임종을 맞이했다는 위조된 이야기를 선전하였다. 따라서 프로테스탄트 개혁자들의 임종 이야기는 특별히 중요한 대중적 관심사였다. 때문에 카타리나는 남편 젤의 삶과 죽음에 대한 이야기를 비교적 자세하게 들려주었던 것이다.

카타리나는 청중들에게 부디 마태우스 젤의 가르침을 지키고, 그의 가르침과 신앙을 따르라고 권면한다. 그녀는 남편을 떠나보내는 슬픔 속에서도 감사의 조건을 찾는다. 남편이 자신의 품에서 죽게 된 것을 감사하며, 악한 자들의 조롱거리가 되지 않게 하심을 감사하며, 이제 곧 다가올 잠정협정의 험한 시간을 피하게 하신 것도 감사한다. 그리고 청중들에게 간곡하게 부탁한다. "여러분들이 신실한 목자를 너무 빨리 잊지 않기를 바랍니다. 그의 육체를 위해서가 아니라 그가 여러분들에게 신실하게 전한 가르침 때문에 그리고 그가 당신들의 구원을 그토록 염원했으니 말입니다. 그리하여 가증스러운 것과 우상숭배가 그의 사역과 현장에 들어오지 않게 되기를, 또한 그의 사역이 짓밟히지 않게 되기를 원합니다."[46]

2) 권고: 그리스도만을 유일한 목자로 삼으십시오.

당시 여성이 공개적으로 연설 혹은 설교를 하는 것은 극히 이례적인 일이었다. 더군다나 그 분량이 장례식의 설교보다 훨씬 길었을 것을 생각한다면 더욱 놀랄만한 일이다. 처음부터 카타리나는 그리스도의 부활을 제자들에게 알린 막달라 마리아와 자신을 동일시한다.

무엇보다 먼저 내가 지금 하는 연설로 인해 마치 내가 설교자와 사도

---

46 Katharina Schütz Zell, "Lament and Exhortation of Katharina Zell," 112.

의 직무를 원하기나 하는 것처럼 초조해하지 않기를 바란다. 결코 그렇지 않다. 그러나 사랑스런 막달라 마리아가 미리 생각했던 것은 아니지만 사도가 되었고 주님께서 친히 제자들에게로 보내시면서 주님이 다시 살아나셨고 아버지 하나님께로 올라가셨음을 전하라고 당부하셨다. … 마찬가지로 내가 사전에 생각하거나 의도한 것은 아니지만 내 마음과 입술이 모든 사람들을 향해 열렸고 나는 이것을 제어할 수가 없다.[47]

막달라 마리아가 예기치 않게 하나님의 일에 붙들린 메신저였듯이, 카타리나는 자신도 그러하다고 말한다. 그녀는 남편의 장례식까지도 복음을 전하기 위한 기회로 사용하였다. "애가와 권고"에서 카타리나는 남편 마태우스가 가르친 복음의 핵심인 오직 예수 그리스도만 붙들라고 청중들에게 권면한다.

카타리나는 그리스도만을 유일한 목자요 구주로 인정하지 않는 자들은 그리스도의 고난, 죽음, 부활을 모독하는 것이라 비판한다. 카타리나는 마태우스가 죽기 전에 드렸던 기도를 소개함으로써 그가 얼마나 예수 그리스도에게만 붙들린 사람이었는지를 증언한다.

하나님, 저로 하여금 당신과 당신의 말씀에 대적하는 어떤 가증한 것도 보지 않게 하소서. 당신이 루터와 같이 저를 데려가시려고 하니, 루터처럼 저도 당신이 저에게 당신의 아들 그리스도를 계시하시고, 저를 세상의 영적인 사람들에게 말씀을 가르칠 증거자로 사용해 주셨다고 고백합니다. 저는 이 일을 신실하게 행했습니다. 저는 그리스도께서 지옥의 권세를 이기심을 고백합니다. 그리스도를 나의 주님, 구주, 하나님으로 사랑하고 경외합니다. 다시 기도하오니 저로 하여금 당신과 당신의 아들 그리스도와 당신의 말씀에 대적하는 어떤 가증한 것도 보

47 Katharina Schütz Zell, "Lament and Exhortation of Katharina Zell," 104.

지 않도록 하여 주옵소서. 당신이 기뻐하시는 그리스도를 통해, 그리스도 안에서 당신께 가기를 원합니다.[48]

카타리나는 마지막으로 보헤미아 형제단의 찬송가를 인용하면서 끝을 맺고 있다. 그것은 남편 마태우스 젤을 부활의 소망 중에 보내며, 남은 사람들은 더욱 복음의 길을 담대하게 걸어갈 것을 다짐하는 기도이다.[49]

이제 우리는 마태우스 젤의 육신을 묻읍시다.
그러나 그가 마지막 날 일어날 것이며 영원히 살 것을 의심치 않습니다.
육체는 땅에서 왔으니 땅으로 돌아갈 것입니다.
그러나 하나님의 나팔소리가 들릴 때 다시 땅에서 일어날 것입니다.
그의 영혼은 하나님 안에서 영원히 살고 있습니다.
하나님은 은총으로 그와 함께 하십니다.
그리스도의 보혈을 통해 모든 죄와 악행으로부터 정결케 되었습니다.
마태우스의 사역, 곤경, 추방은 이제 끝이 났습니다.
그는 주 예수 그리스도의 멍에를 매었습니다.
그는 여기에서는 죽었으나 거기에서는 살아 있습니다.
육신은 마지막 날까지 잠이 들겠지만, 영혼은 아무 슬픔도 없이 하나님 안에 삽니다.
마지막 날 하나님께서는 그 육신을 영화롭게 하시고,
영원한 기쁨으로 안전하게 지키실 것입니다.
여기서 그는 큰 고통을 겪었지만, 거기서 그는 그것 때문에 영광을 얻을 것입니다.
영원한 기쁨으로 해와 별처럼 빛나게 살 것입니다.
이제 우리는 그를 여기에 두고 우리 길을 가기 원합니다.

---

48 Katharina Schütz Zell, "Lament and Exhortation of Katharina Zell," 110.
49 Katharina Schütz Zell, "Lament and Exhortation of Katharina Zell," 123.

이처럼 우리 모두에게 죽음이 올 것이니 우리 삶을 부지런히 살아냅시
다.

IV. 결론

본 논문은 두 개의 중심축을 가지고 있다. 첫째는 도시에 대한 분석이
다. 16세기 스트라스부르라는 도시의 사회적, 경제적, 정치적, 종교적, 지
적 배경에 대해 관심을 갖고 탐구한 이유는 도시의 역사적 맥락이 그 도시
에서 일어난 종교개혁 운동에 직간접적인 영향을 미쳤기 때문이다. 도시
의 분석은 기존의 교리사적 접근방식과는 다른 사회사적 관점을 제공해
주기 때문에 이후 종교개혁 연구의 지평을 확장하는 데 기여할 수 있으리
라 믿는다. 둘째는 여성 평신도 개혁자였던 카타리나 쉬츠 젤에 대한 연구
이다. 남성 성직자가 아니라 여성 평신도로서 그녀가 16세기 스트라스부
르라는 상황에서 어떤 삶을 선택했는지 그리고 시대적 제약 가운데서 프
로테스탄트로서 어떤 주장들을 펼쳤는지를 살펴보았다. 20세기 이전에는
여성은 사실상 역사의 그림자에 불과했고 역사는 언제나 '남성의 이야기'
(history)였다. 따라서 숨겨지고 묻혔던 '여성의 이야기'(herstory)를 발굴하
고 소개하는 것은 온전한 역사를 복원하는 길이기도 하다. 이런 점에서 본
연구가 역사의 그림자로 남아 있는 여성의 이야기, 특히 종교개혁이라는
변혁적인 상황에서 여성이 감당한 역할을 밝히는 데 일조하리라 생각한
다. 이처럼 본 연구는 도시와 여성이라는 두 축을 가지고 16세기 종교개혁
을 고찰한 것이다.

16세기 스트라스부르는 자유제국도시로서 다른 도시와 비교할 때 상
대적으로 황제의 영향력으로부터 벗어나 있었기에 새로운 사상에 보다 개
방적일 수 있었다. 또한 길드 장인 세력이 시민계급의 주축으로 성장하는

만큼 로마가톨릭교회의 주교와 귀족의 권한이 약화됨으로써, 도시의 새로운 이념으로서 프로테스탄트 종교개혁 사상을 받아들일 토양이 마련되었다. 뿐만 아니라 스트라스부르는 구텐베르크의 인쇄술이 발명된 도시답게 인문주의자들의 활동 근거지가 되었으며, 새로운 사상들이 비교적 자유롭게 발표되고 출판되었고, 주류에서 비켜나 있던 재세례파나 영성주의자들에게도 희망의 장소가 되었다. 이처럼 다양한 지적 토양들이 비옥하게 준비된 땅이었기에 1520년대에 이르면 마태우스 젤, 마르틴 부처, 볼프강 카피토, 카스파르 헤디오와 같은 개혁자들에 의해 종교개혁의 중심도시 중 하나로 자리를 잡게 되었다.

하지만 우리의 관심을 특별하게 끈 인물은 평신도 여성인 카타리나 쉬츠 젤이었다. 그녀는 평생 스트라스부르를 떠난 적이 없는 장인 계층 출신으로 로마교회의 사제였던 마태우스 젤과 결혼함으로써 파란을 일으켰다. 뿐만 아니라 목회적 돌봄을 제공하고, 복음 안에서 다른 사람들을 관용하고, 찬송가를 편집하여 출판함으로써 대중적 영성을 형성하고, 많은 저술들을 출판함으로써 프로테스탄트 사상을 전하는 등 16세기 여성으로서 비범한 개혁자의 본을 보여주었다. 특히 여성의 관점에서 종교개혁을 바라볼 수 있는 또 다른 시각을 제공함으로써 기존 종교개혁 연구에서 비어있던 공간들을 메워갈 수 있도록 만들었다.

우리는 카타리나의 글 가운데 가장 먼저 기록된 "남편 마스터 마태우스 젤을 위한 카타리나 쉬츠 젤의 변호"(1524)를 통해 그녀가 '오직 성서'라는 종교개혁의 원칙에 근거하여 로마가톨릭교회의 신학과 실천을 비판하며, 특히 성직자 독신제도의 허구를 파헤치는 프로테스탄트임을 확인할 수 있었다. 또한 "마태우스 젤의 무덤 앞에 있는 사람들에게 드리는 카타리나 젤의 애가와 권고"(1548)에서는 카타리나가 남편의 경건한 삶과 복음적 가르침을 옹호하면서 로마교회의 그릇된 길로 가지 말고 마태우스가 보여준 길, 즉 '오직 그리스도'만을 견고히 붙들고 신실하게 그 길을 걸어가라고 권면하고 있음을 보았다. 우리는 카타리나의 두 글을 통해 그녀의 프로테스탄트 정체성을 확인할 수 있었다.

　　카타리나는 끊임없이 말하고, 쓰고, 출판하고, 행동했다. 카타리나는 당대의 평범한 남성 개혁자들보다 더 많은 글을 썼다. 카타리나의 글에는 몇 가지 특징이 있다.[50] 첫째, 종교와 경건의 유일한 권위인 성서에 끊임없이 호소한다. 카타리나의 글의 시작과 중간과 끝에 언제나 성서가 인용되고 있다는 점은 성서가 그녀 사상의 토대임을 말해주는 것이다. 둘째, 자신이 비록 여성 평신도이지만 복음을 담대하게 전할 권리와 의무가 있다는 확신과 소명이 있다. 때로는 에스더와, 때로는 막달라 마리아와 자신을 동일시하면서 복음을 전하는 일은 세상의 현상유지를 위한 질서에 앞서는 우선적 가치를 가지고 있음을 분명히 한다. 셋째, 성직자와 평신도 사이의 입장을 대변한다. 카타리나는 자신이 평신도로서 다른 평범한 사람들을 가르치는 소명을 받았다고 생각했다. 그녀의 작품은 언제나 청중인 평범한 보통 사람들의 눈높이에 맞춘 권면과 위로와 확신으로 가득 차 있다. 넷째, 자서전적 경향성이 있다. 카타리나의 글은 언제나 자신의 이야기에서 시작한다. 그렇기에 실존적이고 실제적 성격이 두드러진다. 다루는 주제가 신학적인 것일 때조차도 내용은 땅으로 내려와 현실적이며 실제적 증언과 결합된다.

　　카타리나는 16세기 종교개혁 시기를 자신만의 방식으로 살아낸 여성으로 결혼에서 보여준 동등성, 필요한 사람을 돕는 일에 대한 민감성, 프로테스탄트 신앙을 유지하는 강인함, 탁월한 저술 능력 등 여러 측면에서 오늘을 살아가는 그리스도인에게 도전을 던진다. 그녀는 기존 교회와 사회의 전통에 맞서 스트라스부르 교회와 사회의 위계질서에 새로운 변화를 창조하였다. 카타리나의 삶과 실천은 그때뿐 아니라 지금도 여전히 유효하다.

50　Elsie A. McKee, "Volume Editor's Introduction," *Church Mother*, 25-30.

제 6 장

'개혁교회의 아버지'
츠빙글리의 생애와 사상

* 본 글은 『칼빈 시대 유럽 대륙의 종교개혁가들』(부산: 개혁주의학술원, 2014), 59-86쪽에
  게재된 것입니다.

I. 서론

츠빙글리(Huldrych 혹은 Ulrich Zwingli)는 16세기 종교개혁이라는 거대한 흐름 가운데서 개혁교회 전통을 출발시킨 인물이다. 우리는 스위스에서 일어난 종교개혁 운동, 다시 말하면 취리히의 츠빙글리와 제네바의 칼뱅에게서 전해져오는 유산을 개혁교회 혹은 장로교회 전통이라고 부른다. 이러한 개혁교회 전통과 신학에 대해 말할 때 가장 먼저 거명해야 할 사람이 바로 츠빙글리이다. 츠빙글리는 칼뱅보다 25년이나 먼저 태어나 스위스 종교개혁의 성격을 결정한 개혁자, 애국자, 신학자, 그리고 목회자였다.

지금까지 츠빙글리는 루터나 칼뱅과 비교할 때 상대적으로 소홀히 다루어져 왔거나 오해를 받아왔다. 루터보다 7주 정도 늦게 태어났다는 이유로 루터에게서 영향을 받은 사람 정도로 치부되거나, 에라스무스의 인문주의에 영향을 받은 지나친 합리주의자로, 종교와 정치를 결합시킴으로써 정치가로 변질된 목회자로, 루터와 갈라섬으로써 개신교 진영을 분열시킨 장본인으로 매도되기도 했다. 이에 더하여 츠빙글리에 대한 루터의 편견과 비난이 츠빙글리를 더욱 더 고립시켰으며, 그리고 칼뱅의 영향력이 확대되는 만큼 츠빙글리에 대한 관심은 줄어들었다.

20세기에 와서야 츠빙글리에 대한 새로운 관심과 연구가 시작되었다. 종교개혁의 다양성에 눈을 돌리게 되면서 츠빙글리를 단지 루터의 아류나 변형으로만 보지 않고 그 자체로 중요한 인물로 바라보게 되었으며, 츠빙글리 신학의 독창성과 중요성을 재발견하고 재해석하는 계기가 되었다. 이제야 우리는 츠빙글리를 개혁교회 전통을 수립한 신학자로, 개인뿐만 아니라 사회까지도 하나님의 주권 아래 두려고 했던 개혁자로, 성서연구를 기반으로 교회를 개혁하려 한 목회자로서 조명하게 되었다.

본 글에서는 먼저 츠빙글리가 어떤 사람인지를 소개하고, 그 후에 그의 신학사상이 어떠했는지를 제시하고자 한다. 그리고 그가 오늘 우리에게 남겨준 유산과 빛이 무엇인지를 살펴볼 것이다. 아무쪼록 이 글이 츠빙글리라는 한 사람에 대해 매력을 느끼고 관심을 가지게 되는 계기가 되기를 바란다.

II. 츠빙글리의 생애[1]

1. 출생에서 교육까지

츠빙글리는 루터(1483년 11월 10일)보다 7주 정도 늦은 1484년 1월 1일 스위스 장크트갈렌 주에 속한 토겐부르크 지방의 빌트하우스(Wildhaus)라는 작은 마을에서 태어났다. 츠빙글리가 개혁자로 활동했던 당시 스위스는 13개의 캔톤(canton, 중심도시를 포함하는 지역의 개념으로 미국의 주와 비슷

---

1 츠빙글리의 생애에 관한 부분은 필자의 『교회사클래스』 (서울: 대한기독교서회, 2010) 제10장의 내용을 수정한 것이며, 신학사상 부분은 필자가 번역한 『츠빙글리의 생애와 사상』의 내용을 중심으로 기술한 것이다. 츠빙글리의 생애를 보다 자세히 알고자 한다면 Ulrich Gäbler, 박종숙 옮김, 『쯔빙글리: 그의 생애와 사역』 (서울: 아가페출판사, 1993); Martin Haas, 정미현 옮김, 『홀드리히 츠빙글리』 (서울: 한국기독교장로회신학연구소, 1999)을 참고하라. 개블러의 책이 신학자의 관점에서 기록되었다면 하아스의 책은 역사학자의 입장에서 서술되어 서로 보완적이다. 그리고 비록 120여전에 출판된 고전이지만 Philip Schaff, 박경수 옮김, 『스위스종교개혁』 (고양: 크리스챤다이제스트, 2004)은 츠빙글리의 생애와 사상에 대한 기본적인 지식을 제공해 주는 대단히 유익한 책이다.

함)으로 이루어져 있었다. 스위스 연방은 1291년 8월 1일 우리(Uri), 슈비츠(Schwyz), 운터발덴(Unterwalden)이 동맹을 맺음으로써 시작되었다. 이것이 스위스 연방의 건국기념일이다. 이후 다른 도시들이 합류하면서 1513년에는 취리히를 포함하여 모두 13개의 캔톤이 스위스 연방에 속하게 되었다. 현재 스위스 연방은 모두 26개의 캔톤으로 이루어져 있다. 스위스는 외교와 국방과 같은 문제에 있어서는 연방이 관할하지만 여전히 캔톤의 권한이 강하고 독립적이며, 아직까지도 직접민주주의를 채택하고 있는 캔톤들도 있다.

어린 시절 츠빙글리는 신앙심 깊은 부모와 삼촌에게서 로마가톨릭 교육을 받았다. 베센의 사제였던 그의 삼촌 바르톨로뮤(Bartholomew)는 새로운 인문주의 학문에 호감을 가진 인물이었다. 이는 이후 츠빙글리가 인문주의 사상에 대해 개방적이었던 것과 무관하지 않을 것이다. 10살 즈음에 바젤의 라틴어 학당으로 옮긴 츠빙글리는 거기서 라틴어 문법, 음악, 변증법을 배우게 된다. 그 후 츠빙글리는 베른에서 라틴 문학을 배운 후, 빈과 바젤 대학에서 수학하였다. 이 당시에 그는 인문학에 심취하여 고전을 열심히 공부하였다. 이것이 그가 종교개혁자들 중에 가장 인문주의적 경향을 폭넓게 받아들이는 계기가 되었을 것이다. 또한 츠빙글리는 음악적인 재능을 발전시켜 류트, 하프, 바이올린, 플루트, 나팔과 같은 악기들을 수준급으로 연주하였다. 이 때문에 후에 로마가톨릭주의자들은 그를 가리켜 "복음주의 류트 연주자, 피리 부는 사나이"로 비꼬아 부르기도 하였다.[2] 그렇지만 이후에 츠빙글리는 취리히에서 자신이 목회하던 그로스뮌스터 교회의 오르간을 분해하여 폐기하는 등 음악에 대해 배타적인 태도를 취하기도 하였다. 학창 시절 만난 레오 유트(Leo Jud)와 콘라트 펠리칸(Konrad Pellican)과 같은 동료들은 후에 취리히에서 츠빙글리의 든든한 동역자가 되어 주었다. 츠빙글리는 바젤에서 1504년 학사학위를, 1506년 석사학위를 취득하였다.

---

2   Philip Schaff, 박경수 옮김, 『스위스종교개혁』, 41-42.

2. 글라루스와 아인지델른의 사제

츠빙글리는 1506년 9월에 콘스탄츠에서 사제로 안수를 받고, 고향인 빌트하우스에서 첫 미사를 집전하였다. 그리고 고향에서 그리 멀지 않은 글라루스(Glarus)의 성직자로 청빙을 받아 그곳에서 1516년까지 10년을 목회하였다. 이때의 츠빙글리를 특징짓는 세 가지 흐름이 있었다.[3] 첫째는 애국주의이다. 그는 스위스인들이 용병으로 고용되어 당시의 여러 전투에서 희생되는 것에 대해 강하게 저항하였다. 츠빙글리의 최초의 저작들, 『수소의 우화』나 『미로』와 같은 작품들은 바로 이 용병제도에 대한 반론이다. 용병제도에 대한 츠빙글리의 이런 반대는 그가 글라루스를 떠나 아인지델른(Einsiedeln)으로 가야만 하는 이유가 되기도 했다. 둘째는 스콜라주의의 영향이다. 츠빙글리는 로마가톨릭의 사제답게 스콜라신학에 정통하였다. 그의 서재의 도서목록은 그가 토마스 아퀴나스와 둔스 스코투스의 저작들에 익숙했음을 보여준다. 이처럼 츠빙글리가 아퀴나스와 스코투스로 대변되는 중세 스콜라신학의 옛길(via antiqua)에 익숙했다는 사실은 윌리엄 오컴이나 가브리엘 비엘의 사상인 새길(via moderna)에 익숙했던 루터와의 차이를 예고하는 것이다. 셋째는 인문주의의 영향이다. 글라루스에 머물던 시절 츠빙글리는 로마와 그리스의 고전들과 교부들의 저작들을 광범위하게 읽었다. 이런 인문주의적 성향은 1515년 혹은 1516년 "인문주의자들의 왕자"인 에라스무스를 만나면서 더욱 심화되었다. 츠빙글리가 이교도의 고전을 높이 평가하고, 교회의 폐해를 비판하고, 성경 연구에 헌신하고, 외적인 형식보다 내적인 경건을 강조하고, 원죄에 대해 온건한 견해를 지니며, 성만찬에 대해 상징적인 해석을 제시한 것 등이 모두 직·간접적으로 에라스무스에게서 기인되었을 것이다. 이후 츠빙글리는 에라스무스의 반(半)펠라기우스적인 견해에 반대를 표하면서 예정론을 확고하게 주장하기도 했지만, 루터와 달리 끝까지 에라스무스에 대한 존경심을 잃

---

3   W. P. Stephens, 박경수 옮김, 『츠빙글리의 생애와 사상』 (서울: 대한기독교서회, 2007), 40-44.

지 않았다. 이처럼 글라루스 시기에 츠빙글리는 애국자요, 신학자요, 인문
주의자로서의 모습을 형성하였지만 아직 프로테스탄트 종교개혁자의 면
모는 보이지 않았다.

1516년 츠빙글리는 글라루스를 떠나 아인지델른으로 목회지를 옮겼
다. 아인지델른은 기적을 행사한다는 유명한 검은 동정녀 마리아 상이 있
는 순례 여행의 중심도시였다. 이곳에서 츠빙글리는 성서 연구에 매진하
였다. 마침 1516년 출판된 에라스무스의 그리스어 신약성서를 필사하면서
인쇄업자들의 오자들을 수정하기도 하고, 여백에 자신의 견해를 각주로
달아 두기도 하였다. 그 필사본의 마지막에는 "이 서신서들은 축복받은 하
나님의 어머니의 땅인 아인지델른에서 토겐부르크 출신의 스위스 사람 츠
빙글리에 의해 1517년 6월에 씌어졌다. 기쁨 속에 완결되었다."라고 기록
되어 있다.[4] 또한 츠빙글리는 면죄부 판매에 대해 반대하고, 성모 마리아
보다는 그리스도를 예배하라고 가르치고, 교황제도에 대해서도 성서적인
근거가 약하다고 비판하였다. 이런 정황들 때문에 일부 역사가들은 츠빙
글리의 종교개혁이 루터보다 이른 1516년에 시작되었다고 간주하기도 한
다. 그러나 그것은 너무 성급한 판단이다. 왜냐하면 츠빙글리가 로마가톨
릭의 폐해들에 대해서 비판하고 있기는 하지만 그것은 종교개혁자로서라
기보다는 에라스무스주의자 혹은 로마가톨릭 내의 앞선 진보주의자로서
의 비판이었기 때문이다. 그는 여전히 교황청으로부터 성직록을 받고 있
었으며(1520년에 성직록을 거부한다), 1518년에도 교황청 목회자로 임명되는
등 로마가톨릭의 울타리 안에 머물고 있었다.

3. 취리히의 개혁자

츠빙글리는 자신의 35번째 생일인 1519년 1월 1일에 취리히의 그로스
뮌스터 교회의 목회자로 부임하였다. 독일어를 사용하는 스위스 도시들

---

4   Philip Schaff, 박경수 옮김, 『스위스종교개혁』, 48.

중에서 가장 번창하는 도시였던 취리히는 리마트 강이 가로지르는 아름다운 곳으로, 당시 인구는 7천 명 정도였고 스위스 외교의 중심지였다. 츠빙글리의 후계자인 하인리히 불링거(Heinrich Bullinger)는 "종교개혁이 시작되기 전 취리히는 그리스의 고린도와 같은 곳이었다."고 회고하였다.[5]

취리히에서의 사역을 시작하면서 츠빙글리는 마태복음에 대한 연속적인 강해설교를 시작하였다. 이후 그는 계속해서 성서 가운데 한 권을 택하여 그 책을 처음부터 끝까지 빠짐없이 설교하는 방식으로 설교해 나갔다. 이것은 로마교회나 루터가 교회력에 따라서 미리 주어진 본문만을 선택적으로 설교했던 방식과는 분명히 다른 것이었다. 츠빙글리는 선택적인 본문 설교는 하나님의 말씀 전체를 보지 못하도록 만들 뿐만 아니라, 설교자의 입맛에 따라 선호하는 본문만을 설교하게 된다는 점에서 하나님의 말씀을 대하는 올바른 태도가 아니라고 생각했다. 따라서 그는 모든 말씀을 빠짐없이 처음부터 끝까지 연속적으로 강해하는 설교의 전통을 새롭게 세운 것이다. 이것은 지금까지도 개혁교회의 중요한 전통으로 자리 잡고 있다. 불링거에 따르면 츠빙글리는 외모가 준수하고, 체격이 큰 편이고, 안색이 좋았으며, 그리 강한 목소리는 아니었지만 음성은 듣기 좋고 음률이 있어서 가슴에 와 닿는 목소리였다.

츠빙글리가 목회를 시작한 지 얼마 되지 않아 1519년 8월과 1520년 2월 사이에 취리히에 흑사병이 돌아 인구의 3분의 1에 달하는 사람들이 죽는 일이 벌어졌다. 츠빙글리는 목자로서 매일 병자들을 헌신적으로 돌보다가 1519년 9월 말경에 자신도 앓아눕고 말았다. 다행히 하나님의 은혜로 츠빙글리는 회복되었고 이 경험은 그가 오직 하나님만을 의지하고 하나님의 뜻에만 순종하도록 만드는 중요한 계기로 작용하였다. 츠빙글리가 1520년에 교황청의 성직록을 거부하는 결단을 내린 것도 이 경험과 무관하지는 않을 것이다.

---

5   Philip Schaff, 박경수 옮김, 『스위스종교개혁』, 55.

4. 사순절 소시지 사건

1522년 사순절에 취리히의 유명한 출판업자 프로샤우어(Christoph Froschauer)를 비롯한 몇몇 사람들이 모여 소시지를 먹는 '사건'이 발생했다. 지금으로서는 무슨 사건이라 할 만한 것인가 싶겠지만 당시에는 사순절에 소시지를 먹었다는 것은 큰 사건이었다. 중세 로마가톨릭은 사순절 기간에 육식을 금하는 전통을 지켰는데, 소시지는 돼지고기로 만들어진 것이기 때문에 이것을 먹는 것은 결국 사순절의 육식 금지 전통을 깬 것이기 때문이다. 로마교회 측에서는 사순절의 금식 규례를 어긴 자들을 처벌해야 한다고 주장했고, 츠빙글리는 사순절에 육식을 금하는 것은 아무런 성경적 근거가 없으며 하나님이 주신 음식은 무엇이나 먹을 자유가 있다고 주장하였다. 루터의 종교개혁이 면죄부에 대한 신학적인 반대에서 시작된 것이라면 츠빙글리의 종교개혁은 사순절에 육식을 할 수 있는가 하는 실제적인 문제에서 출발되었다. 이것이 도화선이 되어 1523년 1월과 10월에 로마가톨릭과 개혁진영 사이에 공개논쟁이 벌어졌고, 시의회는 결국 츠빙글리의 손을 들어 주었다. 모든 사람들에게 그리스도교의 참된 신앙을 설명하고 옹호할 좋은 기회라고 판단한 츠빙글리는 학문적인 언어인 라틴어가 아니라 일상어인 독일어로 자신의 주장을 67개 조항으로 정리하여 해설까지 덧붙여 출판하였다. 67개 조항은 교회적인 조치들뿐만 아니라 사회적인 모든 개혁 프로그램을 포괄하고 있어서 츠빙글리의 종교개혁이 전면적이고 포괄적이었다는 사실을 보여준다.

5. 급진주의자들과의 논쟁

츠빙글리는 취리히의 목회자로 오면서부터 로마가톨릭 내의 보수적인 세력들에 맞서 개혁적인 입장을 견지하면서 교회개혁을 주도하였다. 그러나 1523년 공개논쟁을 거치면서 개혁진영 안에도 서로 의견이 다른 사람들이 있다는 사실이 드러났다. 일부 사람들은 츠빙글리 개혁의 내용이 너무 미온적이며 속도가 느리다는 점을 불평하였다. 개혁진영은 성상, 미사, 세례, 성서해석, 십일조, 국가 등에 대한 입장에서 서로 차이를 보였다. 보다 확실하고 빠른 개혁을 원하는 급진주의자들은 츠빙글리가 성만찬 예복을 거부하지 않고, 십자가 성호를 긋는 행위를 허용하고, 성상에 대해서도 분명한 반대 태도를 취하지 않는 등 불확실한 태도를 보이는 점을 비판하였다. 또한 1523년 10월 공개논쟁에서 미사가 성서적이지 못하다는 결론이 났음에도 불구하고 그가 바로 미사를 폐지하지 않고 정부와 대중들의 눈치를 보면서 미루고 있다고 불만을 표출하였다.

결국 1525년 1월 21일 콘라트 그레벨(Konrad Grebel)을 중심으로 한 몇몇 사람들은 펠릭스 만츠(Felix Manz)의 집에 모여 독자적인 모임을 결성하였다. 그 자리에서 이들은 유아세례가 성서적 근거가 없음을 확인하고 서로에게 재세례를 시행하였다. 이날 그레벨이 블라우록(George Blau-rock)에게 최초로 재세례를 주었고, 블라우록은 다른 사람들에게 다시 세례를 베풀었다. 그리하여 이들에게는 "재세례파"라는 이름이 붙게 되었다. 유아세례를 인정할 것인지 아닌지 하는 문제는 16세기의 중요한 논쟁들 가운데 하나였다. 마침내 취리히 의회가 개입하여 1526년 3월 7일 유아세례를 무시하고 재세례를 행하는 자들은 수장시키겠다고 발표하였고, 1527년 1월 5일 펠릭스 만츠가 리마트 강에 수장되어 죽음을 맞이하는 일이 벌어졌다.

하지만 츠빙글리와 재세례파 사이에 단지 유아세례에 대한 의견 차이만 있었던 것은 아니었다. 교회에 대한 이해에서도 차이가 있었는데 츠빙글리는 교회가 거룩한 사람들만이 아니라 죄인들도 섞여 있는 공동체라고 본 반면에, 재세례파는 교회란 거룩한 성도들만의 모임이어야 한다고 주장하였다. 따라서 재세례파는 복음에 합당하지 못한 생활을 하는 자들은 성도들의 공동체에서 파문하고 추방해야 한다고 주장했다. 이런 주장은 교회 내에 상당한 갈등을 불러올 수밖에 없었다. 뿐만 아니라 재세례파는 교회문제에 의회가 적극적으로 개입하여 왈가왈부하는 것에 대해 저항하였다. 그들은 교회와 국가는 서로 분리되어야 하며, 국가가 교회문제에 간섭해서도 안 되고 교회가 교회개혁을 이루는 일에 국가를 끌어들여서도 안 된다고 주장하였다. 그러나 츠빙글리는 교회와 국가가 서로 협력하여 하나님의 뜻을 이루어야 하며, 의회의 대의제를 통한 의결방식을 따르는 것이 교회개혁을 평화적으로 이루어낼 수 있는 방법이라고 생각했다. 이처럼 유아세례, 교회, 국가에 대한 서로 다른 견해로 인해 츠빙글리와 재세례파는 동지에서 적대자로 돌아서고 말았다. 츠빙글리가 재세례파와 일정 정도의 거리를 유지할 수밖에 없게 된 데에는, 당시의 정황에서 기존의 체계나 질서를 무너뜨리는 급진적인 방법이나 대결구도를 가지고서는 교회개혁이라는 목표를 이루어낼 수 없다는 현실적인 고려가 작용했을 것이다.

6. 교회와 사회의 개혁

츠빙글리는 한편으로는 보수적인 로마가톨릭주의자들에게 반대하고, 다른 한편으로는 급진적인 재세례파에게 반대하면서 자신의 개혁을 진행시켜 나갔다. 먼저 츠빙글리는 1522년 성직자의 독신제도를 폐지하고 결혼을 허락해 줄 것을 의회에 청원하였다. 공식적으로 결혼한 것은 1524년이지만 사실상 그는 1522년부터 결혼 관계에 들어갔다. 츠빙글리의 아내는 안나 라인하르트(Anna Reinhart)였고, 슬하에 레굴라, 빌헬름, 훌드리히, 안나 4명의 자녀를 두 살 터울로 두었다. 하지만 막내 안나는 태어나서 얼마 되지 않아 죽었고, 빌헬름은 흑사병으로 15살에 죽는 아픔을 겪기도 했다.

1525년은 츠빙글리의 개혁에 있어서 중요한 해이다. 먼저 부활절에 미사가 성만찬으로 대체되었다. 회중석과 찬양대석 사이에 성찬대가 차려졌고, 그 위에 나무접시에 담긴 빵과 나무잔에 채워진 포도주가 놓였다. 집례자는 회중을 향해 마주 섰으며, 예배는 라틴어가 아닌 독일어로 진행되었다. 금이나 은으로 만든 성찬기가 아니라 나무로 만든 소박한 접시와 잔을 사용하고, 불필요한 의식들을 제거하고 단순한 예식으로 성만찬을 진행한 것은 개혁교회 성만찬의 모범으로 남아 있다. 같은 해 6월부터는 예언(prophezei)이라 불리는 성서연구 모임이 시작되었다. 이 모임은 일주 일에 다섯 번이나 모였으며, 라틴어·히브리어·그리스어·독일어로 성서를 읽고 해석하고 토론하는 모임이었다. 츠빙글리는 전통에 호소하는 로마가 톨릭의 오류와 성령에 호소하는 급진주의자들의 오류에서 벗어날 수 있는 길은 철저한 성서연구밖에 없다고 생각했다. 츠빙글리의 주석과 설교들이 여기에서 영감을 얻은 것들이고 1531년에 나온 『취리히성서』도 예언 모임 의 산물이라는 점을 고려할 때, 이 모임은 매우 중요한 의미를 지닌다. 예 언 모임은 후에 칼뱅과 청교도들에게도 그대로 이어져 개혁교회의 중요한 전통으로 자리를 잡았다.

츠빙글리는 교회의 개혁만이 아니라 취리히 시의 사회적이며 정치적 인 개혁을 위해서도 노력하였다. 1525년 1월에는 가난한 자들을 구제하기 위한 법률이, 5월에는 결혼에 관한 법률이 제정되었으며, 1530년에는 도 덕적인 제반 문제에 대한 규율을 제정하기도 하였다. 이를 위해서 츠빙글 리는 시의회와 기꺼이 손을 잡고 사회 전체를 하나님이 원하시는 공동체 로 만들기 위해 자신에게 맡겨진 역할을 다했다.

7. 루터와의 성만찬 논쟁

로마가톨릭에 대해 개혁의 기치를 함께 들었던 루터와 츠빙글리 사이 에도 여러 가지 차이점이 있었는데, 그중에서도 결정적인 것이 성만찬에 서 그리스도의 임재가 어떻게 이루어지느냐 하는 문제에 대한 견해 차이 였다. 츠빙글리가 루터보다 더 인문주의 전통에 가깝고 따라서 이성을 긍 정적으로 사용했기 때문에 성찬에 대한 이해에 있어서도 보다 합리적인 기념설 혹은 상징설의 입장을 취하게 되었다. 반면에 루터는 성만찬에서 그리스도의 육체적 임재를 강력하게 주장하였다. 루터는 "이것이 내 몸이 다."(마 26:26)라는 그리스도의 말씀을 문자적으로 이해하여 성만찬에서의 빵이 곧 예수의 몸이라고 주장했고, 츠빙글리는 "살리는 것은 영이니 육은 무익하니라."(요 6:63)는 말씀에 의지하여 빵은 상징일 뿐이며 따라서 육체적 임재가 아닌 영적 임재임을 강조하였다.

성만찬에서의 갈등을 해소하기 위해 루터주의자들과 츠빙글리주의자들은 헤센의 필립(Philipp of Hessen)의 중재로 1529년 10월 1-4일 마르부르크에서 모여 의논했지만 결국 합의에 성공하지 못했다. 발표한 14개 조항에 모두 동의했지만 마지막 15번째 조항의 일부분에서 결국 합의를 보지 못했다. 15번째 조항은 이렇게 기록하고 있다. "비록 우리가 현재로서는 그리스도의 살과 피가 빵과 포도주 안에 육체적으로 임재 하는지 아닌지에 대해서 합의할 수 없지만, 양측은 서로에 대해 양심이 허용하는 한 그리스도인의 사랑을 보여주어야만 한다. 또한 양측은 전능하신 하나님께서 성령을 통해 우리를 올바른 깨달음에 이르게 해달라고 전심으로 기도해야만 한다."[6] 결국 츠빙글리와 루터는 서로에게서 돌아설 수밖에 없었고, 얼마 후 1531년 츠빙글리가 카펠 전쟁에서 사망함으로써 둘은 영원히 화해할 수 없었다. 이 회담의 실패는 종교개혁 진영에서 루터파와 츠빙글리파가 분열하게 되는 출발점이 되고 말았다. '오직 성서'(sola scriptura)라는 하나의 기치를 내걸고 개혁운동을 시작한 개혁자들이 바로 그 성서의 해석문제를 둘러싸고 하나가 되지 못한 것은 지금 생각해도 안타까운 일이 아닐 수 없다.

8. 츠빙글리의 죽음

츠빙글리 당시 스위스는 13개의 캔톤으로 구성된 연맹이었다. 프로테스탄트 종교개혁이 도입된 이후 스위스에는 로마가톨릭으로 남아 있는 캔톤들과 프로테스탄트로 전향한 캔톤들 사이에 대립이 고조되고 있었다. 그러던 중 1529년에 로마교회 측에 포로로 잡힌 야콥 카이저(Jacob Kaiser)

---

6 박경수, "마르부르크 회담, 1529," 『교회와 신학』 75권 (2008, 겨울), 36-44. 마르부르크 회담에 대한 자세한 보고는 "The Marburg Colloquy and The Marburg Articles, 1529," *Luther's Works* 38 (Philadelphia: Fortress Press, 1971), 5-89에 나와 있다.

라는 프로테스탄트 설교자가 슈비츠에서 공개적으로 화형을 당하는 일이 발생하였다. 이것을 계기로 제1차 카펠 전쟁이 벌어졌다. 이 전쟁에서 프로테스탄트 진영은 압도적 우위에 있었지만 평화를 바라는 사람들의 요구에 따라 복음 설교를 자유롭게 할 수 있도록 할 것, 외국으로부터 받는 일체의 군사적인 용병의 대가를 폐지할 것, 용병 수당을 창설한 자와 분배한 자들을 처벌할 것, 슈비츠는 카이저의 자녀들을 부양하기 위한 1천 길더의 비용을 부담할 것과 같은 4개 조항을 조건으로 제1차 평화협정에 동의하였다.[7]

그런데 1531년 로마가톨릭 측이 다시금 프로테스탄트 설교자들에 대해 박해를 가하자 프로테스탄트 측은 로마가톨릭 지역에 대해 경제적 봉쇄조치를 취하게 되었다. 로마가톨릭 캔톤들은 프로테스탄트 캔톤들에게 곡식, 포도주, 소금, 철 등을 의존하고 있었기 때문에 전쟁 외에는 다른 선택의 여지가 없었다. 이에 다시 제2차 카펠 전쟁이 일어났다. 하지만 제1차 카펠 전쟁 때의 상황과는 달리 프로테스탄트 측의 전세가 오히려 열세였다. 전쟁이 발발하자 관습에 따라 츠빙글리는 군목으로서 군사들을 격려하기 위해 카펠로 달려갔다. 츠빙글리는 군사들에게 이렇게 말하였다. "두려워하지 말라! 우리가 고통을 당하기는 하겠지만 우리는 옳은 편에 서 있다. 여러분의 영혼을 하나님께 맡기라. 그분께서 우리뿐 아니라 우리에게 속한 모든 것들을 돌보실 것이다. 오직 하나님의 뜻만이 이루어질지어다."[8] 전쟁의 한복판에서 군사들을 돌보던 츠빙글리는 1531년 10월 11일 부상을 당해 전사하고 만다. 그의 나이 47세였다.

츠빙글리의 시체는 네 토막으로 잘려 불태워졌다. 그 재는 돼지의 재와 뒤섞여 사방으로 뿌려졌다. 아무도 츠빙글리를 기릴 수 있는 무엇인가를 찾아내지 못하도록 하기 위함이었다. 지금도 카펠에 서 있는 기념비에는 츠빙글리가 죽을 때 남겼다는 말, "너희가 나의 몸을 죽일 수는 있을 것

7　Philip Schaff, 박경수 옮김, 『스위스종교개혁』, 169.

8　Philip Schaff, 박경수 옮김, 『스위스종교개혁』, 182.

이나 나의 영혼은 죽일 수 없을 것이다."라는 말이 새겨져 있다. 오늘날 취리히를 방문하는 사람들은 츠빙글리를 기리기 위해 1885년 세운 그의 동상을 만나게 된다. 스트라스부르의 개혁자 부처(Martin Bucer)의 말처럼 "참으로 그는 그리스도의 영광과 조국의 구원만을 바랐던"[9] 개혁자이자 애국자였다.

Ⅲ. 츠빙글리의 신학사상

1. 성서

성서는 츠빙글리 종교개혁의 심장이다. 역사가들은 종종 '오직 은혜'와 '오직 믿음'의 교리가 종교개혁의 내용적인(material) 원리였다면, '오직 성서'의 교리는 종교개혁의 내용을 담는 외형적인(formal) 원리였다고 말한다. 그만큼 종교개혁의 모든 가르침은 성서에 의존하고 있다. 종교개혁이란 다름 아닌 성서의 '근본으로 돌아가려는'(ad fontes) 운동이었다.

종교개혁자로서 츠빙글리는 자신의 사역의 핵심이 성서를 연속적으로 해설하고 적용하는 것이라는 점을 분명히 알고 있었다. 따라서 그가 1519년 취리히의 목회자로 부임하면서 처음 시작했던 것이 마태복음 연속 강해설교였다. 그 후 12년 동안 그는 취리히의 그로스뮌스터의 강단에서 신약성서뿐만 아니라 구약성서의 거의 모든 책을 설교하였다. 츠빙글리에게 있어서 성서는 교회의 문제들뿐만 아니라 정치적인 문제들에 있어서도 최종적인 권위였다. 그는 16세기 취리히의 종교적, 정치적, 사회적 문제들에 대한 해답을 성서 안에서 찾고자 하였다. 츠빙글리가 1525년 6월부터 성

---

9   W. P. Stephens, 박경수 옮김, 『츠빙글리의 생애와 사상』, 61.

서를 연구하는 예언모임을 시작한 것도 이와 궤를 같이 한다. 츠빙글리는 모든 길은 성서를 향한다고 굳게 믿었다.

츠빙글리는 성서 전체가 하나님의 말씀이며, 통일성과 일관성을 지닌다고 주장하였다. 다소 도식적이기는 하지만 이해를 돕기 위해 루터와 츠빙글리를 비교하여 살펴보자. 루터가 구약을 율법으로 규정하고 신약을 복음이라 말하면서 율법과 복음의 차별성을 부각시켰다면, 츠빙글리는 율법과 복음이 대립적인 것이 아니라 연속성을 지니고 있으며 따라서 율법이 곧 복음이라고 주장하였다. 또한 루터가 '정경 중의 정경' 개념으로 성서의 책들 사이에 경중을 두었다면, 츠빙글리는 '모든 말씀은 하나님의 말씀'임을 강조하면서 성서 전체가 동일한 하나님 말씀임을 강조하였다.

그렇다고 해서 츠빙글리가 성서만이 진리를 담고 있고 다른 모든 것들은 무가치하다고 주장하는 꽉 막힌 사람은 아니었다. 그는 자신의 책 『주석』(*A Commentary*)이나 『하나님의 섭리』(*The Providence of God*)에서 성서뿐만 아니라 많은 철학자들의 저술도 광범위하게 사용하고 있다. 츠빙글리는 아우구스티누스와 히에로니무스를 따라서 "모든 진리는 하나님의 것"이라고 믿었으며, 비록 플라톤이나 아리스토텔레스와 같은 이교 철학자들이 발견한 진리라 할지라도 그것은 하나님의 진리라고 주장하였다. 여기서 우리는 그리스와 로마의 재발견을 기꺼워하는 인문주의 학풍이 계속적으로 츠빙글리에게 영향을 미쳤음을 발견할 수 있다. 이와 같은 진리에 대한 개방성은 루터와 같은 사람들에게는 분명 불편한 점이었을 것이다.

성서의 해석과 관련하여 츠빙글리는 전통적으로 내려오는 네 가지 성서해석의 가능성을 수용하였다. 문자적(literal) 해석은 무엇이 일어났는지를, 비유적(allegorical) 해석은 무엇을 믿어야 할 것인지를, 도덕적(moral) 해석은 무엇을 행해야 하는지를, 신비적(spiritual or anagogic) 해석은 무엇을 추구해야 하는지를 가르쳐 준다.[10] 츠빙글리는 기본적으로 문자적 해석

---

10   W. P. Stephens, 박경수 옮김, 『츠빙글리의 생애와 사상』, 76.

에 관심을 기울였지만, 다른 해석의 가능성들도 늘 염두에 두었다. 성서는 과거의 사실에 대한 이야기일 뿐만 아니라 현재 우리가 무엇을 믿고 어떻게 살아야 하는지, 그리고 미래 우리가 어떻게 될 것이며 무엇을 추구해야 하는지에 대해서도 말하고 있기 때문이다. 특히 신비적 해석의 가능성에 대해 츠빙글리는 오리게네스에게서 일정 부분 영향을 받았다.

2. 삼위일체 하나님과 구원

개혁교회의 표어인 "오직 하나님께 영광"(Soli Deo Gloria)은 츠빙글리의 좌우명이었다. 루터의 개혁이 면죄부로 상징되는 로마교회의 공로사상에 대한 철저한 반대에서 출발했다면, 츠빙글리의 개혁은 우상숭배에 대한 엄격한 비판에서 시작되었다. 츠빙글리에게 있어서 우상숭배란 하나님 이외의 어떤 사람이나 사물에게 마음을 빼앗기는 것이었다. 따라서 츠빙글리는 창조주이신 하나님보다 피조물인 사물에 마음을 빼앗기는 종교, 하나님의 말씀보다 인간의 전통을 신뢰하는 신학에 대해 가차 없이 비판하였다. 츠빙글리가 1523년 로마가톨릭과 논쟁하면서 발표한 67개 조항 중 50번째 조항과 51번째 조항은 이 점을 분명하게 말하고 있다. "하나님은 오직 그의 아들 우리 주 예수 그리스도를 통해서만 죄를 사하신다." "이 것을 피조물에게 돌리는 자는 누구든지 하나님의 영광을 탈취하여 하나님이 아닌 자에게 주는 것이며, 이것이 바로 진짜 우상숭배이다."[11] 그는 오직 하나님께만 드려지는 결코 나뉠 수 없는 충성심을 요구하였다. 츠빙글리의 1525년 『주석』의 내용이 이러한 그의 사상을 잘 보여주고 있다.

> 참된 종교 혹은 경건은 한 분이신 유일한 하나님께 매달리는 것이다.
> … 따라서 참된 경건은 우리가 주님의 말씀만 붙들고 신랑 이외의 그
> 누구의 말도 듣거나 받아들이지 말 것을 요구한다. … 하나님 이외의

---

11 W. P. Stephens, 박경수 옮김, 『츠빙글리의 생애와 사상』, 118.

어떤 것을 신뢰하는 것이 바로 거짓 종교와 경건이다. 그것이 무엇이
든지 간에 피조물을 신뢰하는 사람은 참으로 경건한 사람이 아니다.
그들은 사람의 말을 하나님의 것으로 받아들이는 불경건한 자들이
다.[12]

이와 같이 츠빙글리는 창조주이신 하나님 한 분만을 신뢰하고, 그분에
게만 온 마음을 바칠 것을 주장하였다. 이런 관점에서 볼 때 로마교회는
창조주와 피조물을 혼동하고, 하나님의 말씀과 인간의 가르침을 뒤섞은
우상숭배의 죄를 범한 것이다. 따라서 츠빙글리는 로마가톨릭의 사제에서
프로테스탄트 종교개혁자로 돌아설 수밖에 없었다.

　츠빙글리는 하나님의 주권이라는 관점에서 예정을 이해했다. 우리를
구원으로 예정하시고 선택하신 것은 우리의 행위와는 아무런 관계가 없는
전적으로 하나님의 일이다. 우리가 믿음으로 구원을 얻는 것이 사실이지
만, 엄밀히 말하자면 우리의 믿음조차도 하나님의 주권적 선택의 결과일
뿐이다. 다시 말하면 구원으로 이끄는 믿음조차도 하나님의 주권적 선물
인 것이다. 따라서 우리는 "오직 하나님께만 영광"을 돌려야 하는 것이다.

　이처럼 구원이 오직 하나님의 주권에 달려있다면 예수 그리스도나 성
령의 역할과 위치는 무엇인가라는 질문이 제기될 수 있을 것이다. 츠빙글
리에 따르면 구원은 하나님의 선택에서 시작되지만, 그 선택은 우리를 위
해 태어나고, 수난받고, 죽고, 부활하고, 승천하신 그리스도 안에서 구체
화된다. 예수 그리스도가 아버지의 뜻을 우리에게 계시하시고, 십자가를
통해 우리의 죄를 사하시고, 우리를 하나님과 화해시키신다. 그렇기 때문
에 츠빙글리는 "그리스도는 과거와 현재와 미래의 모든 사람들을 위한 구
원의 유일한 길"[13]이라고 선언하였다. 하나님의 선택을 입은 자들은 그리
스도를 통하여 구원받도록 예정되어 있는 것이다. 또한 이 구원은 성령이

12　W. P. Stephens, 박경수 옮김, 『츠빙글리의 생애와 사상』, 81-82.
13　W. P. Stephens, 박경수 옮김, 『츠빙글리의 생애와 사상』, 122.

우리를 믿음으로 인도하시기 전에는 우리 안에서 이루어지지 않는다. 이와 같이 츠빙글리 사상의 핵심은 우리를 선택하시는 하나님을 강조하고, 우리 죄를 사하시는 그리스도의 십자가와 우리를 믿음과 사랑의 새로운 삶으로 인도하시는 성령을 강조하는 데 있다. 따라서 츠빙글리에게 있어서 구원은 아버지, 아들, 성령이 한데 어우러진 삼위일체 하나님 전체의 역사이다.

구원의 문제에 있어서 츠빙글리 신학의 가장 논쟁적인 점은 경건한 이방인의 구원에 관한 것이다. 츠빙글리는 그가 죽기 전 썼던 마지막 작품 『신앙에 대한 해설』(*An exposition of the Faith*)에서 천국의 소망에 대해 말하면서 그곳에서 베드로와 바울과 같은 믿음의 선배들 뿐만 아니라 헤라클레스와 소크라테스 같은 예수를 알지 못했던 경건한 이방인들도 만날 수 있을 것이라고 언급하였다.[14] 이것은 루터를 비롯한 많은 사람들로부터 비판을 받는 빌미가 되었다. 그렇지만 이것을 가지고 츠빙글리가 모든 사람들의 구원을 주장하는 만인구원론자라고 단정 짓는 것은 잘못된 것이다. 츠빙글리가 말하고자 했던 것은 구원은 삼위일체 하나님에게만 속하는 것이며, 모든 진리는 하나님의 진리라는 것이다. 누가 구원에로 선택을 받았는지에 대해서는 하나님만 아신다. 믿는 사람들은 그리스도를 통해 하나님이 자신을 용서해 주셨다는 것을 알고 확신할 수 있지만, 다른 사람의 죄가 용서받았는지에 대해서는 누구도 알 수 없다. 따라서 츠빙글리는 "주의 영이 우리의 믿음과 선택에 대한 확신을 우리에게 주시지만, 다른 사람들의 선택과 믿음은 우리에게 언제나 감추어져 있다."[15]고 말한다. 아무든지 자신이 구원받은 것을 자랑할 수 없으며, 다른 사람의 구원에 대해

---

[14] 이 작품은 츠빙글리가 1531년 죽기 전에 마지막으로 쓴 것으로 프랑스의 프랑수아 1세에 헌정한 것이다. 츠빙글리는 왕을 통해 프랑스를 개혁진영으로 변화시킬 수 있을지도 모른다는 환상을 품었으나 실현되지 못하였다. 이 책의 출판은 츠빙글리 사후에 1536년 불링거에 의해 이루어졌다. 이 글은 기독교고전총서(Library of Christian Classics) 가운데 츠빙글리와 불링거의 글들을 모아 G. W. Bromiley가 편집한 *Zwingli and Bullinger*, 서원모 · 김유준 옮김, 『츠빙글리와 불링거』 (서울: 두란노아카데미, 2011), 276-315에 수록되어 있다. 경건한 이방인의 구원문제는 311쪽에 언급되어 있다.

[15] *Zwingli and Bullinger*, 서원모 · 김유준 옮김, 『츠빙글리와 불링거』, 303-304.

판단할 수 없다. 구원은 전적으로 삼위일체 하나님의 주권에 속한 것이기 때문이다.

3. 세례와 성만찬의 성례

흔히 츠빙글리주의자라는 용어는 성례에 관한 츠빙글리의 견해를 따르는 사람들을 일컫는다. 이것은 츠빙글리의 신학 사상 중에서 성례에 관한 것, 특히 성만찬에 관한 것이 특징적이라는 사실을 말해주는 것이다. 루터는 츠빙글리주의자들을 폄하하려는 의도로 그들을 '성례주의자들'(sacramentarian)이라고 불렀다.

그렇다면 츠빙글리에게 있어서 성례란 무엇인가? 성례란 맹세 혹은 서약이다. 츠빙글리는 성례라는 단어가 맹세를 뜻하는 세크라멘툼(sacramentum)에서 유래했음을 지적한다. 군인이 군대에 편입될 때 맹세를 하듯이, 그리스도인이 교회의 구성원이 될 때 세례를 통해 서약을 함으로써 공동체의 일원이 되는 것이다. 또한 그는 성례를 언약의 표지라고 말한다. 츠빙글리에게 있어서 성례는 거룩한 것을 가리키고 상징하는 표지이다. 여기서 중요한 것은 성례는 표지이지 그것이 가리키는 본체는 아니라는 사실이다. 성만찬의 빵과 포도주는 예수 그리스도를 가리키고 그리스도의 고난을 상징하는 표지이지 예수 그리스도 자체는 아니다. 따라서 츠빙글리는 성례에 영광을 돌려서는 안 되고 오직 하나님께만 영광을 돌려야 한다고 주장한다. 츠빙글리에게는 성례의 문제도 곧 하나님의 주권 사상으로 연결되고 있음을 알 수 있다.

츠빙글리에게 있어서 성례 그 자체는 효력이 없다. 성례가 효력을 지니도록 하는 것은 물이나 빵이나 포도주와 같은 외적인 물질이 아니라 오직 하나님이다. 츠빙글리는 성례가 믿음을 준다는 주장을 거부한다. 왜냐하면 믿음은 하나님만이 주실 수 있기 때문이다. 하나님께서는 외적인 성례를 통해 믿음을 주시기도 하지만, 그것이 없이도 우리에게 믿음을 주실 수 있다. 성령이 바람과 같아서 어디서 불어와서 어디로 가는지 알 수 없듯이, 하나님은 외적인 것에 얽매이지 않고 모든 것을 초월하여 존재하는 분이다. 따라서 하나님은 성례 안(in)에만 계시는 분이 아니라 성례 위(over)에 계시는 분이다. 루터가 성례 안에 계신 하나님의 은혜를 강조했다면, 츠빙글리는 성례 위에 계신 하나님의 주권을 강조하였다. 츠빙글리는 하나님만이 모든 것의 진정한 원인이라고 믿었다.

프로테스탄트 종교개혁자로서 츠빙글리는 로마교회의 칠성례를 거부하고 세례와 성만찬을 성례로 받아들였다. 세례에 있어서 가장 치열한 논쟁은 유아세례 문제였다. 츠빙글리는 유아세례를 거부하고 믿는 자의 세례만을 주장하는 소위 '재세례파'라 불리는 과거 자신의 동료들에 맞서서 유아세례를 옹호하였다. 그는 재세례파 운동이 점차 확산되기 시작한 1525년 출판된『세례』라는 글에서 세례, 재세례, 유아세례를 둘러싼 자신의 입장을 피력하였다.[16] 이 글에서 츠빙글리는 "나 역시도 언젠가 그 오류에 빠져서 어린이들이 분별할 나이가 될 때까지 세례를 주지 않는 것이 낫다고 생각했다."[17]고 고백하였다. 그랬기 때문에 재세례파라 불리는 츠빙글리의 옛 동료들은 그가 처음의 개혁정신을 버렸다고 비판하였을 것이다. 그러나 얼마 지나지 않아 츠빙글리는 유아세례를 인정하였으며, 유아세례를 부인하고 재세례를 받는 것을 강하게 비판하였다.

츠빙글리는 재세례파가 주장하는 견해들을 조목조목 비판하였다. "죄가 없이 살 수 있는 자들만이 세례를 받아야 한다." "세례는 믿음이 온전해지기 전에 행해서는 안 된다." "성령을 소유한 자들만이 세례를 받을 수 있다"는 재세례파의 주장들에 대해 츠빙글리는 죄 없이 살 수 있는 자가 있다면 세례도 필요 없을 것이며, 믿음은 계속 성장하는 것이기 때문에 온전해지기를 기다릴 수 없고, 우리는 누가 성령을 받았는지 판단할 수 없으며 나아가 어린아이는 성령을 받을 수 없다고 단정하는 것은 하나님의 능력

---

16 이 작품은 1525년 5월 27일 출판되었고, 재세례파 위협이 심각했던 장크트갈렌에 있는 친구 바디안(Vadian)에게 보내졌다. 이 책으로 인해 츠빙글리와 후버마이어(Balthasar Hubmaier) 사이에 세례를 둘러싼 문서논쟁이 일어났다.

17 *Zwingli and Bullinger*, 서원모 · 김유준 옮김, 『츠빙글리와 불링거』, 162.

을 제한하는 것이라고 응수하면서 유아세례의 정당성과 필요성을 역설하였다. 뿐만 아니라 츠빙글리는 마태복음 28장을 둘러싼 재세례파의 견해나, 요한의 세례와 그리스도의 세례가 다르다고 주장하는 것에 대해서도 자신만의 성서해석을 통해 논박하고 있다.[18]

츠빙글리는 유아세례를 옹호하는 근거로써 세례는 교회 공동체에 속하는 입회 의식이며 하나님의 언약의 표지이므로 그리스도에 대한 지식보다 선행할 수 있다고 주장했으며, 구약성서의 할례 예식이 그 의미상 신약에서는 유아세례로 대체될 수 있다고 보았다. 또한 성서에 유아세례를 명시적으로 금하는 구절도 없을 뿐만 아니라 어린 아이들을 용납하라고 주님께서 직접 가르치신 것을 근거로 유아세례를 옹호하였다.[19] 재세례파가 사도들이 유아에게 세례를 주었다는 것을 성서에서 발견하지 못하니 유아세례는 잘못이라고 주장하는 것에 대해 츠빙글리는 다음과 같은 질문을 통해 그들의 주장이 잘못된 것임을 밝힌다. "우리가 성서에서 아볼로가 세례를 베풀었다는 사실을 발견하지 못하기에 그가 세례를 베풀지 않았다고 말해야 하는가?" "최후의 만찬에 여자들이 참여했다는 기록이 없으니 성만찬에 여자는 배제해야 하는가?" "사도들이 인도에 복음을 전했다는 기록이 없으니 인도에 복음을 전해서는 안되는 것인가?"[20] 츠빙글리의 눈에는 재세례파가 자신들의 주장을 정당화하기 위해 성서를 편파적으로 이용하고 자신들만이 옳다는 분파주의적 태도를 고집하는 것이 가장 큰 문제였다. 그리고 예수 그리스도에 대한 충분한 지식을 갖추고 자신의 신앙을 확신할 수 있을 때에 자기 스스로의 결단에 따라 세례를 받아야 한다고 주장하는 것은 츠빙글리가 볼 때에는 하나님의 주권보다는 인간의 결심을 앞세우는 교만이요 불경건이었다.

성만찬과 관련하여 츠빙글리와 루터는 대부분 입장이 일치했다. 루터는 일찍이 1520년 『교회의 바벨론 포로』(*The Babylonian Captivity of the*

---

18 *Zwingli and Bullinger*, 서원모 · 김유준 옮김, 『츠빙글리와 불링거』, 151-202.

19 W. P. Stephens, 박경수 옮김, 『츠빙글리의 생애와 사상』, 145-46.

20 W. P. Stephens, 박경수 옮김, 『츠빙글리의 생애와 사상』, 151.

Church)에서 로마 가톨릭교회가 세 가지 포로상태에 빠져 있다고 주장하였다. 그 세 가지는 다름 아닌 빵만 주고 포도주는 주지 않는 성만찬, 미사의 희생제사적 성격, 화체설이었다.[21] 츠빙글리도 루터에게 전적으로 동의하였다. 1529년 마르부르크회담에서 드러나듯이 두 사람 사이의 유일한 차이는 성만찬에 그리스도가 어떤 방식으로 임재하는가 하는 점이었다. 츠빙글리는 성만찬에서의 그리스도의 임재를 믿었지만, 로마교회의 화체설이나 루터의 육체적 임재를 믿지는 않았다. 그는 에라스무스를 따라 살리는 것은 영이고 육은 무익하다는 것과, 근본적인 것은 먹는 것이 아니라 믿는 것이라는 사실을 믿었다.[22] 츠빙글리는 그리스도가 육체적인 방식으로가 아니라 신앙의 묵상(contemplation of faith)을 통해 성만찬에 임재하신다고 주장하였다.[23]

우리는 흔히 루터의 성만찬 이론을 육체적 임재설이라 부르고, 츠빙글리의 입장을 상징설 혹은 기념설이라 부른다. 루터와 츠빙글리의 차이는 "이것이 내 몸이다(Hoc est corpus meum)."(마 26:26)라는 성서구절을 어떻게 해석할 것인가에 놓여 있었다. 루터는 이 그리스도의 말씀을 문자적으로 이해하였고, 츠빙글리는 상징적으로 해석하였다. 루터가 "est"를 "이다(is)"로 해석한 반면에, 츠빙글리는 "의미한다(signify)"로 받아들였다. 루터에게 빵이 그리스도의 몸이었다면, 츠빙글리에게 빵은 그리스도의 몸을 상징하는 표지였다. 빵과 포도주는 우리를 위해 십자가에서 찢기시고 흘리신 예수 그리스도의 몸과 피를 상징하는 것이며, 그리스도의 고난을 기념하게 하는 표지인 것이다. 츠빙글리는 이와 같은 상징적 해석을 코르넬리스 호엔(Cornelis Hoen)에게서 배웠다. 그렇지만 츠빙글리가 말하는 상징과 표지라는 말이 16세기 당시 루터가 츠빙글리에 대해 오해했던 것처럼 "텅 빈 표지"(empty sign) 혹은 "벌거벗은 상징"(bare sign)은 결코 아니

21 Martin Luther, 지원용 옮김, 『말틴 루터의 종교개혁 3대 논문』 (서울: 컨콜디아사, 1993), 155-270을 참고하라.
22 W. P. Stephens, 박경수 옮김, 『츠빙글리의 생애와 사상』, 161-62.
23 W. P. Stephens, 박경수 옮김, 『츠빙글리의 생애와 사상』, 171.

었다. 성만찬의 표지인 빵과 포도주는 거룩한 것의 표지, 즉 예수 그리스도를 가리키고 기억하게 하는 상징이었다. 츠빙글리가 말하고자 했던 것은 표지는 표지일 뿐 그 자체가 그리스도의 몸이나 피는 아니라고 하는 점이었다.[24]

츠빙글리는 로마가톨릭의 화체설에 반대하는 만큼 루터의 육체적 임재설에 대해서도 비판하였다. 그러나 아쉽게도 자신과 다른 입장에 대해 논쟁하며 반대하는 데에 몰두하느라고 자신의 입장을 건설적으로 제시하며 수립하는 데는 소홀하였다. 사실상 츠빙글리는 신앙의 묵상이라는 개념을 통해서, "살리는 것은 영이니 육은 무익하니라."(요 6:63)는 말씀에 대한 강조를 통해서 이미 성만찬에서 그리스도의 임재는 영적 임재임을 간파하였다. 그러나 그는 이런 자신의 관점을 적극적으로 충분히 전개하지 못했고, 오히려 영적 임재설은 이후 칼뱅에 의해 구체적으로 이론화되었다. 츠빙글리에 의해 뿌려진 씨앗이 칼뱅에 의해 열매를 맺은 것이다.

4. 교회와 국가

츠빙글리는 교회란 그리스도를 머리로 하는 성도의 교제이며 보편적 공동체라고 믿었다. 교회의 머리는 그리스도이지 교황이 아니다. 교회의 일원이 된다는 것은 그리스도에게 연결되는 것이지 로마의 위계질서에 포함되는 것이 아니다. 츠빙글리는 앞선 교부들과 개혁자들과 마찬가지로 천상에 속한 '보이지 않는 교회'(invisible church)와 지상에 속한 '보이는 교회'(visible church)를 구별하였다.[25] 누가 천상의 보이지 않는 교회에 속한 알곡인지는 오직 하나님만 알고 있으며 사람들에게는 감추어져 있기 때문에 보이지 않는 교회라고 부르는 것이다. 천상의 보이지 않는 교회에는 알곡만 있는 것과는 달리 이 땅에 있는 보이는 교회 안에는 알곡과 가라지가

24 1526년 출판된 츠빙글리의 『주의 만찬론』은 *Zwingli and Bullinger*, 서원모 · 김유준 옮김, 『츠빙글리와 불링거』, 212-69를 참조하라.
25 *Zwingli and Bullinger*, 서원모 · 김유준 옮김, 『츠빙글리와 불링거』, 299-300.

섞여 있다. 츠빙글리가 볼 때 재세례파의 오류는 이 땅의 보이는 교회가 알곡만으로 이루어져야 한다고 주장하면서 지나친 파문을 행하고 교회를 분열시키는 과격한 분리주의에 빠진 것이다.

츠빙글리도 교회가 거룩한 공동체라는 것을 인정했지만, 그 거룩함은 그리스도로 말미암은 것이지 교인들 때문은 아니다. 물론 교회는 그리스도의 거룩함을 지키기 위해 노력하고 애써야 한다. 따라서 교회에서는 치리와 파문도 필요하다. 그렇지만 교회의 거룩함을 지킨다는 명분으로 자신들만 옳고 다른 사람들은 그르다는 잘못된 완전주의에 빠지거나 조그마한 잘못이라도 저지른 사람들은 무조건 파문해야 한다는 지나친 엄격주의에 빠지게 된다면 결국 그리스도의 몸인 교회를 훼손시키는 분파주의의 함정에 빠지고 말 것이다. 츠빙글리는 치리와 파문의 필요성은 인정했지만, 그것을 행하는 목적이 교회의 거룩함을 지키고 또한 죄를 지은 사람들이 회개하고 회복되는 데 있음을 강조하였다. 따라서 치리는 그 목적을 달성할 수 있도록 온유한 방식으로 적절한 정도로 시행되어야 한다. 또한 치리와 파문을 행하는 주체가 특정한 개인이어서는 안 되고 교회 공동체여야 한다. 하지만 츠빙글리는 이후에 치리와 파문의 권한을 점차 교회에서 세속정부에게로 돌렸다. 때문에 그는 파문의 권한을 가진 관료를 가리켜 교회의 목자들 중 하나라고까지 말하게 되었다. 이로 인해 치리권이 교회에 속한 것인지 정부에 속한 것인지를 둘러싼 논쟁이 일어나게 되었다.[26]

츠빙글리는 교회와 국가는 두 개의 분리된 공동체가 아니라, 동일한 하나님의 주권 아래 있는 하나의 공동체라고 생각했다. 마치 루터가 교회와 국가를 하나님의 오른손과 왼손으로 비유했던 것처럼, 츠빙글리도 교회와 국가는 하나님께서 자신의 뜻을 펼치시기 위해 이 땅에 세우신 동일한 목적을 지향하는 기구라고 믿었다. 굳이 경중을 따지자면 루터와 츠빙글리 모두 교회가 국가보다 더 중요하고 우선적인 하나님의 도구라고 믿었다. 그러나 국가가 없다면 정의와 질서가 세워질 수 없고 사회는 혼란에

---

26 W. P. Stephens, 박경수 옮김, 『츠빙글리의 생애와 사상』, 186-91.

빠질 것이며, 교회도 불구가 되고 무기력해질 것이라고 생각했다. 그렇기 때문에 츠빙글리는 국가의 통치자들을 교회의 목자들이라고까지 불렀던 것이다. 따라서 츠빙글리는 교회뿐만 아니라 사회 전체를 하나님의 뜻에 따라 개혁하고자 하였다. 이러한 생각은 아직 교회와 국가가 분리되지 않았던 16세기의 시대상황을 반영하고 있는 것이다.

　츠빙글리는 그리스도인은 국가에 복종할 의무가 있다고 보았다. 국가의 통치자는 하나님이 세우신 사람들이기 때문에 그리스도인들은 성서의 가르침에 따라 그를 존경하고 복종해야 한다는 것이다. 그러나 국가의 권력에는 분명 한계가 있다. 만일 국가가 하나님의 뜻에 어긋나는 것을 강요한다면 그 국가는 정당성을 잃은 것이다. 그때에는 그리스도인들은 하나님의 말씀을 가지고 통치자들에게 반대해야 할 불복종의 의무를 지닌다. 그렇지만 이때에도 폭력적인 방법이 아닌 적절한 절차에 따라 불복종이 이루어져야 한다. 이와 같이 츠빙글리는 잘못된 권력에 대해서는 저항할 수 있는 의무와 권리가 있다고 보았지만, 그 경우에도 폭력이나 반란이 아닌 정당한 절차를 따라야 한다고 주장했다. 이는 그가 활동했던 취리히의 의회주의 전통을 반영하고 있는 것으로 보인다.

　츠빙글리가 재세례파에 대해 가졌던 가장 큰 우려는 그들이 교회와 국가를 전혀 다른 목적을 가진 공동체라고 주장하면서 양자를 분리시키고자 하는 경향이었다. 이것은 사회질서를 무너뜨려 혼란을 부추길 뿐만 아니라 종교개혁 운동을 고립시켜 실패로 만들 소지가 있었다. 츠빙글리에게 있어서는 교회와 국가는 하나님의 주권 아래 동일한 목적을 가지고 있는 공동체였다. 물론 목회자와 통치자의 역할은 다르다. 목회자는 말씀으로 하나님의 뜻을 이루고, 통치자는 권력으로 하나님의 뜻을 성취한다. 츠빙글리는 교회와 국가는 역할과 기능은 다를지라도 목적에 있어서는 동일한 동반자의 관계라고 믿었다. 취리히의 바서(Wasser) 교회 앞에 서 있는 츠빙글리의 동상은 오른손에는 성서를 왼손에는 칼을 들고 있다. 츠빙글리가 들고 있는 성서와 칼은 각각 교회와 국가를 상징하며, 이것은 교회와 국가 모두를 하나님의 뜻에 따라 개혁하고자 했던 츠빙글리의 정신을 대변하고 있다.

IV. 츠빙글리가 남긴 유산

개혁주의 전통의 아버지로서 츠빙글리는 우리에게 다음과 같은 유산을 남겨주었다. 첫째로, 하나님에 대한 절대적 신뢰이다. "오직 하나님께 영광"이라는 개혁교회의 표어는 바로 츠빙글리에게서 시작되었다. 츠빙글리에게 있어서 종교개혁의 본질은 하나님 외의 어떤 것 혹은 어떤 사람에게 한 조각의 마음이라도 빼앗기지 않는 것이었다. 츠빙글리는 오직 하나님께만 바쳐야 할 마음을 다른 것에게 빼앗기는 것이 바로 우상숭배라고 보았다. 츠빙글리의 철저한 하나님 중심 사상은 우리 신앙의 지향점이 어디인지 그리고 우리 삶의 중심이 무엇인지를 분명히 보여준다. 이것은 오늘날 중심과 목표를 잃어버린 것처럼 보이는 한국교회에 경종이 된다. 둘째로, 성서에 대한 강조이다. 연속적인 성서 강해의 전통을 수립하고, 예언 모임을 조직하고, 성서 전체를 하나님의 말씀으로 받아들이는 태도야말로 츠빙글리의 독창성이었다. 츠빙글리는 철저한 말씀의 종이었고, 처음부터 끝까지 설교자였다. 츠빙글리가 추구한 개혁운동의 유일한 무기는 성서였다. 이런 점에서 성서는 츠빙글리 종교개혁의 심장이었다. 셋째로, 개인의 경건보다 공동체의 삶을 더 강조한 것이다. 루터의 종교개혁이 자기 구원의 확신에 대한 몸부림에서 출발했다면, 츠빙글리의 종교개혁은 스위스 국민들의 구원에 대한 갈망에서 시작되었다. 그는 뼛속까지 스위스 사람이었고 애국자였다. 그의 개혁은 공동체의 삶과 도덕에 집중되었으며, 사회와 정치의 유기적인 구조들을 개혁하려는 성격을 띠고 있었다. 츠빙글리는 참으로 하나님을 위해서, 그리스도의 나라를 이 땅에 이루기 위해서, 영혼의 구원을 위해서 하나님 앞에서 용감하고 치열하게 살았던 개혁자였다. 그의 책『주석』의 마지막 문장은 그의 삶의 목표가 무엇이었는지를 그대로 보여준다. "내가 말한 모든 것은 하나님의 영광을 위한 것이며, 그리스도의 나라와 양심의 유익을 위한 것이다."

제 7 장

16세기 제네바의 약혼, 결혼, 이혼에 관한 법령에 대한 연구

_____

* 본 글은「장신논단」47-2 (2015), 43-68쪽에 게재된 것입니다.

Ⅰ. 서론

본 연구는 16세기 프로테스탄트 종교개혁의 중심지였던 제네바에서 약혼과 결혼, 이혼과 재혼이 실제로 어떻게 이루어졌는지를 당시의 『결혼법령』과 『교회법령』을 통해 밝히려는 시도이다. 다시 말해 종교, 특별히 프로테스탄트가 주도적 역할을 했던 16세기 제네바에서 종교와 가족의 구성, 해체, 재구성의 관련성을 조명하려는 것이다. 이를 통해서 종교가 사람들의 구체적 삶에 실질적인 영향을 미친다는 점이 드러나고, 결혼과 이혼의 문제에서 프로테스탄트 도시들이 로마가톨릭 신앙을 따르는 도시들과 어떤 차별성을 보이고 있는지를 알게 되고, 나아가 오늘날 한국사회가 겪고 있는 가족 위기를 극복하기 위한 지침도 발견할 수 있게 되기를 기대한다.

지금까지 국내의 종교개혁 연구는 주로 교리와 신학 논쟁에 치중되어 왔다. 하지만 본 연구를 통해 종교개혁 연구에서 상대적으로 소홀하게 다루어졌던 평범한 사람들의 생활상에 대한 관심을 고취시킬 수 있을 것이다. 사변적이고 교리적인 주제 연구에서 실제적이며 현실적인 생활에 대한 연구로 종교개혁 연구의 방향을 전환하는 계기가 될 것이다. 그리하여 종교개혁 연구가 다변화되고 다양화되며 풍성해지는 효과가 나타나리라 기대한다. 정교일치의 성격을 지니고 있던 16세기와 포스트모던 시대인 21세기를 단순 비교하는 것은 불가능하지만, 그럼에도 불구하고 본 연구를 통해 심각한 가족 위기와 해체를 경험하고 있는 한국사회에 창의적으로 적용할 수 있는 유익한 몇 가지 통찰력을 얻을 수 있을 것이다.

본 연구는 먼저 칼뱅을 소개하기 위해 그의 생애를 간략하게 소개할 것이다. 그 후 다음과 같은 내용을 다룰 것이다. 첫째로 16세기 제네바의 법령이 결혼을 어떻게 규정하고 있는지를 살펴 볼 것이다. 16세기 프로테스탄트 도시 제네바에서 결혼을 언약(covenant)으로 이해한 것은, 결혼을 성례(sacrament)로 간주하는 중세 로마가톨릭의 관점이나 사람 사이의 계약(contract)으로 보는 현대적 관점과도 구별된다. 둘째로 1541년『교회법령』, 1545년과 1546년『결혼법령』, 1561년『교회법령』을 분석하여 제네바의 약혼, 결혼, 이혼, 재혼에 대한 조항들을 자세히 검토할 것이다. 셋째로 그 당시 약혼과 결혼, 이혼과 재혼의 문제를 다루었던 컨시스토리[1]와 소의회의 문서, 제네바의 종교지도자였던 칼뱅(Jean Calvin)의 글[2], 그리고 이 주제와 관련된 다양한 2차 자료들도 함께 검토할 것이다.

본 연구는 오늘날 한국사회의 가족 문제에 대한 관심에서부터 출발하였다. 지금 한국사회는 가족 환경의 급격한 변화를 경험하고 있다. 이제는 가족의 형태도 정형적인 틀에서 벗어나 다양해졌다. 한부모 가족, 재혼 가족, 동거 가족, '기러기' 가족, 독신 가족 등의 증가로 가족에 대한 개념규정 자체에 변화가 일어나고 있다. 가족이 사회를 구성하는 기본 단위임을 생각한다면, 가족 문제는 곧 사회 문제이다. 결혼을 하고 이혼을 하고 재혼을 하는 것은 단지 개인의 문제가 아니라 사회적 이슈인 것이다. 따라서

---

1   제네바 컨시스토리(Consistory)는 칼뱅이 1541년 가을 스트라스부르에서 제네바로 귀환한 후 설립한 치리 기구로 12명의 평신도와 12명의 목회자로 구성되었다. 결혼, 이혼, 재혼과 같은 사안도 여기에서 다루었는데, 컨시스토리 문서는 로버트 킹던을 비롯한 몇몇 학자들에 의해 현대 프랑스어로 새롭게 번역되어 출판되고 있다. 2018년까지 프랑스어로 12권이 출판되었고(1996, 2001, 2004, 2007, 2010, 2012, 2013, 2014, 2015, 2016, 2017, 2018), 영어로도 제1권이 번역 출판되었다(2000). 프랑스어 각권이 다루고 있는 시기는 I권(1542-44), II권(1545-46), III권(1547-48), IV권(1548-50), V권(1550.2.20-1551.2.5), VI권(1551.2.19.-1552.2.4), VII권(1552.2.25.-1553.2.2.), VIII권(1553.3.25.-1554.2.1.), IX권(1554.2.15.-1555.1.31.), X권(1555.2.14.-1556.2.6.), XI권(1556.2.20.-1557.2.4.), XII권(1557.2.18.-1558.2.3.)이며, 앞으로도 계속 출판될 것이다.

2   제네바의 개혁에서 가장 중요한 역할을 맡았던 칼뱅의 글은『기독교강요』와 같은 체계적 저술, 성서와 관련된 설교 · 주석 · 강의, 수많은 편지, 「교리문답」과 같은 교육적 글, 적대자들과의 논쟁적 글, 제네바에 제시된 법령 등이 있다.

가족 문제에 대한 다면적, 다층적 접근의 연구가 반드시 필요하다. 종교와 가족의 관계성을 살펴보는 본 연구도 그런 노력 가운데 하나가 될 것이다.

II. 칼뱅의 생애

장 칼뱅(1509-1564)은 프랑스 북부의 작은 마을 누아용에서 1509년 7월 10일 태어났다. 칼뱅은 14살이 되던 1523년에 파리의 마르슈 대학에 입학하여 라틴문법과 수사학을 배우다가 얼마 후 몽테귀 대학으로 옮겼다. 그러다가 아버지의 권유로 1528년 초에 오를레앙 대학으로 가서 레스투알에게서 법학을 공부하였고, 1529년 여름에는 부르주 대학으로 옮겨서 알치아티에게서 법학과 인문학을 배웠다.

칼뱅이 언제 프로테스탄트 개혁자로 회심했는지, 또 그의 회심이 갑작스러운 것이었는지 점진적인 것이었는지에 대해서는 논란이 있지만, 대체로 1533년 전후에 회심했을 것이라고 보는 것이 무리가 없다. 1534년 10월 파리에서는 로마가톨릭의 미사를 비방하는 플래카드가 시내 사방에 나붙는 일이 발생해 프로테스탄트에 대한 박해가 본격적으로 시작되었다. 칼뱅은 프랑스를 떠나 스위스 바젤에 머물면서 고국의 박해받는 프로테스탄트 신자들을 변호하고자 유명한 『기독교강요』를 집필하기 시작해 1536년 3월 출판하였다.

1536년 여름 칼뱅은 스트라스부르크로 가던 중 프랑수아 1세와 카를 5세의 전쟁으로 인해 길이 막히자 우회하기 위해 제네바에 들렀다. 그때 제네바는 막 로마가톨릭 신앙을 떠나 프로테스탄트 신앙을 받아들였던 차였다(1536년 5월 21일). 당시 그곳에서 종교개혁 운동을 펼치고 있던 기욤 파렐은 『기독교강요』의 저자가 제네바에 머물고 있다는 소식을 듣고 밤중에 찾아가 칼뱅에게 제네바의 종교개혁 운동에 동참해 줄 것을 강권하였다.

여러 가지 이유를 들면서 완강하게 거부하던 칼뱅은 파렐이 하나님의 저주를 들먹이면서 압박하자 결국 운명의 도시인 제네바의 사역자가 되기로 마음을 정한다.

칼뱅은 제네바의 생피에르(St. Pierre) 교회에서 성경을 가르치는 교사로 시작하여, 얼마 후에는 목회자로 사역하였다. 칼뱅과 제네바의 목회자들은 제네바 교회의 개혁을 위해『신앙고백과 규율』과『교리문답』을 작성하였고, 이 문서들은 1537년 1월 16일 의회의 승인을 받았다. 이에 따라 제네바의 모든 거주민들은 신앙고백서에 서명해야만 하였다. 하지만 제네바의 토착세력들은 외부에서 온 목회자들이 주도하는 개혁운동에 강한 불만을 표출하면서 신앙고백서 자체를 거부하였다. 여기에 정치적인 문제까지 더해졌다. 제네바가 로마가톨릭의 멍에에서 벗어나는 데 결정적인 도움을 주었던 베른이 제네바의 과격한 개혁을 반대하면서, 제네바 교회가 폐지한 축일, 세례반, 성찬식에서의 무교병 사용 등의 관습을 복원하라고 요구해 온 것이다. 정치적인 빚을 지고 있던 제네바 의회는 베른의 눈치를 볼 수밖에 없었고, 결국 의회는 1538년 4월 22일 칼뱅과 파렐을 면직시키고 3일 안에 제네바를 떠날 것을 명하였다.

제네바를 떠나 얼마간 바젤에서 머물던 칼뱅은 스트라스부르의 종교개혁자 마르틴 부처의 초청으로 1538년 9월 초에 스트라스부르로 갔다. 거기서 칼뱅은 프랑스 피난민들이 모인 교회의 목회자로 일하면서, 스트라스부르 아카데미에서 신약성경을 가르치는 책임도 맡았다. 칼뱅은 목사, 교수, 저술가, 중재자로서 스트라스부르에 체류하던 이 시기가 자신의 인생에서 가장 행복한 때였다고 회고한다. 1540년에는 이들레트 드 뷔르(Idelette de Bure)와 결혼하여 가정을 꾸리지만, 안타깝게도 이들레트는 1549년 먼저 세상을 떠나고 말았다.

칼뱅이 스트라스부르에 머문 지 3년 만에 제네바 교회가 다시 그를 청하였고, 이때 칼뱅은 제네바로 돌아가느니 차라리 백번이고 십자가를 지는 편이 더 낫다면서 완강히 거절하였다. 그렇지만 파렐과 부처를 비롯한 동료들이 제네바 교회를 위해서 칼뱅이 꼭 필요하다면서 하나님의 이름으로 또 다시 강권하자, 결국 칼뱅은 자신의 뜻을 꺾고 제네바 행을 결심하면서 파렐에게 이렇게 써 보냈다. "만일 나에게 선택의 자유가 있다면 제네바로 돌아오라는 당신의 요구만은 정말 거절하고 싶지만, 내가 나의 주인이 아님을 돌이켜 생각하여 주님께 제물로 바치듯 내 마음을 즉시 그리고 진심으로 드립니다." 그리하여 마음을 바치는 손이 있는 그림이 칼뱅의 문장(紋章)이 되었다.

칼뱅은 다시 제네바로 돌아왔지만, 제네바가 개혁교회의 요람이 되기까지의 과정은 결코 순탄하지 않았다. 1541년부터 1555년까지 적어도 14년 동안 칼뱅은 폭풍이 휘몰아치는 것과 같은 험한 세월을 보내야만 했다. 칼뱅을 반대하는 세력들에게 제지를 받으면서도 모든 난관을 뚫고 칼뱅은 『교회법령』을 마련하여 예배의식과 교회의 제반 관습들을 개혁하고, 목회자와 평신도로 구성된 치리기구인 컨시스토리(Consistory)를 만들어 도덕을 바로세우고, 신학적 논쟁들을 통해 올바른 사상을 수립하고, 제네바아카데미를 통해 교육을 개혁하고, 종합구빈원과 프랑스기금을 통해 사회복지를 실천하는 등의 활동을 통해 제네바를 하나님의 말씀에 합당한 도시로 만들어 나갔다. 그 결과 1556년 제네바를 방문했던 스코틀랜드의 종교개혁자 존 녹스는 제네바를 보고 "사도 시대 이후 가장 완벽한 그리스도의 학교"라며 감탄하였다.

칼뱅은 1564년 5월 27일 숨을 거둘 때까지 제네바의 목회자로, 프로테스탄트 종교개혁의 지도자로, 교육자로, 신학자로 자신에게 맡겨진 소명을 감당하였다. 칼뱅이 끼친 영향은 단지 교회에만 국한된 것이 아니라 서구 사회 전체에 걸친 광범위한 것이었다. 그는 하나님의 교회와 하나님의 영광을 위해서 자신의 마음을 "즉시 그리고 진심으로" 바친 위대한 하나님의 사람이었다. 칼뱅의 『기독교강요』 맨 마지막에 있는 문장, "하나님을 찬양하라"는 그의 사상의 원천이자 삶의 목표였다. 칼뱅은 죽었지만 아직도 그의 사상과 정신은 온 세계 곳곳에 살아 있다.

III. 제네바의 『결혼법령』(1546)과 『교회법령』(1561)에
나타난 약혼, 결혼, 이혼

본 연구의 주제와 연관된 국내 선행연구는 대단히 미비하다. 이오갑과
김동주의 논문 정도가 본 연구주제와 느슨한 관련성을 가지고 있다.[3] 국외
선행연구로는 와트(Jeffrey R. Watt), 볼드윈(Claude-Marie Baldwin), 에머
슨(James G. Emerson, Jr.), 윗트(John Witte Jr.) 등의 연구가 있다.[4] 단행
본으로 출판된 것들 중에서 본 연구와 밀접한 관련을 갖는 것으로는 컨시
스토리 기록들 가운데 간통과 이혼의 사례를 모아 소개한 킹던(Robert M.
Kingdon)의 책과 16세기 제네바의 1차 사료들에 근거하여 당시의 구애, 약
혼, 결혼에 대해 윗트와 킹던이 정리한 책이 매우 유익한다.[5] 또한 현대 프
랑스어로 8권까지 출판된 컨시스토리 문서들, 제네바의 『결혼법령』(1545와
1546)과 『교회법령』(1541과 1561)이 본 연구의 중요한 길잡이가 될 것이다.
필자는 위와 같은 선행 연구의 결과물을 비판적으로 종합하고 재해석함으

---

3   이오갑, "칼뱅의 결혼관," 「신학논단」 제63집 (2011), 175-98. 이오갑, "칼뱅에 따른 성(性)문제들 -
    간음과 음란, 매매춘, 성병, 동성애를 중심으로," 「장신논단」 제40집 (2011), 234-57. 김동주, "칼빈
    의 결혼과 가정에 관한 소고," 「역사신학논총」 제6집 (2003), 157-75.

4   첫째로 Jeffrey R. Watt, "The Marriage Laws Calvin Drafted for Geneva," *Calvinus Sacrae Scrip-
    turae Professor: Calvin as Confessor of Holy Scripture*, ed. Wilhelm H. Neuser (Grand Rapids:
    William B. Eerdmans Publishing Company, 1990), 245-55는 제네바에서 결혼이 어떻게 성립되
    고 해소되는지를 1561년 『교회법령』에 기초하여 설명하고 있다. 둘째로 Claude-Marie Baldwin,
    "Marriage in Calvin's Sermons," *Calviniana: Ideas and Influence of Jean Calvin*, Sixteenth Centu-
    ry Essays & Studies Volume X, ed. Robert V. Schnucker (Kirksville, 1988), 121-29는 칼뱅의 설교
    분석을 통해 그가 결혼한 부부 사이의 위계질서와 상호책임성을 어떻게 조화시켰는지를 밝히고
    있다. 셋째로 James G. Emerson, Jr., "The Contribution of Geneva and the Reformation Period,"
    Divorce, the Church, and Remarriage (Philadelphia: The Westminster Press, 1961), 84-108는 칼
    뱅뿐만 아니라 16세기 종교개혁자들의 결혼과 이혼에 대한 원칙과 가르침을 폭넓게 논하고 있다.
    넷째로 John Witte Jr., "Between Sacrament and Contract: Marriage as Covenant in John Calvin's
    Geneva," *Calvin Theological Journal* 33/1 (April 1998), 9-75는 결혼의 의미가 중세와 종교개혁기
    와 현대에서 어떻게 다른지, 언약으로서의 결혼관을 가진 칼뱅의 입장이 어떤 것인지를 밝히고 있
    다. 결혼과 관련된 실제적 사례도 소개하고 있어 유익한 관점을 제공해 준다.

5   Robert M. Kingdon, *Adultery and Divorce in Calvin's Geneva* (Cambridge, MA: Harvard Uni-
    versity Press, 1995)와 John Witte Jr. and Robert M. Kingdon, *Sex, Marriage, and Family in John
    Calvin's Geneva: Courtship, Engagement, and Marriage*, vol. 1 (Grand Rapids: William B. Eerd-
    mans Publishing Company, 2005)를 참고하라.

로써 16세기 제네바의 사회상의 일면을 제시하고자 한다. 바라기는 종교
가 가족의 구성과 해체에 어떤 영향을 미치는지를 다루는 본 연구가 기독
교 신학의 테두리를 넘어 종교학, 사회학과 같은 연구에도 자극제가 되어
간학문적 토론이 일어나기를 원한다.

1. 약혼

칼뱅과 제네바의 개혁자들에게 약혼은 결혼만큼이나 중요한 언약이었
다. 16세기 프로테스탄트 도시 제네바에서는 약혼이 결혼에 이르는 과정
에서 구별된 단계로서 중요성을 지니게 되었다. 결혼에 이르기 위해서는
당사자들이 서로에게 매력을 느끼고 동의하는 것이 필수적이었기 때문이
다. 제네바에서 약혼과 결혼에 대한 자세한 법이 마련된 것은 1545년 11월
이었는데, 이듬해인 1546년 보다 체계적인 법령으로 모습을 갖추었다. 하
지만 1546년의『결혼법령』은 토착세력들의 반대에 부딪혀 공식적으로 채
택되지 못하였다. 그렇지만 이 법령은 제네바 컨시스토리와 소의회의 판
단에 있어서 사실상의 기준 역할을 하였고, 약간의 수정을 거쳐 1561년
『교회법령』에서 공식적인 승인을 받았다.

1546년『결혼법령』은 약혼을 자세하게 다루고 있다.[6] 약혼에서 무엇보
다 남녀의 자발적 동의가 필수적이었다. 남자가 건전한 정신으로 진실한
제안을 하면, 여자가 자발적 의사에 따라 그 제안을 받아들이고, 또한 좋
은 평판을 지닌 최소 두 사람의 증인이 있을 때 약혼이 성립되었다. 비밀
리에 이루어졌거나, 속임수를 사용하여 기습적으로 이루어졌거나, 혹은
술잔을 부딪치며 건배하다가 경솔하게 이루어졌거나[7], 강제적으로 행해진
약속은 무효였다. 약속하기에 너무 어린 나이의 남자나 여자, 즉 남자 20

---

6   "Marriage Ordinance(1546)," *Registres de la Compagnie des Pasteurs de Genève au temps de Cal-
vin*, ed. Jean-Francois Bergier and Robert M. Kindon, vol. 1 (Geneva, 1964), 30-38; John Witte
Jr. and Robert M. Kingdon, *Sex, Marriage, and Family in John Calvin's Geneva*, 51-61.

7   당시에는 이런 풍습이 있었기에 제네바의『결혼법령』에서도 이와 같은 술자리에서의 경솔한 약속
에 대한 금지가 나타난다.

세 그리고 여자 18세 이하일 경우에는 약혼을 할 수 없었으며,[8] 도시에 새로 온 사람의 경우도 그 사람됨을 알 수 있기까지 거주한지 1년이 지나기 이전에는 약혼을 할 수 없었다.

약혼에서 부모의 동의도 중요한 요소였다. 그 중에서도 아버지의 동의가 결정적으로 중요했다. 어머니의 동의는 아버지가 없을 때 그리고 다른 남자 친척이 어머니의 뜻에 동의할 때에라야 의미를 지녔다. 부모가 없을 때는 후견인 특히 남자 후견인의 동의가 중요했다. 이처럼 16세기 제네바는 여전히 남성 중심적인 위계 사회였다. 남자 20세, 여자 18세 이하의 경우 부모나 후견인의 동의가 없이 이루어진 약혼은 무효가 될 수 있었다. 나이가 그 이상일지라도 "결혼을 하려는 사람들은 언제나 아버지의 조언을 따르는 것이 더욱 적절하다"고 규정한다.[9] 그렇다고 하여 당사자들이 원하지 않는 약혼을 부모들이 강제해서는 안 된다. 부모의 동의는 어디까지나 당사자들의 동의에 대한 보완이지 대체는 아니었다.

약혼에서 교회와 국가의 동의도 중요한 역할을 했다. 약혼한 사람들은 소의회의 행정관에게 가서 등록을 하고 행정관의 서명이 있는 결혼예고장을 받아야 했고, 이 증명서를 지역 교회에 제출해야만 했다. 그러면 목회자는 적어도 3주 동안 교회의 강단에서 이들이 결혼할 것이라는 사실을 예고해야 했다. 이것은 두 사람의 결혼에 대한 다른 사람들의 동의와 반대를 청취하는 과정이었다. 이때 이 결혼에 반대하거나 이의가 있는 사람은 컨시스토리에 알려야 했는데, 반대는 제네바의 시민들만 할 수 있었다. 반대나 이의가 합당하다면 약혼이 연기되거나 무효가 될 수 있었다.

조지 버나드 쇼(George Bernard Shaw)는 약혼과 결혼 사이의 기간을 "위험한 간격"(perilous interval)이라 부른 바 있다.[10] 바로 이 기간에 서로는 성적으로 고조된 유혹에 직면하게 되고 자신의 선택이 정말 잘된 것인가 하는 고심을 하게 된다. 사랑하는 남녀는 혼전 성관계라는 유혹을 참지

---

8   1545년 초안에서는 남자 24세, 여자 20세였다.
9   "Marriage Ordinance (1546)," 52.
10   *Sex, Marriage, and Family in John Calvin's Geneva*, 414.

못하고 선을 넘게 되고, 고심하는 남녀는 이별에 의지하기 쉽고, 다투는 남녀는 결혼을 연기하는 결정을 하게 된다. 오늘날처럼 16세기에도 마찬가지였다. 때문에 16세기 제네바는 이 위험한 간격을 법령으로 규제하려고 하였다. 제네바에서 약혼한 남녀는 3-6주 안에 교회에서 결혼해야만 했다. 만일 약혼 후 결혼이 지연되면 두 사람은 컨시스토리에서 견책을 받게 되고, 그런데도 계속 끌게 되면 소의회는 강제적으로 결혼을 명령할 수 있었다. 만일 남자가 이유 없이 사라졌다면, 여자는 남자에게 1년간 매이게 된다. 만일 여자가 사라졌다면, 그것이 납치나 강제적 감금에 의한 것이 아니라면 남자는 즉시 약혼을 파기할 수 있다.[11] 이처럼 남녀 사이에 차이가 있었다.

약혼한 사이라고 할지라도 동거나 혼전 성관계는 엄격히 금지되었다. "친밀한 관계를 유지하라, 하지만 너무 지나치게 가까이 하지는 말아라."[12] 이것이 종교개혁 도시 제네바의 약혼자들을 위한 윤리였다. 약혼한 여자가 임신을 했다면 공개적 죄 고백을 해야 하며 결혼식 날 간음의 죄를 지었다는 표시로 베일을 써야 한다. 결혼식은 "정숙한 모임"으로 "그리스도인에게 합당한 단정함과 엄숙함을 유지해야"하고,[13] 상호 간의 또한 증인들의 맹세가 있고, 목회자의 설교와 축복이 따라야 한다.[14] 결혼식은 설교가 있는 주일 아침이나 오후 3시경 혹은 성서강해가 있는 평일에 회중들이 모인 가운데서 거행되었다. 성만찬이 있는 주일에는 결혼식이 거행되지 않았다. 이것은 성찬을 산만하지 않은 가운데 엄숙하게 거행하기 위함이었다.

중세 로마가톨릭교회법에서는 약혼의 장애물로 14가지 경우가 제시되었다. 미성년, 중복계약/중혼, 근친상간, 정신적 혹은 육체적 난치병, 2년

---

11 "Marriage Ordinance(1546)," 60.

12 *Sex, Marriage, and Family in John Calvin's Geneva*, 431.

13 "Marriage Ordinance(1546)," 55.

14 칼뱅은 1542년 결혼예식서를 마련하였고, 1545년에 전문과 본문을 갖춘 새로운 결혼예식서로 확장되었다. 결혼예식은 (1) 결혼에 대한 성서적 권면과 결혼의 의무, (2) 당사자와 회중의 동의와 상호 선서, (3) 축복, 기도, 권고의 3부분으로 진행되었다.

(특별한 경우는 3년) 이상의 유기, 결혼의 본질에 관련된 조건을 갖추지 못한 경우, 약혼 동의 기간의 만료, 학대, 육체적 간통, 상대방의 친척과의 성관계, 영적 간통(신앙의 포기, 이단, 배교), 남성이 성직자가 될 때, 양쪽 중 누구라도 수도회에 가입할 때, 상호 합의에 의해 계약이 파기된 경우가 약혼 무효의 사유가 될 수 있었다.[15] 하지만 제네바의 법령은 이것들 중 5가지만을 약혼무효 사유로 언급하고 있다. 미성년, 중복계약/중혼, 근친상간, 정신적 혹은 육체적 난치병, 육체적 유기가 그것이다. 특별히 서로가 합의하면 약혼이 파기될 수 있다는 중세 교회법의 마지막 조항은 지금 생각해도 놀랄만하다. 칼뱅은 이 조항을 제외함으로써 약혼의 약속이 쉽게 파기할 수 없는 "신성한 약속"임을 분명히 하고자하였다.[16]

그렇다고 하여 제네바가 법령에 제시되어 있는 경우 외에는 전적으로 꽉 막힌 입장만을 고수한 것은 아니었다. 예를 들어 심한 나이 차이는 약혼의 무효사유가 될 수 있었다. 1546년『결혼법령』에서는 이것을 약혼무효의 사유로 언급하고 있지 않지만, 컨시스토리는 이것을 이유로 약혼을 무효화시킨 경우들이 종종 있었다. 신앙고백의 차이도『결혼법령』에서는 언급하고 있지 않지만 실제로는 약혼무효의 사유가 되기도 했다. 이처럼 법의 문구에 자구적으로 매이기보다는 법의 정신에 근거하여 동적으로 해석하여 적용했던 것이다.

2. 결혼

칼뱅의 결혼에 대한 이해에서 가장 핵심적인 것은 언약 개념이다. 언약이란 남편과 아내 사이의, 사람들 사이의, 개인과 공동체 사이의, 하나님과 인간 사이의 약속이자 충성이다. 중세 시대를 거치면서 로마가톨릭 교회의 신학자들은 남편과 아내의 결합인 결혼을 교회의 영적인 법에 따

---

15   *Sex, Marriage, and Family in John Calvin's Geneva*, 33-34.
16   *Sex, Marriage, and Family in John Calvin's Geneva*, 43-44.

른 신앙의 성례로 만들었다. 그러나 칼뱅은 루터(Martin Luther)와 마찬가
지로 두 왕국 이론에 근거하여 성, 결혼, 가족은 천상의 왕국에 속한 성례
가 아니라 지상의 왕국에 속한 부분이라고 보았다.[17] 칼뱅은 결혼은 자녀
를 낳고, 음란을 치료하고, 남편과 아내 간의 사랑을 진작시키려고 하나님
이 정하신 선한 법이라고 믿었지만, 그것이 세례나 성찬처럼 하나님의 약
속을 확증해주거나 은혜를 전달해 주는 것은 아니라고 보았다. 비록 결혼
이 지상의 왕국에서 그리스도인의 삶의 올바른 양식이기는 하지만, 그것
이 사람을 구원하거나 영원한 지위를 갖는 것은 아니라는 것이다. 칼뱅이
성만찬이 있는 주일에는 결혼식을 하지 못하게 한 이유도 성례의 영예로
움이 침해되거나 비난당할 우려가 있기 때문이었다.

칼뱅은 결혼을 사람들 사이에 가볍게 체결하거나 파기할 수 있는 계약
(contract)으로 보는 것도 심각한 잘못이지만, 결혼을 성례(sacrament)로 만
든 것은 더 큰 오류이며 거짓이라고 보았다. 그는 로마가톨릭교회가 지상
의 영역에 속한 결혼 관할권을 찬탈하여 교회의 성례로 삼고, 나이가 어린
미성년자들이 부모의 동의 없이 비밀 결혼을 하는 것을 묵인하고, 국가의
법이 정한 것보다 더 많은 결혼의 장애물을 만들고, 가진 자들이나 권력자
들을 위해서는 결혼의 규율을 쉽게 만들어주고, 이혼과 재혼을 원천적으
로 금지시킨 것에 대해 신랄하게 비판하였다.[18] 칼뱅에게 있어서 결혼이란
계약과 성례의 중간쯤 위치하는 언약(covenant)이었다. 쉽고 가볍게 파기
할 수 있는 것은 아니지만 동시에 구원과 영원의 영역에 속하는 것도 아니
었다.

칼뱅에 따르면 하나님께서는 처음부터 인간을 사회적 피조물, 즉 서로
에게 끌리고 의존하는 존재로 창조하셨다. 결혼이란 서로 사랑하고, 위로
하고, 지지하기 위해, 성적인 죄와 유혹으로부터 서로 보호받기 위해, 자
녀를 낳고 양육하기 위해 허락하신 하나님의 선물이다. 따라서 결혼은 하

17 John Witte Jr., "Between Sacrament and Contract: Marriage as Covenant in John Calvin's Gene-va," 18.
18 "Between Sacrament and Contract," 19.

나님께서 제정하신 존귀한 제도이다. 그렇기 때문에 독신은 특별한 하나님의 은사를 가진 사람에게만 허락된 예외적인 것이지 일반적으로 권유할 의무가 아니다. 독신이라는 삶의 유형이 중세 로마가톨릭의 성직자나 수도사들에게는 매우 가치 있는 것으로 여겨졌겠지만, 이제는 자연스럽지 않은 것이며 대부분의 사람들에게 불가능한 것으로 여겨졌고 거부되었다. 이제 목회자들도 결혼을 하고 가정을 꾸렸다.

칼뱅도 스트라스부르에서 1540년 이들레트 드 뷔르(Idelette de Bure)와 결혼하였다. 칼뱅은 『기독교강요』에서 로마가톨릭 사제들의 독신법을 논박하면서 "로마교회의 사제들은 독신을 칭송하기 위해서 결혼을 감히 '오염'(pollution)이라 부른다. 하나님께서는 결혼의 제정이 자신의 존엄성과 상치된다고 여기지 않으셨으며(창2:22), 모든 사람들은 결혼을 영예로운 것이라 여기라고 가르치셨으며(히13:4), 그리스도께서도 친히 가나의 혼인잔치에 참석하셔서 축복(요2:2)하셨음에도 불구하고 그런 망언을 하고 있다."[19]고 말한다. 결혼을 경멸하고 독신을 조장하는 것은 하나님의 뜻에 대적하는 것이고, 음욕에 대한 구제책을 허락하신 하나님을 경멸하는 것이며, 자신에 대한 지나친 영적 교만이다.

제네바의 『결혼법령』은 중세 교회법학자들이 오랫동안 유효한 것으로 간주해왔던 소위 비밀결혼을 분명하게 거부하고 있다. 중세 때에도 결혼 예고나 사제의 축복 없이 결혼하는 것은 죄였지만, 위반자들이 "참회의 영적 처벌"을 받기만 하면 결혼은 유효한 것으로 인정되었다.[20] 그러나 이제는 당사자들의 분명한 동의, 미성년자인 경우에는 부모의 동의, 최소한 2명 이상의 증인들의 동의, 그리고 교회와 국가의 동의를 얻어야만 결혼할 수 있었다. 제네바에서 결혼은 더 이상 비밀스럽고 개인적인 일이 아니라 이제는 공개적이고 공동체적인 사안이었다.

---

19 ohn Calvin, *Institutes of the Christian Religion* (1559), ed. John T. McNeill, trans. Ford L. Battles, Library of Christian Classics vols. 20-21 (Philadelphia: The Westminster Press, 1960), 4권, 13장, 3절(이후로는 IV.13.3과 같이 표기한다).

20 effrey R. Watt, "The Marriage Laws Calvin Drafted for Geneva," 247.

칼뱅은 결혼이 하나님이 제정하신 거룩한 제도라고 믿었지만, 어떤 경우에도 무를 수 없는 절대적인 것은 아니라고 보았다. 제네바에서는 다음과 같은 몇 가지 경우에는 결혼이 무효가 될 수 있었다. 첫째로 남녀가 적절한 나이에 이르지 못한 미성년자들인 경우이다. 중세 교회법에서는 부모의 동의 없이 결혼할 수 있는 나이가 남자는 14살, 여자는 12살이었기 때문에 부모들도 모르는 많은 비밀결혼들이 이루어졌다. 칼뱅과 개혁자들은 이런 결혼은 부모를 공경하라는 계명을 위반하는 것이라 주장하였다. 따라서 칼뱅은 최소 남자는 24살, 여자는 20살 이전에는 아버지의 허락이 필요하다고 주장했다. 이후에 부모의 허락 없이 결혼할 수 있는 나이는 1546년 『결혼법령』에서 남자는 20살, 여자는 18살로 최종 변경되었다.[21] 둘째로 중복으로 약혼을 하거나 결혼한 경우이다.[22] 중혼은 창조질서를 침해한 것이며 율법과 복음의 명령을 범한 것으로 간주되어 심각하게 다루어졌다. 결혼예고가 3주 동안 교회에서 이루어져야 한다고 규정한 것도 혹시라도 있을 수 있는 중혼을 방지하려는 조처였다. 미성년이나 중혼의 경우 한쪽이 혹은 삼자가 무효 소송을 제기할 수 있었다. 미성년자는 장성할 때까지 결혼을 미루어야 하고, 중혼자는 엄격한 제재를 당했다. 셋째로 근친인 경우이다. 중세 로마가톨릭교회에서는 7촌 이내의 결혼은 금지했기 때문에, 3종(third cousins, 三從) 간의 결혼은 할 수 없었다. 칼뱅과 개혁자들은 이것이 너무 엄격하다고 판단하여 혈족이나 인척 관계로 인한 결혼의 장애를 축소시켰다. 칼뱅은 레위기를 따라 4촌(first cousins, 一從) 이내의 결혼만을 금지하였다.[23] 근친일 경우에도 당사자나 삼자가 문제제

---

21 "The Marriage Laws Calvin Drafted for Geneva," 247.

22 중혼과 관련된 칼뱅의 성서주석과 컨시스토리 사례는 *Sex, Marriage, and Family in John Calvin's Geneva*, 220-61을 참조하라.

23 "Marriage Ordinance(1546)," 56. 로마가톨릭교회의 라테란공의회(1215)에서는 결혼할 수 없는 근친관계를 4촌으로 바꾸기도 하였다. 하지만 지역의 대회나 교회법학자들은 5촌과 6촌으로 조금씩 확장하였다. 어떤 때는 이것이 결혼한 사람의 친족만이 아니라 간통을 범한 사람의 친족에게도 적용되었다. 심지어 대부모(代父母)에게도 적용하거나, 전직 수도사나 수녀와 친척, 성직자들의 불법적 자녀들 등으로 복잡하게 확장되었다. 제네바에서는 근친의 결혼을 금하는 법에 대해서 보다 체계적 연구를 한 사람은 테오도르 베즈(Théodore Bèze)였다. 혼인할 수 없는 근친관계에 대한 베즈의 표는 *Sex, Marriage, and Family in John Calvin's Geneva*, 332를 참고하라.

기를 할 수 있으며 무효가 되면 재혼할 수 있었다. 넷째로 정신적 혹은 육체적 난치병을 앓고 있는 경우이다. 어느 한쪽이 성행위를 할 수 없는 육체적 결함을 가지고 있으면서도 치료받기를 거부하거나, 전염성이 강한 중병을 앓고 있다면 결혼이 무효가 될 수 있었다. 다섯째는 남자나 여자 중 한쪽의 동의가 없는 경우이다. 약혼과 결혼에서 본인의 자발적 동의는 필수적이기 때문에 속임수나 강제에 의해서 이루어진 결혼은 무효가 되었다. 특별히 칼뱅은 결혼에서 여성의 동의를 옹호하는 데 열심이었다. 부모의 동의는 언제나 중요하기는 하지만, 적절한 나이를 넘긴 성인에게는 부모의 동의가 결혼의 필수요건은 아니었다. 어떤 부모도 당사자가 원하지 않는 결혼을 강제할 수는 없었다. 하지만 부모는 자신들의 뜻을 따르지 않고 결혼한 자녀들에게 상속을 박탈하거나 의절할 수는 있었다.[24] 여섯째로 동정이 아님이 밝혀진 경우이다. 칼뱅과 개혁자들은 결혼에서 성행위가 본질적 요소라고 보았기 때문에 성불능과 마찬가지로 순결의 결여도 결혼 무효의 요건이 될 수 있다고 보았다. 동정이 아니라는 것 자체가 성행위의 결정적 장애는 아니지만 상대방이 동정이라고 오해하도록 한 행위가 수치스러운 속임수였다. 이것은 여자가 약혼 후에 다른 남자에게 순결을 잃어버린 것보다 더 나쁜 것으로 여겨졌다. 칼뱅은 여자뿐만 아니라 남자의 경우도 마찬가지라고 생각했다.[25]

이처럼 제네바에서의 결혼은 합당하고 정당한 이유가 있을 때에만 제한적으로 무효가 될 수 있었다. 결혼지참금 마찰, 심한 나이 차이, 신앙고백의 차이 등은 당시로서는 매우 심각한 문제였지만 결혼을 무효화할 정도의 사안은 아니었다. 당시 결혼지참금은 대단히 중요한 것이어서 컨시스토리에 이것 때문에 결혼을 파기하겠다는 청원들이 제기되곤 하였지만, 칼뱅은 결혼지참금의 문제는 결혼의 언약을 파기할 충분한 이유가 되지 못한다고 생각했다.[26] 칼뱅은 결혼과 관련된 재산 논쟁은 컨시스토리가 아

24 "Marriage Ordinance(1546)," 53.
25 *Sex, Marriage, and Family in John Calvin's Geneva*, 262-63.
26 "The Marriage Laws Calvin Drafted for Geneva," 249.

니라 소의회에서 풀어야 할 문제이며, 결혼에서 재산 문제는 부수적이기 때문에 이를 이유로 결혼을 파기할 수는 없다고 보았다. 심한 나이 차이도 결혼을 무효화시킬 만한 요건은 못되었다. 하지만 제네바 컨시스토리는 심각한 나이 차이를 이유로 약혼을 무효화시킨 경우는 종종 있었다. 칼뱅은 나이 차이로 인한 약혼의 무효가 성서적 근거는 없지만, "자연의 법칙"(order of nature)과 "보편적 품위"(common decency)를 이유로 이것이 약혼 무효의 이유가 될 수도 있음을 인정했다.[27] 칼뱅은 자신이 존경하는 선배였던 기욤 파렐(Guillaume Farel)이 69세의 나이에 나이차가 많이 나는 루앙에서 피난 온 과부와 결혼한다는 소식에 마음이 불편하여 결혼식에 참석하지를 않았다.[28] 신앙고백이 다른 경우도 약혼무효나 결혼무효의 사안은 아니었다. 중세 시대에는 신앙의 차이가 결혼까지는 아니라 하더라도 약혼의 무효 요건이었다. 중세 로마가톨릭교회는 결혼을 성례 가운데 하나로 간주했기 때문에, 다른 신앙을 가진 사람 혹은 세례받지 않은 사람과의 결혼은 그 자체로 성례의 품격을 떨어뜨리는 것이며 은총의 통로에 결함을 초래하는 것이다. 그러나 프로테스탄트 도시 제네바에서는 결혼이 대단히 존엄한 것이기는 하지만 더 이상 성례는 아니었기 때문에, 신앙고백의 차이가 약혼이나 결혼의 무효 요건이 아니었다. 칼뱅은 프로테스탄트 신자들이 로마가톨릭, 정교회, 유대인, 무슬림, 불신자와 결혼하는 것은 경솔하고 어리석은 일이긴 하지만, 이미 결혼했거나 혹은 결혼 후에 한 쪽이 다른 신앙으로 개종했다면 그것을 이유로 헤어지기보다는 함께 머물러야 한다고 가르쳤다.[29] 오히려 복음을 전할 기회로 삼으라고 권고하였다. 칼뱅은 결혼이 거룩한 언약이기 때문에 경솔하게 파기되어서는 안 된

---

27 *Sex, Marriage, and Family in John Calvin's Geneva*, 278.

28 *Letters of John Calvin*, vol. III. ed. Jules Bonnet (New York: Burt Franklin, rep. 1972), 475. "나는 당신의 약혼식이나 결혼식에 참석할 수 없다고 분명하게 말했습니다. 한편으로는 그럴 형편이 되지 않기 때문이고 또 다른 한편으로는 그것이 적절하지 않다고 생각하기 때문입니다."(1558년 9월 파렐에게 보낸 편지).

29 *Sex, Marriage, and Family in John Calvin's Geneva*, 355. 그렇지만 츠빙글리는 믿지 않는 사람과 결혼한 사람은 이혼할 이유를 가지고 있는 것이라고 주장하였다. 츠빙글리는 불신앙은 간통보다 더 나쁜 것이기 때문에 이혼이 정당하다고 보았다. 츠빙글리와 부처의 견해를 위해서 "The Marriage Laws Calvin Drafted for Geneva," 253-54를 참고하라.

다는 사실을 분명하게 가르쳤다.

3. 이혼

칼뱅은 전통적인 비밀결혼을 반대한 것만큼이나 사적이고 은밀한 이혼에 대해서도 분명히 반대하였다. 제네바의 『결혼법령』과 『교회법령』은 결혼의 과정이 그렇듯이 이혼의 과정도 공개적이고 공동체적으로 진행되어야 한다고 규정한다. 무엇보다 칼뱅은 결혼무효와 이혼을 구별하였다. 앞에서 살펴본 것처럼 결혼 이전의 사건이나 조건 때문에 결혼생활, 즉 성생활을 유지할 수 없는 불가피한 상황이라면 결혼무효가 가능하였다. 그러나 이혼은 매우 제한적으로만 허용되었다. 중세 시대처럼 완성된 결혼은 절대 해소될 수 없다고 본 것은 아니었지만, 가능한 한 결혼의 언약은 지켜져야 한다고 보았다. 따라서 부부 간의 용서와 화해가 우선적으로 강조되었고 그것이 불가능한 경우에만 이혼과 재혼이 허락되었다.

16세기 제네바에서는 간통과 유기의 경우에만 이혼이 가능하였다. 간통은 성서가 분명하게 언급하고 있는 이혼의 유일한 사유이다. 간통은 "육체의 표정을 한 영적인 문제"였다.[30] 간통의 경우 남녀는 동등한 권리를 갖는다. 부부는 성적인 영역에서 상호의무가 있기 때문이다. 제네바의 『결혼법령』은 "이전에는 이혼의 경우 아내의 권리가 남편의 권리와 동등하지 않았다. 그러나 사도의 가르침에 따라 침대의 동거 의무가 상호적이며, 이 점에서 아내와 남편의 의무는 동등하다"[31]고 말한다. 칼뱅과 제네바의 개혁자들은 간통의 책임이 여성에게만 있다는 로마가톨릭의 교회법을 거부하고, 부부의 정절은 양측 모두의 의무임을 분명히 주장한다. 하지만 여성의 부정을 보다 더 심각한 죄라고 보는 경향은 여전하였다. 컨시스토리에서 여성보다 남성이 더 많이 부정한 성행위로 성찬금지를 당했지만, 여성

---

30   James G. Emerson, Jr., "The Contribution of Geneva and the Reformation Period," 99.

31   "Marriage Ordinance(1546)," 57.

보다 두 배나 많은 남성들이 간통을 이유로 이혼을 제소하였다. 컨시스토리는 여성의 경우에는 남편을 용서하라고 권했지만 반대의 경우에는 꼭 그렇지 않았다. 칼뱅의 동생인 앙투안 칼뱅의 경우도 아내의 불륜 때문에 1557년 이혼을 허락받았지만, 아내를 용서하라는 말은 한마디도 없었고 그 아내는 결국 제네바에서 추방을 당했다.[32]

만일 남편이나 아내가 상대방의 간통을 발각하거나 알게 되었다면 적시에 컨시스토리에 소송을 제기해야 한다. 그렇게 하지 않는 것은 용서의 표시로 받아들여져 소송이 기각될 수 있었다. 간통의 경우 소송이 진행되면 의회가 최종 선고를 하게 된다. 무죄한 쪽은 재혼할 수 있으며, 간통을 범한 사람은 형을 받는데, 보통은 단기간 투옥되지만 추방을 당하거나 악랄하고 반복적인 경우에는 익사형에 처해질 수도 있었다.[33]

제네바의 『결혼법령』은 유기의 경우, 고의적이든지 이유가 있든지, 이혼이 가능하다고 인정한다. 칼뱅은 오랫동안 함께 하지 못한 배우자가 죽은 것으로 추정될 때, 그리고 고의적으로 배우자를 유기했을 때 이혼할 수 있다고 주장하였다. 그러나 카라치올로(Galeace Caracciolo, 나폴리의 귀족이며 교황 바오로 4세의 조카의 아들)의 경우는 좀 독특했다.[34] 그는 프로테스탄트로 회심한 후 1551년 제네바로 왔지만, 로마가톨릭 신자인 그의 아내는 제네바로 오기를 거부하였다. 마침내 컨시스토리와 소의회는 비록 그의 아내가 살아 있고 비난을 받을 일도 없지만 유기를 이유로 그에게 이혼을 허락하였다. 실제로 부재와 유기는 여성들이 더 자주 제기했던 이혼의 사유였다. 왜냐하면 남성들이 여성보다 더 장기간 집을 비울 경우가 많았기

---

32 "The Marriage Laws Calvin Drafted for Geneva," 250-51. 칼뱅의 동생인 앙투안의 사례는 Robert M. Kingdon, *Adultery and Divorce in Calvin's Geneva*, 71-97쪽에 소개되어 있다.

33 어린이를 강간하거나 동성애와 같은 심각한 경우에는 죽임을 당할 수 있었다. E. William Monter는 자신의 논문 "Crime and Punishment in Calvin's Geneva, 1562," *Archiv für Reformationsgeschichte* 64 (1973), 281쪽에서 1562년 2월부터 1563년 2월까지의 범죄 재판 기록 197건을 분석하고 있다. 그 중에는 간통, 강간, 동성애와 같은 성범죄 41건이 포함되어 있다. 그 가운데 어린이를 강간한 3명 그리고 동성애를 범한 2명이 사형을 당하였고, 9명의 간통 피의자들이 추방을 당하였다. 성범죄와 관련된 폭넓은 유익한 정보를 원한다면 William G. Naphy, *Sex Crimes from Renaissance to Enlightenment* (Stroud, Gloucestershire/Charleston, S.C., 2002)를 참조하라.

34 "The Marriage Laws Calvin Drafted for Geneva," 252.

때문이다.

간통과 달리 유기의 경우에는 남녀의 차별이 있었다.[35] 남편이 합당한 이유로 집을 떠나 어떤 이유인지 모르지만 돌아오지 않거나 행방불명이 되었을 때, 아내는 재혼을 허락받으려면 10년을 기다려야 했다. 남편이 방탕하여 혹은 악한 의도로 떠났을 때, 아내는 1년을 기다려야 했다. 그 후에 교회의 목사와 시의 행정관에게 유기 사실을 격주로 세 차례 공고해 줄 것을 요청해야 했다. 그리고도 최종적으로 남편을 찾으려고 시도하고 돌아올 것을 요청해야 했다. 이 모든 것이 허사가 되었을 때 컨시스토리의 허락을 받아 이혼이 성립될 수 있었다. 그 사이에 남편이 나타나면 소송은 중단되고, 아내는 남편을 환대해야만 했다. 유기가 습관적으로 이루어진다면 남편은 투옥되고 아내는 이혼을 허락받을 수 있었다.

아내가 남편을 유기했을 경우에는 절차가 훨씬 단순하다. 첫째, 고의적 유기와 합법적 유기를 구별하지 않고 같이 취급한다. 둘째, 남편은 아내를 10년은 말할 것도 없고 1년도 기다릴 의무가 없다. 그리고 아내가 떠났다는 사실을 즉각 공고하고 이혼 요청을 할 수 있다. 셋째, 아내가 돌아오더라도 남편은 아내가 부정행위를 저질렀을 의심이 든다면 아내를 거부할 수 있다. 이때에는 컨시스토리가 아내가 떠나있을 동안의 행실을 조사하고, 부정행위가 확인되지 않으면 남편은 아내를 받아들여야 한다. 그러나 조그마한 의심이라도 든다면 남편의 손을 들어준다.

제네바 『결혼법령』은 간통과 유기 외의 이유로는 이혼을 허락하지 않았다. 칼뱅도 성격의 불일치나 심지어 학대조차도 이혼의 정당한 사유로 생각하지 않았다. 컨시스토리의 기록을 보면 한 남자가 아내를 심하게 학대하여 한쪽 눈을 실명하게 된 경우에만 예외적으로 남편과 아내가 떨어져 있는 것(별거, separation)을 허락하였다. 16세기 제네바에서는 아내가 남편에게 복종하는 것이 의무이며, 아내에 대한 남편의 육체적 체벌이 적절하기만 하다면 묵인될 수 있다고 여겨졌다. 칼뱅은 "프로테스탄트 아내

35　"Marriage Ordinance(1546)," 57-59.

가 로마가톨릭 남편에게 심하게 구타를 당했다 하더라도 그녀가 생명의 위협을 받는 것이 아니라면 그를 떠나서는 안 된다."[36]고 말하기까지 한다. 그렇지만 스트라스부르의 마르틴 부처(Martin Bucer)는 결혼의 목적은 출산이 아니며 오히려 동반자 정신이 그리스도교적 결혼의 가장 근본적 요소하고 주장하였다. 그렇기 때문에 정절, 상호적인 사랑, 함께 생활하는 것이 결혼생활의 본질이다. 따라서 부처는 간통이나 유기뿐만 아니라 학대와 심지어 "상호 동의와 상호 거절"도 이혼의 사유가 된다고 보았다.[37] 이러한 견해는 시대를 앞선 대단히 현대적인 주장이라고 할 수 있을 것이다.

종교개혁 이전에는 결혼무효나 별거는 가능했지만, 현대적 의미에서의 이혼은 불가능했다. 결혼이 성례이기 때문에 취소하거나 무를 수가 없었다. 따라서 종교개혁과 함께 비로소 드물었지만 이혼과 재혼이 합법적으로 가능해졌다. 종교개혁과 더불어 결혼에 대한 새로운 규범과 윤리와 문화가 생겨난 것이다. 이혼을 한 사람들은 이제 이전의 속박에서 벗어나고 재혼의 가능성을 갖게 되었다. 16세기 프로테스탄트 도시 제네바에서는 결혼, 이혼, 재혼 모두가 개인적 사안이라기보다는 공동체의 문제였고 관심사였다.

IV. 컨시스토리를 통해 살펴 본 제네바의 결혼과 이혼

결혼과 이혼을 포함한 가족 문제에 관한 한 제네바에서 가장 중요한 기관은 컨시스토리와 소의회이다. 소의회는 제네바의 정치 구조 가운데

---

36 Charmaire Jenkins Blaisdell, "Calvin's Letters to Women: The Courting of Ladies in High Places," *Sixteenth Century Journal* 13 (1982), 71.
37 "The Marriage Laws Calvin Drafted for Geneva," 254.

가장 핵심적이며 중요한 기구이다. 이것은 실질적 정부조직으로서 25명의 시민들로 구성된다. 중산층인 부르주아는 60인 의회나 200인 의회와 같은 다른 의회의 회원이 될 수는 있지만 25인 의회인 소의회의 회원이 될 수는 없다.[38] 소의회는 1주일에 3번 이상 빈번하게 모여 제네바의 중요한 일들을 처리하였다. 외국 정부와의 협상이나 공적인 일에서 정부를 대표했고, 형사재판을 주관했고, 성범죄에 관한 처벌을 관장했다. 뿐만 아니라 새로 약혼한 사람들의 결혼예고에 서명을 하는 것도 소의회의 행정장관(syndics)이었다. 행정장관은 소의회의 대표격으로 4명이 있었으며, 행정장관의 임기는 1년이고 연임할 수 없지만 4년이 지난 후에는 다시 선출되기도 했다. 소의회 의원들은 보통 매년 재선임되었고, 재선되지 못한 사람들은 수치로 여겼다. 소의회 의원들의 책임과 역할에 대해서는 1543년 칼뱅이 관여하여 작성된 공직자에 관한 법령에 상세하게 명시되어 있다.

제네바에서 발생하는 가족의 문제를 실제 다루는 기관은 컨시스토리였다. 컨시스토리는 1541년 칼뱅이 제네바로 귀환한 이후에 설립된 치리기구였다. 컨시스토리는 12명의 목회자와 소위 장로라 불리는 12명의 평신도 의원들(2명은 소의회에서, 4명은 60인회에서, 6명은 200인회에서)이 참여했다. 컨시스토리의 위원장은 소의회의 행정장관들 중 한 사람이 맡았다. 그리고 기록을 담당하는 서기 1명과 소환을 담당하는 책임자 1명이 있었다. 컨시스토리는 매주 목요일 모여 제네바의 가정, 교회, 사회에서 일어나는 제반 윤리적 문제를 다루었다. 제네바의 『교회법령』은 컨시스토리를 섬기는 지도자들에게 높은 도덕적 기준을 요구하였다.

---

38 16세기 제네바의 정치구조는 25인 소의회, 60인 의회, 200인 의회, 총회로 구성되어 있었다. 60인 의회는 소의회의 요청에 따라 외국 정부와의 관계 같은 문제들을 다루기 위해 소집되었다. 200인 의회는 베른의 제도를 모방하여 만든 것으로 역시 소의회의 요청에 따라 이따금 회집되어 중요한 문제들을 다루었다. 소의회가 채택한 법령들을 비준하거나, 소의회의 판결에 불복하여 항소한 사람들의 문제를 다루는 등 유익한 안전장치의 역할을 했다. 총회는 이론상으로는 20세 이상의 모든 남자 성인 주민들로 이루어지며, 실제로는 시민과 부르주아의 특권계층이 활동하는 회였다. 총회는 1년에 2차례 모여 공직자를 선출하고, 특별히 중요한 법이나 결정을 비준하였다. 예를 들면 1536년 종교개혁을 받아들여 로마가톨릭의 관습을 버리고 복음적 법을 따라 프로테스탄트 도시가 될 것을 결정하는 일, 1541년 『교회법령』을 통해 개혁교회의 구조를 만드는 일 등이다. 제네바의 정치조직에 대한 간략한 설명은 *Sex, Marriage, and Family in John Calvin's Geneva*, 62-71을 참조하라.

결혼의 형성, 유지, 해소와 관련된 문제들이 종교개혁 이전에는 교회 감독의 법정에서 다루어졌지만, 이제는 교회의 권위와 정부의 권위가 결합된 컨시스토리에서 다루어졌다. 프로테스탄트 종교개혁과 더불어 성 윤리에도 변화가 일어났는데, 이제는 독신이나 매춘 같은 삶의 유형이 바람직하지 못한 것으로 간주되었고 일부일처의 가정을 꾸리는 것이 하나님이 뜻을 따르는 길이 되었다. 그동안 미화되어 왔던 독신이 이제는 부자연스러운 것으로 받아들여졌으며, 목회자들도 결혼하는 것이 자연스럽게 되었다. 종교개혁 이전에는 불가피하다고 생각하여 허용했던 매춘도 이제는 금지되었다.[39]

컨시스토리는 성, 결혼, 가정의 문제에서 무엇보다 먼저 당사자들의 화해를 위해 많은 노력을 기울였다. 재판하고 처벌하기보다는 권고(admonition)하고, 충고(remonstrance)하고, 화해(reconciliation)시키는 것이 먼저였다.[40] 예를 들어 이혼 청원의 경우 컨시스토리는 보통 그 청원을 곧바로 받아들이기보다는 다시 화해할 수 있도록 시도하였다. 오늘날로 말하자면 숙려기간을 갖게 하거나 조정의 역할을 했다. 그렇게 하여 서로 간의 문제가 해결되면 예배 시간에 공개적으로 화해의 절차를 밟도록 했다. 사안에 따라서 공개적 참회나 보상을 명할 때도 있었다. 컨시스토리의 조정 결정을 완고하게 거부할 때는 성만찬 참여를 하지 못하도록 금지령을 내렸다. 성찬금지를 당한 사람들은 대부/대모가 될 수 없고, 결혼할 수 없으며, 구제를 받거나 종합구빈원에 입소할 수 없었다. 그래도 회복하려고 노력하지 않는 사람들에 대해서는 1541년 『교회법령』은 컨시스토리가 그들을 교회에서 분리시키고 소의회에 고발할 것을 말하고 있다. 이것은 사

---

39 종교개혁 이전 매춘은 불가피한 것으로 혹은 필요악으로 간주되었다. 특히 큰 규모의 박람회 일로 도시를 방문하는 상인들에게 꼭 필요한 서비스로 간주되었다. 따라서 제네바를 포함한 많은 도시들이 매춘을 허용하였고 도시의 정부가 이를 통제하였다. 매춘 종사자들은 도시의 정해진 지역에 살면서 명예로운 주부들과 구별하기 위해 특별한 복장을 입었다. 10대 남자 청소년들로부터 떨어져 살도록 조처되었으며 공중목욕탕에서 그리고 일정한 날과 시간에만 유혹할 수 있도록 제한되었다. 그러나 종교개혁 이후 매춘은 전면 금지되었다. 특히 결혼한 여성의 매춘은 매우 엄격한 처리되었다. 남편에 의해 용서를 받았다고 해도 마찬가지였다. 1560년 이후에는 매춘을 한 사람들 중 일부가 사형을 당하기도 했다. *Sex, Marriage, and Family in John Calvin's Geneva*, 72-73.

40 *Sex, Marriage, and Family in John Calvin's Geneva*, 67-68.

실상 파문(excommunication)을 의미하였다. 파문은 그 부정적 함의 때문에 실제로 거의 실행되지 않았다. 성찬금지는 치리를 위한 일반적 수단이었지만, 파문은 매우 드물었다. 예를 들어 1560-1564년 동안 컨시스토리는 거의 40명에게 성찬금지를 선언한 것에 반해, 단 1명만 파문하였다. 컨시스토리에는 이 이상의 법적 권한이 부여되지는 않았다. 파문 이상의 형사적 처벌을 해야 할 경우에는 소의회로 문제를 이관해야만 했다. 이런 점에서 컨시스토리는 공식적인 재판 권위를 가진 법정이라기보다는 일종의 예심법원 혹은 대배심의 역할을 하였다. 그래서 우리는 종종 지난 목요일 있었던 컨시스토리에서 이관된 사건들이 월요일 소의회의 처리예정 목록에 올라와 있는 것을 확인하게 된다.

소의회로 사건이 이관되면 당사자와 증인들은 소환되어 조사를 받게 된다. 비교적 경미한 사안이라면 며칠 동안의 투옥이나 벌금형에 그쳤지만, 심각하고 반복적인 범죄에 해당할 때에는 극단적인 경우 사형에 처해질 수도 있었다.[41] 복잡한 사안인 경우 다시 컨시스토리로 돌려보내는 경우도 있었다. 그럴 때에는 컨시스토리에서 건의안을 작성한 후 소의회에 출두하여 컨시스토리의 입장을 전하기도 했다. 소의회의 판결문은 공개적으로 낭독되었다. 판결에 불복하는 피의자는 200인 의회에 항소할 수는 있었지만, 제네바 밖의 권위에 항소할 수는 없었다. 공국이나 황제나 교황의 법정에 항소하는 것은 허용되지 않았다. 처벌은 공개적 부끄러움, 벌금, 추방, 신체형, 극악한 경우에는 사형 등이었다.

윗트와 킹던은 컨시스토리에서 성, 결혼, 가족과 관련된 사건들을 어떻게 처리했는지를 살펴보기 위해 제네바 종교개혁에서 중요한 3년을 표본으로 선택하여 분석하고 있다. 이들이 선택한 해는 『결혼법령』이 개정된 1546년, 컨시스토리와 칼뱅의 지도력이 심각하게 도전을 받고 프랑스 난

---

41 예를 들어 악의적이고 반복적인 간통이라면 1560년 이후 제네바에서는 사형에 처하는 경우가 있었다. 아동을 대상으로 한 성범죄나 수간(獸姦)이나 동성애의 경우도 마찬가지였다. 이처럼 명백하고 심각한 성범죄는 대부분 컨시스토리를 거치지 않고 곧바로 소의회로 보내졌다. 오늘날과 비교해 본다면 16세기의 성범죄에 대한 처벌은 훨씬 엄격했다.

민이 급격히 유입된 1552년, 칼뱅과 동료들의 지도력이 최고조에 달한 1557년이다.[42] 컨시스토리에서 다룬 성, 결혼, 가족과 관련된 중요한 사건 유형은 간통/간음, 유기, 다른 성적 부도덕, 강간이나 성폭행, 논란이 있는 약속, 다른 신앙을 가진 사람과의 결혼, 부부/가족 간 다툼, 낙태, 세례 문제, 학교문제, 아동/가정부 학대, 부모에게 불순종, 아내 폭행, 이혼 등이었다. 컨시스토리는 이 문제들을 권고로 해결하거나, 성찬금지를 선언하거나, 중대한 사항은 소의회로 이관하였다.

선택된 3년의 컨시스토리의 사건 처리를 분석해 보면 다음과 같이 정리할 수 있다. 첫째, 컨시스토리가 성, 결혼, 가족의 문제만을 다룬 것은 아니지만, 그래도 가장 많은 사건은 역시 이와 관련된 문제였다. 컨시스토리에서 다룬 사건들 중 대략 60%가 성, 결혼, 가족의 문제였다. 1546년 182건에서 1552년 253건, 1557년 323건으로 늘어난 것은 한편으로는 인구의 증가 때문이기도 하겠지만 다른 한편으로는 컨시스토리가 점차 적극적으로 활동했음을 말해준다. 둘째, 뒤로 갈수록 영적 처벌의 엄격함이 증대되었다. 1546년의 경우 대체로 권고 수준에서 문제가 해결되었고, 182건 중에서 성찬금지는 5건에 불과했다. 그러나 1552년에는 253건 중에서 성찬금지가 36건이었고, 1557년에는 323건 중에서 성찬금지가 114건이나 된다. 반면 권고로 해결하는 경우는 비율적으로 볼 때 줄어들었다. 셋째, 컨시스토리는 성윤리와 관련하여 거의 파문을 명하지 않았다. 1546년이나 1552년에는 파문이 전혀 없었으며, 1557년에만 10건이 있다. 심각한 성범죄의 경우에만 공동체에서 추방되는 파문을 당했는데, 이것마저도 컨시스토리가 직접 명하는 것이 아니라 소의회의 소관이었다. 컨시스토리는 성찬금지를 내리는 것으로 만족했으며, 이를 통해 회개와 화해의 가능성을 남겨두고자 하였다. 이는 치리의 근본 목적에도 부합하는 행위였다. 넷째, 컨시스토리는 영적인 제재를 통해 대개 절반의 사건 정도만 해결했고, 사

---

[42] *Sex, Marriage, and Family in John Calvin's Geneva*, 75-76쪽의 표를 참고하라. 비록 이 표들이 통계에 있어 혼란을 보이고 있긴 하지만, 컨시스토리에서 다룬 소송의 유형의 흐름을 파악하는 데는 어려움이 없다.

안이 중대한 나머지 사건들은 법적 처벌을 위해 소의회로 이관하였다. 다섯째, 간통이나 간음, 성적 부도덕, 가족 간 다툼의 사건이 절대적 수치로는 비슷해 보이지만, 상대적인 비율로 보면 크게 하락한 것이다. 이것은 제네바 컨시스토리의 효력과 영향력을 입증하는 것이다. 동시에 컨시스토리가 성윤리에 관해 보다 활발하게 활동을 펼쳤음을 알 수 있다.

V. 결론

16세기 프로테스탄트 도시 제네바를 위해 칼뱅이 제안한 『결혼법령』과 『교회법령』은 이전과 달리 여러 가지 면에서 진전을 보였다. 결혼을 성례나 계약이 아니라 언약으로 파악한 것, 부모의 강압에 의한 강제적 약혼이나 결혼에서 자녀들을 보호한 것, 비밀결혼이나 경솔한 약혼을 금지한 것, 당사자와 부모의 동의뿐만 아니라 증인들의 동의를 얻도록 한 것, 약혼·결혼·이혼의 과정에서 공동체의 감시와 참여를 강조한 것, 국가에 결혼을 등록하고 교회의 축복을 받도록 한 것, 부부의 화해와 용서를 강조한 것, 부부 사이에 각방을 사용하는 것을 금하고 떨어져 살지 못하도록 한 것, 성불능이나 전염병과 같은 불가피한 사유가 있을 경우에는 결혼무효를 인정한 것, 간통으로 인한 이혼의 경우 남녀의 상호평등을 주장한 것 등은 중세 시대와는 분명하게 구별되는 측면들이다.

동시에 분명한 시대적 한계도 있었다. 약혼과 결혼 문제에서 부모의 동의를 말할 때 아버지의 동의를 중시한 것, 유기로 인한 이혼 조건에서 남녀가 불평등한 것, 학대를 금지하기는 했지만 이혼 사유로는 인정하지 않는 것 등은 오늘날의 관점에서 보면 약점이요 한계라 할 것이다. 그래서 앙드레 비엘레는 16세기 제네바의 『결혼법령』을 "차별적 평등"(differential equality)이라 부른다. 어떤 측면에서는 진취적인 평등으로 제네바는 "여성들의 천국"이라 불렸고, 또 다른 측면에서는 퇴보적인 남성중심주의로 인해 제네바는 "여성의 심연"이라 묘사되기도 했다.[43] 앞으로 이 주제와 관련하여 남은 과제가 있다면 제네바의 결혼과 이혼 소송을 직접 다룬 컨시스토리와 소의회의 문서에 대한 보다 광범위하고 자세한 분석이다. 또한 제네바에 큰 반향을 불러일으킨 구체적 소송 사례들을 살펴보고, 그것이 프로테스탄트 정신하에서 어떻게 처리되었는지, 어떤 결과를 낳았는지에 대한 사례연구들이 필요할 것이다.

분명 16세기 제네바의 결혼과 이혼 문제에서 남녀는 차별이 있었다. 칼뱅의 설교들을 살펴보면 그는 결혼의 위계질서를 주장하고 있다. 남자가 가장 탁월한 위치에 있고 여자는 남자 아래에 있고 여자 아래에 짐승들이 있다고 말하면서 여자들은 중간 위치에 있는 것으로 만족해야 한다고 말한다. 또한 하와의 최초의 죄에 대한 형벌로 여자들은 자신들에게 부과된 복종을 겸손하게 감당해야 한다고 말한다.[44] 오늘날의 관점에서 보면 칼뱅은 대단히 성차별적인 인식과 발언을 하고 있는 것이다. 다행히도 또 다른 설교에서 칼뱅은 결혼의 상호책임성을 말함으로써 논조의 균형을 어느 정도 잡고 있다.[45] 칼뱅은 에베소서 5장 22-26절 주석에서 "분명한 것은 사랑이 다스리는 곳에는 상호복종이 있다"고 말함으로써 자신의 성차별적 견해를 성서적 관점에 의해 조절하고 있다.[46] 이렇게 함으로써 그는 엄격한 위계질서와 엄격한 상호책임 사이에서 그 나름의 균형을 잡으려하고 있다. 또 한 가지 굳이 칼뱅을 변호하자면 그는 21세기 사람이 아니라 16세기 사람이라는 사실이다. 누구든지 시대적 환경에서 자유로울 수는 없다. 그렇기 때문에 우리는 오늘날의 가치관과 시각을 가지고 섣부르게

---

[43] André Biéler, *L'Homme et la femme dans la Morale Calviniste* (Geneva: Labor et Fides, 1963), 36. "Between Sacrament and Contract," 32-33에서 인용.

[44] Claude-Marie Baldwin, "Marriage in Calvin's Sermons," 122-23. 칼뱅의 디모데전서 2장 12-14절 설교와 고린도전서 11장 4-10절 설교를 참조하라.

[45] "Marriage in Calvin's Sermons," 127-29. 칼뱅의 에베소서 5장 22-26절 설교를 참조하라.

[46] 칼뱅의 에베소서 5장 22-26절 주석. 칼뱅의 주석은 John Calvin, *Calvin's Commentaries*, 22 vols. (Grand Rapids: Baker Books, 1974)에서 인용한다.

과거의 사건이나 인물을 재단(裁斷)하거나 판단해서는 안 되고 역사적 맥락의 차이에 따른 비판적 거리(critical distance)를 유지하면서 재해석해야 한다. 16세기에는 여성의 지위가 오늘날과는 매우 달랐다는 점을 기억해야 할 것이다.

필자가 16세기 프로테스탄트 종교개혁의 중심지 제네바의 결혼과 가족의 문제에 관심을 가진 이유는 사실상 오늘날 가족의 위기를 겪고 있는 한국사회가 16세기 제네바로부터 어떤 통찰력을 얻을 수 있지 않을까 하는 현실적이고 실존적인 필요 때문이었다. 칼뱅은 적어도 결혼이 당사자와 부모와 교회와 사회의 동의에 바탕을 둔 신성하고 엄숙한 언약이 되기를 바랐다. 그렇기 때문에 가능한 한 이혼하지 않도록 권고하고 충고하고 조정하였다. 물론 간통이나 유기와 같이 결혼생활을 지속할 수 없는 근본적인 문제가 발생했을 때에는 불가피한 이혼을 허용했지만, 그 외의 많은 부부 문제에 대해서는 이혼이라는 극단적 방식보다는 인내와 용서와 화해를 추구하였다. 이혼율이 가파르게 증가하면서 가족해체로 인한 심각한 사회문제를 겪고 있는 우리로서는 결혼이 하나님과 공동체와 서로에 대한 신성하고 엄숙한 언약이라는 칼뱅의 주장에 다시 주의를 기울일 필요가 있다. 특히 부부가 각방을 사용하지 못하도록 하고, 부부가 서로 떨어져서 살지 못하도록 한 것은 오늘날 여러 가지 현실적 이유 때문에 '기러기'로 살아가는 사람들에게 정작 중요한 것이 무엇인지를 다시 생각하도록 한다.

가족은 사회를 구성하는 기본적인 단위이며, 가족을 이루는 가장 필수적인 단위는 결혼을 통해 맺어진 부부이다. 건강한 남편과 아내의 관계는 건강한 가족을 만들고, 건강한 가족은 건강한 사회와 공동체를 형성한다. 다시 말해 결혼을 하고 이혼을 하고 재혼을 하는 것은 단지 개인의 문제가 아니라 사회적 문제인 것이다. 종교는 사회를 통합시키는 역할과 변화시키는 역할을 동시에 수행한다. 건강한 가족을 만들어 사회가 안정되도록 하는 통합적 역할과 현재 당면한 가족의 위기와 문제들에 대한 올바른 방향제시를 통해 사회를 변화시키는 역할을 동시에 수행해야 할 의무가 종교에 있다. 앞으로 한국교회가 교회 안의 문제만이 아니라 교회 밖의 사회적 이슈들에 대해서도 적극적이고 건설적인 방향제시와 대안제시를 통해 하나님 나라의 가치를 이 땅 위에서 실현해야 할 책임을 지고 있는 것이다.

제 8 장

16세기 제네바의
여성 종교개혁자 마리 당티에르의
『편지』에 나타난 이중의 개혁사상

* 본 글은 「한국교회사학회지」 49집 (2018), 45-80쪽에 게재된 것입니다.

I. 서론

　　제네바대학교의 한쪽에 있는 바스티옹 공원에는 제네바 종교개혁을 기념하는 거대한 조형물이 있다. 이 종교개혁 기념조형물은 제네바의 개혁자 장 칼뱅 탄생 400주년과 제네바아카데미 설립 350주년인 1909년에 착공하여 1917년에 완성되었다. 가로 100m, 세로 10m의 거대한 기념조형물의 한 가운데에는 제네바 종교개혁을 이끌었던 파렐, 칼뱅, 베즈, 녹스 네 사람이 서 있고 양 옆으로는 제네바 종교개혁의 유산을 이어받아 실천했던 프리드리히 빌헬름(독일), 빌럼 판 오라녜(네덜란드), 가스파르 드 콜리니(프랑스), 로저 윌리엄스(미국), 올리버 크롬웰(잉글랜드), 이슈트반 보츠카이(헝가리)의 동상이 있다. 왼편 끝에는 제네바가 프로테스탄트 종교개혁을 공식적으로 받아들인 1536년 5월 21일이 새겨져 있고, 오른편 끝에는 사보이의 공격으로부터 제네바를 보호하고 독립을 지킨 1602년 12월 12일이 새겨져 있다. 그리고 제네바 종교개혁의 표어인 "어두움 후의 빛"(Post Tenebras Lux)이라는 문구도 조각되어 있다.

　　종교개혁 기념조형물 앞에는 두 개의 화강암 기념석이 있는데 그곳에는 루터와 츠빙글리의 이름이 새겨져 있다. 이것은 제네바의 종교개혁이 루터와 츠빙글리라는 선구적 개혁자들의 영향을 받았음을 말해주는 것이다. 그런데 루터의 이름이 새겨져 있는 화강암 측면을 보면 피에르 발도, 존 위클리프, 얀 후스의 이름이 적혀 있다. 루터도 이 세 선배의 영향을 받앉음을 보여주는 것이다. 우리의 눈길을 끄는 것은 츠빙글리의 이름이 새겨져 있는 화강암 측면에 적혀 있는 마리 당티에르(Marie Dentière)라는 여성이다. 기념조형물 전체를 통틀어도 유일한 여성의 이름이다. 어떻게 여기에 마리 당티에르라는 여성의 이름이 기록될 수 있었을까?

제네바 종교개혁 기념조형물이 만들어졌던 20세기 초에는 마리의 이름이 없었다. 그러나 거의 한 세기가 지난 뒤인 2002년에 마리의 이름이 기념조형물에 새롭게 새겨질 수 있었다. 이것은 최근에야 여성의 역할과 지위에 대한 인식이 긍정적으로 변화되었기 때문에 가능해진 일이었다. 동시에 마리 당티에르라는 한 여성이 16세기 제네바 종교개혁에 미친 영향이 결코 작지 않았음을 새롭게 발견한 결과였다. 마리는 칼뱅보다 먼저 제네바에 도착하여 프로테스탄트 종교개혁을 기록하고 전파하고 외쳤던 역사가요 논객이요 설교자였다. 하지만 마리의 성별 때문에 오랫동안 그녀는 잊힌 존재였다. 그녀가 무엇을 말하였고, 어떻게 살았는지를 밝히는 것은 가려졌던 역사를 복원하는 작업이며, 사라졌던 목소리를 되살리는 것이다.

필자는 먼저 마리 당티에르가 활동했던 16세기 제네바의 역사적 상황을 개관할 것이다. 왜냐하면 마리의 개혁 사상과 실천은 16세기 제네바라는 구체적 상황과 동떨어진 것이 아니기 때문이다. 당시의 제네바의 역사적 맥락을 아는 것은 마리의 사상을 이해하는 중요한 첫걸음이 될 것이다. 그런 다음 필자는 마리의 대표적 저술인 『편지』에 주목할 것이다. 『편지』의 배경, 내용, 중심사상 등을 살펴보면서 마리가 프로테스탄트 종교개혁자인 동시에 페미니스트였음을 논증할 것이다. 또한 제네바의 대표적 개혁자였던 칼뱅과 마리의 관계에 대해서도 살펴볼 것이다. 마리 당티에르라는 여성의 목소리를 복원함으로써 그동안 묻혀 있던 16세기 여성 개혁자의 새로운 면모를 발견하고, 이를 통해 종교개혁을 보다 온전하고 균형 있게 해석할 수 있는 계기가 되기를 기대한다.

Ⅱ. 16세기 제네바의 상황

어떤 사상이나 운동이든지 그것이 진공상태에서 시작된 것이 아니라, 그것이 발생하고 발전할 수밖에 없는 구체적인 상황이 있기 마련이다. 제네바의 종교개혁도 제네바의 역사적, 사회적, 문화적 배경을 토양으로 하여 시작된 것이다. 그렇다면 16세기 제네바의 종교개혁을 이해하기 위해서는 제네바가 어떤 도시였는가를 질문해야 한다.

종교개혁이 일어나기 이전의 제네바는 종교적인 관점에서 보면 주교의 통치권 아래 있는 도시였고, 정치적 관점에서는 사보이 공작의 영향력 아래 있었다. 제네바의 주교는 오랫동안 사보이 궁정과 밀접한 연관을 맺고 있었다. 따라서 제네바의 종교개혁은 "주교와 사보이 가문의 동맹체제에 대항한 반란으로"[1] 간주 될 수 있다. 일단의 제네바 애국자들은 사보이의 권력에 저항하기 위해 1526년 2월 20일 프리부르와 베른과 동맹협상을 체결하는 결의안을 통과시켰다. 후일 프리부르는 로마가톨릭의 원조를 받아들이면서 동맹에서 탈퇴했지만, 베른은 제네바 종교개혁의 전개과정에서 가장 중요한 영향력을 행사하였다. 특히 베른이 1528년 츠빙글리의 개혁을 채택한 것은 제네바의 종교개혁에 직접적인 영향을 미쳤다.

1532년 가을에 파렐이 제네바에 도착하면서, 프랑스 피난민들이 세운 복음주의 공동체가 제네바에 생겨났다. 1533년 1월 1일에는 후에 마리 당티에르와 결혼하게 될 앙투안 프로망이 제네바의 몰라르(Molard) 광장에 운집한 군중들 앞에서 최초의 공개적 개혁신앙 설교를 했고, 같은 해 성금요일에는 개혁파 사람들이 모여 공개적 예배를 드렸다. 1534년 1월에는 파렐과 비레(Pierre Viret)가 도미니크 수도승이자 소르본의 신학박사인 피르비티(Guy Furbity)에게 반대하여 공개논쟁을 벌이기도 했다. 1535년 마

---

1   Robert Kingdon, "Was the Protestant Reformation a Revolution?: The Case of Geneva," *Transition and Revolution*, ed. Robert Kingdon (Minneapolis, Minnesota: Burgess Publishing Company, 1974), 64.

리와 프로망 부부는 제네바에 정착하여 종교개혁 운동에 동참하였다. 마침내 1536년 5월 21일 주일날 제네바 시민들은 하나님의 말씀에 따라 살고 우상숭배를 버릴 것을 맹세하였다.[2] 이로써 제네바의 정치적이며 종교적인 혁명이 완성되었다. 그리고 몇 달 지나지 않은 1536년 9월에 파렐의 강권에 의해 칼뱅이 제네바의 개혁자로 합류하게 된다.

제네바가 프로테스탄트 도시로 돌아선 지 얼마 지나지 않은 1536년 8월 25일 파렐과 마리가 수녀원의 수녀들을 개종시키기 위해 가난한 클라라수녀회를 찾아간 적이 있었다. 이때 마리는 수녀원장인 잔 드 주시(Jeanne de Jussie)와 논쟁을 벌였다. "아, 가련한 사람들, 당신들이 잘생긴 남편 옆에 있는 것이 얼마나 좋은 것인지 알기만 한다면, 그리고 하나님께서 그것을 얼마나 기뻐하시는지 알기만 한다면 좋을 텐데. 나도 오랫동안 당신들이 있는 곳과 같은 그런 어둠과 위선 속에 있었지만, 오직 하나님께서 나로 하여금 내 비참한 삶의 오욕을 깨닫게 해주셨고 나는 진리의 참 빛으로 나아왔다."[3] 마리는 자신도 전에 "어둠과 위선" 가운데 있었지만, "진리의 참 빛"으로 나온 것처럼, 수녀들도 어둠에서 빛으로 나올 것을 강력하게 권하였다. 그러나 잔 드 주시는 "그 무리 중에 주름지고 악마적인 말들을 쏟아내는 거짓 수녀 한 사람이 있는데, 남편과 아이들을 두고 있는 피카르디의 마리 당티에르라 하는 자로, 설교를 하면서 사람들로 하여금 신앙에서 벗어나도록 하는 일에 관여하고 있다."고 되받았다.[4] 수녀원을 둘러싼 로마가톨릭과 프로테스탄트 진영의 충돌을 잔과 마리를 통해 바라볼 수 있는 이야기이다.

비록 제네바가 자신의 새로운 신앙으로 프로테스탄트 사상을 받아들이기는 했지만, 프로테스탄티즘이 제네바 토양에 뿌리내리는 것은 결코 쉬운 일이 아니었다. 파렐과 칼뱅은 교회치리에 관한 계획을 입안하여 제

2　John T. McNeill, *The History and Character of Calvinism* (New York: Oxford University Press, 1954), 135.

3　Jeanne de Jussie, *The Short Chronicle: A Poor Clare's Account of the Reformation of Geneva*, trans. Carrie F. Klaus (University Of Chicago Press, 2006), 151-52.

4　Jeanne de Jussie, *The Short Chronicle*, 151.

네바 의회의 승인을 받았고, 제네바의 개혁교회를 위한 교리문답과 신앙
고백서도 출판하였다. 그러나 개혁자들이 시행하고자 한 엄격한 치리에
대한 반발이 곧바로 나타났다. 제네바의 토착세력들은 외부에서 온 목회
자들이 주도하는 개혁운동에 강한 불만을 표출하면서 신앙고백서 자체를
거부하였다. 여기에 정치적인 문제까지 더해졌다. 제네바가 로마가톨릭의
멍에에서 벗어나는 데 결정적인 도움을 주었던 베른이 제네바 교회가 자
기들의 예식을 따를 것을 요구해 온 것이다. 정치적인 빚을 지고 있던 제
네바 의회는 베른의 눈치를 볼 수밖에 없었고, 따라서 1538년 3월에 제네
바의 200인 의회는 칼뱅과 파렐에게 세례반(洗禮盤)의 사용, 성만찬에서
무교병의 사용, 축일의 준수 같은 베른의 예식들을 따를 것을 요구하였다.
하지만 칼뱅과 파렐은 이를 거부했다. 비록 베른의 예식들이 꼭 잘못된 것
도 아니고 그리스도교 신앙에서 그렇게 중요한 의미를 지닌 것들도 아니
지만, 그런 것들을 강요하는 것은 이제 막 시작된 신생교회인 제네바 교회
의 자유와 자율성을 침해하는 일이었기 때문이었다. 결국 1538년 4월 22
일 의회는 칼뱅과 파렐을 면직하고 3일 안에 제네바를 떠날 것을 명하였
다. 그리하여 파렐은 뇌샤텔에, 칼뱅은 스트라스부르에 정착하였다.

칼뱅과 파렐이 추방당한 뒤 제네바의 상황도 순탄치 않았다. 신생 제
네바 교회는 동요하였고 분열의 위기에 처하였다. 이런 상황에서 1539년
로마가톨릭 추기경 야코포 사돌레토가 제네바 의회에 편지를 보내 로마교
회의 품으로 돌아오라고 설득하였다. 제네바 의회는 스트라스부르에 있던
칼뱅에게 답장을 써줄 것을 부탁하였고, 칼뱅이 이를 수락하여 사돌레토
의 논리를 비판하면서 프로테스탄트 종교개혁의 정당성을 옹호하는 답신
을 썼다. 이 편지와 답장은 "종교개혁 시기에 로마가톨릭과 프로테스탄트
사이에 이루어졌던 의견교환 가운데 가장 흥미로운 것들 중 하나"이다.[5]

---

5 Jacopo Sadoleto and John Calvin, *A Reformation Debate: Sadoleto's Letter to the Genevans and Calvin's Reply*, ed. John C. Olin (Grand Rapids: Baker Book House, 1966), 7. 사돌레토에게 보낸 칼뱅의 답신은 박경수의 번역으로 『칼뱅: 신학논문들』 (서울: 두란노아카데미, 2011), 264-308에 수록되어 있다.

특히 "칼뱅의 답변은 문학적 역작으로 아마도 16세기에 씌어진 개혁신앙에 대한 최고의 변호였다."[6]

칼뱅이 스트라스부르에 머문 지 3년 만에 제네바 교회가 다시 그를 청하였고, 칼뱅은 처음에 이를 완강하게 거부했지만 결국 1541년 9월 제네바로 귀환하였다. 칼뱅이 제네바로 돌아온 후에도, 제네바가 개혁교회의 요람이 되기까지의 과정은 결코 순탄하지 않았다. 1541년부터 1555년까지 적어도 14년 동안 칼뱅은 폭풍이 휘몰아치는 것과 같은 험한 세월을 보내야만 했다. 칼뱅을 반대하는 세력들에게 제지를 받으면서도 모든 난관을 뚫고 칼뱅은 『교회법령』을 마련하여 예배의식과 교회의 제반 관습을 개혁하고, 목회자와 평신도로 구성된 치리기구인 컨시스토리(Consistory)를 만들어 도덕을 바로세우고, 신학적 논쟁들을 통해 올바른 사상을 수립하고, 제네바아카데미를 통해 교육을 개혁하고, 종합구빈원과 프랑스기금을 통해 사회복지를 실천하는 등의 제네바를 복음에 합당한 도시로 만들어 나갔다. 그 결과 1556년 제네바를 방문했던 스코틀랜드의 종교개혁자 존 녹스는 도시를 보고 "사도 시대 이후 가장 완벽한 그리스도의 학교"[7]라며 감탄하였다.

16세기 제네바라는 도시는 흔히 "프로테스탄트의 로마"로 불릴 만큼 프로테스탄트 종교개혁 운동의 가장 중요한 거점이었다.[8] 따라서 제네바는 개혁신앙, 더 나아가 프로테스탄트 사상의 근거지로 많은 연구자들의 관심을 받았다. 20세기가 시작될 무렵 나온 필립 샤프의 『스위스종교개혁』은 취리히와 제네바의 종교개혁을 다루고 있는데 그중에서도 제네바의 칼뱅에게 초점이 맞추어져 있다. 제네바라는 도시와 그 도시의 개혁자에 대해 관심을 가진 사람이라면 이미 출판된 지 한 세기가 지났지만 샤프의 연구를 결코 도외시할 수 없을 것이다.

---

6 Timothy George, *Theology of the Reformers* (Nashville: Broadman Press, 1988), 182.

7 John T. McNeill, *The History and Character of Calvinism*, 178.

8 Philip Schaff, *History of the Christian Church*, vol. VIII, 박경수 옮김, 『스위스 종교개혁』 (고양: 크리스챤다이제스트, 2004), 224.

하지만 제네바에 대한 본격적인 연구서는 1967년 초판 그리고 2012년 재판이 나온 윌리엄 몬테의 『칼빈의 제네바』이다.[9] 몬테는 프랑수아 보니 바르(François Bonivard, 1493–1570)와 미셸 로제(Michel Roset, 1534–1613)가 쓴 16세기 제네바의 연대기를 기초로 당시의 제네바를 솜씨 좋게 복원하였다.[10] 제네바의 정치와 종교에서 가장 중요한 역할을 한 축은 사보이와 베른이었다. 1536년 이전 제네바가 "사보이가의 태양 주위를 회전하는 성좌"였다면, 1536년 이후에는 "베른의 궤도를 선회하는 위성"이었다.[11] 제네바는 1536년 8월 8일 베른과의 조약을 통해 베른의 동의 없이는 다른 나라들과 동맹을 체결하거나 외교관계를 맺는 것조차 할 수 없게 되었다. 종교적 예식에서도 베른 방식이 제네바에 강요되면서, 파렐과 칼뱅이 추방당하는 결과를 낳게 되었다. 따라서 1541년 제네바로 돌아온 칼뱅이 1555년 의회의 다수의 지지를 확보하고 본격적으로 제네바 종교개혁을 추진한 것은, 제네바가 베른으로부터 정치적으로 독립하는 것과 궤를 같이 하는 것으로 이해되었다.[12] 몬테는 교회, 세속권력, 망명 이주민이라는 세 기둥이 떠받치고 있던 16세기 제네바를 있는 그대로 보여줌으로써 사회사적 관점에서의 제네바 종교개혁 이해라는 새로운 가능성을 열었다.

근래에 들어와 제네바에 대한 연구는 주로 칼뱅과의 관계에서 이루어졌다. 로날드 월리스는 『칼뱅, 제네바, 종교개혁』이란 책에서, 칼뱅이라는 인물을 제네바라는 도시의 맥락 안에서 살려내고자 했다.[13] "개혁자와 그의 도시"라는 I부에서 칼뱅은 16세기 제네바라는 배경 안에서 그려진다. 월리스는 칼뱅의 신학 또한 그의 문화적, 역사적, 지리적 배경 안에서 해

---

9 William Monter, *Calvin's Geneva*, 신복윤 옮김, 『칼빈의 제네바』(수원: 합동대학원출판부, 2015).

10 로제는 제네바의 행정장관을 지냈으며, 보니바르는 영국 시인 바이런이 쓴 "시옹성의 죄수"라는 시를 통해 잘 알려진 작가이다. 실제로 보니바르는 스위스의 몽트뢰 인근 베이토에 있는 시옹성에서 6년 동안 갇혀 있었다.

11 William Monter, 『칼빈의 제네바』 59, 103.

12 William Monter, 『칼빈의 제네바』 137.

13 Ronald S. Wallace, *Calvin, Geneva and the Reformation: A Study of Calvin as Social Reformer, Churchman, Pastor, and Theologian*, 박성민 옮김, 『칼빈의 사회개혁 사상』(서울: 기독교문서선교회, 1995).

석하려고 노력하였다. 윌리엄 내피는 『칼뱅과 제네바 종교개혁의 공고화』
라는 책에서 1554-15555년 사이 제네바에서 칼뱅이 주도권을 얻고 승리
에 이르는 투쟁의 과정을 재구성한다. 이를 위해 제네바 컨시스토리 문서,
제네바 의회의 회의록 등을 검토한다.[14] 최근 불프레트 흐레이프가 출판한
『칼뱅의 생애와 작품세계』 또한 16세기 제네바의 역사적 상황 속에서 칼뱅
의 삶과 저술을 볼 수 있도록 안내하고 있다.[15]

　　제네바의 종교개혁은 프랑스 종교개혁 운동과 분리될 수 없다. 칼뱅이
프랑스 출신이기 때문이기도 하고, 1559년 설립된 제네바아카데미를 통해
배출된 많은 프랑스 목회자들이 프랑스로 돌아가 개혁교회를 세우고 프로
테스탄트를 전파했기 때문이기도 하다. 로버트 킹던은 제네바가 프랑스
개혁교회에 어떤 영향을 미쳤는지를 두 권의 책을 통해 추적하였다.[16] 칼
뱅은 『기독교강요』의 "프랑수아 1세에게 바치는 헌정사"에서 "제가 이 책
을 쓴 것은 특별히 우리 프랑스 사람들을 위함인데, 그들 중 많은 사람들
이 그리스도에 굶주리고 목말라 하고 있으며, 그리스도에 대한 약간의 지
식이나마 가지고 있는 사람들은 극소수에 불과합니다."[17]라고 말하고 있
다. 킹던의 두 책은 "프랑스 사람들을 위한 일"이 프랑스 내에서 어떻게 진
행되었는지를 알려주고 있다. 첫 번째 책은 칼뱅이 제네바에서 개혁운동
을 가장 활발하게 벌였던 마지막 8년(1555-1563) 동안 제네바가 프랑스에
파송한 목회자들의 영향력에 집중하고 있으며, 두 번째 책은 칼뱅이 죽은
때부터 성 바르톨로뮤의 학살이 일어난 8년(1564-1572) 동안 베즈와 장 모
렐리(Jean Morély)와 같은 사람들을 통한 프랑스 개혁교회 내의 변화와 발

---

14 William G. Naphy, *Calvin and the Consolidation of the Genevan Reformation* (Louisville: West-minster John Knox Press, 1994).

15 W. de Greef, *The Writings of John Calvin: An Introductory Guide*, 박경수 옮김, 『칼뱅의 생애와 작품세계』 (서울: 대한기독교서회, 2016).

16 Robert M. Kingdon, *Geneva and the Coming of the Wars of Religion in France, 1555-1563* (Geneva: Droz, 1956); *Geneva and the Consolidation of the French Protestant Movement, 1564-1572: A Contribution to the History of Congregationalism, Presbyterianism, and Calvinist Resistance Theory* (Madison: University of Wisconsin Press, 1967).

17 John Calvin, "Prefatory Address to King François I of France," *Institutes of the Christian Religion* (1559), ed. John T. McNeill, trans. Ford L. Battles (Philadelphia: The Westminster Press, 1960), 9.

전에 관심을 기울이고 있다. 이런 방식으로 제네바는 유럽에서 개혁교회의 요람이요, "프로테스탄트의 로마"와 같은 역할을 감당하였다.

III. 『편지』에 나타난 마리 당티에르의 개혁사상

21세기 독자가 마리 당티에르를 객관적으로 이해하는 것은 쉬운 일이 아니다. 왜냐하면 현재 우리가 마리에 대해 갖고 있는 인상은 16세기 이래 오랜 시간동안 경멸로 덧입혀진 자료들에 의지하고 있기 때문이다. 그럼에도 불구하고 그녀가 남긴 『편지』로 인해 우리는 그녀의 과감한 사상에 접할 수 있고, 그녀가 성서뿐만 아니라 로마가톨릭과 프로테스탄트 신학에도 정통했음을 알 수 있다. 『편지』는 "여성이 프랑스어로 쓴 최초의 분명한 개혁신학 선언서이다."[18] 이제 『편지』의 배경과 내용의 분석을 통해 마리의 개혁사상의 진면목을 살펴보자.

1. 『편지』의 배경

『편지』의 발신자인 마리 당티에르는 어떤 사람인가? 마리는 1495년경 프랑스 투르나이(Tournai)의 귀족 가문에서 출생하였고, 1521년경 투르나이에 있는 아우구스티누스수도회(Saint-Nicolas-des-Près 수도원)에 속한 수녀원에 들어갔다. 그녀는 수녀원에서 루터의 글을 읽고 프로테스탄트 신앙으로 회심한 후 1524년경 수녀원을 떠나 스트라스부르로 갔다. 그 후 1528년에 전직 사제이자 유명한 히브리어 학자였던 시몽 로베르(Simon

18 Mary B. McKinley, "Volume Editor's Introduction," Marie Dentière, *Epistle to Marguerite de Navarre and Preface to a Sermon by John Calvin*, ed. and trans. by Mary B. McKinley (Chicago: The University of Chicago Press, 2004), 2.

Robert)와 결혼하였다. 시몽은 투르나이 출신의 로마가톨릭 사제였지만
1525년 스트라스부르에서 모였던 모(Meaux) 그룹의 프랑스 개혁자들과 교
류하면서 프로테스탄트로 전향한 인물이었다. 분명하지는 않지만 이때 마
리는 스트라스부르의 여성 개혁자 카타리나 쉬츠 젤과도 만났을 것이다.
마리와 시몽 부부는 1528년 모 그룹의 지도자 중 한 명이었던 기욤 파렐
(Guillaume Farel)을 따라 스트라스부르를 떠나 제네바 호수 동쪽 론 계곡
의 발레(Valais)로 갔다. 이후 시몽은 인근의 벡스(Bex)와 에글르(Aigle)의
목회자로 사역하였다. 1533년 시몽이 죽자 마리는 이때 만났던 13살 연하
인 앙투안 프로망(Antoine Froment)과 재혼하였다. 이 정도의 연상연하 커
플은 그 당시로서는 충격적인 일이었을 것이다. 그리고 1535년 마리와 앙
투안은 제네바로 옮겨 정착하였다.

　1535년은 제네바가 로마가톨릭의 사보이 가문에 맞서 한창 독립투쟁
을 벌이던 때였고 마침내 제네바는 1536년 5월 21일 프로테스탄트 도시로
전향하였다. 이 과정을 기록한 책 『제네바 시에 살고 있는 한 상인이 충실
히 준비하여 기록한 제네바 시의 전쟁과 구원』이 1536년 출판되었다. 『전
쟁과 구원』은 파렐이 제네바에 도착한 1532년부터 제네바가 프로테스탄트
를 받아들인 1536년까지 제네바의 프로테스탄트 개혁자들의 투쟁을 묘사
하고 있는데, 혹자는 이 책의 저자가 마리라고 생각한다.[19] 이 책의 저자가
누구인지에 대해서는 논란이 되고 있지만, 대체로 이 책은 마리의 남편 프
로망이 썼거나 혹은 프로망과 마리가 함께 썼을 것이라고 여겨진다. 그러
나 우리가 관심을 가지고 있는 1539년 출판된 『편지』는 명백히 마리의 작
품이다. 전체 제목은 『투르나이의 그리스도인 여성이 준비하고 기록해 나
바라의 여왕이자 프랑스 왕의 누나에게 보낸, 터키의 이슬람교도들, 유대
교인들, 이교도들, 거짓 그리스도인, 재세례파와 루터주의자들에게 대항하
는 매우 유익한 편지』이며, 속표지에 마리 당티에르의 첫 글자인 "M.D."가

19　1881년 스위스 학자인 알베르 릴리에(Albert Rilliet)가 『전쟁과 구원』의 저자가 마리 당티에르일 것
　　이라 제안하였다. 이 작품의 문체와 언어가 마리의 1539년의 『편지』와 유사하다는 것이다. 하지만
　　이 작품의 저작권은 여전히 분명하지 않다. Mary B. McKinley, "Volume Editor's Introduction," 7.

새겨져 있다.

그러면 『편지』의 수신자는 누구인가? 제목에서 나타나듯이 나바라의 여왕이자 프랑스 왕 프랑수아 1세의 누나인 마르가리타이다. 1538년 4월 제네바의 개혁자 파렐과 칼뱅이 제네바에서 추방을 당했다. 마르가리타는 제네바의 일이 어떻게 된 것인지 알기를 원해 당티에르에게 물었다. "나바라의 여왕은 그녀의 친구로부터 제네바에서 하나님 말씀의 종들이 왜 추방했는지, 어떻게 이런 논란이 일어났는지 소식을 듣기 원했다. 여왕의 친구는 다름 아닌 투르나이 출신 마리 당티에르였는데, 프로망의 아내로 복음 때문에 추방당한 첫 여성이었고, 수도원을 떠나 지금은 제네바에 살고 있다."[20] 이렇게 하여 마리가 1539년 마르가리타에게 『편지』를 보낸 것이다.

『편지』의 수신자가 마르가리타로 명시되어 있지만, 당티에르는 분명 더 많은 청중을 염두에 두고 있었다.

제가 이 편지를 쓰는 것은 사랑하는 당신을 위한 것일 뿐 아니라 억눌린 삶을 살고 있는 다른 여성들에게 용기를 주어, 그들이 하나님의 말씀을 위해 고국에서 추방당해 친척과 친구들로부터 멀어지는 것을 두려워하지 않도록 하고자함이기도 합니다. 제가 하나님의 말씀을 위해 그렇게 했듯이 말입니다. 진리를 알고 이해하기 원하지만 갈 바를 알지 못하는 가련한 여성들이 더 이상 내적으로 고통받지 않고 기쁨과 위로를 얻고 예수 그리스도의 복음인 진리를 따라갈 수 있기만 바랍니다.[21]

이처럼 마리는 당시의 소외받고 억눌린 여성들을 격려하면서 비록 고

---

20   Aimé Louis Herminjard, *Correspondance des Réformateurs dans les pays de langue française, Recueillie et publiée avec d'autres lettres relatives à la réforme et des notes historiques et biographiques,* 5:295, n. 29 (Reprint, Nieuwkoop: B. De Graaf, 1965). Mary B. McKinley, "Volume Editor's Introduction," 12에서 재인용.

21   Marie Dentière, *Epistle to Marguerite de Navarre,* 53.

난을 당한다 하더라도 하나님의 말씀과 복음 진리를 견고히 붙들고 따라
가라고 권면한다. 『편지』에는 "여성에 대한 변호"라는 특별한 내용이 포함
되어 있으며, 마리는 하나님 앞에서 여성의 동등성을 주장하면서 교회 안
에서 여성의 적극적이고 능동적인 역할을 옹호한다.

『편지』의 속표지에는 "읽어보고 판단하라"는 말과 함께 마르탱 랑페러
가 앤트워프에서 출판했다는 거짓 정보가 담겨있다. 실제로는 제네바에서
장 지라르가 인쇄하였다. 몇몇 사람들은 『편지』가 프로망이 썼을 수도 있
다고 주장하기도 했는데, 그 이유는 여성이 이런 글을 쓸 능력이 없다고
간주했기 때문이다. 그렇지만 정작 프로망은 『편지』가 아내인 마리의 것이
라고 주장하였다. 『편지』는 몰수되고, 파기되고, 사라졌지만 적어도 두 권
은 살아남았다. 한 권은 제네바대학의 종교개혁역사박물관(Musée His-
torique de la Réformation)에, 다른 한 권은 파리의 마자랭도서관(Biblio-
thèque Mazarine)에 보관되어 있다.[22]

2. 『편지』의 내용

『편지』는 헌정사, 여성에 대한 변호, 본문의 세 부분으로 구성되어 있
다. 마리는 『편지』 곳곳에 성서를 직접적으로 혹은 간접적으로 인용하며
자신의 논리를 전개한다. 그녀의 사상과 논리의 가장 근본적인 토대가 바
로 성서이다. 마리에게 있어 하나님의 말씀은 그녀 신학의 중심이자 영감
을 주고 길을 안내하며 권위를 부여하는 원천이었다. 마리는 '오직 성서'라
는 원칙에 따라 로마가톨릭교회의 잘못된 신학과 사상을 비판하고 프로테
스탄트 종교개혁을 옹호하였다. 동시에 마리는 성서에 기초하여 여성의
말할 책임과 권리를 변호하였다. 우리는 마리의 『편지』에서 프로테스탄트
종교개혁자로서의 모습과 페미니스트로서의 모습을 발견한다. "마리 당티
에르는 자신이 택한 도시에서 프로테스탄트 종교개혁이라는 대의를 위해

---

22   Mary B. McKinley, "Volume Editor's Introduction," 14-16.

서뿐만 아니라 그 운동에서의 여성의 지위를 위해서도 싸웠다."[23] 필자는 이것을 마리의 '이중의 개혁'(double reformations)이라 부르고자 한다. 하지만 16세기에 이 두 가지 대의는 모두 대단히 위험한 것이었다.

1) 프로테스탄트 종교개혁자 마리

편지의 본문은 시작부터 "진리에 관한 순수하고 참된 지식"의 중요성을 지적한다.[24] 마리는 로마가톨릭교회의 거짓 선지자들이 거짓 가르침으로 가련한 백성들을 꾀고 속여 진리에서 멀어지도록 만들었다고 거침없이 비판한다. "그자들은 긴 옷을 입고 양의 탈을 쓰고 다니지만 실제로는 노략하는 늑대입니다."[25] 마리는 성서에 대한 참되고 순수한 지식으로 거짓 가르침을 비판하며 프로테스탄트 종교개혁 정신을 옹호한다. 프로테스탄트 종교개혁자로서의 마리의 모습을 분명하게 보여주는 몇 가지 중요한 논점들을 살펴보자.

무엇보다 먼저 마리는 로마교회의 맹목적이고 우상숭배적인 외적인 예식을 거부했다. 로마교회는 허울뿐인 성직자의 독신을 주장하거나 사순절과 같은 특정한 날 육식을 금지하는 등 외적인 관습에 집착하였다. 이런 점에서 볼 때 로마교회의 성직자들은 유대교의 서기관과 바리새인과 비슷했다. 성직자들이 외적으로는 거룩한 척 독신을 자처하지만, 실제로는 매춘행위를 하고 약간의 벌금만 내면 그것을 정당화해 주는 것은 참으로 "회칠한 무덤"과 같은 표리부동(表裏不同)한 행위이다. 분명 성서는 하나님의 나라가 금욕하는 것이나 먹고 마시는 것에 있지 않고 "오직 성령 안에 있는 의와 평강과 희락"(로마서 14장 17절)이라고 말한다. 우리가 구원받은 것

---

23 Thomas Head, "Marie Dentière: A Propagandist for the Reform," *Women Writers of the Renaissance and Reformation*, ed. Katharina M. Wilson (Athens and London: University of Georgia Press, 1987), 266; Kirsi Stjerna, *Women and the Reformation*, 박경수 · 김영란 옮김, 『여성과 종교개혁』(서울: 대한기독교서회, 2013), 292.

24 Marie Dentière, *Epistle to Marguerite de Navarre*, 56.

25 Marie Dentière, *Epistle to Marguerite de Navarre*, 57.

은 선행이나 외적인 행위로가 아니라 하나님의 은혜에 의한 믿음을 통해서이다. 이렇게 마리는 믿음의 우선성과 행위의 무효성이라는 프로테스탄트의 중심교리를 강조한다.

특히 마리는 로마가톨릭교회의 미사, 즉 반복되는 희생제사로서의 미사의 우상숭배적 성격을 강하게 비판한다. 이것이 "가련한 사람들로 하여금 빵과 포도주가 마치 하나님인 양 숭배하도록 하여 그들을 우상숭배자로 만들기" 때문이다.[26] 마리는 로마교회의 화체설(transubstantiation) 교리는 빵과 포도주를 숭배하도록 만드는 우상숭배라고 말한다. 마리의 미사 비판은 1534년 플래카드에 나타난 앙투안 마르쿠르(Antoine Marcourt)의 4개 조항과 맥을 같이한다. 첫째, 예수의 희생은 완전하며 반복될 수 없다. 둘째, 예수는 미사의 빵과 포도주에 임재하지 않는다. 셋째, 사제가 빵과 포도주를 그리스도의 몸과 피로 변하게 한다는 화체설은 교만하며 주제넘는 것이다. 넷째, 미사 예식과 달리 개혁교회의 성만찬은 그리스도를 통한 구원이라는 믿음을 단순하게 공개적으로 선언하는 것이다.[27] 마리는 한걸음 더 나아가 루터의 육체적임재설 혹은 공체설(consubstantiation)까지 비판한다. "당신은 빵이 우리 주 예수의 몸으로 변하거나 바뀐다고 믿어서는 안 됩니다. 또한 주의 몸이 하늘에서 내려와 빵 아래에 혹은 빵 곁에 숨어 있다고 상상해서도 안 됩니다."[28] 마리는 개혁교회의 입장에서 성만찬을 이해하였다.

마리는 『편지』의 본문에서 개혁교회 성만찬 신학의 주요 개념들을 언급하고 있다. 수르숨 코르다(sursum corda: "마음을 높이 들어 올리라"), 빵이 예수의 몸을 상징하거나(signify) 나타낸다(represent)는 표현, 믿음으로(in

26   Marie Dentière, *Epistle to Marguerite de Navarre*, 60.

27   Mary B. McKinley, "Volume Editor's Introduction," 27. 1534년 10월 18일 프랑스의 프로테스탄트는 미사와 로마가톨릭을 비판하는 플래카드를 왕궁을 포함한 파리 전역에 붙였다. 이 사건을 계기로 프로테스탄트에 대해서 그나마 유보적인 태도를 보이던 프랑수아 1세가 프로테스탄트를 박해하도록 만든 프랑스 종교개혁사의 전환점이 되었다. 플래카드의 작성자는 뇌샤텔 개혁교회의 최초 목회자였던 앙투안 마르쿠르(Antoine Marcourt)로 짐작된다. 이때 칼뱅은 네락에 있는 마르가리타의 성으로 피신했다가 후에 이탈리아를 거쳐 스위스로 갔다.

28   Marie Dentière, *Epistle to Marguerite de Navarre*, 63.

faith) 합당하게(worthily) 받아야 한다는 주장, 먹는 것이 곧 믿는 것(eating is believing)이라는 강조 등이 모두 개혁교회의 성만찬 신학의 특징들이다.[29] 마리는 스위스의 종교개혁자로서 개혁교회의 성만찬 신학의 입장에서 로마가톨릭과 루터교회의 성만찬의 오류를 비판하고 있다. 이를 통해 우리는 마리가 성서뿐만 아니라 당대의 신학적 논점에 대해서도 구체적이고 분명한 이해를 하고 있었음을 알 수 있다.

마리는 또한 로마가톨릭교회의 제도와 일그러진 현실을 비판한다. 마리는 고해성사, 특히 사제가 죄를 사면하는 역할을 한다는 주장을 거부한다. 어떤 인간도 죄를 사할 권한이 없으며, 중재자가 될 수 없다. 오직 하나님만이 죄를 사할 수 있으며, 그리스도만이 중재자이다. 사적이며 비밀스러운 고백은 로마교회가 제정한 관습일 뿐이다. 또한 마리는 만연된 성직자의 타락상을 공격한다. 사제들이 조장하는 많은 경건한 예식들 뒤에는 탐욕이라는 동기가 숨어있다. 성인에 대한 기도, 십자가 같은 이미지 숭배, 십일조, 면벌부와 사면의 남용 등은 가난하고 무지한 백성들을 착취하려는 것이다. 뿐만 아니라 이단에 대한 박해조차도 그들의 재산을 차지하려는 욕심이 동기라고 공격한다. 마리가 교회법과 교황의 교령을 언급하고 있는 것으로 보아 로마가톨릭의 신학과 제도에도 정통하였음을 알 수 있다.[30]

마리는 『편지』의 본문에서 수신자인 마르가리타 여왕에 대한 충고도 잊지 않는다. 매우 조심스럽지만 동시에 단호하게 로마교회의 거짓된 가르침에서 벗어나서 참된 신앙으로 돌아올 것을 권면한다. 마리는 마르가리타에게 프랑스 내에서 프로테스탄트 신앙이 뿌리내릴 수 있도록 동생인 프랑수아 1세에게 영향력을 행사해달라고 요청한다. "진리가 당신의 땅과 나라에서 설교되도록 해주십시오. 그리하여 당신과 불쌍한 백성들이 더 이상 앞을 보지도 못하는 파렴치한 사람들에 의해 이끌리지 않도록 해 주

---

29 Marie Dentière, *Epistle to Marguerite de Navarre*, 62-64.

30 Mary B. McKinley, "Volume Editor's Introduction," 27-28.

십시오."[31] 마리는 마르가리타에게 제발 로마가톨릭의 사람들을 주위에 가까이 두지 말라고 당부한다. "정녕 당신이 [파렴치한 로마교회의 성직자들]을 용인하고 그들이 당신을 좌우하도록 내버려 두실 것입니까?"[32]라고 질문하면서 거짓된 로마교회의 성직자들을 곁에서 물리치라고 권한다.

마리는 마르가리타가 1538년 프랑수아 1세와 함께 교황을 방문한 것에 대해 심각한 우려를 표하였다. "자신의 신앙을 버리고 돌아가 주님의 대적자인 '위대한 자물쇠수리공'(열쇠의 권한을 가졌다고 떠벌이는 교황을 일컫는다)의 발에 입을 맞추고 그 대가로 성직록, 성직급, 왕관, 주교관을 받다니, 더군다나 복음을 가장하여 그렇게 하다니요."[33] 마리는 개혁신앙을 가지고서 교황에게 충성하는 것은 있을 수 없는 일이라고 말한다. 그렇기에 마리는 마르가리타에게 이중적 태도를 버리고 복음으로 돌아올 것을 청한다. "하나님께서 당신으로 하여금 선한 자를 보호하고 악한 자를 벌하라고 명하셨는데, 교황에 대한 애정 때문에 당신은 정반대로 하고 있습니다. 하나님을 사랑한다면 잔인한 교사(교황)에게서 떠나 선하신 예수와 그의 말씀을 택하십시오."[34]

마리는 마르가리타 주변에 있는 로마가톨릭 사람들에 대해 경계하면서 부디 그들을 멀리하라고 당부한다. "여왕이여, 당신을 위해 기도하니 그들을 멀리 하십시오. 그들은 아첨자입니다. 예수 그리스도의 것이 아니라 자신들의 것을 구하는 자들입니다." 그러면서 마리는 "진주를 돼지 앞에 던지지 말라."(마태복음 7장 6절)는 성서를 인용하여 "당신은 그들에게 거룩한 것 또는 진주(마르가리타)를 주어서는 안 됩니다. 그들이 거룩한 것을 훼손할까 두렵습니다."[35]라고 권면하였다. 마리의 수사학적 재치가 그대로 드러나는 대목이다. 마르가리타라는 이름의 뜻이 진주이기 때문에,

31   Marie Dentière, *Epistle to Marguerite de Navarre*, 61.
32   Marie Dentière, *Epistle to Marguerite de Navarre*, 61.
33   Marie Dentière, *Epistle to Marguerite de Navarre*, 78.
34   Marie Dentière, *Epistle to Marguerite de Navarre*, 82.
35   Marie Dentière, *Epistle to Marguerite de Navarre*, 76.

자신을 돼지와 같은 로마가톨릭주의자들에게 던지는 어리석은 일은 범하지 말라는 동음이의(同音異義)를 활용한 것이다.

마리는 『편지』에서 무조건 다수를 쫓을 것이 아니라, 적은 숫자라 할지라도 진리를 따라야함을 강조한다. 무슬림이 다수라고 무조건 따를 수 없는 것처럼, 로마교회가 다수라 하여 거짓을 쫓을 수는 없다. 복음서를 보아도 "예수와 제자들은 그 수는 적고, 가난하고, 멸시받고, 정죄를 받은 반면에, 안나스와 가야바와 빌라도와 서기관과 바리새인을 따른 사람들은 그 수가 많고, 부유하고, 유력하고, 세상의 모든 지혜로운 자들에 의해 인정받는 자들이었다."[36] 성서는 "하나님께서 세상의 미련한 것들을 택하사 지혜 있는 자들을 부끄럽게 하려 하시고 세상의 약한 것들을 택하사 강한 것들을 부끄럽게 하려 하시며 하나님께서 세상의 천한 것들과 멸시받는 것들과 없는 것들을 택하사 있는 것들을 폐하려 하신다."(고전 1:27-28)고 말한다. 노아 방주의 여덟 식구, 소돔의 롯과 적은 무리, 가나안의 두 정탐꾼, 다니엘과 세 친구, 400명의 바알 숭배자에 맞선 엘리야 등 성서에는 하나님께서 진리 편에 선 소수와 함께 하신 이야기들로 넘친다.

마리는 성서에 근거하여 로마가톨릭의 미사, 우상숭배, 고해성사, 독신주의, 거짓 교리와 의식 등을 거침없이 비판하며, 수신자인 나바라의 여왕 마르가리타에게도 로마가톨릭을 떠나 프로테스탄트의 참된 신앙으로 돌아설 것을 강력하게 권고한다. 마리는 오직 성서의 원칙을 품고 프로테스탄트 신앙을 설파한 16세기 제네바의 평신도 여성 종교개혁자였다.

2) 페미니스트 마리

마리의 『편지』에는 "여성에 대한 변호"라는 짧지만 강렬한 인상을 주는 급진적인 글이 포함되어 있다. "여성에 대한 변호"는 여성차별주의에 반대하여 여성의 권리와 책임을 옹호한다. 21세기 여권옹호론자가 쓴 글

---

36 Marie Dentière, *Epistle to Marguerite de Navarre*, 67.

이라고 해도 믿을 정도로 급진적 내용이 실상은 500년 전에 씌어졌다는 사실이 놀랍기만 하다.

마리는 "여성에 대한 변호"의 첫 문장에서부터 성서가 여성들이 공적인 목소리를 낼 수 있는 권리를 증언하고 있다고 주장한다.

> 진리의 대적자와 비방자들은 우리가 지나치게 무례하고 무모하다며 비난하고, 신실한 사람들 중에서도 여성이 성서에 대해 누군가에게 글을 쓴다는 것이 지나치게 대담한 것이라고 말하곤 합니다. 우리는 그들에게 성서에 기록된 많은 여성들을 지나치게 대담하다고 간주해서는 안 된다고 대답할 수 있습니다.[37]

마리는 '사라, 리브가, 모세의 어머니, 드보라도 지나치게 대담한 것인가? 룻, 스바의 여왕, 예수의 어머니 마리아, 세례 요한의 어머니 엘리사벳도 정죄를 받아야 하는가? 사마리아 여인보다 위대한 설교자가 있었던가? 막달라 마리아가 아니면 누가 부활의 신비를 처음으로 표현했겠는가?'라고 반문하면서 성서가 여성의 말하고 행동할 권리를 옹호하고 있다고 주장한다.

마치 한 달란트 받은 사람이 그것을 땅에 파묻어 두었다가 주님께 책망을 받았던 것처럼, 여성들이 하나님이 주신 은사를 땅에 파묻어 두는 것은 합당치 않다고 마리는 말한다.

> 하나님께서 당신에게 주신 것과 우리 여성들에게 계시해 주신 것들을 땅에 묻어야 할 필요는 없습니다. 그리고 비록 우리가 모임과 교회에서 공개적으로 설교하도록 허용되고 있지 않다고 하더라도, 우리가 사랑 안에서 서로를 권고하고 글을 쓰는 것까지 금해진 것은 아닙니다.[38]

---

37 Marie Dentière, *Epistle to Marguerite de Navarre*, 54.
38 Marie Dentière, *Epistle to Marguerite de Navarre*, 53.

지금까지 성서는 그들[여성들]에게 숨겨져 있었습니다. 그 누구도 감히 그것에 대해 한마디도 하지 못했으며, 여성들이 성서 안에 있는 무엇이라도 읽거나 들어서는 안 되는 것처럼 여겨져 왔습니다. 바로 이 사실이 제 마음을 움직여, 이제부터는 여성이 옛날처럼 그렇게 모멸을 당하지 않게 되기를 하나님 안에서 바라면서 당신에게 이 글을 쓰게 되었습니다.[39]

마리는 달란트에 대한 새로운 의미부여를 통해 모든 여성이 "보물을 땅에서 꺼내고" "냅킨을 풀어헤칠" 권리와 책임이 있음을 주장하였다.[40] 그리하여 설교자, 예언자, 저술가로서 여성 자신들의 목소리를 모든 사람들이 공적으로 들을 수 있도록 해야 한다는 것이다. 마리의 주장은 여성의 달란트가 숨겨질 때, 하나님의 말씀이 들리지 않게 되어 결국 공동체의 공동선이 위협받는다는 것이다. 제인 더글라스가 지적한 것처럼, "하나님이 지금 여성들에게 신학에 대해서 기술하고 복음을 설파할 수 있는 은혜를 주시고, 그래서 지금 여성들은 그 달란트와 은혜의 선물을 사용해야 할 의무가 있다는 당티에르의 이 확신이야말로 현재 하나님께서 이 세상에서 하고 계시는 일에 대해 그녀가 품고 있는 비전의 핵심이다. 이 비전은 제네바의 목회자들에게는 거슬리는 것이었다."[41]

마리는 그리스도를 저버리고 교회를 타락시킨 장본인들이 바로 남성들인데도 오히려 여성들을 억압하는 왜곡된 현실을 적나라하게 고발한다.

어떤 여성도 예수를 팔거나 배반한 적이 없고 유다라는 남자가 그랬는

---

39 Marie Dentière, *Epistle to Marguerite de Navarre*, 53-54.

40 Carol Thysell, "Unearthing the Treasure, Unknitting the Napkin: The Parable of the Talents as a Justification for Early Modern Women's Preaching and Prophesying," *Journal of Feminist Studies in Religion* 15-1 (Spring 1999), 20.

41 Jane D. Douglass, "Marie Dentière's Use of Scripture in Her Theology of History," *Biblical Hermeneutics in Historical Perspective*, eds. Mark Burrows and Paul Rorem (Grand Rapids: Eerdmans, 1991), 243.

데도 왜 여성들이 그토록 비난을 받아야 합니까? 이 땅에 그토록 많은
의식, 이단, 그릇된 교리를 지어내고 고안한 자들이 남성들이 아니라
면 누구입니까? 그리고 남성들이 가련한 여성들을 꾀어냈습니다. 여
성이 거짓 선지자였던 적은 한 번도 보이지 않고, 여성들이 그들에 의
해 잘못 인도되었던 것입니다. … 그런 까닭에 하나님이 몇몇 선한 여
성들에게 은혜를 베풀어 그들에게 성서를 통해 거룩하고 선한 것을 드
러내시는 데도, 진리를 훼방하는 자들로 인해 여성들이 그에 관해 서
로를 향해 글로 쓰고, 말하고, 선포하는 것을 망설여야 합니까? 아, 그
들을 막으려고 하는 것은 너무나 뻔뻔한 일이 될 것이고, 하나님께서
우리에게 주신 달란트를 우리가 숨기는 것 또한 너무나 어리석은 일이
될 것입니다. 하나님께서는 우리가 끝까지 견딜 수 있도록 은혜를 베
푸시는 분입니다. 아멘.[42]

마리는 예수를 만나고 변화된 후 즉시로 하나님의 복음을 담대하게 전
했던 사마리아 여인과 부활의 신비를 모든 남성과 여성들에게 선포한 막
달라 마리아를 예로 들면서 남성보다 더 적극적으로 복음의 증인으로 살
았던 여성들을 옹호한다. 마리는 사마리아 여인을 "여성 설교자"라고 분명
하게 부른다.

우리가 영과 진리로 하나님을 예배해야 한다는 예수의 말을 듣자마자
그분을 모든 사람들 앞에서 공개적으로 고백하면서 예수와 그분의 말
씀을 설교하기를 부끄러워하지 않았던 사마리아 여인보다 더 위대한
여성 설교자가 있었습니까? 막달라 마리아가 아니면 누가 예수 부활
의 엄청난 신비에 대해 최초로 밝혀 말했다고 자랑할 수 있을 것입니
까? 그분은 막달라 마리아에게서 일곱 귀신을 내쫓으셨고, 그분은 일
찍이 남성들이 아니라 다른 여성들에게 천사를 통해 선포하고 명하시

---

42 Marie Dentière, *Epistle to Marguerite de Navarre*, 55-56.

기를, 그것을 다른 사람들에게 말하고, 설파하고 선포하라고 하셨습니다.[43]

한 걸음 더 나아가 마리는 단지 여성들을 위해서만이 아니라 끔찍한 어둠 속에 갇혀 있는 남성들을 해방시키기 위해서라도 여성의 가르치고 설교할 권리가 옹호되어야 한다고 주장한다.

어떤 사람들은 여성은 즐거움을 위해 만들어진 존재이므로 여성이 이런 일을 하는 것은 부적절하다고 믿으면서, 여성이 이런 말을 한다는 이유로 화를 낼 것입니다. 하지만 저는 부디 당신이 불쾌하게 여기지 않기를 바랍니다. 당신은 제가 증오나 원한 때문에 이런 일을 한다고 생각해서는 안 됩니다. 제가 이 일을 하는 것은 오직 제 이웃, 이집트의 암흑보다 더 분명한 저 끔찍한 어둠 속에 사로잡혀 있는 그 남성을 교화하기 위함입니다.[44]

필자가 마리의 글을 많이 직접 인용한 이유는 마리의 주장을 거르지 않고 그대로 듣고자 함이다. 마리는 '오직 성서'의 원칙에 기초하여 여성들이 모든 사람 앞에서 공적으로 말하고, 쓰고, 전할 권리와 책임이 있음을 주장하였다. 또한 마리는 종교개혁의 핵심 원리인 만인제사장설이 남성들뿐 아니라 여성들까지도 당연히 포함한다고 믿었다. 따라서 마리는 성서의 여성들의 모범에 근거하여 공개적인 목소리를 내고 신학자로서 성서를 해석하고 설교할 수 있는 여성들의 권리를 논증하였다.

---

43 Marie Dentière, *Epistle to Marguerite de Navarre*, 55.
44 Marie Dentière, *Epistle to Marguerite de Navarre*, 76-77.

Ⅳ.『그리스도인 독자에게』를 통해 본 마리와 칼뱅

1.『그리스도인 독자에게』의 배경

마리 당티에르는 칼뱅보다 먼저 제네바에 도착하여 복음을 가르친 여성 설교자였다. 그 당시 여성이 공적으로 가르치고 설교하는 것에 대해서는 프로테스탄트 개혁자들도 로마가톨릭주의자들과 마찬가지로 비판적이었다. 이 점에서는 양 진영이 별로 다르지 않았다.

마리의 남편 프로망은 목회를 하면서 동시에 기름과 포도주를 파는 상업에도 종사하였다. 오늘날의 표현으로 하자면 목회자 이중직에 종사하고 있었던 것이다. 이에 대해 개혁자들조차도 프로망이 이중직을 하는 것에 대한 책임을 마리에게 돌리려고 하였다. 마리의『편지』가 출판되기 6개월쯤 전 파렐은 스트라스부르에 있는 칼뱅에게 편지하면서, "당신도 알다시피 프로망이 교회는 거의 돌보지 않고 그의 아내와 같이 얼마나 경솔하게 행동하는지, 아무래도 프로망이 그런 식으로 행동하도록 만드는 것이 그의 아내일 것 같다."[45]고 말한다. 프로망과 마리가 스트라스부르에서부터 파렐의 영향을 받고 파렐을 따라 제네바까지 왔으니, 파렐은 이들 부부를 누구보다 잘 알고 있었을 것인데도 마리가 남편에게 악영향을 미쳤다고 말하고 있는 것이다.

마리에 대한 이와 같은 부정적 인식은 20세기 초까지도 계속 이어졌다. 19세기 스위스 로잔대학교의 교회사학자였던 에르맹자르(A.L. Herminjard)는 16세기 종교개혁시기 씌어진 1,430통 이상의 편지를 편집하면서 마리의『편지』도 발췌하여 소개하였다. 에르맹자르는 마리의『편지』를 "진기한 작품"이라고 평하면서도 마리에 대해서는 "교만하고, 앙심이 깊고, 야심이 많고, 교활하고, 고집 센 여성"[46]이라고 평가한다. 에르맹자르

---

45 Herminjard, *Correspondance*, 5:151; Mary B. McKinley, "Volume Editor's Introduction," 16.
46 Mary B. McKinley, "Volume Editor's Introduction," 37.

는『편지』가 마리의 작품인 것은 인정했지만, 남편 프로망이 아이디어, 논증, 교회법과 교령의 인용문들을 제공했을 것이라 생각한다.[47] 에르맹자르는 마리가 남편을 좌지우지하면서 그에게 나쁜 영향을 미쳤고, 그녀가 프로망의 이중직을 조장했을 것이라고 암시한다. "이브가 아담이 죄를 짓도록 만들었다."는 오래된 여성혐오주의가 그에게 묻어난다.[48] 이것이 20세기 전반까지의 여성에 대한 전형적인 인식이었다.

비록 칼뱅이 당시의 개혁자들 가운데서는 여성에 대해 비교적 유연한 입장을 가졌다는 점을 고려하더라도, 16세기 사람으로서 그도 여성이 공적으로 목회 사역을 하는 것에 대해서는 비판적이었다. 아마도 마리의 강한 성격과 남성중심적 성직 지도력에 대한 마리의 공개적인 비판이 칼뱅에게는 탐탁지 않았을 것이다. 칼뱅도 당시 사회가 여성에게 부과한 전통적인 공간과 역할을 깨고 거침없이 자신의 이야기를 풀어놓는 마리에 대해 냉소적이었다. 그런데 놀라운 사실은 칼뱅이 1561년 디모데전후서 설교를 출간하면서 마리에게 서문을 부탁했고, 마리가 이를 받아들여 글을 썼다는 것이다.

칼뱅은 1554-1555년에 걸쳐 디모데전후서 설교를 연속으로 했다. 콘라드 바디우스는 1561년 제네바에서 이것을 출판하였다. 곧바로 디모데전서 2장 9-12절을 본문으로 한 17번째 설교가 따로 인쇄되었는데 여기에 마리의 "그리스도인 독자에게"라는 서문이 있고 M.D.라는 머리글자가 적혀있다.[49] 어떻게 그리고 왜 마리가 칼뱅의 설교에 서문을 썼는지는 분명하지 않다. 칼뱅의 동역자 중 한명이었던 로잔의 목회자 장 메르랭(Jean-Raymond Merlin)이 마리의 사위였기 때문에, 어쩌면 메르랭이 중간

---

47 Herminjard, *Correspondance*, 5:304, n. 23; Mary B. McKinley, "Volume Editor's Introduction," 35.

48 Mary B. McKinley, "Volume Editor's Introduction," 36.

49 디모데전서 2장 9-12절: "9 또 이와 같이 여자들도 단정하게 옷을 입으며 소박함과 정절로써 자기를 단장하고 많은 머리와 금이나 진주나 값진 옷으로 하지 말고 10 오직 선행으로 하기를 원하노라. 이것이 하나님을 경외한다 하는 자들에게 마땅한 것이니라. 11 여자는 일체 순종함으로 조용히 배우라. 12 여자가 가르치는 것과 남자를 주관하는 것을 허락하지 아니하노니 오직 조용할지니라."

에서 다리 역할을 했을 수도 있을 것이다. 그리고 1561년 프랑스에서는 로마가톨릭교회에 의한 위그노(프로테스탄트 신자)에 대한 억압과 박해가 심해지고 있었고, 위그노들이 도덕적으로나 성적으로 방탕하고 타락했다는 유언비어가 급속히 퍼지고 있었다. 칼뱅의 정숙(modesty)에 대한 설교가 이런 흑색선전을 방어하는 좋은 무기가 될 수 있었기 때문에, 칼뱅과 마리가 개혁교회의 미래에 대한 공통된 관심으로 협력했을 수도 있을 것이다.[50] 칼뱅의 디모데전후서 설교가 출판된 1561년 마리가 죽었다. 이는 그녀가 죽을 때까지 변함없이 종교개혁 운동에 적극적으로 연관되어 있었음을 알게 해준다.

2. 『그리스도인 독자에게』의 내용

마리는 글을 시작하면서 도시의 성벽에 구멍이 뚫린 것을 발견한다면 재빨리 보수를 해야만 적들의 공격을 방어할 수 있는 것처럼, 그리스도인들도 자신의 가장 약한 점을 찾아 그것을 개선해야만 사탄의 공격을 막을 수 있다고 말한다. 마리는 자신의 시대에 가장 큰 악덕이 있다면 화장과 지나치게 화려한 복장이라고 말한다.[51]

마리는 화장을 "악마의 일"이라고 부르면서 "모든 화장은 자연의 타락이거나 하나님에 대항하여 싸우는 것과 진배없다. … 나는 화장을 하는 것은 우리 안에 있는 하나님의 형상을 지우는 행위라고 말할 수밖에 없다."고 단언한다.[52] 그러면서 고대교회의 교부 중에서 키프리아누스와 아우구스티누스를 자신의 주장의 근거로 제시한다. 그런데 사실상 칼뱅의 설교에서는 화장에 대해서는 지나가면서 한 번 언급했을 뿐인데 마리는 유독 화장하는 것에 대해 독설에 가까운 비판을 쏟아 놓는다. 어쩌면 여성으로서 느끼는 악덕이 남성인 칼뱅과 좀 달랐기 때문인지도 모른다.

50　Mary B. McKinley, "Volume Editor's Introduction," 22-23.

51　Marie Dentière, "Preface to a Sermon by John Calvin," *Epistle to Marguerite de Navarre*, 92.

52　Marie Dentière, "Preface to a Sermon by John Calvin," 92.

이어서 마리는 화려한 옷차림에 대한 칼뱅의 입장을 적극 지지하면서 "사치스런 복장은 하나님이 명령하신 것에 반대되는 것"이며, "우리에게 자제와 고상함이 요구되기 때문에 옷차림에서도 육체의 욕심을 따를 것이 아니라 절제와 정숙이 필요하다."고 주장한다.[53] 그러면서 "자신의 몸을 장식하는데 온통 관심을 기울이는 사람들이 자기의 영혼을 참되고 신실한 덕으로 장식하는 것에는 거의 관심을 기울이지 않는다."면서 그리스도인들은 "의복의 장신구를 구할 것이 아니라 선한 행동의 열매를 갈망해야 한다."고 조언한다.[54]

마리가 쓴 서문은 그 자체로 하나의 짧은 설교이다. 그리스도인들, 특히 여성들이 빠지기 쉬운 화장과 화려한 복장에 대해 경계하면서 외면보다는 내면의 아름다움을 가꾸는 사람들이 되라고 권한다. 마리는 이 짧은 글에서도 프로테스탄트 저술가로서 자신의 성서 지식과 신학적 이해력의 탁월성을 충분히 보여주었다.

마리의 1539년 『편지』와 1561년 『그리스도인 독자에게』를 함께 읽은 사람이라면 이것이 같은 사람이 쓴 것일까 하는 의구심이 생길 정도로 두 작품의 논조가 차이가 난다. 전자가 페미니스트로서의 성격이 분명하게 드러난다면, 후자는 전통적인 여성상에 훨씬 가깝다. 『편지』가 남성과 여성의 도덕적 평등을 주장했다면, 칼뱅의 설교에 붙인 서문에서는 보다 신중한 견해를 나타낸다.[55] 더욱이 마리가 서문에서 "여성이 남성보다 그런 점[화려한 복장의 장신구를 욕심낸다는 점]에서 남성보다 탐욕스럽다."[56]고 말한 것을 읽을 때면 혼란스럽기까지 하다. 이것은 어쩌면 칼뱅의 설교나 마리의 서문이 모두 개혁교회가 도덕적으로 느슨하다는 로마가톨릭교회의 일방적 비방을 반박해야 한다는 동기에서 작성된 것이기 때문일 수도 있다. 또 어쩌면 마리도 나이가 많아지면서 그 관점이 보수화되었기 때

---

53 Marie Dentière, "Preface to a Sermon by John Calvin," 92.
54 Marie Dentière, "Preface to a Sermon by John Calvin," 93.
55 Mary B. McKinley, "Volume Editor's Introduction," 33.
56 Marie Dentière, "Preface to a Sermon by John Calvin," 93.

문일 수도 있고, 아니면 마리가 당시 여성이 직면한 사회적, 정치적 현실
을 너무 잘 알기 때문에 수사학적 분별력을 발휘하여 신중한 입장을 전개
했을 수도 있을 것이다.[57]

V. 결론

마리 당티에르는 16세기 종교개혁이라는 대격변의 시기에 자신이 옳
다고 믿는 진리를 온몸으로 살았던 평신도 여성 개혁자였다. 마리는 한편
으로는 오직 성서의 원리에 근거하여 로마가톨릭교회의 잘못된 신학과 실
천을 비판하고 프로테스탄트 신앙을 대안으로 제시한 종교개혁자였으며,
다른 한편으로는 만인제사장 원리에 기초하여 남성중심적인 기존 질서에
대항한 여성 권리의 옹호론자로 아마도 페미니스트의 원조가 아닐까 싶
다. 이와 같이 마리는 프로테스탄트 신앙과 여성 권리를 옹호하는 "이중의
개혁"을 주창하였다.

마리가 중세의 여성 신비주의자들과 분명하게 다른 점이 있다면 성서
수위권에 대한 마리의 확신이었다. 중세 여성 신비가들이 대부분 성령에
의존하여 내면적 영성과 기도에 집중했다면, 마리는 성서의 진리를 자신
의 앎과 삶의 토대로 삼았다. 마리는『편지』의 제일 앞 헌정사에서 자신이
살고 있는 때를 "위태로운 시대"로 규정한다. "온 땅에 악담이 가득하고
백성들은 고통을 당하고 있으며, 사람들 사이에 격정, 논쟁, 불화, 분열이
난무하고 있고, 다른 어떤 시대보다 시기, 투쟁, 원한, 악의, 탐욕, 호색,
도적질, 약탈, 피흘림, 살인, 폭동, 강간, 화형, 독살, 나라와 나라 사이에,
민족과 민족 사이에 전쟁이 심각합니다."[58] 이런 때에 성서야말로 그리스

---

57   Mary B. McKinley, "Volume Editor's Introduction," 33.

도인이 무엇을 알아야 하고, 어떻게 살아야 하는지를 깨닫게 하는 기준이 된다고 마리는 주장한다.

　마리는 또한 프로테스탄트의 만인제사장설에는 남성만이 아니라 여성도, 배운 사람만이 아니라 배우지 못한 사람도, 부자만이 아니라 가난한 사람도 포함된다는 사실을 강력하게 주장한다. 어떤 자들은 "여성들, 배우지 못한 자들, 학위가 없고 박사가 아닌 자들에게는 성서를 아는 것이 허락되지 않았다. 그들은 어떤 질문도 없이 그저 단순히 믿기만 하면 된다."고 말한다. 그러나 마리는 묻는다. "우리가 남자를 위한 복음과 여자를 위한 복음을 별개로 가지고 있는가? 배운 자를 위한 복음과 무식한 자를 위한 복음이 다른 것인가? 우리는 주님 안에서 하나가 아니란 말인가? … 우리 모두는 예수 그리스도 안에서 하나이다. 그 안에는 남자와 여자의 구별도 종과 자유인의 구별도 없다."[59] 마리는 하나님 말씀의 해방시키는 능력, 특별히 여성을 해방시키는 능력을 믿었는데, 그녀에게 여성들이야말로 가장 억눌린 자들이기 때문이다. 이처럼 마리는 16세기 여성의 권리와 동등성을 주장한 여권옹호론자였다.

　마리 당티에르는 16세기의 그 누구보다도 시대의 오류에 맞서 대담하게 말하고, 거침없이 쓰고, 기꺼이 고난의 길을 걸었던 사람이었다. 우리는 16세기 제네바에 마리와 같은 여성 종교개혁자가 있었다는 사실에 대해서 오랫동안 알지 못했다. 로마가톨릭 진영뿐만 아니라 프로테스탄트 남성 개혁자들의 비판적 평가 때문에 마리의 이름은 묻히고 잊혀 있었다. 그러나 2002년 11월 3일 주일날 당시 제네바 목사회와 집사회의 최초 여성 조정자이자 신학자인 이자벨르 그래슬레(Isabelle Graesslé)의 노력으로 제네바 종교개혁 기념조형물에 마침내 그녀의 이름이 추가될 수 있었다.[60]

58　Marie Dentière, *Epistle to Marguerite de Navarre*, 52.

59　Marie Dentière, *Epistle to Marguerite de Navarre*, 79.

60　Mary B. McKinley, "Marie Dentière: An Outspoken Reformer Enters the French Literary Canon," *Sixteenth Century Journal* 37-2 (2006), 412. 그리고 Isabelle Graesslé, "Vie et légendes de Marie Dentière," *Bulletin du Centre Protestant d'Etudes* 55-1 (2003), 3-22를 참조하라.

제 9 장

16세기 위그노 여성 지도자
잔 달브레의 자기 변호:
『편지』와 『충분한 설명』을 중심으로

* 본 글은 「장신논단」 51-1 (2019), 121-45쪽에 게재된 것입니다.

I. 서론

종교개혁 역사에서 여성의 역할이 작지 않음에도 불구하고 그동안 이 분야에 대한 연구는 턱없이 부족하였다. 20세기 후반에 들어와서 역사 연구의 다양한 관점이 부각되면서 비로소 16세기 종교개혁 운동에서 여성의 역할과 그들이 종교개혁에 미친 영향에 대한 연구가 본격적으로 시작되었다. 국내에서는 2013년 핀란드 출신의 여성 신학자가 쓴 책『여성과 종교개혁』이 번역 출판됨으로써 이 분야에 대한 연구가 활발하게 이루어질 수 있는 계기가 마련되었다. 이후 필자도 종교개혁 시대의 여성 지도력에 관심을 갖고 연구하여 스트라스부르의 여성 개혁자 카타리나 쉬츠 젤과 제네바의 여성 개혁자 마리 당티에르에 관한 논문을 발표한 바 있다.[1] 이와 같은 여성 종교개혁자들에 대한 연구는 그동안 역사의 그림자로 밀려나 있었던 여성들을 역사의 주역으로 전면에 부각시킴으로써, 역사를 보다 온전하고 균형 있게 파악하려는 노력의 일환이다.

16세기 나바라와 베아른의 여왕으로서 위그노의 지도자요 보호자였던 잔 달브레에 대한 연구는 아직 충분히 이루어지지 않았다. 국외에서는 일

1　Kirsi Stjerna, 키르시 스티예르나, 『여성과 종교개혁』, 박경수 · 김영란 옮김 (서울: 대한기독교서회, 2013); 박경수, "16세기 스트라스부르의 평신도 여성 종교개혁자 카타리나 쉬츠 젤의 프로테스탄트 정체성 연구,"「장신논단」50-1 (2018), 125-55; 박경수, "16세기 제네바의 여성 종교개혁자 마리 당티에르의 『편지』에 나타난 이중의 개혁사상,"「한국교회사학회지」(2018), 45-80.

부 학자들이 잔 달브레의 생애를 중심으로 한 저작들을 펴낸 바가 있으며, 국내의 연구로는 김충현이 서양사의 관점에서 프랑스 종교개혁에 있어서 그녀의 역할을 다룬 논문이 있지만 개괄적인 소개에 그치고 있다.[2] 따라서 본 논문은 신학적 관점에서 잔이 남긴 일차 사료를 분석하면서 그녀의 종교개혁 사상과 실천을 밝힌다는 점에서 기존의 연구들과 차별성을 지니며, 이후 그녀의 저술에 대한 신학적 연구를 고무시킬 수 있을 것이다.

필자는 먼저 잔 달브레의 생애를 따라 가면서 그녀가 어떤 과정을 거쳐 프로테스탄트로 회심했는지, 자신이 통치한 베아른(Béarn) 지역에서 프로테스탄트 종교개혁을 어떻게 추진했는지, 왜 라로셸로 가서 위그노의 지도자로 활동하게 되었는지를 추적할 것이다. 이를 통해 비교적 알려지지 않은 그녀의 생애와 종교개혁 운동에 있어서 그녀의 역할을 확인할 수 있을 것이다. 이어서 잔이 남긴 『편지』와 그 편지의 역사적 배경을 자세하게 소개한 『충분한 설명』의 내용을 분석하면서 그녀의 프로테스탄트로서의 자기정체성을 규명할 것이다. 본 연구를 통해 16세기 종교개혁이 결코 남성들만의 전유물이 아니었으며, 자신의 모든 것을 걸고 교회개혁을 위해 불꽃같은 삶을 살았던 여성의 분투가 있었음이 드러나길 원한다. 그리하여 그동안 가려졌던 여성들의 이야기가 되살아나 보다 온전한 종교개혁의 역사가 복원되길 기대해 본다.

---

2 국외의 저술로는 Nancy Lyman Roelker, *Queen of Navarre, Jeanne d'Albret: 1528–1572* (Cambridge: Massachusetts, Harvard University Press, 1968); Roland H. Bainton, *Women of the Reformation in France and England* (Minneapolis: Augsburg Publishing House, 1973); David Bryson, *Queen Jeanne and the Promised Land: Dynasty, Homeland, Religion, and Violence in Sixteenth-Century France* (Leiden; Boston; Köln: Brill, 1999) 등이 있으며, 국내의 연구로는 김충현, "1560년 크리스마스, 잔 달브레의 공개적인 개종," 「서양사학연구」 10 (2004), 47-68; 김충현, "루이 13세의 라로셸 점령과 위그노의 약화," 「서양사학연구」 22 (2010), 1-31; 김충현, "프랑스 종교개혁과 종교전쟁에서 잔 달브레의 역할," 「여성과 역사」 23 (2015), 271-305가 있다.

II. 잔 달브레 생애의 전환점들

잔 달브레라는 이름은 낯선 이름이다. 혹시 들어본 적이 있다 하더라도 프랑스 왕 앙리 4세의 어머니 정도로 알고 있는 경우가 대부분일 것이다. 이것은 마치 신사임당을 독자적인 사상가나 예술인으로서 이해하기보다는 율곡 이이의 어머니로서만 취급하는 것과 비슷한 일이 될 것이다. 잔 달브레는 결코 아들과의 관계라는 측면에서만 바라보고 이해할 인물이 아니다. 그녀는 프로테스탄티즘이라는 새로운 사상을 스스로 선택한 확고한 신념의 소유자, 자신이 다스리던 영토 베아른에서 입법 활동을 통해 종교개혁을 추진한 개혁자, 위그노를 후방에서 지원하고 동시에 최전방에서 이끌었던 탁월한 지도자였다. 잔은 그 자체로 종교개혁 역사에서 지울 수 없는 흔적과 영향을 남긴 독자적이며 독창적인 여성이었다.

1. 두 번의 결혼

잔 달브레는 1528년 11월 16일 파리에서 가까운 생제르맹앙레(Saint-Germain-en-Laye)의 궁에서 나바라의 왕 앙리 달브레(Henri d'Albret)와 프랑스 왕 프랑수아 1세의 누나인 마르가리타(Marguerite de France) 사이의 외동딸로 태어났다. 잔은 어머니가 프랑스의 공주였기에 프랑스 왕실의 일원으로 궁정에서 자라기는 했지만, 당시 여자 아이의 경우는 왕족이나 귀족이라 하더라도 크게 관심의 대상이 되지 못했기 때문에 잔의 어린 시절에 대해서는 별로 알려진 것이 없다.

그러나 프랑스 왕족 여인의 결혼은 당시 유럽에서 중요한 정치적인 주제 가운데 하나였다. 프랑스의 왕 프랑수아 1세는 잔이 12살 되던 해에 그녀와 독일 클레베의 공작인 빌헬름(Wilhelm of Kleve)과의 정략적인 결혼을 추진하였다. 마침내 1540년 7월 16일 약혼이 체결되었다.[3] 그러나 어린 잔은 너무나도 당차게 자신은 이 정략적 결혼에 결코 동의하지 않는다고 말로서 뿐만 아니라 글로서 저항하였다.

> 나, 잔 드 나바라는 이미 밝힌 나의 입장을 그대로 고수하면서, 이 글
> 로써 여기서 다시 분명히 표명하고 이의를 표하는 바이다. 클레베의
> 공작과 나 사이에 성사시키고자 하는 결혼은 나의 뜻과 상반되는 것이
> 고, 나는 거기에 결코 동의한 적이 없고 이는 앞으로도 그럴 것이다.
> … 만약 내가 어떤 식으로든 클레베의 공작과 약혼하거나 결혼하는 일
> 이 일어난다면, 그것은 내 마음에 반하여, 내 뜻과 무관하게 이루어진
> 일이 될 것이다. 그는 결코 내 남편이 되지 못할 것이고, 나는 그를 결
> 코 내 남편으로 여기지 않을 것이며, 나는 어떤 유효한 결혼도 이루어
> 진 게 없다고 간주할 것이다.[4]

12살의 소녀가 프랑스 왕의 협박과 위협에도 굴복하지 않고 이처럼 당당하게 자신의 의지를 밝힌 것은 참으로 예외적인 일이 아닐 수 없다. 그렇지만 잔의 거부 의사에도 불구하고 1541년 6월 13일 수요일 저녁 7시 푸아티에(Poitiers) 북동쪽의 샤텔로(Châtellerault) 성에서 결혼식이 거행되었다.[5] 다행히 잔의 나이가 어렸기 때문에 그녀의 어머니 마르가리타는 신랑에게 딸이 월경을 하기 전까지는 부부관계를 하지 않겠다는 약속을 받아내었다. 그리하여 두 사람이 결혼식은 했지만, 빌헬름은 독일로 돌아갔고 잔은 프랑스에 남았다.

첫 번째 결혼이 추진되는 과정에서 겪은 절망감은 잔으로 하여금 하나님만을 더욱 의지하도록 만들었을 것이다. 실제로 잔이 빌헬름과의 강제 결혼 상태에 있던 1543년 10월 중순 드림본의 알렉산더(Alexander of Drimborn)에게 보낸 편지에서, 그녀는 "왕과 내 아버지와 어머니에게 버림을 받았다고 느낄 수밖에 없던 나는 나의 유일한 위안이 되시는 하나님을

3 Nancy Lyman Roelker, *Queen of Navarre*, 46.
4 Nancy Lyman Roelker, *Queen of Navarre*, 54; Kirsi Stjerna, 『여성과 종교개혁』, 316-17.
5 Nancy Lyman Roelker, *Queen of Navarre*, 53.

향해 나아가기로 작정하였다."⁶라고 고백한다.

그런데 1543년경 빌헬름이 카를 5세의 편으로 돌아섰기 때문에 프랑수아 1세는 더 이상 클레베의 공작과의 전략적 제휴에 관심을 가질 필요가 없어졌다. 잔도 로마가톨릭교회에 지속적으로 자신의 결혼이 자기 의사와 상관없이 강제적으로 이루어졌기 때문에 무효라고 청원하였다. 마침내 1545년 10월 12일 교황 바오로 3세는 이 결혼이 폭력에 의해 강요되었고, 잔이 끊임없이 저항했으며, 신랑이 신방에 든 일이 없었기에 결혼이 완성되지 않았다는 것을 근거로 결혼이 무효임을 선언하였다.⁷

그 후 잔이 20살이 되던 해 새로운 프랑스 왕 앙리 2세는 프랑스의 북부와 남부를 통합하기 위해 잔과 앙투안 드 부르봉(Antoine de Bourbon)의 결혼을 추진하였다. 이번에는 잔도 앙투안을 기꺼이 받아들였고, 1548년 10월 20일 두 사람은 결혼식을 올렸다. 두 사람 사이에서 태어난 다섯 자녀들 중 앙리(1553년생)와 카트린(1559년생)이 생존했는데, 앙리는 후일 프랑스 왕 앙리 4세가 되는 인물이고 카트린은 헌신적인 프로테스탄트였다. 잔과 앙투안의 관계는 처음에는 행복했지만, 앙투안의 간통과 종교적 성향의 차이로 인해 두 사람은 돌이킬 수 없이 멀어지고 말았다.

2. 로마가톨릭에서 프로테스탄트로의 공개적 회심

잔의 생애에서 결정적 중요성을 갖는 사건 중 하나가 1560년 성탄절에 베풀어진 성만찬에서 빵과 포도주 모두를 받으면서⁸ 자신이 프로테스탄트 칼뱅주의자임을 공개적으로 선언한 것이다. 로마가톨릭 국가인 프랑스 왕족의 일원인 그녀로서는 이 같은 선택이 결코 쉽지 않은 결단이었으리라는 것은 누구나 짐작할 수 있을 것이다. 후일 잔은 이 당시 자신의 회

---

6   Nancy Lyman Roelker, *Queen of Navarre*, 63.
7   Nancy Lyman Roelker, *Queen of Navarre*, 66; Kirsi Stjerna, 『여성과 종교개혁』, 320.
8   로마가톨릭교회는 성만찬에서 빵만 나누어 주었는데, 이를 일종배찬(one kind distribution)이라 한다. 반면에 프로테스탄트 종교개혁 진영에서는 성만찬에서 성서의 가르침을 따라 빵과 포도주 모두를 나누었는데 이를 이종배찬(two kinds distribution)이라 부른다.

심을 회고하면서 이렇게 말한다. "1560년에 주님께서 당신의 은혜로 우상 숭배의 수렁에 깊이 빠져 있던 나를 구출해 주시고, 나를 주님의 교회에 기쁘게 받아주셨다. 그때부터 주님은 동일한 은혜로 내가 주님의 교회 안에서 버텨내도록 나를 도우셨고, 그 이후로 나는 개혁신앙의 대의를 위해 헌신하였다."[9] 그렇지만 여전히 왜 잔이 이처럼 위험에 그대로 노출되는 것을 무릅쓰고 공개적 회심을 했을까 하는 의문이 남는다. 김충현은 몇 가지 개연성 있는 가설을 제시하고 있는데, 첫째로 칼뱅주의 가르침이 잔이 경험한 고통스러운 삶에 위로를 주었으리라는 추정, 둘째로 잔의 부모가 칼뱅주의를 단호히 반대하지 않고 묵인하였고 특히 어머니 마르가리타가 인문주의자와 개혁자를 적극적으로 보호한 것이 영향을 미쳤을 것이라는 판단, 셋째로 1555년 이후 칼뱅과 베즈의 역할이 증대되고 영향력이 확대되었기 때문이라는 관점을 제시하였다.[10] 이는 모두 그럴듯한 주장이지만 잔이 스스로 자신의 회심의 이유를 분명하게 밝히고 있지 않기 때문에 또렷한 대답이 되지는 못한다.

다만 잔이 1555년 8월 22일 포(Pau)의 성에서 구르동의 자작인 니콜라스 드 플로타르(Nicolas de Flotard)에게 보낸 편지에 이미 그녀의 프로테스탄티즘으로의 회심이 암시되고 있다는 사실은 주목할 만하다.

> 제 생각에 종교개혁은 정말로 옳고 필요한 일 같아서, 제가 계속해서 어정쩡하게 머뭇거리고 있는 것은 하나님께 충성스러운 일이 못되고 비겁한 일이며, 제 양심에도, 제 백성에게도 그러할 것이라고 생각합니다.[11]

9 "Ample Declaration," *Letters from the Queen of Navarre with an Ample Declaration*, ed. and trans. Kathleen M. Llewellyn, Emily E. Thompson, Colette H. Winn (Tempe, AZ: Arizona Center for Medieval and Renaissance Studies, 2016), 50.

10 김충현, "1560년 크리스마스, 잔 달브레의 공개적인 개종," 50-53. 자세한 논의는 Roelker의 책 5장 "The Path to Conversion, 1555-1560," 120-54와 Bryson의 책 3장 "The Evangelising of Jeanne," 77-117을 참조하라.

11 Nancy Lyman Roelker, *Queen of Navarre*, 127; Kirsi Stjerna, 『여성과 종교개혁』, 325.

이 내용으로 볼 때, 1555년부터 잔의 마음속에는 프로테스탄트로서의 자기 정체성이 형성되어 있었던 것으로 간주할 수 있을 것이다. 그 후 1557년 제네바의 칼뱅주의 목회자 프랑수아 러 게(François Le Gay)가 나바라를 방문하여 프로테스탄트 교회들을 세우고 개혁신앙을 전하였다. 1560년에는 칼뱅이 테오도르 베즈(Théodore de Bèze)를 나바라 궁전이 있던 네락(Nérac)으로 파송하였다. 데이비드 브리손에 따르면, 베즈는 "잔의 헌신된 신뢰를 얻는데 성공했고, 베즈는 잔이 죽을 때까지 그녀의 정신적 스승인 동시에 존경받는 '아버지'로 남았다."[12] 이렇게 잔은 위그노로의 길을 걷고 있었다.

잔이 1560년 성탄절에 공개적 회심을 한 사건은 많은 사람을 놀라게 했고, 제네바의 칼뱅에게 큰 기쁨과 희망을 주었다. 칼뱅은 1561년 1월 16일 잔에게 보낸 그의 첫 번째 편지에서 그녀의 회심을 진심으로 기뻐하면서 그리스도인 군주로서의 의무에 대해 조언하고 있다.

왕비께서 나의 형제 샬론네(Chalonné)[13]를 통해 전해준 편지로 인한 내 기쁨은 말로 다 표현할 수 없을 정도입니다. 나는 편지에서 하나님이 불과 몇 시간 동안에 당신에게 얼마나 강력하게 역사하셨는지를 분명히 알 수 있었습니다. 하나님께서 오래전 당신 안에 선한 씨앗을 뿌리셨지만 세상의 가시덤불로 거의 질식당했습니다. … 이제 하나님께서 예비하신 한없는 자비하심으로 비참한 곤궁으로부터 당신을 지켜주셨습니다.[14]

---

12 David Bryson, *Queen Jeanne and the Promised Land*, 111; "Introduction," *Letters from the Queen of Navarre with an Ample Declaration*, 3.

13 테오도르 베즈의 가명이다. 베즈는 나바라의 왕과 왕비를 하나님의 말씀으로 가르치기 위해 1560년 7월 30일 네락으로 파송되었는데, 이 사명을 성공적으로 감당한 후 같은 해 11월 제네바로 돌아왔다.

14 *Letters of John Calvin, IV*, ed. Jules Bonnet (New York: Burt Franklin, 1972), 162-64 (January 16, 1561). Bryson은 Roelker가 이 중요한 편지를 잘못 인용하고 번역하는 오류를 범하였다고 비판한다. 칼뱅은 1561년 1월 16일 잔의 남편인 앙투안과 잔에게 동시에 편지를 보냈는데 Roelker는 앙투안에게 보낸 편지의 내용을 잔에게 보낸 편지로 잘못 인용하고 있을 뿐만 아니라 '용기를 가지라'는 문장을 '무장을 하라'고 번역함으로써 마치 칼뱅이 잔에게 폭력으로의 길을 준비하라고 조언하는 것처럼 오역하였다. David Bryson, *Queen Jeanne and the Promised Land*, 115.

제네바의 교회개혁자 칼뱅은 잔이 개혁신앙을 위해 그녀가 가진 영향력을 프랑스와 나바라에서 발휘해 주기를 바랐다. 따라서 칼뱅은 그녀에게 자주 편지를 썼고[15], 그녀를 위해 목회자들을 파송하기도 하였으며, 직접 만나기도 하였다. 베인튼은 회심 이후 잔이 보여준 개혁신앙에의 헌신에 대해 이렇게 평가하였다. "잔의 신앙은 그 어머니[마르가리타]의 신앙이 지니고 있던 복잡성이나 모호성을 전혀 보이지 않는다. 거기서는 신플라톤주의적인 열광적 시가로 비약하는 일도 없었다. 잔이 개혁파 신앙을 채택하게 되었을 때 그것은 희석되지 않은 칼뱅주의였다."[16]

3. 베아른의 종교개혁

잔 달브레의 아버지 앙리 달브레가 1555년 죽자, 잔과 그녀의 남편 앙투안이 함께 나바라와 베아른 자작령의 통치권을 이어받게 되었다. 나바라와 베아른에서는 살리지족의 법(Salic Law: 왕위와 영토 계승에서 여성을 배제시키는 법)이 적용되지 않았기 때문에 잔도 남편과 더불어 왕위를 계승할 수 있었다.[17] 그러나 남편 앙투안은 단지 '자작부인의 남편'(le mari de la vicomtesse)으로만 언급될 정도로 영향력이 미미했기 때문에 실제적 통치권은 잔이 행사하였고, 1562년 남편이 죽은 이후로는 잔이 유일한 통치자로서 나바라와 베아른을 개혁해 나갔다.[18]

16세기 나바라는 현재의 스페인 북부 지역과 프랑스 남부 지역에 걸쳐 있던 작은 독립적 왕국이었다. 하지만 잔의 할아버지 때인 1512년 스페인 쪽에 있는 고지대 나바라(Haute-Navarre)는 아라곤의 페르디난트에게 빼

---

15 *Letters of John Calvin*, IV권에 칼뱅이 잔에게 보내는 편지 5통이 포함되어 있다. 162-64(January 16, 1561), 245-47(December 24, 1561), 266-68(March 22, 1562), 290-94(January 20, 1563), 318-20(June 1, 1563).

16 Roland Bainton, *Women of the Reformation in France and England*, 43, 45; Kirsi Stjerna, 『여성과 종교개혁』, 324.

17 "Introduction," *Letters from the Queen of Navarre with an Ample Declaration*, 5.

18 Nancy Lyman Roelker, *Queen of Navarre*, 265.

앗기고, 북쪽의 땅 저지대 나바라(Basse-Navarre)만 독립국으로 남아 있었
다. 잔은 이 저지대 나바라와 함께 베아른 지역을 아버지로부터 물려받았
다. 나바라와 베아른은 스페인과 프랑스 국경 사이에 자리 잡고 있는 지리
적 이점으로 인해 오랫동안 문화적 독립성과 함께 정치적 독립성을 누려
왔다. 이런 역사적 맥락 안에서 잔은 자신의 영토에서 새로운 종교개혁 운
동을 전개할 수 있었다.

     잔은 1560년 성탄절에 공개적으로 프로테스탄트로 회심한 이후 1572
년 죽기까지 단계적으로 자신의 독립적 공국인 베아른에서 종교개혁을 추
진하였다. 잔이 1561년 7월 19일 네락에서 반포한 교회법령은 7가지 조항
을 포함하고 있는데, 로마가톨릭 신앙만이 아니라 프로테스탄트 신앙의
자유도 동시에 보장하는 내용이다. 첫째는 서로 다른 신앙을 따르는 사람
들 사이에 언행이나 행동으로 모욕하는 것을 금지하는 것이며, 둘째는 그
동안 미사경본이나 십자가 위에 손을 얹고 맹세하는 관습을 없애고 대신
성서 혹은 살아계신 하나님에 대한 서약으로 대체하는 것이며, 셋째는 가
난한 자들을 위한 헌금을 제외하고는 강제적 헌금을 요구하지 못하도록
한 것이며, 넷째는 목회자의 상황이 불가피한 경우에는 동일한 신앙을 가
진 사람이 교회에서 공적인 기도를 할 수 있도록 하며 다른 신앙을 가진
사람도 그들의 예배를 드릴 수 있도록 허용한다는 것이며, 다섯째는 베아
른에 새로 오는 목회자들을 맞이하여 정착하도록 한다는 것이며, 여섯째
는 목회자가 설교를 할 때 주임신부나 보좌신부가 간섭해서는 안 되며 우
상숭배를 종용하는 자는 설교단에 서지 못한다는 것이며, 일곱째는 학교
를 세워 가르치고자 하는 사람은 여왕의 자문위원회나 목회자에 의해 그
능력과 생활과 교리에 대한 검증을 받아야 한다는 것이다.[19] 이 교회법령
은 베아른 지역에서 로마가톨릭 신앙만이 아니라 개혁 신앙도 자리 잡을
수 있는 토양을 마련하였다. 양측이 서로 비난하거나 서로에게 무력을 사

---

19   베아른의 종교개혁에 대한 1차 사료는 *La Réforme En Béarn: Nouveaux Documents Provenant du
Chateau de Salies*, published by Charles Louis Frossard (Paris: Grassart, Libraire, 1896), 8-11을
참조하라.

용할 수 없도록 하였을 뿐만 아니라, 양측이 같은 건물에서 시간을 달리하여 예배를 드릴 수 있도록 하는 '동시주의'(simultaneum)를 채택하여 공존할 수 있도록 한 것이다. 잔이 베아른의 교회법령에서 채택한 동시주의는 로마가톨릭이 독점적인 지위를 누렸던 상황에 비추어 본다면 사실상 프로테스탄티즘의 승리로 이해할 수 있을 것이다. 또한 로마가톨릭과 프로테스탄트 신앙을 동시에 인정한 것은 장차 아들인 앙리 4세가 1598년 발표하게 될 낭트칙령의 관용정책을 예고한 것이라 할 수 있다.[20]

베아른의 교회법령은 이후 몇 차례 개정되면서 계속 발전해 나갔다. 1563년 포(Pau)에서 공포된 교회법령에서 잔은 베아른 지역에서 교황주의 미사를 폐지하고 프로테스탄트 예배를 도입하도록 했다. 교회법령의 중심 내용은 젊은이들을 위한 교육, 가난한 자의 구제, 프로테스탄트 예배를 강화하는 것이었다. 이제 베아른에서 종교적 차이로 인한 재판과 처벌은 사라졌으며, 프로테스탄트 주민이 다수인 곳에서는 대성당을 그들이 사용하도록 하고 성상과 십자가와 성인의 유물들이 제거되었고, 로마가톨릭과 프로테스탄트 주민들의 숫자가 비슷할 때에는 양측 모두가 번갈아 교회당을 사용하도록 하였다. 뿐만 아니라 잔은 성서를 피레네 산지 언어인 바스크 방언으로 번역하도록 하였고, 제네바에 목회자를 보내줄 것을 요청하기도 하였다. 이처럼 1563년의 교회법령은 베아른을 실질적으로 개혁교회의 교두보로 만드는 조처였다. 칼뱅은 1563년 1월 20일 잔에게 편지를 써서 종교개혁의 과정을 돕기 위해 장-레이몽 메를랭(Jean-Raymond Merlin)을 파송하겠다고 약속하면서 순수한 복음에 기초한 교회를 설립하는 노력을 계속할 것을 조언하였다.[21] 반면 로마가톨릭교회에서는 베아른의 종교개혁을 차단하기 위해 1563년 9월 28일 교황 피우스 4세가 잔을 파문하고 로마의 종교재판소로 소환하였다. 이후 프랑스의 황후인 카트린 드 메디시스(Catherine de Médicis)의 중재로 잔의 파문은 취소되긴 했지만, 잔

---

20   Kirsi Stjerna, 『여성과 종교개혁』, 337.

21   *Letters of John Calvin*, IV, 290-94.

은 이제 로마가톨릭교회를 영원히 떠났다. 베아른의 종교개혁은 이후에도 계속 진행되어 최종적으로 1571년 11월 26일 77개 조항으로 이루어진 교회법령으로 나타났다. 이 법령은 나바라와 베아른에서 로마가톨릭 신앙을 금지하고 개혁교회 신앙을 수립함으로써 이제 칼뱅주의가 베아른의 유일한 신앙이 되었다.[22]

잔이 주도한 베아른의 종교개혁을 엘리자베스가 이끈 잉글랜드의 개혁과 비교하려는 시도도 있다.[23] 외형적으로 볼 때 여성 통치권자가 주도한 위로부터의 교회개혁이라는 성격과 두 사람 모두 로마가톨릭교회로부터 파문을 받았다는 점에서 유사해 보일 수 있지만, 개혁의 내용 면에서 본다면 분명한 차이가 있기 때문에 적절한 비교 대상이라고 보기는 어려울 것이다. 엘리자베스는 로마가톨릭과 프로테스탄트 중간의 길을 택하여 잉글랜드국교회를 제시한 반면, 잔은 로마가톨릭과 프로테스탄트의 동시주의를 거쳐 종국에는 개혁신앙을 정착시켜 나갔다. 오히려 베아른의 종교개혁은 내용상 제네바의 개혁과 닮아 있다. 잔은 자신이 가진 힘으로 법과 제도를 마련하여 자신의 영토 안에 개혁신앙을 정착시키려고 노력하였다. 키르시 스티예르나는 "종교개혁에 대한 그녀[잔]의 공헌을 평가하는 데 가장 놀라운 것은 그녀가 신학적인 작업을 후원하는 것만큼이나 입법활동과 제도적인 변화를 통해 자신의 영토에 종교개혁을 심으려고 각별히 노력했다는 점이다."[24]라고 평한다.

4. 라로셸의 위그노 항전

잔이 통치하던 나바라와 베아른은 강력한 로마가톨릭 국가인 스페인과 남쪽 국경을 맞대고 있었기 때문에 그녀로서는 자신의 권한을 행사하고 프로테스탄트 대의를 견고히 할 수 있는 보다 안전한 기지를 필요로 하

---

22 김충현, "프랑스 종교개혁과 종교전쟁에서 잔 달브레의 역할," 300.
23 Nancy Lyman Roelker, *Queen of Navarre*, 275.
24 Kirsi Stjerna, 『여성과 종교개혁』, 328.

였다. 프랑스 서쪽 대서양 연안의 도시 라로셸이 잔에게 이런 안전뿐만 아니라 정치적인 미래를 약속했다.[25] 때마침 1568년 1월 프로테스탄트가 통제하는 의회가 이 전략적인 도시를 획득하였고, 같은 해 3월 23일 샤를 9세가 롱쥐모 칙령으로 이 도시를 프로테스탄트에게 양보하였기 때문이다.[26] 그러나 "어느 누구도 이 평화가 영구적으로 정착되리라고 생각하지 않았다. 롱쥐모 평화 칙령은 위그노 지도력을 붕괴시키고자 고안된 함정임이 거의 확실하였다."[27] 결국 롱쥐모 칙령은 5개월 만에 폐기되었고 제3차 위그노전쟁으로 이어졌다.

제3차 위그노전쟁이 발발하자 잔은 1568년 8월 23일 베아른을 떠나 9월 6일 네락을 거쳐서 9월 28일 위그노의 거점 도시인 라로셸에 도착하였다. 잔은 1568년 9월부터 1571년 8월까지 약 3년을 라로셸에 머물면서 프랑스의 제3차 위그노전쟁과 프랑스의 프로테스탄티즘을 이끌었다. 이 기간 동안 그녀는 "개혁교회의 보호자"(a patroness of the Reformed church)로서의 명성을 쌓았다.[28] 1568년 잔이 라로셸로 가면서 남겼던 『편지』와 그 편지의 역사적 배경을 담고 있는 『충분한 설명』은 그 당시 그녀가 위그노로서 품고 있었던 대의와 정체성을 잘 보여주고 있다. 이에 대해서는 다음 장에서 구체적으로 다룰 것이다.

라로셸은 16세기 프랑스 종교개혁의 드라마에서 핵심적 역할을 하였다. 라로셸은 12세기부터 도시의 자치권을 인정받았다. 12세기 중엽 라로셸은 프랑스와 잉글랜드의 결혼 관계에 의해 한때 잉글랜드의 헨리 2세에

---

25 라로셸에 관한 연구로는 Judith Pugh Meyer, *Reformation in La Rochelle: Tradition and Change in Early Modern Europe 1500-1568* (Genève: Librairie Droz, 1996); Kevin C. Robbins, *City on the Ocean Sea La Rochelle, 1530-1650: Urban Society, Religion, and Politics on the French Atlantic Frontier* (New York: Brill, 1997); David Parker, *La Rochelle and the French Monarchy: Conflict and Order in Seventeenth-Century France* (London: Swift Printers Ltd., 1980); Louis Delmas, *The Huguenots of La Rochelle*, trans. George L. Catlin (New York: BiblioLife, 1880)을 참조하라.

26 "Introduction," *Letters from the Queen of Navarre with an Ample Declaration*, 8.

27 Robert J. Knecht, *The French Civil Wars 1562-1598*, 3rd ed. (New York and London: Routledge, 2010), 40. 이 책은 1562년부터 1598년에 이르는 8차례의 위그노전쟁에 대한 1차 자료와 설명을 제공하고 있다. 또한 박경수, 『개혁교회 그 현장을 가다』 (서울: 대한기독교서회, 2018), 59-63을 참조하라.

28 Kevin C. Robbins, *City on the Ocean Sea La Rochelle, 1530-1650*, 207.

게 양도되었던 적이 있었는데, 1169-1178년 사이에 헨리 2세는 「코뮌의 권리」(Droit de Commune)라는 헌장을 통해 라로셸의 자치권을 인정하였다. 이때부터 수세기 동안 라로셸은 100명으로 구성된 시의회(corps de ville)가 통치하였는데, 76명의 상원(pairs)과 24명의 행정관(échevins) 및 의원 (conseillers)으로 구성되었으며 시장(maire)이 도시의 책임을 맡았다.[29] 이 처럼 라로셸은 중세 시대부터 자치권을 가진 독립적인 도시로 세금과 군 역에 있어서도 면제 특권을 누렸다.

하지만 16세기에 프랑스 왕실은 라로셸의 자치권을 위협하는 일련의 조치들을 취하였다. 경제적으로 프랑스 왕실은 라로셸에서 생산되고 유통 되는 포도주와 소금에 대한 세금을 부과함으로써 도시가 그동안 누려온 면세의 특권을 박탈하였다. 정치적으로 프랑스 왕실은 라로셸의 시장 선 거에 개입하고 시의회의 인원을 감축시키거나 시의원에 왕의 관료를 포함 시키려고 시도했을 뿐만 아니라 시의 재정까지 감독하려고 하였다. 더욱 이 1566년 샤를 9세가 물랭(Moulins) 칙령으로 시의회의 권한을 치안 기능 으로만 축소시키려고 하자 도시의 주민들은 '자유와 면세'(liberty and ex- emption)를 외치며 거세게 저항하였다. 특히 1568년 7월 말 프랑스 왕실이 왕의 수비대를 도시에 주둔시키려고 했을 때, 라로셸 주민들은 자신들이 오랜 세월 지켜 온 자치권과 독립성이 침해당한 것에 대항하여 왕실과 결 별하고 위그노 지도자인 루이 콩데(Louis I, Prince of Condé)와 동맹을 맺 고 군사적인 대결을 택하였다.[30] 이것이 3차 위그노전쟁의 직접적인 도화 선이 되었다. 이처럼 라로셸의 종교개혁은 도시의 정치적, 경제적 자치권 과 독자성을 위한 투쟁과 긴밀하게 연결되어 있었다.[31]

---

29 Judith Pugh Meyer, *Reformation in La Rochelle*, 20.

30 Judith Pugh Meyer, *Reformation in La Rochelle*, 119-32.

31 라로셸은 정치적으로 독일의 자유제국도시(free imperial city)와 비슷하다. 토머스 브래디는 16세 기 당시 독일의 자유제국도시였던 스트라스부르의 지배계층에 해당되는 시의원들의 계급적 배경 을 상세하게 분석함으로써 종교개혁의 사회사 연구를 제시한 바 있다. 프랑스에서도 종교개혁은 자율성을 가진 도시의 전통과 긴밀히 연관되었다. Thomas A. Brady, Jr, *Ruling Class, Regime and Reformation at Strasbourg, 1520-1555* (Leiden: E. J. Brill, 1978); 박경수, "16세기 스트라스부르의 평신도 여성 종교개혁자 카타리나 쉬츠 젤의 프로테스탄트 정체성 연구," 125-55.

이런 상황에서 1568년 9월 라로셸에 도착한 잔은 시동생인 루이 콩데, 위그노의 지도자인 가스파르 콜리니(Gaspard de Coligny)와 연합하여 라로셸의 위그노를 이끌었다. 잔은 프로테스탄트 종교개혁의 정당성을 옹호하고 전파하는 이론가로서, 잉글랜드의 엘리자베스를 비롯한 외국 군주들의 원조를 이끌어내는 외교관으로서, 군대의 행정, 재정, 모금, 관리를 떠맡은 행정관으로서, 감동적인 연설로 위그노의 사기를 진작시키고 결집시키는 지휘관으로서, 전쟁을 유리하게 끝내기 위한 협상을 주도하는 협상가로서 자신의 역할을 수행하였다.[32] 제3차 위그노전쟁은 1570년 8월 8일 생제르맹 평화조약을 체결함으로써 휴전하였으며, 위그노는 라로셸, 몽토방(Montauban), 코냑(Cognac), 라샤리떼쉬르루아르(La Charité-sur-Loire) 네 곳을 안전지역으로 인정을 받았다.

라로셸에 프로테스탄트 공동체가 처음 생긴 것은 1557년 순회설교자 샤를 클레르몽(Charles Clermont)이 도시에 도착하여 교회개혁에 관심을 가진 사람 50여명이 모인 때였다.[33] 이듬해인 1558년 '포트 콜리니'(Fort Coligny)[34]에 파송되었던 피에르 리세르(Pierre Richer)가 라로셸 개혁교회의 최초 목회자로 부임한 이후 1560년대 라로셸은 빠르게 프로테스탄트 도시로 변모하였다. 프로테스탄트 인구는 1562년 4,629명, 1563년 9,343명, 1564년 12,286명으로 증가했는데, 당시 라로셸 인구가 20,000명 정도인 것을 감안하면 절반이 넘는 주민들이 위그노였음을 알 수 있다.[35] 이처럼 라로셸에 새로운 종교가 빨리 성공적으로 뿌리내릴 수 있었던 것은 1540년대 이후 로마가톨릭 성직자들에 대한 불신이 팽배해졌고,[36] 프로테스탄티즘의 성직자 권위에 대한 비판이 도시의 독립적 전통과 잘 조화되

32 김충현, "프랑스 종교개혁과 종교전쟁에서 잔 달브레의 역할," 289-99.

33 Judith Pugh Meyer, *Reformation in La Rochelle*, 94.

34 '포트 콜리니'는 브라질 리우데자네이루의 과나바라 만에 건설된 위그노의 망명 거류지로 위그노 지도자인 콜리니의 이름을 따서 붙였다. 이와 관련해서는 박경수, "칼뱅의 브라질 '포트 콜리니' 선교에 대한 재평가," 『한국교회를 위한 칼뱅의 유산』 (서울: 대한기독교서회, 2014), 280-99를 참조하라.

35 김충현, "루이 13세의 라로셸 점령과 위그노의 약화," 4.

었고, 프로테스탄티즘의 오직 성서와 만인제사장설 같은 가르침도 권위로부터의 자유를 요구하는 평신도의 의식에 잘 맞아 떨어졌기 때문이었다. 뿐만 아니라 라로셸이 자치와 특권을 유지해 온 요새화된 전략적 도시였다는 점, 해안도시라 잉글랜드나 네덜란드의 프로테스탄트를 쉽게 접할 수 있었던 점, 파리로부터 멀리 떨어져 있었기에 왕권으로부터 정치적 독립을 유지할 수 있었다는 점 등도 프랑스의 다른 도시들과 달리 라로셸에서 종교개혁이 뿌리내리고 또한 상당히 오랫동안 지속될 수 있었던 이유였을 것이다.[37]

잔은 1571년 8월 말 라로셸을 떠나 그녀의 영지인 베아른으로 돌아갔다. 잔은 그곳에서 1571년 4월 2–11일 라로셸에서 개최된 프랑스 개혁교회의 대회에서 채택한 라로셸신앙고백에 따라 구제, 교육, 예배의 개혁을 더욱 공고하게 추진하였다. 이제 잔은 그 존재 자체만으로도 위그노의 희망이었다. 이 무렵 프로테스탄트인 잔의 아들 나바라의 앙리와 로마가톨릭 교도인 황후 카트린의 딸 마르가리타 사이에 정략적인 결혼이 추진되었다.[38] 이를 위해 잔은 파리로 갔다. 어쩌면 이 결혼이 프랑스에서 종교적 분란을 끝내고 평화를 가져다주리라 기대했을지 모르지만, 사실상 이것은 또 다른 전쟁 즉 제4차 위그노전쟁의 뇌관과 같았다. 불행인지 다행인지 잔은 1572년 6월 9일 죽음으로써 두 달 후에 벌어질 바르톨로뮤 학살사건을 겪지 않을 수 있었다. 그녀가 죽었을 때, 교황 대사는 "하나님께서 어머니 교회의 주적을 잡아채 가셔서 이 죽음이 로마가톨릭교인들 모두에게

---

36 예를 들어 1540-1550년대 라로셸 주민들의 유언장을 통해 본 유산 상속은 로마가톨릭교회에 대한 불신을 잘 보여준다. 이 시기 작성된 주민의 유언장 중에서 거의 절반이 교회에 유산을 남기지 않았다. 유산을 교회에 남긴 사람들 가운데서도 10%만이 구체적 금액을 지정하였고, 40%는 구체적 금액을 표기하지 않거나 혹은 유언집행인에게 금액을 정하도록 맡겼다. 이것은 1500-1529년에는 87%가 유언장에서 교회에 유산을 남겼으며, 50% 이상이 구체적 금액을 지정한 것과 대비된다. 1530년대만 해도 유언장의 83%가 교회에 유산을 남겼고, 그 중 83%는 구체적 금액을 지정하였다. Judith Pugh Meyer, *Reformation in La Rochelle*, 86-87.

37 Judith Pugh Meyer, *Reformation in La Rochelle*, 142-43.

38 "영화를 좋아하는 사람이라면 알렉상드르 뒤마의 소설을 원작으로 하는 〈여왕 마고〉를 보면 위그노 전쟁의 역사를 흥미진진하게 이해할 수 있을 것이다. 프랑스의 국민배우 이자벨 아자니가 열연한 여주인공 마고는 카트린 드 메디시스의 딸 마르가리타이다. 이 영화에서 마고와 나바라의 앙리의 정략결혼을 중심으로 펼쳐지는 프랑스 종교전쟁의 역사를 만날 수 있다." 박경수, 『개혁교회 그 현장을 가다』, 22.

기쁨이 되고 있습니다."[39]라고 보고하였다. 잔은 로마가톨릭교회에게는 주적이었을지 몰라도, 프로테스탄트에게는 가장 든든한 친구였다. 잔의 죽음이 로마가톨릭에게는 큰 기쁨이었겠지만, 위그노에게는 큰 슬픔이자 상실이었다.

III. 『편지』와 『충분한 설명』에 나타난 잔 달브레의 자기 변호

1. 『편지』와 『충분한 설명』의 배경

1568년은 잔 달브레의 인생 역정에서 가장 큰 변화를 경험한 해이다. 잔에게 있어서 1568년은 프로테스탄트 신앙으로 공개적으로 회심했던 1560년이나 베아른과 나바라에 칼뱅주의를 본격적으로 확립시키기 시작했던 1563년보다 더 중요한 해이다.[40] 1568년에 잔은 자신이 다스리던 나바라와 베아른 지역을 떠나 라로셸로 향하였다. 잔이 라로셸로 떠나는 여정을 결행한 데에는 변화된 프랑스의 정치적 판도가 중요한 몫을 했다. 당시 프랑스를 통치하고 있던 황후 카트린과 그녀의 아들 샤를 9세의 입장에서는, 프로테스탄트인 잔이 프랑스 내에서 지나친 권력을 행사하고 있는 기즈 가문을 견제해 줄 수 있는 존재였기 때문에 잔을 옹호할 필요성이 있었다. 카트린이 1563년 파문된 잔을 위해 교황에게 청원하여 그 파문을 철회하도록 한 것도 이런 필요 때문이었다. 그러나 위그노 지도자인 콩데가 1567년 9월 모에서 황후와 국왕을 납치하려고 벌인 무모한 '모의 기

---

39 Kirsi Stjerna, 『여성과 종교개혁』, 327.

40 "Introduction," *Letters from the Queen of Navarre with an Ample Declaration*, 5.

습'(Surprise de Meaux)이, 특히 1567년 11월 몽모랑시(Anne de Montmo-rency) 총사령관의 죽음이 위그노에 대한 카트린과 샤를의 입장을 부정적으로 만든 계기가 되었다. 더욱이 1568년 6월 온건한 중도파였던 미셸 드 로피탈(Michel de l'Hôpital)이 샤를 9세에 의해 해임되면서 급진적인 로마 가톨릭주의자들이 득세하였다. 이런 상황에서 잔이 의지할 수 있는 선은 부르봉의 루이 콩데였을 것이다.[41] 콩데가 1568년 8월 라로셸로 피신하여 전열을 정비하고 있었기 때문에 잔은 라로셸로 향하는 결단을 하게 되었다.

잔의 라로셸 여정은 거의 한 달에 걸친 순례였다. 잔은 아들 앙리(14살)와 딸 카트린(9살)과 함께 1568년 8월 23일 베아른의 포(Pau) 궁을 떠나 네락(Nérac)에 도착했다. 9월 6일 월요일 잔은 50여명과 함께 네락을 떠나 카스텔잘루(Casteljaloux)로 가서 이틀을 묵었다. 9월 8일 그녀와 일행들은 톤넹(Tonneins)으로 갔다. 그들은 9월 11일 라 소브타(La Sauvetat)에 머물렀다가 9월 12일 베르주라크(Bergerac)로 향하였다. 잔은 9월 16일까지 베르주라크에 머물면서 여러 통의 편지를 썼다. 9월 16일 잔은 뮈시당(Mus-sidan)으로 가서 다음날까지 머물렀다. 그리고 18일과 19일에는 오브테르(Aubeterre)에, 20일부터 22일까지는 바르브지외(Barbezieux)에서, 23일은 아르키악(Archiac)에 머물렀다. 잔 일행은 9월 24일 금요일 코냑(Cognac) 인근에서 콩데를 만날 수 있었다.[42] 여기에서 잔은 앙리를 삼촌 콩데의 손에 맡겨 하나님과 왕과 가문을 위해 헌신할 수 있도록 의탁하였다. "하나님, 왕, 가문을 위한 봉사, 이 세 가지 이유 때문에 나는 앙리를 삼촌인 콩데의 손에 위탁하였고 그리스도교 군대로 보냈다."[43] 어린 시절 떨어져 지낸 쓰라린 경험이 있었지만 잔이 아들과 다시 헤어질 수 있었던 것은 이 세 가지 대의가 있었기 때문이었다. 잔은 9월 28일 화요일 환호 속에서 라로셸에 도착하였다. 이 여정은 『충분한 설명』에서 자세하게 서술되고 있

---

41 "Introduction," *Letters from the Queen of Navarre with an Ample Declaration*, 7-8.
42 "Ample Declaration," *Letters from the Queen of Navarre with an Ample Declaration*, 89-93.
43 "Ample Declaration," *Letters from the Queen of Navarre with an Ample Declaration*, 93.

다. 또한 이 여정 가운데 잔은 카트린, 샤를, 후일 앙리 3세가 되는 샤를의 동생, 로마가톨릭의 추기경인 시동생 샤를에게 편지를 썼다.

2. 『편지』와 『충분한 설명』의 내용

편지쓰기는 16세기 여성들이 자신을 표현하는 중요한 방식이었다. 잔이 라로셀로 가면서 쓴 편지들에는 프로테스탄트로서의 정체성과 정당성이 표현되어 있다. 그러나 편지는 짧게 쓰는 것이 관례이기 때문에 지면의 제약으로 인해 명백하게 밝히지 못한 것을 자세히 설명할 필요를 느꼈기 때문에 『충분한 설명』을 썼다.[44] 따라서 『편지』와 『충분한 설명』은 함께 읽어야 한다. 잔은 이 작품들을 통해 자신의 정치적이며 종교적인 관점을 정당화하고, 위그노의 군사적 대응이 프랑스를 위한 애국적 행동이라는 사실을 설득하고자 하였다. 이를 위해 잔은 때로는 기즈 가문, 특히 로렌의 추기경을 논박하고, 때로는 스토리텔링으로 독자를 설득하고 호소한다. 이 작품들은 잔이 라로셀에 도착한 직후인 1569년에 인쇄업자 바르텔레미 베르통(Barthélemy Berton)에 의해 두 번 출판되었으며, 이듬해인 1570년에도 다시 출판되어 지금까지 전해지고 있다.[45]

잔이 편지에서 주로 공격하고 비판하는 인물은 기즈 가문 출신으로 로렌의 추기경인 샤를이다. 1568년 9월 16일 베르주라크에서 국왕 샤를 9세에게 보낸 편지에서 잔은 부디 로렌의 추기경 샤를의 감언이설에 속지 말고, 자신의 충심을 알아달라고 호소한다.

---

44   "나는 편지 안에 있는 중요한 주제들을 상세히 설명하기 위해 펜을 들었다. 다시 말해 어떤 상황들이 나로 하여금 내 영토를 포기하도록 만들었는지 설명하고자 하였다. … 내 목표는 편지에서 간략하게만 밝힌 여러 동기들을 보다 자세하게 설명하는 것이다." "Ample Declaration," *Letters from the Queen of Navarre with an Ample Declaration*, 50.

45   "Introduction," *Letters from the Queen of Navarre with an Ample Declaration*, 35. 앤드류 페터그리에 따르면, "전체적으로 16세기 출판된 책의 1% 미만이 오늘날까지 살아남았다. 팸플릿 형태는 그보다 더 낮다." Andrew Pettegree, *The Book in the Renaissance* (New Haven and London: Yale University Press, 2010), 334.

라 모트의 영주가 폐하의 편지를 저에게 전달했을 때 저는 이미 여행 중이었습니다.[46] … 폐하가 공포한 롱쥐모 평화칙령[1568년 3월 23일]이 로렌의 추기경의 계략 때문에 거의 준수되지 못할 뿐만 아니라 완전히 전복되었습니다. 개혁교회 신앙을 가진 당신의 가련한 백성들이 폐하의 약속을 기뻐했음에도 불구하고, 추기경은 끊임없이 그 시행을 방해함으로써 칙령을 무용지물로 만들어 버렸습니다.[47]

잔은 로렌의 추기경이 저지르는 불충과 자신의 충성을 비교해 보라고 간청한다. "폐하께 겸손히 청하오니 우리는 겸손하며 순종적인 당신의 신하이며, 추기경의 불충만큼이나 우리의 충성이 크다는 사실을 믿어주시길 빕니다. 폐하께서 우리 둘을 비교해 보신다면, 추기경의 말이 아니라 제 행동을 더 신뢰하실 수 있을 것입니다."[48] 잔은 국왕이 로렌의 추기경과 같은 사악한 간신배들의 말만 듣고 자기의 충정과 진심을 오해하지 말 것을 간곡히 당부하고 있다. 잔은 『충분한 설명』에서 "오! 이 추기경[로렌의 샤를]이 얼마나 많은 악어의 눈물을 흘렸는가, 그와 그 형제[제1차 위그노전쟁 때 바시의 학살을 주도했던 기즈의 프랑수아]가 얼마나 많은 여우의 계략을 꾸몄는가!"[49]라며 샤를과 프랑수아를 악어와 여우에 비유하면서 그들의 거짓 간계를 고발한다.

또한 잔은 편지에서 왜 자신이 라로셀로 향할 수밖에 없었는지 이유를 밝히고, 위그노로서 개혁신앙의 편에 서는 것이 결코 국가와 왕에 대한 충성을 버리는 것이 아님을 반복적으로 강조하고 있다.

---

46 프랑스 왕실에서는 능숙한 외교관인 라 모트-페넬롱(La Mothe- Fénelon)의 영주인 살리냑의 베르트랑(Bertrand de Salignac)을 잔에게 몇 차례 보내 왕실의 뜻을 전하였다. 라 모트는 1568년 2월과 5월에 잔을 방문한 적이 있었고, 잔이 라로셀로 가는 도중 톤넹에 머물렀을 때에도 잔을 찾아왔다. Nancy Lyman Roelker, *Queen of Navarre*, 294-300.

47 "To the king," *Letters from the Queen of Navarre with an Ample Declaration*, 40.

48 "To the king," *Letters from the Queen of Navarre with an Ample Declaration*, 41.

49 "Ample Declaration," *Letters from the Queen of Navarre with an Ample Declaration*, 52.

겸손하게 간구하오니 하나님과 제 주인이신 왕과 나의 가족을 잘 섬기려는 의도로 제가 아들과 함께 고향을 떠난 것을 너그럽게 생각해 주시기를 바랍니다. … 우리가 무장을 한 것은 세 가지 이유 때문인데, 첫째는 우리를 이 땅에서 박멸하려는 적들로부터 스스로를 보호하기 위함이며, 둘째는 폐하를 섬기기 위함이며, 셋째는 폐하 가계의 혈통의 왕자를 지키기 위함입니다.[50]

하나님, 왕, 가문의 혈통 이 세 가지는 잔의 지키고자 했던 대의였다. 잔이 같은 날인 9월 16일 황후 카트린에게 보낸 편지의 서두에서도 "이전에도, 지금도, 앞으로도 하나님과 왕과 나라와 가계를 섬기고자 하는 열망보다 나에게 절대적인 것은 아무것도 없다는 사실을 하나님과 사람 앞에서 선언함으로써 나의 편지를 시작하고자 합니다."[51]라고 말한다. 잔은 황후 카트린에게 과거에 기즈 가문으로 인해 함께 겪은 고통에 대해 상기시킴으로써 정서적 연대감을 표현한다. 그리고 자신이 택한 프로테스탄트 신앙이 결코 프랑스에 해가 되지 않음을 계속하여 설득한다.

나를 움직이는 세 가지 중요한 동기가 있습니다. 첫째는 내 하나님을 섬기려는 것입니다. 참된 신앙을 고백하는 모든 사람들이 추기경 일당에 의해 이 땅에서 완전히 쓸려나갈 위협을 목도하고 있습니다. 둘째는 나의 왕을 섬기려는 것입니다. 이를 위해 나는 생명과 재산을 바쳐 평화칙령이 왕의 뜻에 따라 지켜지도록 할 것이고, 우리 프랑스 즉 수많은 귀족들의 영혼의 어머니인 조국의 모유가 고갈되지 않고 후손들이 보존되도록 할 것입니다. 셋째는 우리 혈연관계입니다.[52]

잔은 하나님의 은혜를 의지하여 자신의 생명과 모든 것을 바쳐 이 목

50 "To the king," *Letters from the Queen of Navarre with an Ample Declaration*, 41.
51 "To the queen," *Letters from the Queen of Navarre with an Ample Declaration*, 42.
52 "To the queen," *Letters from the Queen of Navarre with an Ample Declaration*, 44-45.

적을 위해 헌신할 것임을 다짐하면서 황후 카트린에게 보내는 편지를 마무리하고 있다. 실제로 잔은 잉글랜드의 엘리자베스에게 군자금을 빌리기 위해 자신의 보물까지도 모두 담보로 내주었다.[53]

잔은 왕과 황후에게 편지를 보낸 바로 그날에 시동생이자 로마가톨릭 교회의 추기경인 부르봉의 샤를에게도 편지를 보냈는데, 이것은 앞의 편지들과는 성격이 다르다. 이 편지에서 잔은 남편 앙투안이 죽고 난 후 집안의 장자인 샤를이 가문에 대한 책임을 다할 것을 요청한다.

> 모든 왕의 신하들이 왕을 잘 보필해야 할 의무를 지닌다면, 당신이야말로 혈통의 영예를 따라 더욱 그리해야 할 의무가 있지 않을까요? 로렌의 추기경은 항상 당신을 부하로 다루지 않을까요? 그는 당신의 형제, 자매, 조카에게 악을 행함으로써 당신을 모욕하지 않나요? … 로렌의 추기경은 달콤한 말로 당신을 속였습니다. 신앙이 우리를 나눈다 할지라도, 우리 혈연관계가 그 이유로 단절될 수 있을까요? 형제우애와 천부적 의무가 그 이유 때문에 중단될 수 있을까요?[54]

> 여성들 그리고 무기를 소지하지 않는 당신과 같은 사람들의 임무는 평화를 위해 노력하는 것이기에, 우리가 성공하기 위해 당신의 역할을 다해 주십시오. 나도 이 목적을 위해 할 수 있는 모든 것을 다하겠습니다. 세 가지 동기가 나와 내 아들을 여기까지 이끌었음을 알아주십시오. 하나님, 왕, 우리의 혈통, 이 세 가지를 위해 충심을 다할 것입니다.[55]

잔은 샤를이 부르봉 가문의 첫 왕자로서 동생인 콩데 공과 조카인 앙리를 위해 왕에게 충언을 하는 것이 그의 의무라고 주장한다. 비록 샤를과

---

53 Nancy Lyman Roelker, *Queen of Navarre*, 311.
54 "To Monsieur my brother," *Letters from the Queen of Navarre with an Ample Declaration*, 46-47.
55 "To Monsieur my brother," *Letters from the Queen of Navarre with an Ample Declaration*, 47.

잔이 신앙적으로는 다른 입장을 가지고 있다고 할지라도 피를 나눈 형제와 조카를 지키려는 역할을 해줄 것을 요청한다.

Ⅳ. 결론

잔 달브레는 16세기 프랑스 종교개혁의 역사에서 가장 빛나는 여성 가운데 한 명이다. 잔은 12살의 어린 나이에 자신이 원하지 않는 결혼에 대해 당당하게 거부하는 주체성을 보여주었다. 왕이 추진하는 정략결혼을 어린 소녀가 거부한다는 것은 결코 범상한 일이 아니다. 이러한 주체성은 그 이후의 삶에서도 그대로 드러난다. 잔은 1560년 성탄절에 공개적으로 자신이 프로테스탄트임을 밝히고, 개혁교회의 방식에 따라 성만찬에서 빵과 포도주를 받는 용기를 보여주었다. 전통적인 로마가톨릭 국가인 프랑스의 왕족의 일원이 전혀 새로운 신앙을 공개적으로 받아들였다는 점에서, 잔은 어머니 마르가리타가 속으로는 프로테스탄티즘에 우호적이었으나 겉으로는 여전히 로마가톨릭 교인으로 남았던 것과 대조적이다.

잔은 프로테스탄트 신앙으로 회심한 직후부터 자신이 다스리던 베아른과 나바라 지역에서 종교개혁을 진행하였다. 잔이 주도한 종교개혁의 특징은 개인적인 변화와 회심을 통해 개혁신앙을 확산시키는 것에서 한 걸음 더 나아가 제도와 법의 개편을 통해 구조적인 차원에서 종교개혁의 뿌리를 내리려고 했다는 점이다. 1561년부터 1571년까지 연속적으로 만들어진 베아른의 교회법령은 베아른 종교개혁의 성격을 잘 보여주고 있다. 뿐만 아니라 잔은 1568년 제3차 위그노전쟁이 발발하자 위그노의 근거지인 라로셸로 가서 1571년까지 3년 동안 위그노의 이론가로, 외교관으로, 행정관으로, 지휘관으로, 협상가로서의 역할을 탁월하게 감당하였다. 잔은 16세기 후반 '위그노 여왕,' '위그노의 보호자'라는 칭호에 걸맞은 여성

지도자였다. 그동안 역사에서 잔이 제3차 위그노전쟁에서 보인 중추적 역할이나 그녀의 탁월한 정치적, 종교적 활동들이 충분히 조명받지 못한 것은, 아마도 그녀의 어머니 마르가리타의 문학적 명성과 그녀의 아들 앙리의 왕의로서의 정치적 역할에 가려 제대로 조명을 받지 못했기 때문일 것이다.[56]

필자는 2016년과 2018년 두 차례에 걸쳐서 잔 달브레의 흔적과 유산을 찾아 프랑스를 방문하였다. 베아른의 포(Pau) 성에서 잔 달브레와 어린 앙리의 숨결을 느끼고, 레스카르(Lescar)의 대성당에 안장된 잔의 부모 앙리 달브레와 마르가리타를 만나고, 오르테즈(Orthez)의 잔 달브레 박물관에서 잔의 생애와 유산을 확인할 수 있었다. 또한 아름다운 대서양 해안의 라로셸에서 슬픈 역사와 마주쳤다.[57] 44년이라는 길지 않은 삶을 불꽃처럼 살았던 한 여성이 남긴 가슴 시린 이야기와 흔적과 유산을 대하면서 오늘을 보다 치열하게 살아야겠다는 각오도 새롭게 다졌다.

제네바의 종교개혁자 칼뱅은 1562년 3월 22일 잔에게 보낸 편지에서 진리 편에 서는 일이 비록 어렵고 고통스러운 길이겠지만, 우리가 하늘로부터 오는 은혜를 의지할 때 그 길을 용기 있게 걸어갈 수 있고 그 길 끝에서 영광을 얻게 될 것임을 조언하고 있다.

> 나바라의 여왕에게, 나는 당신의 슬픔이 얼마나 쓰라릴지, 또 얼마나 견디기 어려울지 깊이 공감합니다. 그러나 당신의 영혼의 파멸에 무관심하며 살기보다 이러한 대의를 위해 슬픔을 겪는 것이 무한히 다행스러운 것이라고 확신합니다. … 비록 난관들이 백배나 막중하다 하더라도, 우리가 하늘로부터 부어주시는 용기를 의지할 때 우리는 분명 승리할 것입니다. … 그러므로 온 세상이 뒤집어진다고 하더라도, 우리의 닻을 하늘에 둔다면 비록 흔들리더라도 우리는 결국 안전한 항구에

---

56   "Introduction," *Letters from the Queen of Navarre with an Ample Declaration*, 13.
57   박경수, "라로셸, 위그노 항전의 근거지," 『개혁교회 그 현장을 가다』, 65-82.

도달할 것임을 분명히 확신합니다.[58]

칼뱅의 이 조언은 오늘도 진리 편에 서기를 바라는 모든 그리스도인들에게 여전히 힘을 주는 위로의 전언이 될 것이다.

---

58 *Letters of John Calvin, IV,* 266-67.

제 10 장

메노 시몬스의 무저항 평화주의:
뮌스터의 비극과 그의 작품
『레이던의 얀의 신성모독』을 중심으로

* 본 글은 「교회와 신학」 81호 (2017), 85-107쪽에 게재된 것입니다.

I. 서론

2016년 여름 한반도에 사드(고고도 미사일방어 체계, THAAD) 배치가 결정되면서 온 나라가 술렁거렸다. 북한의 핵 공격을 막기 위한 방어적 수단이라며 사드 배치의 불가피성을 주장하는 측과 사드가 한반도의 평화와 안정에 심지어는 대한민국의 국익에 아무런 도움도 되지 않는다며 반대하는 측이 대척점에 섰다. 결국 사드 배치가 이루어졌고 그 진통은 지금까지도 계속 이어지고 있다. 과연 전쟁무기를 확충하는 것이 전쟁을 예방하는 현명한 길일까? 평화를 지키기 위해 전쟁을 해야 한다는 논리만큼 부조리하고 허망한 것이 또 있을까? 그리스도인은 이 문제에 대해 무엇이라고 말하고 행동해야 할까? 오늘 우리의 상황은 역사적으로 그리스도교가 전쟁과 평화에 대해 어떤 입장을 취해 왔는가에 대한 관심을 불러일으킨다.

1935년 10월 메노나이트, 퀘이커, 형제교회가 미국 캔자스 주의 뉴턴에 모여 처음으로 '역사적 평화교회'(Historical Peace Churches)라는 용어로 자신들의 정체성을 밝혔다. 평화가 자신들의 신앙과 실천에서 본질적인 중요성을 지닌다는 점을 표명한 것이다. 이 가운데서도 오늘날 가장 활발하고 강력하게 평화운동을 전개하고 있는 교회가 메노나이트 교회이다. '메노나이트'(Mennonites)는 말 그대로 메노 시몬스(Menno Simons, 1496-1561)를 따르는 사람들을 일컫는다. 그렇다면 500년 전 네덜란드 출신의 교회개혁자였던 메노 시몬스의 가르침과 삶에서 평화는 어떤 의미를 가지고 있었을까 하는 궁금증이 생긴다. 그리고 전쟁의 위협과 긴장 가운데 살아가는 한반도의 그리스도인에게 메노 시몬스가 어떤 통찰력을 줄 수 있지 않을까 하는 기대도 생긴다.

본 논문은 메노 시몬스의 생애와 저술에서 평화가 가지는 의미를 탐구하는 데 일차적인 목적이 있다. 시몬스가 어떤 삶의 경험과 맥락 속에서 평화를 강조하게 되었는지, 또한 그런 삶의 자리가 그의 저술 가운데 어떻게 무저항과 평화주의로 구체화되었는지를 살펴보고자 한다. 이를 위해서 필자는 먼저 메노 시몬스의 생애를 다루고자 한다. 한 사람의 사상은 그 사람의 삶의 경험과 자리와 무관할 수 없기 때문이다. 특히 시몬스가 무저항 평화주의 사상을 가지도록 만들었던 뮌스터의 비극(1535)에 초점을 두고 그의 생애를 검토할 것이다. 그런 다음에 뮌스터 비극의 주동자인 레이던의 얀과 그 추종자들을 비판한 시몬스의 『레이던의 얀의 신성모독』을 분석하면서 그 가운데 나타난 그의 무저항 평화주의 사상을 밝힐 것이다. 이를 통해 오늘날 한반도가 처한 긴장 상황에서 한 사람의 그리스도인으로서 전쟁에 대해 어떤 입장을 취해야 할 것인지에 대한 통찰을 얻고, 한반도에서의 평화신학을 형성하는 데 필요한 작은 실마리를 찾고자 한다.

II. 메노 시몬스의 생애에서 뮌스터의 비극이 갖는 중요성[1]

메노 시몬스는 16세기에 오늘날의 네덜란드, 벨기에, 룩셈부르크에

---

1   메노 시몬스의 생애는 Cornelius Krahn, "Menno Simons," *The Mennonite Encyclopedia III* (Scottdale, PA: The Mennonite Publishing House, 1973), 577-84; Harold S. Bender, "A Brief Biography of Menno Simons," *The Complete Writings of Menno Simons* (이후 *CWMS*로 표기함), trans. Leonard Verduin and ed. John C. Wenger (Scottdale, PA: The Mennonite Publishing House, 1956), 3-29; Cornelius Krahn and Cornelius J. Dyck, "Menno Simons," Global Anabaptist Mennonite Encyclopedia Online (http://gameo.org/)을 참조하여 요약하고 덧댄 것임을 밝혀둔다.

해당하는 저지대 지역에서 활동한 아나뱁티스트 지도자였다. 16세기 로마
가톨릭교회를 비판하면서 등장한 프로테스탄트 종교개혁은 단선적이고
획일적인 운동이 아니라 매우 복잡하고 다양한 성격을 지닌 운동이었다.
독일의 루터파, 츠빙글리와 칼뱅을 중심으로 하는 스위스의 개혁파, 잉글
랜드를 중심으로 하는 성공회, 스위스형제단으로부터 시작하여 독일과 네
덜란드로 확산된 아나뱁티스트 등 모두가 제각기 교회개혁을 주창하고 나
섰다. 메노 시몬스는 이 중에서 아나뱁티스트 교회개혁 운동의 지도자였
다. 비록 시몬스가 아나뱁티스트 운동의 창시자는 아니지만 이 운동이 천
년왕국 경향의 혁명적 지도자들에 의해 그 정체성이 심각하게 흔들리고
있을 때, 성경적이며 평화적인 원리를 기초로 하여 이 운동의 지도자로 등
장하였다.

메노 시몬스는 루터보다는 13년 뒤이고 칼뱅보다는 13년 앞선 1496년
네덜란드 프리슬란트의 비트마르쥠(Witmarsum)에서 태어났다. 그의 어린
시절과 청소년 시절은 잘 알려져 있지 않다. 그는 28살이 되던 1524년 위
트레흐트에서 사제서품을 받은 후 자신의 고향 바로 옆에 있는 핑윰
(Pingjum)의 로마가톨릭교회에서 7년 동안 사역하였다. 그 후 1531년 그는
고향인 비트마르쥠의 사제로 부임하여 5년 동안 더 사역하다가 1536년 로
마가톨릭교회와 완전히 결별하였다.

시몬스가 로마교회와 결별하고 새로운 신앙으로 회심하는 데에는 세
가지 중요한 계기가 있었다.[2] 첫째는 로마가톨릭교회의 화체설 교리에 대
한 의심이었다. 시몬스는 루터의 작품인 『교회의 바빌론 포로』(1520)와 『인
간의 교리를 멀리하라』(1522)를 통해 화체설이 성경의 가르침이라기보다는
인간이 만든 교리이며, 교회가 이 인간의 교리에 포로로 잡혀있다고 확신
하게 되었다. 결국 그는 화체설에 기초한 미사에 대한 헌신을 포기하였다.
둘째는 유아세례에 대한 회의였다. 시몬스는 성경 연구를 통해 유아세례

---

2   Menno Simons, "Reply to Gellius Faber(1554)," *CWMS*, 668-70. 이 작품은 아나뱁티스트를 비판
한 엠덴의 목회자 겔리우스 파베르에게 보내는 시몬스의 답변으로 그의 저술 중 가장 긴 작품이
다. 여기서 그는 자신의 회심과 새로운 소명에 대해 고백적으로 기술하고 있다.

또한 성경적 근거를 갖지 못하는 인간의 전통임을 발견하였다. 그는 이 문제에 있어서는 로마가톨릭뿐만 아니라 루터, 츠빙글리, 부처, 불링거 같은 종교개혁자들도 속고 있다고 판단하고서, 이제는 유아가 아니라 믿음을 고백하는 성인에게 세례를 베풀어야 한다고 주장했다. 셋째는 뮌스터의 비극이다. 종말론적 천년왕국 사상의 영향을 받은 일부 혁명적 아나뱁티스트가 뮌스터를 '새 예루살렘'이라 선포하며 도시를 점령하자, 로마가톨릭을 중심으로 한 군대와 무력충돌이 발생하였다.[3] 이때 스스로 '에녹'이라 자칭한 할렘 출신 얀 마테이스(Jan Matthijs van Haarlem)와 그를 이어서 자기를 '다윗'이라 자처한 레이던 출신의 얀(Jan van Leyden)이 뮌스터의 폭동을 주도하였다. 뮌스터의 폭동은 1535년 6월 25일 비극적 결말로 끝났다. 이 과정에서 메노 시몬스의 동생인 피터 시몬스가 죽었고 메노의 회중 가운데서도 여러 사람이 희생되었다. 이 뮌스터의 비극은 시몬스가 로마가톨릭을 떠나도록 만드는 결정적 요인이 되었으며, 동시에 아나뱁티스트 운동이 폭력적인 방법이 아닌 복음적이며 평화적인 방법으로 진행되어야 한다는 확신을 주는 중요한 계기가 되었다.

시몬스의 무저항 평화주의 사상의 가장 중요한 배경이 바로 뮌스터 사건이다. 그는 뮌스터에서 희생당한 수많은 영혼들로 인해 슬퍼했다. 마치 이것이 자신의 잘못인 양 아파했고, 그들보다 더 안일하게 살아가고 있는 자신을 돌아보며 괴로워했다. 시몬스는 자신이 사람들을 옳은 길로 인도하는 목자의 역할을 잘 감당하지 못했기 때문에 많은 사람들이 레이던의 얀의 감언이설에 속아 잘못된 길로 가기라도 한 것처럼 자책하였다.

이 사람들이 비록 잘못 인도를 받긴 했지만 이들이 흘린 뜨거운 피가

---

3 아나뱁티스트 운동의 지도자 가운데 멜히오르 호프만(Melchior Hofmann, 1495-1543)은 처음에는 루터의 추종자였으나 슈벵크펠트(Kaspar Schwenckfeld)의 영향을 받으면서 점차 신비적이며 종말론적 경향성을 보이기 시작했다. 나중에는 스트라스부르를 '새 예루살렘'이 임할 장소라고 주장하기도 하였다. 이와 같은 호프만의 천년왕국적 사상은 이후 뮌스터의 폭동 주도자들에게 일정 부분 영향을 주게 된다. 아나뱁티스트 운동의 전체적 흐름과 관련하여서는 William R. Estep, *The Anabaptist Story*, 정수영 옮김, 『재침례교도의 역사』 (서울: 요단출판사, 1998); 김승진, 『근원적 종교개혁』 (대전: 침례신학대학교출판부, 2011)을 참고하라.

내 마음에 쏟아져서 나는 견딜 수가 없었고 내 영혼도 안식을 누릴 수가 없었다. … 비록 오류에 빠지긴 했지만 이들은 기꺼이 자신들의 교리와 믿음을 위해 생명과 재산을 바칠 만큼 열정적이었다. 그리고 내가 바로 교황제도의 혐오스러운 것들을 이들에게 가르친 사람들 중 한 사람이었다. 그런데도 나는 안락한 생활을 계속하고, 단지 육신의 편안함을 누리고 그리스도의 십자가를 피하고자 혐오스러운 것들을 인정했다. 이런 것들을 생각하면 내 양심이 고통스러워서 더 이상 견딜 수가 없다. 아! 가련한 인생아 내가 어떻게 해야 한단 말인가? 만일 내가 이런 삶의 방식을 계속 유지하면서 새롭게 깨달은 진리인 하나님의 말씀에 어울리게 살지 않는다면, … 만일 내가 육신적인 것들을 두려워하여 진리의 온전한 기초를 놓지 않는다면, 만일 내가 자신들의 의무를 알기만 하면 기꺼이 그 의무를 행할 방황하는 양떼들을 내 모든 힘을 다해 그리스도의 진정한 목초지로 인도하지 않는다면, 아! 그들이 범죄 가운데 흘린 피가 마지막 심판 때에 나를 반대하여 일어나 내 불쌍하고 가련한 영혼에게 형벌을 선고하지 않겠는가![4]

이때부터 시몬스는 설교단에서 공개적으로 참된 회개의 말씀을 선포하였다. 시몬스는 사람들에게 좁은 길로 걸어가라고 가르치고, 모든 죄악, 사악함, 우상숭배, 거짓 예배를 비판하고, 자신이 하나님으로부터 받은 은혜와 통찰에 따라 참된 예배와 그리스도의 가르침에 따른 세례와 성만찬을 제시하였다.

시몬스는 1536년 1월 로마가톨릭교회를 떠난 직후에 당시 네덜란드 아나뱁티스트의 초기 지도자였던 오베 필립스(Obbe Phillips)에게 재세례와 재안수를 받은 것으로 보인다. 시몬스의 입장이 명확해지자 이제 그는 더 이상 편안한 길을 걸을 수 없게 되었다. 이후 그는 "자발적 잠행 복음전도자"(a voluntary underground evangelist)의 인생을 살았다.[5] 그리고 계속하

---

4   Menno Simons, "Reply to Gellius Faber(1554)," 670.

여 『영적 부활』(*Spiritual Resurrection*, ca. 1536), 『신생』(*New Birth*, ca. 1537), 『시편 25편 묵상』(*Meditations on the Twenty-Fifth Psalm*, ca. 1538), 그리고 시몬스의 가장 중요한 저술로 평가되는 『기독교 교리의 토대』(*Foundation of Christian Doctrine*, 1539-40) 같은 팸플릿을 통해 자신이 발견한 진리로 사람들을 인도하였다. 이제 시몬스는 아나뱁티스트 가운데 그 영향력이 점차 커져갔다.

로마가톨릭교회와 결별 후 비트마르줌을 떠난 시몬스는 아마도 얼마 동안 흐로닝언(Groningen)과 프리슬란트(Friesland) 지역에 숨어 활동했을 것이다. 프리슬란트의 킴스베르트에 살던 레닉스(Tjaard Renicx of Kimswerd)는 시몬스에게 은신처를 제공했다는 이유로 1539년 1월 처형을 당했으며, 1541년 5월 19일자 프리슬란트의 레이우바르던(Leeuwarden)의 공식문서는 시몬스가 1년에 한두 차례 설교하기 위해 프리슬란트를 방문했다고 기록하고 있다. 1544년 시몬스가 직접 쓴 글에는 "세상 어디에서도 내 불쌍한 아내와 아이들이 일이년만이라도 안전하게 머물 수 있는 허름한 오두막조차도 없었다."고 회상한다.[6] 우리는 시몬스가 언제 어디에서 헤이르트뤼트(Geertruydt)와 결혼했는지 정확히 알지 못한다.

1544년 봄 시몬스는 프리슬란트 지역을 떠나 라인 하류 지역인 쾰른과 본으로 갔다. 그곳에서 시몬스는 칠리스(Zyllis)와 렘케(Lemke) 같은 아나뱁티스트 지도자들을 만났다. 마티아스 세르바에스(Matthias Servaes) 같은 사람이 시몬스의 사상을 따르기를 고집하다가 죽임을 당했다는 사실은 이 지역에서 시몬스의 사역이 성공적이었음을 반증하는 것이다. 그 후

---

[5] Cornelius Krahn, "Menno Simons," 579.

[6] Menno Simons, "Brief and Clear Confession and Scriptural Declaration concerning the Incarnation(1544)," *CWMS*, 424. 시몬스는 1544년 폴란드 출신으로 엠덴의 개혁파 목회자였던 요하네스 아 라스코(Johannes à Lasco)와 신학논쟁을 벌였다. 당시 동프리스란트 지역에 속한 엠덴은 올덴부르크의 백작부인 안나가 통치하고 있었으며 아 라스코가 교회지도자로 활동하고 있었다. 1544년 1월 28-31일 동안 성육신, 세례, 원죄, 칭의, 목회자로의 소명과 같은 주제를 둘러싸고 시몬스는 아 라스코와 논쟁하였다. 이때 시몬스는 성육신에 대한 자신의 생각을 글로 밝히겠다고 약속했고, 그 결과로 나온 것이 『성육신에 관한 간략하고 분명한 고백과 성경적 진술』이다. 아 라스코는 시몬스의 사상에 반대하였고, 백작부인은 1545년 칙령을 통해 아 라스코의 지도에 따르지 않는 '메노주의자'(Mennisten)는 추방을 당할 것이라 밝혔다. 시몬스는 이 칙령이 공포되기 이전에 이미 동프리슬란트를 떠났다.

1546년 가을 시몬스는 뤼벡(Lübeck) 근교에서 다비드 요리스(David Joris) 추종자들과의 논쟁에 연루되었다. 요리스는 시몬스보다 앞서 1535년 오베 필립스에게 재세례를 받은 급진적 아나뱁티스트로서, 디르크 필립스와 오베 필립스 형제 그리고 메노 시몬스 같은 평화적 아나뱁티스트와 충분히 조화되기 어려운 인물이었다. 시몬스는 모든 혁명적이며 신비적인 광신주의에 반대하였다. 시몬스는 요리스주의자들이 성경을 통해 검증되지도 않은 비전과 계시를 강조하는 것에 비판적이었으며, 박해 시에는 세례나 교회조직도 필요 없다고 생각하는 것에 대해서도 반대하였다. 1546년 이후 시몬스는 뤼벡, 엠덴, 라인강 하류, 레이우바르던, 덴하흐(헤이그), 프러시아 등 여러 곳을 떠돌아 다녔다. 그에게 은신처를 제공해 주는 것만으로 생명이 위태로웠다. 실제로 1549년 시몬스가 클라스 얀스(Klaas Jans)의 집에 하룻밤 머물었는데 이로 인해 얀스는 사형을 당했다.

시몬스는 한자동맹에 속한 도시 비스마르에 머물기도 했다. 시몬스가 그곳에 있을 때 1553-1554년 겨울에 런던에 있는 아 라스코(Johannes à Lasco)의 교회로부터 배를 타고 비스마르로 온 사람들이 있었다. 이것이 이후 개혁파와 메노파의 논쟁으로 이어졌다. 런던에서 온 개혁파 사람들은 자신들의 목회자로 엠덴에서 미크로니우스(Marten Micronius)를 초청했다. 다시 성육신을 둘러싸고 시몬스와 미크로니우스 사이에 문서를 통한 논쟁이 벌어졌다. 시몬스는 그리스도가 성육신할 때 태양의 광선처럼, 혹은 물이 유리컵을 통과하는 것처럼 마리아의 자궁을 통과하였기 때문에 마리아의 죄 많은 육신으로부터 어떤 오염도 입지 않았다고 주장하였다. 시몬스가 이런 주장을 한 것은 그래야만 그리스도가 구원 사역을 온전하게 감당할 수 있고, 그리스도의 교회가 완전할 수 있기 때문이었다. 그의 독특한 성육신 개념은 멜히오르 호프만에게서 배운 것이었다. 이처럼 그리스도의 신성을 인성보다 더 강조한 시몬스의 그리스도론은 두 본성을 동일하게 강조한 정통교리에서 벗어난 측면이 있었다.

마침내 1554년 11월 11일 비스마르 의회가 모든 아나뱁티스트는 도시를 떠나야 한다고 선언했다. 메노와 메노주의자는 홀스타인 지역에 속한

올데스로(Oldesloe)로 모여들었다. 그 도시 근처에서 바르톨로메우스(Bar-
tholomeus von Ahlefeldt)라는 사람이 자신의 영지인 '뷔스텐펠드'(Wüsten-
felde, 황무지라는 뜻)에 아나뱁티스트를 받아들이고 정착하도록 허용했기
때문이었다. 마침내 정처 없이 떠돌던 시몬스는 자신의 은신처를 찾았고,
여기서 자신의 책을 쓰고 교정하고 출판할 수 있었다.

　생애 마지막 시기에 시몬스는 장애를 갖게 된 것으로 보인다. 가장 이
른 시기에 그려진 그의 초상화는 목발을 짚고 있는 모습을 보여준다. 아내
는 먼저 세상을 떠났고, 아들 얀도 시몬스보다 먼저 죽은 것으로 보인다.
시몬스는 로마교회로부터 떠난 지 25년째 되던 해인 1561년 1월 31일 뷔
스텐펠드에서 숨을 거두었고, 그곳 정원에 묻혔다. 30년 전쟁 기간 동안
에 아나뱁티스트가 정착했던 곳이 파괴되었기 때문에 그의 무덤의 위치가
어딘지 정확히 알 수 없다. 그럼에도 불구하고 1906년 시몬스의 무덤으로
추정되는 곳에 작은 돌비를 세웠고, 지금은 "메노의 들판"으로 불린다. 거
기서 멀지 않은 곳에 시몬스가 심었다고 생각되는 "메노의 나무"가 있고,
시몬스의 책이 인쇄되었던 "메노하우스"가 있다.

　메노 시몬스는 말 그대로 성경중심의 개혁자였다. 그는 믿음과 실천
모두에서 전통을 떠나서 성경중심으로 돌아섰다. 그의 글을 읽다 보면 수
없이 많은 성경구절이 인용되고 있음을 보게 된다. 그리고 그의 성경관은
철저히 그리스도중심적이다. 그가 쓴 모든 저작과 팸플릿의 첫 페이지에
는 "이 닦아둔 것 외에 능히 다른 터를 닦아둘 자가 없으니 이 터는 곧 예
수 그리스도라."(고전 3:11)는 말씀이 기록되어 있다. 그리스도중심성은 그
의 신학과 실천을 특징짓는다. 또한 시몬스는 제자도와 열매 맺는 삶을 매
우 강조하였다. 하지만 이런 그리스도인의 삶은 진공에서 일어나는 것이
아니라 공동체 즉 그리스도의 교회 안에서 의미를 가진다. 따라서 시몬스
의 신앙은 그리스도중심적인 동시에 교회중심적이다. 메노의 추종자들은
신랑이신 그리스도에게 어울리는 흠과 점이 없는 신부가 되고자 했고, 세
상에서 완전히 분리된 순결하고 깨끗한 성도가 되고자 했다. 그들은 권징,
즉 출교와 회피를 통해 이것을 이루고자 했다. 시몬스의 중요성은 그가 아

나뱁티스트 운동이 심각한 위기에 처했을 때 성경적 근거를 바탕으로 그 위기를 극복했다는 사실에 있다. 그는 자신의 삶과 저술을 통해 아나뱁티스트 운동의 지도자, 대변인, 옹호자가 되었다. 그리고 오늘날에도 여전히 유효하고 가치 있는 그리스도교적 삶의 방식과 증언을 남겼다. 여기에는 교회와 국가의 분리, 양심의 자유, 자발적 교회 회원권, 민주적 교회정치, 거룩한 삶, 무저항과 평화에 대한 증언 등이 포함된다.

III. 『레이던의 얀의 신성모독』에 나타난 시몬스의 무저항 평화주의

『레이던의 얀의 신성모독』(*The Blasphemy of Jan van Leiden*)은 뮌스터가 함락되기 직전인 1535년에 쓰인 메노의 첫 번째 저술이다. 시몬스는 로마가톨릭교회와 결별한 1536년 1월 이전에 이 소책자를 썼다. 이 책에서 시몬스는 무력으로 신정통치를 수립하려 했던 과격파 아나뱁티스트 분파인 뮌스터주의자들의 끔찍한 오류를 비판하였다. 동시에 무력과 폭력에 대해 분명하게 반대하고 무저항과 평화의 윤리를 강력하게 옹호하였다. 시몬스의 무저항 평화주의 사상은 그가 프로테스탄트로 회심하기 이전부터 명확하게 드러났으며 이것은 그의 생애 마지막에 이르기까지 계속되었다. 이 작품 안에서 평화의 왕으로서의 예수 그리스도, 사랑과 평화라는 영적 무기만이 지배하는 영적 왕국으로서의 교회공동체, 그리스도의 삶과 가르침을 쫓는 제자도의 정신이 두드러진다. 시몬스의 최초의 저술인 이 책자는 당시에는 원고 형태로만 회람되다가 1627년이 되어서야 정식으로 출판될 수 있었다.[7]

---

[7]   John C. Wenger, "Introduction of The Blasphemy of Jan van Leiden," *CWMS*, 32.

이 작품을 읽으면 먼저 수많은 성경구절 인용에 놀라게 된다. 시몬스가 얼마나 성경의 가르침에 충실하고자 했는지를 그대로 보여주는 이와 같은 철저한 성경중심의 논리 전개는 그의 다른 저술들에서도 볼 수 있는 특징이다. 시몬스는 서론에서부터 성경을 인용하면서 거짓 교사들의 세 가지 특징을 제시한다.[8] 첫째로, 거짓 교사들은 그리스도의 순수한 교리를 저버리고 이상한 교리를 만들어 퍼트린다. 그들은 성경의 가르침이 아닌 화려한 언변으로 즉 "교활한 말과 아첨하는 말로 순진한 자들의 마음을 미혹"(롬 16:18)시킨다. 둘째로, 거짓 교사들은 주인인 그리스도의 말씀을 듣지 않고 떠난다. 하나님께서는 그리스도를 가리켜 "이는 내 사랑하는 아들이요 내 기뻐하는 자"(마 3:17)라고 하셨음에도 불구하고, 거짓 교사들은 그리스도에게 속한 양이 아니기 때문에 그리스도를 떠나는 것이다. 셋째로, 거짓 교사들은 하나님의 언약을 망각한다. 장로들의 전통은 잘 지키면서도 "율법의 더 중한 바 정의와 긍휼과 믿음"(마 23:23)은 저버린다. 무력과 폭력의 칼을 사용하는 것도 하나님의 명령과 약속을 망각한 거짓 교사들의 행위이다. 이것은 뮌스터를 "새 예루살렘"이라 속이면서 자신을 "두 번째 다윗"이라 칭하며 스스로 선지자인 체 하는 레이던의 얀과 그를 추종하는 뮌스터주의자들을 향한 날선 비판이다.

시몬스는 뮌스터의 비극을 바라보면서 순진한 사람들을 미혹하여 잘못된 길로 인도하는 레이던의 얀을 비롯한 거짓 교사들에 대해 말할 수 없는 분노를 느꼈다. 그리고 자신이 이 일에 대해 더 이상 침묵하거나 방관할 수 없다는 책임감에 사로잡혔다.

지금까지는 아무 말도 하지 않았지만 이제는 말해야 할 때이다. 왜냐하면 더 이상 하나님을 대적하여 부끄러운 속임수와 신성모독을 일삼으면서 인간이 하나님의 자리에 앉는 것을 볼 수 없기 때문이고, 또 성경을 이용하여 다윗에 대한 거짓과 혐오스러운 이설을 옹호하는 것을

---

8 Menno Simons, "The Blasphemy of Jan van Leiden," *CWMS*, 33-34.

허용할 수 없기 때문이다.[9]

시몬스는 이사야 9:6절을 인용하면서 그리스도만이 믿는 자들의 공동체인 교회의 머리요, 온 세상에서 평화의 왕이라고 강조한다. 그런데도 감히 인간이 자신을 '에녹'과 '다윗'을 참칭하면서 왕을 자처하는 것은 심각한 신성모독이 아닐 수 없다.

성경은 그리스도만이 "온 백성에게 미칠 큰 기쁨의 좋은 소식"(눅 2:10)이라고 선포하는데, "레이던의 얀이 바로 자신이 가련한 자들의 기쁨이라고 주장하는 것은 가장 큰 신성모독이다."[10] 시몬스는 레이던의 얀을 직접 거명하면서 그의 신성모독을 강력하게 비난한다.

> 거룩한 곳에 혐오스러운 것이 서 있는 꼴이 아닌가? 레이던의 얀이 스스로를 가련한 자들의 기쁨이 될 만민의 왕이라 떠벌이는 것도 모자라 자신이 바로 예언자들이 증언한 약속된 다윗이라고 주장하는 이보다 더 기막힌 일이 어디 있겠는가? 그리스도께서 약속된 분이라는 것을 인정하지 않는 것인가?[11]

시몬스는 얀을 가리켜 "거짓 예언자"일뿐만 아니라 "적그리스도"라고 규정한다.[12] 레이던의 얀이 아니라 그리스도만이 우리의 기쁨이며, 목자이고, 약속된 다윗이다. 시몬스는 그리스도가 약속된 다윗이라는 사실을 호세아, 이사야 등 여러 예언자들의 입을 통해 다시 한 번 확인하며 얀을 비판한다.

뮌스터에서 신성모독을 일삼으며 많은 사람을 잘못된 길로 끌고 가는 레이던의 얀을 논박한 후, 시몬스는 뮌스터주의자들이 칼에 의지하여 폭

---

9   Menno Simons, "The Blasphemy of Jan van Leiden," 34.
10 Menno Simons, "The Blasphemy of Jan van Leiden," 36.
11 Menno Simons, "The Blasphemy of Jan van Leiden," 37.
12 Menno Simons, "The Blasphemy of Jan van Leiden," 37.

력과 전쟁을 일삼는 것에 대해 강력하게 비판하면서 무저항 평화주의 원칙을 주창한다. 시몬스는 이렇게 주장한다.

> 우리가 전쟁에 관해서도 잠깐 언급할 수 있는 것은 하나님의 은혜이다. 그리스도인은 칼로 싸울 것을 허락받지 않았으므로 다윗의 갑옷을 육적 이스라엘에게 위임해야 한다. 예루살렘에 장차 다가올 것의 그림자인 스룹바벨 성전을 세우는 사람에게는 스룹바벨의 칼을 주어야 한다.[13]

여기서 시몬스가 말하는 스룹바벨의 칼은 물리적인 칼이 아니라 영적인 칼이다. 그리스도인이 들고 싸워야 할 무기는 무엇인가? "우리의 싸우는 무기는 육신에 속한 것이 아니요 오직 어떤 견고한 진도 무너뜨리는 하나님의 능력이라."(고후 10:4) "성령의 검 곧 하나님의 말씀을 가지라."(엡 6:17) 여기에서 말하는 칼은 다름이 아니라 성령의 검 즉 하나님의 능력의 말씀이다. 다시 시몬스의 말을 들어보자.

> "그러므로 회개하라 그리하지 아니하면 내가 네게 속히 가서 내 입의 검으로 그들과 싸우리라."(계 2:16) 만일 그리스도께서 그의 입의 검으로 대적들과 싸운다면, 그의 입의 채찍으로 이 땅을 치신다면, 그 입술의 숨결로 악한 자들을 벌하신다면, 그분의 형상을 닮아야 하는 우리가 어떻게 다른 칼을 가지고 대적들과 싸울 수 있단 말인가? 사도 베드로도 "이를 위하여 너희가 부르심을 받았으니 그리스도도 너희를 위하여 고난을 받으사 너희에게 본을 끼쳐 그 자취를 따라오게 하려 하셨느니라. 그는 죄를 범하지 아니하시고 그 입에 거짓도 없으시며 욕을 당하시되 맞대어 욕하지 아니하시고 고난을 당하시되 위협하지 아니하시고 오직 공의로 심판하시는 이에게 부탁하셨다."(벧전 2:21-23)

---

13 Menno Simons, "The Blasphemy of Jan van Leiden," 42.

고 말하지 않았는가? 그리스도 안에 거하는 자는 그리스도와 함께 걷
는 자라는 사도 요한의 말도 이것과 일치한다. 그리스도께서도 친히
"누구든지 나를 따라오려거든 자기를 부인하고 자기 십자가를 지고 나
를 따를 것이니라."(막 8:34)고 말씀하셨다. 또한 "내 양은 내 음성을
들으며 나는 그들을 알며 그들은 나를 따르느니라."(요 10:27)고 하셨
다. 이것이 그리스도의 목소리이다: "눈은 눈으로, 이는 이로 갚으라
하였다는 것을 너희가 들었으나 나는 너희에게 이르노니 악한 자를 대
적하지 말라 누구든지 네 오른편 뺨을 치거든 왼편도 돌려 대라."(마
5:38-39) 또한 "네 이웃을 사랑하고 네 원수를 미워하라 하였다는 것
을 너희가 들었으나 나는 너희에게 이르노니 너희 원수를 사랑하며 너
희를 박해하는 자를 위하여 기도하라 이같이 한즉 하늘에 계신 너희
아버지의 아들이 되리니 이는 하나님이 그 해를 악인과 선인에게 비추
시며 비를 의로운 자와 불의한 자에게 내려주심이라 너희가 너희를 사
랑하는 자를 사랑하면 무슨 상이 있으리요 세리도 이같이 아니하느냐
또 너희가 너희 형제에게만 문안하면 남보다 더하는 것이 무엇이냐 이
방인들도 이같이 아니하느냐 그러므로 하늘에 계신 너희 아버지의 온
전하심과 같이 너희도 온전하라."(마 5:43-48) 보라! 이것이 그리스도
의 목소리이다. 그리스도의 양이라면 누구나 그의 목소리를 들을 것이
다. 그러나 그분의 양이 아닌 자들은 그의 목소리를 듣지 않을 것이
다.[14]

시몬스는 그리스도인은 그리스도를 닮고 따르는 제자여야 한다고 말
한다. 그의 메시지는 분명하다. 그리스도께서 입의 검과 입의 채찍을 사용
하셨는데, 그리스도인이라 자처하는 자가 영적 검이 아니라 철로 만든 칼
을 휘두른다면 그는 더 이상 그리스도인이 아니다. 그리스도는 고난을 당
할 때조차도 상대방을 위협하거나 복수하지 않고 하나님께 복수를 맡겼는

---

[14] Menno Simons, "The Blasphemy of Jan van Leiden," 44.

데, 그리스도인이라 우쭐거리는 자들이 스스로 복수하려고 나선다면 그는 더 이상 그리스도인이 아니다. 그리스도께서 친히 우리에게 원수까지도 사랑하고 원수를 위해서 기도하라고 말씀하시는데도, 우리가 그 말씀을 따르지 않고 원수에게 보복하려고 계획하고 있다면 우리는 더 이상 그리스도의 양이 아니다.

시몬스는 우리에게 되묻는다. 그리스도인은 육체적 칼을 가지라고 가르침을 받지 않았으며, 또한 악으로 악을 갚으라고 명령받지 않았다. 그런데 "어떻게 그리스도인이 전쟁 무기를 가지고 싸울 수 있단 말인가?" 그리스도는 칼을 들고 있는 베드로를 옹호하지 않았다. 그런데 "어떻게 그리스도인이 칼을 가지고 자신을 방어할 수 있단 말인가?" 오히려 그리스도는 아버지께서 주시는 고난의 잔을 마시기를 원했다. 그런데 "어떻게 그리스도인이 고난을 회피할 수 있단 말인가?"[15] 시몬스의 질문에서 우리는 그의 무저항 평화주의가 철저히 그리스도의 삶과 가르침에 기초한 것임을 알 수 있다.

> 그리스도인이라 뽐내는 자가 영적 무기는 제쳐두고 육체적 무기를 갖는 것이 어떻게 하나님의 말씀과 어울릴 수 있겠는가? 바울은 "주의 종은 마땅히 다투지 아니하고 모든 사람에 대하여 온유하며 가르치기를 잘하며 참으며 거역하는 자를 온유함으로 훈계할지니 혹 하나님이 그들에게 회개함을 주사 진리를 알게 하실까 하며 그들로 깨어 마귀의 올무에서 벗어나 하나님께 사로잡힌바 되어 그 뜻을 따르게 하실까 함이라."(딤후 2:24-26)고 가르치지 않는가! … 주의 종이 되고자 하는 자라면 종이 품어야 할 마음가짐을 보여주는 이 말씀을 생각해야 한다. 다투지 아니하려는 사람이 어떻게 전쟁을 할 수 있겠는가? 모든 사람에 대하여 온유하고자 하는 사람이 어떻게 사람들을 미워하고 악을 행할 수 있겠는가? 가르치기를 잘 하는 사람이 어떻게 사도들의 병기를

15 Menno Simons, "The Blasphemy of Jan van Leiden," 45.

도외시할 수 있겠는가? 거역하는 자를 온유함으로 훈계하려는 사람이 어떻게 그들을 멸망시킬 수 있겠는가?[16]

시몬스는 그리스도인들이 그들의 주인인 그리스도를 따르지 않고 넓고 편안한 길로만 가려고 하는 것에 대해 안타까움을 느꼈다. "그리스도께서 칼로써 그의 나라를 시작한 것이 아니라, 고난을 통해서 그 나라에 들어가셨다. 그럼에도 그들이 칼로써 그것을 이루려고 힘쓰다니! 아, 인간의 무지함이여!"[17] 뿐만 아니라 사람들을 미혹하여 그릇되고 어그러진 길로 인도하는 레이던의 얀과 같은 자들에 대해 분노를 느꼈다. 그리하여 그는 그리스도인들을 향해 애끓는 마음으로 하나님의 말씀만을 붙들고 그리스도께서 가신 길을 묵묵히 따라가라고 호소한다.

그러므로 나는 모든 사랑하는 형제들에게 권면한다. 우리 주 예수 그리스도 하나님의 은혜로 그대가 하나님의 말씀에 유념하고 그것을 버리지 않기를 기도한다. 왜냐하면 그대가 우리 주인이신 그리스도를 믿음의 눈으로 보았고, 그의 목소리를 들었기 때문이다. 이것이 참된 길이니 그 길로 걸어가고 좌로나 우로나 치우치지 말라.[18]

클라센(Walter Klaassen)이 지적한 것처럼 시몬스가 쓴 글은 다른 사람들의 것과 비교할 때 감성적 호소가 강하다는 특징이 있다.[19] 예를 들면 또 다른 네덜란드 아나뱁티스트 디르크 필립스의 저술은 시몬스의 것보다 훨씬 조직적이고 체계적이지만, 바로 그런 이유 때문에 감성적 호소는 약하다. 시몬스의 글은 지나치게 반복적이라서 지루할 때도 없진 않지만, 그의

16 Menno Simons, "The Blasphemy of Jan van Leiden," 46.
17 Menno Simons, "The Blasphemy of Jan van Leiden," 49.
18 Menno Simons, "The Blasphemy of Jan van Leiden," 49.
19 Walter Klaassen, "Menno Simons: Molder of a Tradition," *The Mennonite Quarterly Review* 62-3 (Jul. 1988), 371.

글을 읽고 있으면 어느새 감정적으로 그에게 동화된다. 시몬스 작품의 또 다른 특징은 성경 인용이 넘친다는 점이다. 이것은 그의 장점인 동시에 단점으로 지적되기도 한다. 클라센은 시몬스 글이 마치 성경구절들을 모아 엮어 놓은 다발처럼 보인다고 평가하기도 한다.

메노 시몬스는 『레이던의 얀의 신성모독』에서 얀과 그를 따르는 뮌스터주의자들의 오류를 비판하였다. 그들은 칼로써 자신들만의 왕국을 세우기를 원했지만, 그것은 세속적이고 육체적인 왕국이었다. 그러나 그리스도인은 하나님의 말씀으로 다스려지는 천상적이며 영적인 왕국을 만들어야 한다. 이 왕국은 칼이 아니라 말씀으로 다스려지는 나라이며, 전쟁이 아니라 평화가 넘실거리는 나라이다.

IV. 다른 저술들에 나타난 시몬스의 무저항 평화주의

뮌스터의 비극을 겪으면서 시몬스는 새로운 교회개혁 운동은 그 방법에 있어서도 복음적이며 평화적이어야 한다는 확신을 갖게 되었다. 그리고 『레이던의 얀의 신성모독』에서 칼을 사용하여 폭력적인 방식으로 새 예루살렘을 건설하고자 하는 자들의 시도가 잘못된 것이며, 새로운 공동체는 철저히 성경에 근거한 무저항 평화주의의 방법으로 세워져야 한다고 주장하였다. 이와 같은 시몬스의 무저항 평화주의 입장은 그의 생애 마지막까지 변함없이 유지되었다.

시몬스가 로마가톨릭교회와 결별한 후 얼마 지나지 않은 1537년에 집필한 『신생』(New Birth)에서도 그리스도를 향해 새롭게 태어난 사람이라면 이전의 삶의 방식을 버리고 그리스도께서 모범을 보여주신 새로운 삶의 방식을 따라야 한다고 말한다.

악을 악으로 갚지 말고 선으로 갚으라. 자신의 유익을 구하지 말고 이웃의 유익을 구하라. 주린 자에게 먹을 것을 주고, 목마른 자에게 마실 것을 주라. 궁핍한 자에게 베풀고, 갇힌 자를 자유하게 하고, 병자를 돌아보고, 상심한 자를 위로하고, 실수한 자에게 권면하고, 주인의 모범을 따라 형제를 위해 자신의 생명까지 주라.[20]

이제는 세상의 윤리가 아닌 그리스도께서 가르쳐 주시고 몸소 보여 주신 산상수훈의 윤리가 새로운 삶의 방식이 되어야 한다.

1539-1540년 출판된 『기독교 교리의 토대』(*Foundation of Christian Doctrine*)는 시몬스의 작품 중 가장 중요한 것으로 간주되는데, 여기에서도 그의 무저항 평화주의는 그대로 드러난다.[21] 메노나이트는 이 책이 자신들에게는 개혁교회에서 칼뱅의 『기독교강요』가 차지하고 있는 지위에 버금가는 중요성을 지닌다고 말한다. 이 책은 뮌스터의 비극 이후에 목자 잃은 양과 같이 방황하던 아나뱁티스트를 복음적이며 평화주의적인 개혁 운동으로 이끌어 준 안내서의 역할을 했다.

이 책의 서문은 책이 집필될 당시에도 여전히 뮌스터의 오류가 팽배했음을 보여준다. 그렇기 때문에 시몬스는 올바른 신앙의 길이 무엇인지를 기록하여 제시할 수밖에 없었다. "사탄이 빛의 천사를 가장하여 주님의 밀밭에 가라지를 뿌렸으니, 칼, 일부다처제, 세상 왕국과 왕과 같은 오류들

---

20 Menno Simons, "New Birth," *CWMS*, 93.

21 1539-1540년 처음 출판된 초판은 현재 암스테르담 아나뱁티스트 교회(Verenigde Doopsgezinde Gemeente)에 2권, 암스테르담 대학도서관에 1권, 헤이그의 왕립도서관에 1권, 런던의 대영박물관에 1권, 함부르크의 시립도서관에 1권, 모두 6권이 남아 있다. 시몬스는 이 책을 1554년 개정하였고, 1554년과 1558년에 다시 출판되었다. 이 책은 20개 항목으로 나누어 아나뱁티스트 신앙에 대해 간략하면서도 분명하게 설명하고 있다. 항목들을 보면 책의 내용을 짐작할 수 있을 것이다. 1부는 '제자도로의 부름'이란 주제 하에 은혜의 날, 진정한 회개, 신앙, 공직자들을 향한 간청, 세례, 유아세례 옹호자들에 대한 논박, 유아세례 옹호자들을 향한 권면 등 7개 조항을 담고 있다. 2부는 '로마가톨릭교회에 대한 논박'이란 주제 하에 주의 만찬, 성만찬의 왜곡, 바빌론(악)을 피해야 할 의무, 설교자의 소명, 설교자의 교리, 설교자의 행위, 바빌론의 항변에 대한 논박 등 7개 조항을 포함한다. 3부는 '관용을 호소함'이란 주제 하에 공직자를 향한 권고, 학자들에 대한 호소, 백성들에 대한 호소, 타락한 분파에 대한 호소, 주님의 교회에 대한 호소, 결론 등 6개 조항으로 구성되어 있다. John C. Wenger, "Introduction of Foundation of Christian Doctrine," *CWMS*, 104; 그리고 http://www.mennosimons.net/foundationbook.html을 참고하였다. 이 사이트는 메노 시몬스의 생애, 작품, 이미지 등 유용한 정보를 담고 있다.

때문에 순진한 사람들이 많은 고통을 겪게 되었다. 따라서 우리는 우리 신앙과 가르침을 공표할 수밖에 없게 되었다."²² 시몬스가 아나뱁티스트 신앙의 기초가 무엇인지, 아나뱁티스트가 추구하는 바가 무엇인지, 그리고 아나뱁티스트가 왜 무저항 평화주의를 지향하는지를 밝히게 된 근본 동기도 뮌스터 사건 때문이었다.

이 책에서 시몬스는 '공직자를 향한 권고'를 다루는 항목에서 평화주의의 입장을 분명하게 드러낸다.

> 우리는 그리스도의 왕국이나 그리스도의 교회에서는 칼이나 폭동을 알지 못한다고 가르치며 고백한다. 우리 저술에서 이미 충분히 보여준 것처럼 성령의 날카로운 칼, 즉 하나님의 말씀 이외의 칼은 알지 못한다. 주님의 입에서 나오는 그 말씀이야말로 어떤 양날 칼보다 더 예리하다. … 세상 정치의 칼은 그것을 위임받은 사람에게 맡기라. 모든 그리스도인은 칼로써 망하지 않으려면 칼을 들지 말라.²³

이와 같은 시몬스의 무저항 평화주의 입장은 이미 우리가 앞에서 살펴본 그의 첫 번째 작품인 『레이던의 얀의 신성모독』에서 제시된 것과 다르지 않다.

뿐만 아니라 시몬스 생애의 후기인 1552년에 쓴 『거짓 비난에 대한 대답』(Reply to False Accusations)에서도 그의 평화주의는 여전하다. 그는 진정한 아나뱁티스트는 칼에 의존하는 혁명적 아나뱁티스와는 달리 평화를 추구하는 사람임을 분명히 하였다.

> 예수 그리스도는 평화의 왕이다. 그의 나라는 평화의 나라, 곧 그의 교회이다. 그의 사도는 평화의 사도이다. 그의 말씀은 평화의 말씀이다.

---

22 Menno Simons, "Foundation of Christian Doctrine," *CWMS*, 107.
23 Menno Simons, "Foundation of Christian Doctrine," 200.

그의 몸은 평화의 몸이다. 그의 자녀들은 평화의 씨앗이다. 그의 유산과 보상은 평화의 유업과 보상이다. 결국 평화가 왕이신 그분과 함께 그의 나라를 통치한다. 보고, 듣고, 행한 모든 것이 평화이다.[24]

예수 그리스도는 평화이며, 그의 가르침, 그의 삶, 그의 몸인 교회, 그의 제자, 그의 나라 모든 것의 핵심은 평화이다. 시몬스는 계속하여 말한다.

베드로는 칼을 칼집에 꽂으라는 명령을 받았다. 모든 그리스도인은 원수를 사랑하라는 명령을 받았다. 핍박하고 박해하는 자들에게 선을 행하라는 명령을 받았다. 겉옷을 달라면 속옷을 주고, 한쪽 뺨을 때리면 다른 쪽을 내어주라고 명령을 받았다. 도대체 그리스도인이 어떻게 보복, 반란, 전쟁, 폭동, 살해, 고문, 도적질, 강도질, 약탈을 자행하고, 도시를 불태우고, 나라를 정복할 수 있는 것인지, 그것이 어떻게 성경적으로 정당화될 수 있는지 나에게 말해 달라.[25]

그리스도인들의 무기는 칼과 창이 아니라 인내와 침묵과 소망과 하나님의 말씀이다. … 그들은 복수를 알지 못한다. … 그들은 평화를 깨지 않는다. … 그들은 칼을 쳐서 보습을 만들고, 창을 쳐서 낫을 만든다. 그들은 돈이나 재물이나 손상이나 피를 찾지 않고, 하나님의 영광과 찬양 그리고 당신 영혼의 구원을 원한다.[26]

이처럼 폭력에 대한 거부, 전쟁 없는 세상, 무저항 평화주의는 예수께서 우리에게 주신 새 계명이며 시몬스가 남긴 유산이기도 하다. 하나님의 평화를 마음에 담고 살아가는 사람은 '평화를 만드는 자'(peacemaker)가 될

---

24 Menno Simons, "Reply to False Accusations," *CWMS*, 554.
25 Menno Simons, "Reply to False Accusations," 555.
26 Menno Simons, "Reply to False Accusations," 555-56.

수밖에 없다. 그리스도인이라면 어떤 형태의 정당전(正當戰)이나 성전(聖戰)의 유혹과 위협에 대해서도 아니오! 라고 말할 수 있어야 한다.

V. 결론

20세기 아나뱁티스트 전통의 대표적 학자인 헤럴드 벤더는 1944년 「메노나이트 계간지」(Mennonite Quarterly Review)에 "아나뱁티스트의 비전"이라는 논문을 발표하였다. 여기에서 벤더는 아나뱁티스 비전의 세 가지 특징을 제시하였다. 첫째는 제자도를 그리스도교의 본질로 새롭게 파악하는 것이고, 둘째는 교회를 자발적 멤버십에 기초한 형제애의 관점에서 새롭게 이해하는 것이고, 셋째는 사랑과 무저항을 새로운 윤리로 받아들이는 것이다.[27] 벤더는 아나뱁티스트의 무저항 평화주의 비전이 그들이 본격적으로 박해를 받기 이전부터 아나뱁티스트 운동의 핵심적 원리였다고 주장하였다. 그러면서 1524년 스위스형제단의 지도자였던 콘라트 그레벨이 농민전쟁의 지도자였던 토머스 뮌처에게 보낸 편지, 1544년 남부 독일 아나뱁티스트의 지도자였던 필그람 마르펙의 성경주석, 1545년 후터파 아나뱁티스트 지도자였던 피터 리드만의 글, 그리고 메노 시몬스의 저술을 광범위하게 인용하며 아나뱁티스트의 무저항 평화주의 윤리를 강조했다.[28] 비록 모든 아나뱁티스트가 무저항 평화주의를 주장한 것은 아니지만,[29] 시몬스를 비롯한 메노나이트, 스위스형제단, 후터라이트는 전쟁에 대한 반대와 더불어 무저항 평화주의를 주장하였다. 이것은 산상수훈의

---

27 Harold S. Bender, "The Anabaptist Vision," *The Mennonite Quarterly Review* 18-2 (1944), 78.

28 Harold S. Bender, "The Anabaptist Vision," 86; "Pacifism of Anabaptists," *The Mennonite Quarterly Review* 30-1 (Jan. 1956), 5-18.

29 예를 들면 아나뱁티스트 지도자 중 발타자르 후프마이어는 니콜스부르크에 있을 때(1526-1528), 투르크족과의 전쟁에 참여하거나 전쟁을 위한 세금을 내는 것을 허용하였다.

가르침을 문자적으로 따르고자 했던 그들의 성경중심 원리의 결과였다.

메노 시몬스를 따르는 메노나이트는 메노의 무저항 평화주의 윤리를 자신들의 삶의 방식으로 진지하게 받아들인다.[30] 현대 메노나이트는 "평화에 대한 헌신을 복음의 본질적 차원"으로 인식하며, "아나뱁티스트 전통은 평화에 관한 전통이며, 평화주의 또는 비폭력이라는 용어가 이 전통의 독특한 면"이라고 확신하고 있다.[31] 하지만 최근에는 메노나이트 내부에서도 평화를 만드는 방법을 두고 몇 가지 변화와 논쟁이 있다.

과연 극단적 무저항주의가 현실적인가 하는 질문이 있다. 철저한 무저항주의자인 20세기 메노나이트 역사가 허쉬버그(Guy F. Hershberger)는 무저항을 "어떤 부분에서든 전쟁에 참여할 수 없으며, 모든 억지력 심지어는 비폭력적인 억지력도 수용하지 않음을 의미한다."고 정의한다.[32] 따라서 허쉬버그는 간디의 비폭력 투쟁조차도 무저항이 아니며 "전쟁의 한 형태"라고 말한다.[33] 간디의 비폭력 투쟁은 정치적 변화와 혁명을 추구했기 때문에 메노나이트의 무저항 정신과는 전혀 다른 성격의 운동이라는 것이다. 그러나 갈등 상황에 있는 현실에서 극단적 무저항이 과연 실제적인 대안이 될 수 있는지는 의문이다.

또한 교회와 국가의 철저한 분리가 과연 복음의 원리에 합당한 것인가 하는 질문이 있다. 콘스탄티누스 이후 크리스텐덤(Christendom) 체제에서 교회가 세상에 너무 많이 적응했고 폭력에 조율되었다는 아나뱁티스트의 비판은 귀 기울일만하다. 하지만 아나뱁티스트가 국가를 칼에 의해 다스려지는 육체적 왕국이라고 규정하고 따라서 영적 왕국에 속한 그리스도인

---

30 현대 메노나이트의 간략한 역사와 신앙고백을 위해서 Rudy Baergen, *The Mennonite Story*, 김복기 옮김, 『메노나이트 이야기』 (춘천: 한국아나뱁티스트출판사, 2005); Mennonite Church General Board, *Confession of Faith in a Mennonite Perspective*, 김경중 옮김, 『메노나이트 신앙고백』 (춘천: 한국아나뱁티스트출판사, 2007)을 참고하라.

31 Stuart Murray, *The Naked Anabaptist*, 강현아 옮김, 『이것이 아나뱁티스트다』 (대전: 대장간, 2011), 179, 66.

32 Guy F. Hershberger, *War, Peace & Non-resistance*, 최봉기 옮김, 『전쟁, 평화, 무저항』 (대전: 대장간, 2012), 240.

33 Guy F. Hershberger, 『전쟁, 평화, 무저항』, 43.

은 국가로부터 완전히 분리되어야 한다고 주장하며, 심지어 국가를 위해 봉사하는 공무원이 되는 것조차 금하는 것은 지나치다고 할만하다. 예수 그리스도가 하늘을 떠나 세상 한복판으로 성육신하신 것처럼 그리스도인도 이 땅에 하나님의 나라를 건설하기 위해 세상 한복판으로 달려가야 하는 것이 아닌가? 교회와 국가의 이원론적 분리를 넘어서 그리스도인인 동시에 애국시민일 수는 없는 것인가? 교회가 세상으로부터 분리된 게토가 될 것이 아니라 세상 안에서 빛과 소금의 역할을 해야 하지 않는가? 이를 위해서는 소극적이며 수동적인 무저항에서 적극적이며 능동적인 비폭력 저항으로 나가야 할 필요가 있다. 구별된 공동체로 변화산에만 머물 것이 아니라, 사람들의 희로애락이 교차하는 광장으로 내려가야 할 필요가 있다.

남북한이 대치하고 있는 한반도 상황에서는 메노나이트의 무저항 평화주의의 한 특징인 '양심적 병역거부'도 논쟁의 중요한 주제이다. 한반도에서는 이것이 단순한 윤리 논쟁이 아니라 공동체의 안위와 생존과 직접 관련된 심각한 논쟁이다. 섣부르게 하나의 입장을 택한다는 것이 정전(停戰) 상태에 있는 한반도에서는 매우 어렵다. 그러나 우리 사회의 성숙도를 고려한다면 이제는 대체복무를 허용하는 방안을 모색하는 것이 바람직할 것이다. 병역을 회피하려는 의도가 아니라 자신의 신앙과 양심 때문에 군대를 갈 수 없다고 하는 사람이라면 현역복무보다 더 어렵고 긴 시간의 대체복무라도 받아들일 준비가 되어 있을 것이다. 군인들 중에는 전방에서 총을 들고 철책을 지키는 사람도 있고 후방에서 보급을 담당하는 사람도 있다. 현역병도 있고 흔히 방위병이라 불리는 상근예비역과 사회복무요원도 있다. 따라서 대체복무의 엄격한 기준을 마련한다면 양심적 병역거부자가 감옥에서 그 기간을 보내는 것이 아니라 보다 의미 있는 장소에서 전쟁을 막고 평화를 만드는 일에 복무할 수 있을 것이다.

메노나이트의 평화에 대한 헌신은 메노 시몬스에게서 유래되었다. 그는 뮌스터의 비극을 겪으면서 무저항 평화주의를 아나뱁티스트의 비전으로 제시하였다. 시몬스는 아나뱁티스트 운동이 로마가톨릭교회뿐만 아니

라 주류 프로테스탄트 교회의 결함까지도 극복하고, 예수 그리스도와 초
대교회의 원형을 회복하는 운동이 되기를 원했다. 시몬스는 네덜란드 지
역뿐만 아니라 독일어를 사용하는 지역에 이르기까지 아나뱁티스트 공동
체를 위기에서 구하고 새롭게 세우는데 가장 중요한 역할을 했다. 시몬스
는 자신의 책『기독교 교리의 토대』에서 이렇게 고백한다.

> 내 기쁨과 내 마음의 소원은 이것이다. 하나님 나라를 확장하는 것, 진
> 리를 드러내는 것, 죄를 책망하는 것, 의를 가르치는 것, 배고픈 영혼
> 들을 주의 말씀으로 먹이는 것, 길 잃은 양들을 바른 길로 인도하는
> 것, 성령과 능력과 은혜의 역사로 많은 영혼들을 주께로 인도하는 것
> 이다. 그래서 나는 주홍빛 보혈로 비참한 죄인인 나를 값 주고 사시고,
> 은혜의 복음으로 내게 이런 마음을 주신 분, 즉 예수 그리스도께서 가
> 르치신 대로 나의 약함 중에도 이 일들을 계속해나갈 것이다.[34]

메노 시몬스를 따르는 메노나이트는 오늘도 급진적 제자도와 형제애
에 근거하여 전쟁 없는 평화로운 세상을 만들기 위한 증언과 실천을 하고
있다.

---

[34] Menno Simons, "Foundation of Christian Doctrine," 189.

제 11 장

16세기 프로테스탄트 교리문답에 대한 비교 연구:
후프마이어, 루터, 칼뱅의 교리문답을 중심으로

＊ 본 글은 「칼빈연구」 13집 (2016), 193-222쪽에 게재된 것입니다.

I. 서론

왜 교리문답이 중요한가?[1] 첫째로 교리문답은 그 시대의 가장 탁월한 신학자 혹은 공동체에 의해 작성된 것으로 복음의 진수를 담고 있기 때문이다. 교리문답 작성자는 가장 중요한 신학적 사상을 누구나 이해할 수 있는 언어로 풀어내야만 한다. 또한 무엇이 모든 신자들이 알아야 할 본질적인 것인지를 결정해야만 한다. 따라서 교리문답을 읽는 것은 그가 어떤 교리를 기본적이며 본질적이라고 생각하는지를 알게 해준다. 둘째로 교리문답은 그 시대 평범한 신자들의 종교의식을 볼 수 있는 창문이기 때문이다. 어느 교리문답이 널리 통용되었다면 그 시대의 신자들의 종교심을 잘 반영했기 때문이라 할 수 있을 것이다. 이처럼 교리문답은 엘리트의 신학적 사고와 대중의 종교의식 사이를 중개하는 것이다. 따라서 교리문답을 읽는 것은 신학자의 신학적 사유와 평신도의 경건의 표현, 종교의 사상과 실천 모두를 드려다 보는 것이다.[2] 따라서 프로테스탄트 교리문답에 대한 연

---

1 Catechism이라는 용어는 현재 교리문답, 요리문답, 신앙교육서 등으로 번역되어 사용되고 있다. 본고에서는 교리문답이라는 용어를 택하였다. 모든 Catechism이 문답의 형태를 가진 것은 아니기 때문에 신앙교육서라는 용어가 보다 넓은 개념이긴 하지만, 신앙교육서라는 표현은 Catechism만이 아니라 다른 종류의 교육을 위한 자료들까지 지칭할 수 있기 때문에 지나치게 포괄적이라 여겨진다. 또한 본고에서 분석하는 세 가지 Catechism은 모두 문답의 형식을 취하고 있기 때문에 전통적으로 사용해 온 교리문답이란 용어를 선택하였다.

2 Denis Janz, "Introduction," *Three Reformation Catechisms: Catholic, Anabaptist, Lutheran*, ed. Denis Janz (New York and Toronto: The Edwin Mellen Press, 1982), 3-6.

구는 16세기 프로테스탄트 종교개혁의 성격과 특징을 들여다보는 거울의 역할을 할 수 있을 것이다.

오늘 한국교회의 교회교육이 무너졌다는 말이 들린다. 교회학교 학생들의 숫자가 줄어들면서 어린이부서와 청소년부서가 통합되거나 폐지되기까지 한다. 이런 위기의식이 반영되어 각 교단 총회에서는 '다음 세대'를 총회의 주요한 관심사로 정하여 노력을 기울이고 있다. 아이들을 다시 교회로 돌아오게 하기 위해서는 아마도 다양한 노력들이 필요할 것이다. 그 노력들 가운데 우리가 오랫동안 가지고 있었으나 지금은 거의 잃어버린 보물인 교리문답을 되찾고 그 교리문답을 가르치는 일도 반드시 포함되어야 한다고 믿는다. 필자는 교리문답 교육의 회복이 교회교육 위기에 하나의 돌파구를 마련해 줄 것이라는 기대와 소망을 가지고 있다.

본 논문은 16세기 프로테스탄트 신앙을 담고 있는 세 교리문답을 비교 연구한다. 후프마이어에 의해 작성된 재세례파의 교리문답, 루터의 소교리문답, 칼뱅의 제네바교리문답의 비교를 통해 프로테스탄트 신앙의 공통점이 무엇인지, 또한 프로테스탄트 내의 다양한 입장들 사이의 차이점이 무엇인지를 밝히고자 한다. 출판 시기에 따라 후프마이어의 교리문답, 루터의 소교리문답을 다루고, 그런 다음에 칼뱅의 제네바교리문답을 소개하였다. 각 교리문답은 동기와 배경, 내용, 의미와 영향력이라는 제목하에 정리하였다. 이런 제목이 굳이 필요하지는 않겠지만 보다 이해를 쉽게 하도록 돕기 위해 이 틀을 따라서 정리하였다.

II. 후프마이어의 교리문답(1527)

1. 동기와 배경

로마가톨릭교회의 부패를 비판하면서 시작된 16세기 교회개혁은 결코 단선적이거나 획일적인 운동이 아니었다. 오히려 매우 복잡하고 다양한 성격을 지닌 운동이었다. 루터파, 개혁파, 재세례파, 성공회 등이 각자 저마다의 개혁을 주창하고 나섰다. 그중에서도 재세례파라 불리던 일단의 사람들은 비록 소수였기는 하지만 나름의 개혁 원칙과 원리를 내세우며 독특한 방식의 개혁을 지향하였다. 비록 재세례파 안에도 서로 간에 차이가 있긴 하지만, 재세례파 신학을 대표할 만한 인물이 바로 발타자르 후프마이어(Balthasar Hubmaier, 1480/85-1528.3.10.)이다.[3]

후프마이어는 1480년(혹은 1485년)에 태어나 프라이부르크와 잉골슈타트 대학에서 공부하였고, 1512년 잉골슈타트 대학에서 루터의 적대자 중 한 명이었던 요하네스 에크(Johannes Eck)로부터 탁월한 학생으로 인정을 받고 박사학위를 받았다. 그는 급진 종교개혁자들 가운데 공식 교육을 끝까지 받은 몇 안 되는 사람 중 한 사람이다. 그 후 그는 레겐스부르크와 발트슈트에서 설교자로 섬겼으며, 1523년에는 츠빙글리와 함께 취리히에서 벌어진 논쟁에 참여하기도 하였다. 후프마이어가 1524년 출판한 "18개 조항"은 로마가톨릭과의 분명한 결별을 보여주고 있다. 같은 해 그는 엘리자베스 휘글리네(Elizabeth Hügline)와 결혼함으로써 자신의 신념을 만천하에 드러내었다. 그는 믿음은 강요당할 수 없다는 확신을 피력하였으며, 아무리 국가라고 할지라도 종교적 믿음의 차이 때문에 무력을 사용할 권리는 가지고 있지 않다고 주장하였다. "진리는 사라지지 않는다."는 문구는 그

---

3   윌리엄 에스텝은 그의 책 *The Anabaptist Story*에서 발타자르 후프마이어를 소개하기 위해 제4장 전체를 할애한다. William R. Estep, 정수영 옮김, 『재침례교도의 역사』 (서울: 요단출판사, 1986), 95-122.

의 저작에 언제나 등장하는 그의 모토였다.

그러나 이즈음 후프마이어는 주류 종교개혁신학과는 다른 생각을 가지기 시작하였고 점차 재세례파 신앙으로 방향을 잡았다. 그는 1525년 1월 16일에 오이콜람파디우스에 보낸 편지에서 유아세례가 실재성이 없다고 비판하면서 신자의 세례를 옹호하고 있다. 그는 세례가 구원의 필수조건은 아니지만, 그리스도의 제자됨에 있어서 그리고 교회 생활에 있어서 필수요건이 된다고 주장했다. 유아세례 문제로 인해 츠빙글리와 후프마이어 사이에는 책자를 통한 논쟁이 벌어지기도 했다.[4] 그는 한때 고문에 굴복하여 자신의 주장을 철회하는 철회문을 작성하기도 했지만 생의 마지막에는 불굴의 의지로 자신의 신앙을 지켰고, 결국 1528년 3월 10일 화형을 당하였다. 윌리엄 에스텝은 "발타자르 후프마이어 박사는 재세례파 창공에서 가장 찬란하게 빛나던 별들 중 하나였다."[5]라고 평가하였다.

후프마이어는 로마가톨릭뿐만 아니라 주류 종교개혁자들과도 다른 재세례파의 '새로운' 신앙과 경건을 가르쳐야 할 필요를 느꼈다. 그러던 중 마침 이전에 니코폴리스(Nikopolis)의 주교였고, 당시 니콜스부르크(Nikolsburg) 교회의 회원인 마르틴(Martin Goschl)으로부터 세례를 받기 전에 가장 먼저 배우고 알아야 할 기본적인 것들에 대해 가르쳐달라는 요청을 받게 되었다. 후프마이어는 이 요구에 응답하기 위해 1526년 말에 교리문답을 작성하였고, 1527년 초에 출간하였다. 후프마이어는 레온하르트(Leonhart)와 조카 한스(Hanns)의 대화 형식으로 교리문답을 작성했는데, 이들은 니콜스부르크의 행정관들이었다. 그는 이 교리문답이 신앙의 도리를 알고자 하는 젊은이들을 도울 뿐만 아니라 우리가 빠져 있는 오류와 위

---

4 1525년 5월 츠빙글리는 『세례』라는 작품을 통해 제세례파의 분파주의와 혁명적 경향성과 성서이해를 비판하면서 유아세례를 옹호하는 논리를 폈다. 츠빙글리의 작품은 Huldrich Zwingli, 서원모·김유준 옮김, 『츠빙글리와 불링거』(서울: 두란노아카데미, 2011), 141-202에 번역 수록되어 있다. 이에 대해 후프마이어는 1525년 7월 『믿는 자의 세례에 관하여』(On the Christian Baptism of Believers)라는 작품을 통해 츠빙글리의 논리를 반박함으로써 세례와 유아세례 논쟁에 불을 붙였다. 후프마이어의 작품은 *Balthasar Hubmaier: The Theologian of Anabaptism*, trans. and ed. H. Wayne Pipkin and John H. Yoder (Scottdale, PA: Herald Press, 1989), 95-149에 수록되어 있다.

5 William R. Estep, 정수영 옮김, 『재침례교도의 역사』, 95.

선으로부터 벗어나도록 돕는 역할을 하게 되기를 원했다. 이런 동기에서 후프마이어의 교리문답 "그리스도교 교리문답: 세례 받기 전 모두가 알아야 할 것들"이 작성되었다.

2. 내용

후프마이어의 교리문답 표지에는 그의 모토인 "진리는 파괴될 수 없다"(Truth is Indestructible)는 표어가 붙어있고, 발타자르 후프마이어 박사에 의해 1526년 니콜스부르크에서 작성되었으며, 1527년 프로샤우어(Froschauer)라고 알려진 조르그(Simprecht Sorg)에 의해 니콜스부르크에서 인쇄되었음을 밝히고 있다. 그리고 이 교리문답의 작성을 요청한 마르틴에 대한 인사로 시작하고 있다.

교리문답은 크게 두 부분을 나누어져 있다. 첫 부분에서는 하나님이 어떤 분이신지에 대한 질문과 대답으로부터 시작하여, 죄에 대해, 죄를 알게 해주는 십계명의 율법에 대해, 고백과 기도를 통한 회개에 대해, 주기도문에 대해, 복음에 대해, 죽은 믿음과 산 믿음에 대해, 사도신조에 대해, 성령세례·물세례·피세례에 대해, 특히 왜 유아세례가 잘못된 것인지에 대해, 세례 받은 사람들의 공동체인 교회에 대해, 교회의 권징과 파문에 대해 논하고 있다. 두 번째 부분은 성만찬이란 무엇인가에 대한 질문과 대답으로부터 시작한다. 그리고 로마가톨릭교회의 미사와 화체설, 로마교회와 루터교회의 공간적 임재설을 비판하면서 상징과 표지로서의 성만찬을 옹호한다. 이어서 죄의 고백에 대해, 금식에 대해, 마리아에 대해, 성화상에 대해, 설교와 찬양에 대해, 자유의지에 대해, 종말에 대해, 영생에 대해, 고난에 대해 논하고 있다. 그러면 이제 후프마이어의 교리문답 내용을 좀 더 자세히 들여다보자.

후프마이어는 자신의 교리문답 첫 부분을 하나님의 전능하심과 전지하심과 자비로우심 그리고 이런 하나님의 뜻에 어긋난 인간의 생각과 말과 행동의 죄를 대비시킴으로써 시작한다. 우리는 죄를 율법 특히 십계명을 통해 깨닫게 되며, 고백과 기도 특히 주기도를 통해 죄를 회개하게 된다. 우리 기도를 하나님이 들으신다는 것은 하나님의 약속과 복음의 약속을 통해 알 수 있다. 후프마이어에게 믿음이란 하나님의 말할 수 없는 자비, 은혜로운 호의, 선한 뜻을 인식하는 것이다. 하지만 단지 아는 것에만 그친다면 그것은 죽은 믿음(dead faith)일 뿐이다. 실천을 통한 열매가 있을 때, 사랑으로 역사하는 믿음일 때 그 믿음은 산 믿음(living faith)이다.[6] 후프마이어는 루터의 '오직 믿음으로 의롭게 된다.'는 이신칭의(以信稱義) 교리를 삶의 실천이 결여된 믿음만을 강조하는 것으로 간주하고 이런 가르침은 반쪽진리(half-truth)에 불과하다고 비판하였다.[7] 그리고 이어서 교회가 전통적으로 고백해 온 믿음의 고백인 사도신조에 대해서 설명하고 있다. 사실상 후프마이어는 자신의 교리문답 첫 부분의 전반부에서 전통적으로 교리문답이 다루고 있는 십계명, 주기도문, 사도신조를 모두 다루었다.

후프마이어 교리문답의 첫 부분에 등장하는 또 다른 중요한 주제가 바로 세례이다. 먼저 눈에 띄는 것은 후프마이어가 세례의 세 종류를 말하는 것이다. 그에 따르면 세례에는 성령세례(요3:5), 물세례(마28:18이하, 막16:15이하), 피의 세례(눅12:50)가 있다.[8] 물세례는 성령세례의 외적인 표지이며, 이를 통해 교회 공동체의 일원이 되는 성례이다. 반면 피의 세례는 죽을 때까지 매일 육체를 죽이는 삶이다. 더 중요한 것은 믿음 이후에 세례가 있다는 것이다. 재세례파의 신학자답게 후프마이어는 유아세례는 믿음이 없는 상태에서 받는 세례이기 때문에 세례가 아니며 세례에 대한 왜곡이며 세례라는 이름에도 걸맞지 않다고 비판한다. 그는 그리스도께서 믿는 자들의 물세례를 제정하셨기 때문에, 믿는 자들, 즉 공개적으로 (openly) 자신의 말로(verbally) 신앙을 고백하는 자들만 세례를 받아야 한

---

6 Balthasar Hubmaier, "A Christian Catechism," *Three Reformation Catechisms*, 146. 또는 *Balthasar Hubmaier: The Theologian of Anabaptism*, 348.

7 Balthasar Hubmaier, "Freedom of the Will, I," *Balthasar Hubmaier: The Theologian of Anabaptism*, 428.

8 Balthasar Hubmaier, "A Christian Catechism," 147-50.

다고 주장한다.

후프마이어에게는 믿고 세례를 받은 사람들의 공동체가 바로 교회이다. 교회에 대한 문답에서 후프마이어는 형제애적 교정(brotherly correc-tion), 즉 파문(ban)의 권한에 대해 강조하고 있다. 파문은 재세례파 교회가 지속적으로 강조해 온 가치 중 하나이다. 조지 윌리엄스가 아나뱁티즘(anabaptism) 운동을 아나밴니즘(anabanism) 운동이라고까지 말한 것도 바로 이런 이유에서이다. 후프마이어는 교리문답의 첫 부분을 요약하면서 "그리스도가 제정하신 대로 물세례가 시행되지 않는 곳에서는, 누가 형제와 자매인지 알 수가 없으며, 교회도 없으며, 형제애적 교정이나 권징도, 파문도, 성만찬도, 그리스도교적 존재와 실재도 없다."[9]고 주장한다.

이제 후프마이어 교리문답의 두 번째 부분을 살펴보자. 여기에서 후프마이어는 먼저 성만찬에 대해 묻고 답한다. 그는 다른 종교개혁자들과 마찬가지로 로마가톨릭의 화체설 교리와 포도주는 주지 않고 빵만 주는 일종배찬(one kind distribution)을 비판한다. 또한 희생제사로서의 미사 개념을 거부하고, 로마가톨릭과 루터주의의 공간적 임재 개념을 비판한다. 그후에 성만찬의 의미에 대해서 적극적으로 밝히고 있다. 그에 따르면 성만찬의 빵과 포도주는 "그리스도의 고난과 죽음을 기억하게 하는 표지들(commemorative signs)"이고, 성만찬은 "사랑의 가장 위대한 표지(the greatest sign of love)"이고, "형재애적 사랑의 충실한 표지(a dutiful sign of brotherly love)"이다.[10] 성만찬의 의미에 관해서는 츠빙글리의 입장을 취하고 있음을 알 수 있다.

이어서 후프마이어는 로마가톨릭의 잘못된 가르침에 대해 교정을 하고 있다. 죄의 고백과 관련하여 사제나 수도승에게 고백할 것이 아니라 하나님께 고백하라고 가르치고 있으며, 음식을 대하는 올바른 자세와 금식에 대한 올바른 태도를 가르친다. 마리아에 대해서는 그녀가 순결한 동정

9 Balthasar Hubmaier, "A Christian Catechism," 156.
10 Balthasar Hubmaier, "A Christian Catechism," 157-58.

녀이고 하나님의 어머니이기에 그녀를 공경하는 것은 마땅하지만, 마리아
에게 기도하는 것은 그리스도를 모독하는 것일 뿐만 아니라 마리아도 욕
되게 하는 것이라고 주장한다. 후프마이어는 "당신이 정말 마리아를 공경
하고 마리아에게 복종하고 싶다면, 그녀나 성인에게 기도하지 말고 마리
아의 아들인 그리스도에게 기도하라."[11]고 말한다. 이것이 마리아가 가나
의 혼인잔치 집에서 우리에게 부탁한 것이다.

후프마이어는 그리스도인인 우리가 마땅히 하나님의 말씀을 듣고, 믿
고, 고백하고, 행하라고 권면한다. 단지 무엇을 믿는다는 것이 중요한 것
이 아니라, 어떻게 행하느냐가 중요한 것이다. 메노 시몬스의 말처럼 문제
는 믿음(faith)이 아니라 따름(following)이다. 후프마이어는 우리에게 이렇
게 묻는다. "어떤 이는 하나님의 말씀을 들으려 하질 않는다. 어떤 이는 듣
지만 이해하지 못한다. 어떤 이는 이해하지만 따르지 않는다. 어떤 이는
열심을 다해 따른다. 이들에게 무슨 일이 일어나는가?"[12] 그리스도를 따르
는 제자도야 말로 우리의 길임을 강조하고 있는 것이다. 그는 이 길을 걷
기 위해서라면 고난도 기꺼이 받아야 한다고 강조한다.

3. 의미와 영향력

1527년 초에 출판된 후프마이어의 교리문답은 최초의 재세례파 교리
문답으로서 초기 재세례파의 영성과 신학을 충실히 담고 있다는 점에서
그 중요성과 의미가 크다고 할 것이다.[13] 후프마이어(1480/85-1528)는 오
늘날 재세례파 운동에서 중요한 위치를 차지하고 있는 메노나이트의 아버
지인 메노 시몬스(Menno Simons, 1496-1561)보다도 훨씬 초기 재세례파
운동의 입장을 잘 보여주고 있다. 후프마이어에게는 고난받는 집단인 재

---

11 Balthasar Hubmaier, "A Christian Catechism," 162.

12 Balthasar Hubmaier, "A Christian Catechism," 173.

13 Arnold Snyder, "Modern Reality and Anabaptist Spirituality: Balthasar Hubmaier's Catechism of 1526," *The Conrad Grebel Review* 9-1 (Winter 1991), 41.

세례파 공동체의 입문자들에게 자신들의 가르침이 얼마나 성서적이고 복음적인지를 가르쳐야 할 절박한 필요성이 있었다. 박해에도 불구하고 재세례파 공동체에 머물러 있어야 할 명백한 이유를 설명해야 했기 때문이다. 후프마이어의 교리문답은 이런 점들에 대한 강조가 담겨있다.

후프마이어의 교리문답이 재세례파의 중요한 가치들을 담고 있으며, 이것은 현재의 재세례파 공동체에게도 그대로 이어지고 있다는 점에서 그 영향력은 현재형이라고 할 것이다. 그의 교리문답에서 두드러지는 특징을 다시 확인해보자. 첫째로 산 믿음(living faith)에 대한 강조이다. 후프마이어는 주류 종교개혁자들의 '믿음만으로' 혹은 '전가된 의'에 만족하지 않는다. 오히려 은총에 의한 구속 과정의 일부분으로서 살아있는 믿음의 열매가 필요함을 주장한다. 둘째로 후프마이어는 세례를 내면적 세례인 성령세례, 외면적 세례인 물세례, 고난의 세례인 피의 세례로 나누고 있다. 시간적 순서나 중요성에서 가장 앞서는 것은 성령세례이다. 성령의 내면적 세례는 믿음을 낳는다. 믿음에 뒤따르는 것이 외적인 물세례이다. 성령을 통한 내면적 중생과 물의 외면적 증거에 뒤따라오게 되는 것이 고난이라는 피의 세례이다. 셋째로 제자도에 대한 강조이다. 그리스도인들은 새로운 삶을 향해 부름 받았다. 모든 그리스도인들은 자신의 작은 십자가를 지고 주님을 따라야 한다. 우리는 십자가를 기쁨과 인내로 받아들여야 한다. 안락함은 그릇된 영성이며, 고난이야말로 진정한 영성의 표지이다. 제자도는 재세례파 영성에서 핵심요소이다.

후프마이어의 교리문답은 두 부분으로 나누어져 있다. 첫 부분이 하나님에 대한 믿음에 초점이 있다면, 둘째 부분은 이웃에 대한 사랑에 강조가 있다. 첫 부분이 믿음을 고백한 후 받는 세례에 중점이 있다면, 둘째 부분은 사랑의 교제라고 할 수 있는 성만찬에 중심이 있다. 첫 부분이 교리적 질문들을 주로 다루고 있다면, 둘째 부분은 재세례파의 실천의 특징들을 자세하게 다루고 있다. 후프마이어에게는 하나님과 이웃과의 관계를 바르게 하는 것이 모든 그리스도교 가르침의 요체이고 본질이며, 다른 모든 것들은 이 핵심으로부터 나오는 것이다.

III. 루터의 소교리문답(1529)

1. 동기와 배경

마르틴 루터(Martin Luther, 1483-1546)는 1529년 소교리문답과 대교리문답을 동시에 출판하였다. 그는 소교리문답은 일반 신자들이 가정에서 어른과 아이들 모두가 함께 모여서 공부할 수 있도록 의도하였고, 대교리문답은 어른들과 성직자를 염두에 두고 준비하였다. 이처럼 독자층이 달랐기 때문에 분량에 있어서도 차이가 나지만 내용에 있어서도 소교리문답에서는 복잡한 교리적 변증은 다루지 않는다. 본고에서는 분량이 적고 문답형식으로 기술되어 보다 쉽게 이해할 수 있는 그러면서도 대단히 중요한 소교리문답을 중심으로 살펴볼 것이다. 오즈먼트는 루터의 소교리문답이 "종교개혁을 강화시킨 소책자" 중 하나라고 평가하였다.[14] 사실상 루터는 이 책자가 그렇게 사용되기를 원했고, 자신의 소교리문답을 다른 어떤 저작보다 더 주의 깊게 작성하였으며, 이것을 자신의 가장 중요하고 의미 있는 작품 중 하나로 간주하였다. 따라서 루터는 이 교리문답을 공부하기를 거부하거나 경시하는 자들에게는 "음식을 주지 말 뿐만 아니라 개와 같이 쫓기게 하고 배설물을 퍼부어도 마땅하다."고 단언하였다.[15] 소교리문답은 루터의 신학을 이해하고자 하는 사람들에게 출발점이 될 것이며, 루터가 무엇을 본질적인 혹은 비본질적인 교리로 여겼는지를 알기 원하는 사람들에게도 대단히 유용한 자료이다.

루터는 서문의 첫머리에서 무엇보다 먼저 자신이 왜 교리문답을 작성하게 되었는지를 안타까운 마음으로 설명한다. 루터는 1528년 작센 지방의 교회들을 직접 방문하여 돌아보면서 대부분의 그리스도인들이 심지어 목회자들까지도 복음의 핵심이 무엇인지를 전혀 깨닫지 못하고 무지 가운

---

14   Steven Ozment, *The Reformation in the Cities* (New Haven: Yale University Press, 1975), 22.

15   Martin Luther, 지원용 편, "대교리문답서," 『루터선집』 9권 (서울: 컨콜디아사, 1983), 417-18.

데 있는 것을 목격한 후 이들에게 복음의 진리를 쉽고 분명하게 가르칠 필요를 절감하고 교리문답을 준비하였다. "최근에 내가 여러 지역을 방문하면서 목격한 비참한 상황으로 인해 나는 간결하면서도 쉬운 교리문답, 즉 그리스도교 가르침에 대한 진술을 준비하게 되었다."[16] 이와 같이 루터의 교리문답은 대단히 실제적이고 실천적인 동기와 이유에서 시작되었다.

일찍이 호세아 선지자는 "무지가 내 백성을 망하게 한다."(호세아 4:6)며 한탄했다. 루터는 작센 지역의 교회들을 돌아보면서 호세아의 탄식을 절감하였다. 많은 백성들이 십계명도, 사도신조도, 주기도문도 알지 못했다. 더욱이 영적 어두움이 대물림되고 있었다. 충격적이게도 백성들만이 아니라 성직자들도 별로 다르지 않았다. 교회탐방 보고서에 따르면 어떤 성직자는 십계명을 모를 뿐만 아니라 6년 동안 책을 한 번도 펴보지도 않았다. 작센 오버라드라우의 사제는 3년 동안 미사를 한 번도 거행하지 않았다. 또 다른 성직자는 화재로 성서를 잃은 후에 26년 동안 성서 없이 지내기도 했다.[17] 강단과 청중석이 마찬가지였다. 루터는 이 무지를 몰아내고자 교리문답을 작성하였다.

특별히 루터는 소교리문답에서 목회자들과 설교자들의 태만과 나태에 대해 강하게 질책한다. "당신이 감독으로서 부끄럽게도 백성들을 방치하고, 당신의 의무를 이처럼 소홀히 하다가, 그리스도 앞에서 그것에 대해 도대체 어떻게 대답하려고 하는가?"[18] "당신이 그와 같은 엄숙한 훈계를 하지 않거나 가증스러운 법을 백성들에게 부과한다면, 그리하여 백성들이 성례를 모독한다면 그것은 당신 자신의 잘못이다. 당신이 책임을 다하지 못하고 침묵하고 있는데, 어떻게 백성들이 태만하지 않을 수 있단 말인가? 그러니 이것은 모두 목회자요 설교자인 당신들에게 달린 문제이다."[19]

---

16   Martin Luther, "The Small Catechism," *Three Reformation Catechisms*, 181.

17   Arthur H. Drevlow, "The History, Significance, and Application of Luther's Catechisms," *Concordia Journal* 5-5 (September 1979), 172-73.

18   Martin Luther, "The Small Catechism," 181.

19   Martin Luther, "The Small Catechism," 187.

루터는 새로운 프로테스탄트 운동의 중심에 서 있는 목회자들은 중세 로마교회의 목회자들보다 훨씬 더 무겁고 어려운 책임을 맡고 있음을 강조하였다. 목회자와 교사들이 올바른 신앙을 분명히 알고 있지 못하면 교회공동체는 무지에 빠질 수밖에 없으며, 가장(家長)이 확실한 지식과 신앙을 갖지 못한다면 온 식구들은 엉뚱한 사설에 미혹될 수밖에 없다. 루터는 새로운 종교개혁 운동에서 맡은 자의 책임이 얼마나 중한지를 엄중히 말하고 있다.

2. 내용

루터는 1520년 이렇게 말하였다. "누구든지 구원받기를 원한다면 세 가지를 알아야만 한다. 율법은 인간의 질병이 무엇인지 보여준다. 신조는 어디서 약을 구할 수 있는지 알려준다. 주기도문은 그것을 어떻게 찾아 사용해야 하는지를 가르쳐준다."[20] 소교리문답에서 루터는 자신이 말한 이 순서를 따라 서술하고 있다. 그 후에 세례, 고백, 성만찬의 성례에 대해 말하고 있다.

소교리문답은 먼저 율법의 핵심인 십계명을 다루고 있다. 십계명은 출애굽기 20:2-17절(비교 신명기 5:6-21)에 근거하여 설명한다. 아마도 개혁교회와 장로교회 전통에 익숙한 사람들에게는 루터의 십계명 구분이 매우 생소하게 보일 것이다. 왜냐하면 루터의 소교리문답에 나타난 십계명의 구분이 개혁교회의 십계명 순서와 차이가 있기 때문이다. 루터교회와 로마가톨릭교회는 출애굽기 20:3-6절을 첫째 계명으로 간주하고 있으나, 개혁교회는 20:3절을 첫째 계명으로 20:4-6절을 둘째 계명으로 보고 있다. 그리고 루터교회와 로마가톨릭교회는 개혁교회에서 열 번째 계명으로 여기는 20:17절을 둘로 나누어 아홉째와 열째 계명으로 구분하여 생각한다. 반면 유대교는 십계명의 머리말에 해당하는 20:2절을 첫째 계명으로,

---

20   Denis Janz, "Introduction" *Three Reformation Catechisms*, 15.

3–6절을 둘째 계명으로, 17절을 열 번째 계명으로 삼는다. 이처럼 십계명을 구분하는 것에서도 루터교회, 개혁교회, 유대교가 서로 다른 입장을 지니고 있음을 알 수 있다.

루터는 소교리문답에서 율법의 핵심인 십계명의 뜻이 무엇인지를 문답형식을 통해 명확하게 전달하고자 하였다. 흥미로운 것은 십계명의 뜻을 묻는 대답에서 항상 처음에 "우리는 하나님을 두려워하고 사랑해야 (fear and love) 합니다."는 말로 시작한다는 점이다. 이것은 칼뱅이 경건은 하나님에 대한 두려움과 사랑이라고 말한 것과 맥락을 같이 한다.[21] 루터는 특별히 첫 번째 계명에 대한 대답에서만 "우리는 다른 어떤 것보다도 하나님을 두려워하고 사랑하고 신뢰해야(fear, love, and trust) 합니다."라고 말하여 신뢰를 포함시킨다.

다음으로 사도신조를 다룬다. 소교리문답에서 사도신조는 세 개의 질문으로 구성되어 있다. 하나님의 창조(creation), 예수 그리스도의 구속 (redemption), 성령의 성화(sanctification)에 대한 질문이 주어진다. 세 질문에 대한 대답의 마지막은 항상 "이것이 진실로 진리입니다."로 끝을 맺는다. 교리문답에서는 핵심적인 사항들만을 간단한 형식으로 다루기 때문에 크게 차이를 느낄 수 없지만 보다 깊이 들여다보면 신조에 대한 신학적 관점이나 해석도 전통에 따라 차이가 난다. 예를 들어 "그리스도가 음부에 내려가셨다"(He descended into hell)는 구절에 대해 칼뱅은 이것이 그리스도의 마지막 낮아지심에 속하며 영혼의 말할 수 없는 고난이었다고 말하지만, 루터는 이것이 악마를 정복한 그리스도의 승리와 영광의 선포라고 보았다. 칼뱅은 그리스도가 죽은 후 바로 음부에 내려갔다고 했으나, 루터는 그리스도가 살아난 후에 내려갔다고 하였다.[22] 하지만 이와 같은 것이 우리 신앙의 본질적인 내용은 아니기 때문에 교리문답에서는 구체적으로

---

21 John Calvin, *Institutes of the Christian Religion* (1559), ed. John T. McNeill, trans. Ford L. Battles, Library of Christian Classics vols. 20–21 (Philadelphia: The Westminster Press, 1960), I권, 2장, 1절(이후로는 I, 2, 1로 표기한다).

22 지원용, "'음부에 내리신 지'에 대하여," 『루터선집』 9권, 405–408.

다루지를 않는다.

그리고 주기도문이 이어진다. 주기도문은 "하늘에 계신 우리 아버지"라는 서론 부분과 뒤이어 나오는 일곱 가지 간구("아버지의 이름이 거룩하게 하시며," "아버지의 나라가 오게 하시며," "아버지의 뜻이 하늘에서와 같이 땅에서도 이루어지게 하소서," "오늘 우리에게 일용할 양식을 주시고," "우리가 우리에게 잘못한 사람을 용서하여 준 것같이 우리 죄를 용서하여 주시고," "우리를 시험에 빠지지 않게 하시고," "악에서 구하소서.")와 "나라와 권세와 영광이 영원히 아버지의 것입니다."라는 결론 부분으로 구성되어 있다. 루터는 주기도문에서 구하는 "일용할 양식"에 단지 먹을 것만이 아니라 경건한 배우자와 지도자, 훌륭한 정부, 적당한 기후, 선한 친구, 믿을 만한 이웃까지 포함시킨다. 우리의 삶에 필요한 모든 것이 하나님이 허락하시는 "일용할 양식"인 것이다.

소교리문답은 십계명과 사도신조와 주기도문에 이어서 세례의 성례를 다룬다. 루터는 여기에서 세례의 본성, 세례의 유익, 세례의 효력, 물세례의 의미를 묻고 답한다. 세례란 단순한 물이 아니라 하나님의 말씀과 연관된 하나님의 명령에 따른 물의 세례이다.(마 28:19) 세례의 유익은 죄의 용서, 죽음과 마귀로부터 구원, 믿는 자들에게 영원한 생명을 준다.(마 16:16) 세례의 효력은 물이 아니라 하나님의 말씀과 이 말씀에 대한 우리의 신앙이 일으키는 것이다. 말씀이 없으면 물은 물일뿐이지 세례는 아니다. 세례는 은혜로운 생명의 물이며 성령 안에서 중생의 씻음이다.(딛 3:5-7) 물세례의 의미는 옛 사람은 죽고 새 사람이 사는 것이다.(롬 6:4) 이처럼 루터는 성서의 가르침에 근거하여 세례의 본성, 유익, 효력, 의미 등을 제시하고 있다.

마지막으로 성만찬의 성례를 다룬다. 성만찬이란 빵과 포도주 아래(under) 우리에게 주어진 주 예수 그리스도의 참된 몸과 피이다. 성만찬 안에서 죄의 용서, 생명, 구원이 주어진다. 육체적으로(bodily) 먹고 마실 때, "너희를 위하여" "너희 죄 사함을 위하여" 주신 것이라는 말씀을 믿는 사람에게는 죄의 용서가 주어지며 바로 이들이 성만찬을 받기에 합당한 사람들이다. 사용되는 단어들에서 루터의 독특한 성만찬 이해가 장황하지는 않지만 함축적으로 표현되어 있음을 알 수 있다.

루터의 소교리문답에는 십계명, 사도신조, 주기도문, 세례와 성만찬 외에도 다른 것들이 첨부되어 있기도 하다. 먼저 세례와 성만찬의 성례 사이에 "죄의 고백과 사면"을 간략하게 다루고 있다. 그리고 뒷부분에는 교리문답을 가지고 가족들을 이끌고 교육해야 할 가장들을 위하여 "가장이 가르쳐야 할 아침기도와 저녁기도," "가장이 가르쳐야 할 식전기도와 식후기도"가 예로써 제시되어 있다. 그리고 마지막에는 다양한 종류의 직분과 직위를 가진 사람들이 지켜야 할 "의무표"(table of duties)가 제시된다. 이 의무표에는 "감독, 목회자, 설교자의 의무," "교사와 목사에 대한 신자들의 의무," "위정자의 의무," "백성의 의무," "남편, 아내, 부모, 자녀, 주인, 종, 청년, 홀로 된 여인, 신자들의 의무" 등이 제시되어 있다.

3. 의미와 영향력

루터가 소교리문답과 대교리문답을 출판한 해인 1529년은 로마가톨릭과 종교개혁 진영이 첨예하게 대립하던 때였다. 1529년 슈파이어 의회에서 로마교회와 종교개혁 진영의 갈등은 더욱 커졌고 "프로테스탄트"라는 말이 처음 등장한 것도 바로 이 해였다. 뿐만 아니라 1529년 헤센의 필립(Philipp of Hessen)의 요청으로 열린 종교개혁 진영 사이의 회담인 마르부르크 회의도 별다른 결실 없이 루터주의자들과 츠빙글리주의자들의 차이만을 확인하고 끝났다. 이처럼 혼란스럽던 때에 교리문답의 필요성은 더욱 크고 절실했을 것이다.

그렇지만 교리문답의 작성이 단지 상황 때문에 갑작스레 이루어진 것은 아니다. 루터는 교리문답을 작성한 1529년 이전에 이미 십계명과 사도신조와 주기도문에 대한 설교를 여러 차례 반복적으로 하였다. 루터의 동료 요하네스 부겐하겐(Johannes Bugenhagen)도 1년에 4차례 8회 평일의 설교를 통해 교리문답을 가르쳤다. 루터는 1528년에만 5월 18-30일, 9월 14-25일, 11월 30일-12월 19일에 교리문답의 주요 내용들에 관하여 설교하였다.[23] 이것이 1529년 교리문답으로 결실을 맺은 것이다.

루터의 소교리문답은 자신의 교구 안에 있는 어린이들을 가르치려는 목회적 노력의 결과였다. 그는 이 절망적 상태가 개선되려면 변화가 어린이로부터 시작되어야 한다고 믿었다. 목회자와 설교자들이 자신들에게 주어진 의무를 진지하게 받아들이고, 무지한 상태에 있는 백성들을 긍휼히 여겨야만 한다. 어린이가 가정에서 그리고 교회에서 올바른 신앙교육을 받지 못한다면 종교개혁 정신은 대를 이어 연결될 수 없고 결국 하나의 일회적 사건으로 끝나버리고 말 것이다. 종교개혁의 영속적인 성공을 위해서도 루터에게 교리문답은 너무도 중요하였다. 그렇기 때문에 루터는 『노예의지론』과 더불어 교리문답을 자신의 가장 중요한 저술이라고 말했다. 그는 자신의 다른 작품들은 없어지더라도 이 두 가지만은 남기를 바랐다.

IV. 칼뱅의 제네바교리문답
(제1차 1537/1538, 제2차 1542/1545)

1. 동기와 배경

1) 제1차 제네바교리문답이 나오기까지

칼뱅(Jean Calvin, 1509-1564)이 제네바에서 교회개혁을 추구하면서 감당해야만 했던 여러 가지 중요한 일들 가운데 한 가지가 바로 종교개혁 정신을 계속적으로 이어가기 위한 올바른 교리문답 교육이었다. 칼뱅이

---

23 Arthur H. Drevlow, "The History, Significance, and Application of Luther's Catechisms," 174. 그리고 Arthur Drevlow, "How Luther Wanted the Catechism Used," *Concordia Journal* 7-4 (July 1981), 153.

1536년 8월 한여름 제네바에 처음 도착했을 때, 제네바는 막 프로테스탄트 도시로 전환하여 새롭게 출발하고 있었다. 1536년 5월 21일 제네바가 시민총회에서 프로테스탄트 도시가 되기로 천명한 후 그곳에서는 기욤 파렐(Guillaume Farel)이 제네바 교회개혁 운동을 이끌고 있었다. 파렐은 바로 이런 시점에 젊은 칼뱅이 제네바에 들린 것이 결코 우연이아니라 여겼고, 칼뱅을 협박하고 회유하여 제네바 교회개혁 운동에 동참하도록 만들었다. 이렇게 하여 제네바는 칼뱅에게 운명의 도시가 되었다.

칼뱅과 파렐은 제네바가 프로테스탄트 신앙에 선 하나님의 도시가 되고, 제네바 교회가 질서 잡힌 교회가 되기 위해서는 세 가지가 필요하다고 생각했다. 첫째는 바른 신앙고백이다. 칼뱅과 파렐은 이전 로마가톨릭교회와는 다른 바른 신앙의 고백이 필요하다고 주장하였고, 그리하여 21개 조항으로 이루어진 제네바신앙고백을 작성하여 1536년 11월 10일 의회에 제출하였다. 그리고 제네바의 시민들이 이 신앙고백에 모두 서명해야 한다고 주장하였다. 상당한 반대가 뒤따랐다. 칼뱅과 파렐이 모두 프랑스인이라는 점을 고려한다면, 스위스 제네바의 토착세력들에게는 이들이 못마땅했을 것이 분명하고, 이들의 요구에 저항하는 사람들이 있었으리라는 것은 충분히 짐작할 수 있다. 논란이 있었지만 신앙고백은 결국 의회의 비준을 받았다.

둘째는 교회헌법이다. 칼뱅은 1537년 1월 16일에 "제네바의 교회와 예배의 조직에 관한 조항들"(Articles Concerning the Organization of the Church and of Worship at Geneva)을 의회에 제출하였다. 이번에는 이전보다 더 큰 저항에 부딪혔기 때문에, 몇몇 주제들에 대해서는 칼뱅도 타협해야만 했다. 칼뱅은 매주 성만찬을 해야 한다고 요구했으나 거절되었고, 교회가 권징의 권한을 가져야 한다는 요구나 결혼 문제를 다룰 위원회를 설치하자는 요구도 받아들여지지 않았다. 칼뱅이 원하는 내용들은 이후 칼뱅이 다시 제네바로 돌아온 후에 작성된 1541년과 1561년 교회헌법에 반영되었다.

셋째는 교리문답이다. 칼뱅은 교회의 신앙과 생활을 위해서 새로운 프로테스탄트 복음주의 신앙의 간략한 요약이 필요하다고 확신하였다. 칼뱅은 이미 1536년 바젤에서『기독교강요』초판을 발행하였다. 하지만 이것은 너무 길고 내용도 다소 어렵기 때문에 평신도들, 특별히 젊은이를 위한 새로운 작업이 필요했다. 따라서『기독교강요』초판의 핵심 내용을 요약적으로 정리하여 1537년 초에 제1차 제네바교리문답이 프랑스어로 출판되었다. 그리고 다음해인 1538년에 라틴어로 번역하여 출판하였다. 제1차 제네바교리문답을 라틴어로 번역한 것은 이것이 단지 프랑스나 제네바와 같이 프랑스어를 사용하는 지역에서뿐만 아니라 보다 폭넓은 지역에서 사용되기를 바라는 마음에서였다. 이것은 제네바교리문답의 라틴어판 제목에도 잘 드러난다. "교리문답 혹은 그리스도교 종교의 강요, 최근 복음으로 새롭게 탄생한 제네바교회의 전적인 승인을 통해 받아들여졌고, 이전에 프랑스어로 출판되었지만 신앙의 진정성이 각처에 있는 다른 교회들에게도 드러나도록 하기 위해 이제 라틴어로 출판됨."[24] 칼뱅은 이 교리문답서 교육을 통해 복음주의 신앙의 핵심이 대를 이어 전달되기를 원했다.

2) 제1차 제네바교리문답에서 제2차 제네바교리문답까지

칼뱅과 파렐의 야심찬 제네바 교회개혁의 청사진은 불행하게도 충분하게 실현되지를 못했다. 오히려 개혁자들을 반대하는 토착세력들의 목소리가 힘을 얻었고, 제네바의 정치적 독립에 영향을 미쳤던 베른의 입김까지 더해져 결국 두 사람은 1538년 4월 제네바에서 쫓겨나고 말았다. 하지만 제네바의 정치적·종교적 상황의 변화로 인해 제네바 의회는 당시 스트라스부르에 머물고 있던 칼뱅을 다시 초청하게 된다. 칼뱅은 제네바로 돌아가기를 꺼렸으나 여러 동료 개혁자들의 간곡한 권유와 제네바 교회를 향한 불타는 마음 때문에 1541년 제네바의 초청을 받아들인다. 제네바로

---

24 1537년 프랑스어판은 Paul T. Fuhrmann에 의해 *Instruction in Faith*라는 제목으로 영역되었고, 1538년 라틴어판은 Ford L. Battles에 의해 *Catechism or Institute of Christian Religion*이란 제목으로 영역되었다.

귀환한 칼뱅은 3년 전에 마무리하지 못했던 사역들, 교회헌법을 만들고, 새로운 교리문답을 작성하는 일에 곧바로 착수하였다.

칼뱅은 제1차 제네바교리문답(프랑스어 1537, 라틴어 1538)이 어린이들에게는 여전히 너무 어렵다고 판단했고, 따라서 이번에는 주제별 접근보다는 전통적인 문답 형식을 따라 제2차 제네바교리문답(프랑스어 1542, 라틴어 1545)을 작성하였다. 그렇다면 제1차 교리문답과 제2차 교리문답의 차이점은 무엇일까? 제1차 교리문답이 33개 주제별 항목으로 제시된 데 반해서, 제2차 교리문답은 55장 373개의 질문과 대답 형식으로 이루어져 있다. 제1차 교리문답은 루터의 소교리문답처럼 율법, 사도신조, 주기도, 성례의 순서를 따르고 있지만, 제2차 교리문답은 사도신조에 근거한 신앙, 율법, 주기도, 성례의 순서로 전개된다. 이것은 『기독교강요』의 구조변화와 관련되어 있다. 제1차 교리문답에는 13번째 항목에서 선택과 예정에 대해 논하고 있지만, 제2차 교리문답에서는 이 교리에 대한 설명이 나타나지 않는다. 또한 제1차 교리문답에서 다루어진 인간(4항), 인간적 전통(31항), 교회에서의 출교(32항), 권력자들(33항) 등과 같은 신학적 주제들 역시 제2차 교리문답에서는 "배경 속으로 물러나고 거의 언급되지 않는다."[25] 이처럼 제1차와 제2차 교리문답 사이에는 구조적인 측면에서뿐만 아니라 내용적인 면에서도 어느 정도의 차이가 나타난다.

칼뱅에 의해 제2차 제네바교리문답이 작성됨으로 말미암아 제1차 교리문답은 사실상 우리에게 거의 잊혔다. 그러나 오늘날 많은 칼뱅 연구자들은 제1차 교리문답이 나름의 중요한 의의를 가진다고 평가하고 있다. 영어 『기독교강요』의 편집자인 맥닐(John T. McNeill)은 제1차 교리문답을 "『기독교강요』의 중심적 가르침에 대한 탁월한 요약"이라 말하고, "이 저술은 응축되고 간결하게 표현된 걸작이며, 칼뱅의 가르침의 열쇠로서 탁

---

25 Mattias Freudenberg, "Catechisms," *The Calvin Handbook*, ed. Herman Selderhuis, 김귀탁 옮김, 『칼빈핸드북』 (서울: 부흥과개혁사, 2013), 421. 그리고 황대우, "하나님의 영광과 인생의 위로: 제2제네바 신앙교육서 1-15문답과 하이델베르크 신앙교육서 1-22문답 비교연구," 『개혁논총』 29 (2014), 245-75도 참고하라.

월하다."고 평가한다.[26] 프랑스어판 교리문답의 영어 번역자인 푸르만
(Paul T. Fuhrmann)도 제1차 교리문답의 가치와 의의에 대해 다음과 같이
강조하고 있다.

> 제1차 교리문답은 칼뱅을 이해하는 데 큰 도움이 된다. 왜냐하면 이것
> 은 그의 경건의 가장 초기의, 기본적인, 확고한 핵심을 제시하고 있기
> 때문이다. 이 열쇠를 가지고 우리는 이제 초기 개혁교회의 성소를 열
> 수 있고, 그 단순한 아름다움과 강력한 힘을 볼 수 있다. … 더욱이 독
> 자들은 이 교리문답의 사상이 분명하고 명확하다는 것을 알게 될 것이
> 며, 유감스럽지만 오늘날의 프로테스탄트주의에는 결여된 좋은 특성
> 들을 발견하게 될 것이다. 다시 말해 오늘날의 흐릿하고 냉랭한 신앙
> 과는 대조적으로 그 당시의 프로테스탄트 신앙은 지성을 밝히고 마음
> 을 뜨겁게 하는 것이었음을 발견하게 될 것이다.[27]

라틴어판 교리문답의 영어 번역자인 배틀즈(Ford. L. Battles)에게도 제
1차 교리문답은 이것이 『기독교강요』 초판(1536)과 2판(1539) 사이에 위치
하고 있다는 사실 때문에 중요성을 갖는다. 제1차 교리문답은 칼뱅의 사상
에 대한 간략하며, 분명하고, 간명한 요약일 뿐만 아니라, 젊은 칼뱅의 사
상의 발전을 추적할 수 있는 중요한 길잡이가 된다.

그럼에도 불구하고 보다 널리 쓰이고 활용된 칼뱅의 교리문답서는 제
2차 제네바교리문답서이다. 1541년 칼뱅이 스트라스부르에서 제네바로
돌아왔을 때, 그는 1537년 제1차 교리문답을 보다 확장시키고 문답형식으
로 다시 정리하여 1542년(혹은 1541년 말)에 제2차 제네바교리문답을 출판
하였다. 주된 목적은 초대교회의 교리문답 교육을 회복하여, 그 가르침을

26 John T. McNeill, *The History and Character of Calvinism* (New York: Oxford University Press, 1954), 140.

27 I. John Hesselink, *Calvin's First Catechism: A Commentary* (Louisville: Westminster John Knox Press, 1997), 41.

10-15세의 어린이들 눈높이에 맞도록 제시하고, 또한 모든 성도들이 한분 그리스도의 진리 안에서 연합되어 한 몸과 한 성령 안에서 함께 성장하여 신앙의 핵심을 한 입으로 고백하도록 하기 위함이었다. 칼뱅은 1545년 보다 많은 교회들이 읽을 수 있도록 이 교리문답을 라틴어로 출판하였는데 각 나라에 흩어져 있는 교회들 사이에 거룩한 친교를 지키고, 교회들이 신앙에 있어서 일치를 표현할 수 있도록 돕기 위함이었다. 이것은 이후 개혁교회 교리문답 교육의 기초가 되었다.

2. 내용

칼뱅은 제네바교리문답의 서문인 "독자들에게 드리는 글"에서 이 글의 작성 동기가 "어린이들을 그리스도교 교리로 올바로 키우는 것"[28]임을 밝히고 있다. 칼뱅은 이 목표를 달성하기 위해서는 가정, 학교, 교회에서 부지런히 교리문답을 가르쳐야 한다고 말한다. 또 다른 서문인 "동 프리시아에서 복음의 순수한 가르침을 선포하는 그리스도의 신실한 종들에게"라는 글에서 칼뱅은 이 교리문답의 목적이 "신앙의 일치가 우리 가운데서 빛나도록 하기 위함"[29]이라고 밝힌다. 칼뱅은 "이와 같이 혼란하고 분열된 그리스도 교계에서, 공간적으로는 널리 흩어져 있을지라도 그리스도교 교리에서 일치하는 교회들이 상호 인정할 수 있는 공적 증언을 가지는 것이 유용하다."고 주장한다.[30] 칼뱅은 동일한 교리문답을 사용하는 것이야말로 "그리스도교 친교의 엄숙한 상징"이라고 말한다.[31] 이처럼 제네바교리문답은 어린이들을 교육할 필요성뿐만 아니라 개혁교회의 보편적 일치를 위해서도 실제적으로 필요한 것이었다.

---

28 "The Catechism of the Church of Geneva," *Calvin: Theological Treatises*, trans. J. K. S. Reid (Philadelphia: Westminster Press, 1954), 88.

29 "The Catechism of the Church of Geneva," 88.

30 "The Catechism of the Church of Geneva," 89.

31 "The Catechism of the Church of Geneva," 90.

제2차 제네바교리문답은 전체가 55장 373문항으로 이루어져 있다. 칼뱅은 한 주에 한 장씩 교리문답을 배우고, 익히고, 암송하도록 구성하였다. 교리문답은 크게 네 부분으로 나눌 수 있는데, 먼저 신앙에 관한 부분은 21장 130문항까지로 사도신조의 내용을, 율법에 관한 부분은 21장 131문항부터 33장 232문항으로 십계명의 내용을, 기도에 관한 부분은 33장 233문항부터 44장 295문항으로 주기도문의 내용을, 성례전에 관한 부분은 44장 296문항부터 55장 373문항까지 말씀과 성례전(세례와 성찬)의 내용을 다루고 있다.[32]

신앙과 관한 부분에서 칼뱅은 제일 먼저 1항에서 인생의 주된 목적이 무엇인지를 묻고 창조주 하나님을 아는 것이라고 대답한다. 그리고 2항에서 우리 인간은 하나님의 영광을 위해 사는 것이 마땅하다고 말한다. 칼뱅은 인간이 하나님을 알 때 하나님을 전적으로 신뢰할 수 있다고 말한다. 그리고 하나님을 아는 지식의 요점을 담고 있는 사도신조에 대해 질문과 대답을 이어간다. 하나님, 그리스도, 성령, 교회와 거룩한 은총에 대해 요점적으로 정리하고 있다. 그리고 18-20장에서 믿음과 행위의 관계에 대한 자세한 문답을 덧붙임으로써 프로테스탄트의 이신칭의(以信稱義) 교리를 옹호한다.

율법에 관한 부분에서는 십계명을 다루고 있다. 먼저 칼뱅은 십계명을 하나님에 대한 경건의 의무를 규정한 1-4계명과 인간관계의 의무를 규정한 5-10계명으로 구분되어 있음을 밝힌다. 그런 다음 십계명의 핵심적 내용과 의미를 질문과 대답 형식으로 밝히고 있다. 이미 앞에서 언급했듯이 루터의 소교리문답과 비교할 때 내용상의 차이보다는 구조상의 차이가 눈에 띈다. 이런 까닭에 개혁교회는 루터교회와는 다른 십계명의 분류를 갖게 되었다. 칼뱅은 결론적으로 율법이란 하나님 사랑과 이웃 사랑이라고 강조한다. 그리고 율법은 우리가 율법으로부터는 의를 얻을 수 없음을 깨

---

32 테오도르 베즈는 마지막 성례전 부분을 나누어서 296문항부터 308문항을 말씀에 관한 부분으로, 309문항부터 373문항을 성례전에 관한 부분으로 구분하고 있다.

닫고 겸손하게 그리스도 안에서 구원을 구하도록 이끄는 역할을 한다고 덧붙이고 있다.

기도에 관한 부분에서 칼뱅은 기도는 하나님께만 바칠 수 있는 것이지 천사나 성인들에게 돌려서는 안 된다고 말함으로써 로마가톨릭교회의 천사숭배와 성인숭배를 비판하고 있다. 또한 칼뱅은 기도할 때 자신도 이해할 수 없는 낯선 언어로 기도하는 것은 위선일 뿐만 아니라 하나님을 우롱하는 것이라고 말함으로써 평신도들이 이해할 수 없는 라틴어로 중얼거리는 로마가톨릭의 기도 습관을 비판하고 있다. 그러면서 참된 기도의 모범으로 주기도문을 제시한다. 칼뱅은 주기도문이 여섯 부분으로 나누어져 있으며, 앞의 세 부분은 하나님의 영광과 관계되며, 뒤의 세 부분은 우리의 유익과 관계된다고 가르친다.

말씀과 성례전(세례와 성만찬)에 관한 부분에서 하나님의 은총의 방편인 말씀과 성례전에 대해 말하고 있다. 칼뱅은 여기서 재세례파에 반대하여 유아세례를 옹호한다. 그는 믿음이 반드시 세례에 앞서야 하는 것은 아니며, 유아세례를 무조건 반대하는 것은 하나님의 은총을 제한하고 축소하는 것이라고 반박한다. 또한 로마가톨릭의 희생제사로서의 미사에 반대하고, 빵만 주는 일종배찬(one kind distribution)을 비판하고 빵과 포두주 모두를 베푸는 이종배찬(two kinds distribution)을 주장한다. 또한 성만찬에서 성령의 비밀스러운 능력을 강조함으로써 육체적임재설이 아닌 영적임재설을 옹호한다. 그리고 성만찬은 정당하게 직무를 위임받은 사람이 집례해야 하며, 모든 그리스도인은 자신을 점검한 후 합당하게(worthy) 성만찬에 참여해야 함을 덧붙인다.

3. 의미와 영향력

칼뱅은 1548년 10월 22일 잉글랜드 서머싯 공작인 에드워드 시모어 (Edward Seymour)에게 보내는 편지에서 "각하시여, 하나님의 교회는 교리문답 없이는 결코 보존되지 못하리라는 것을 믿으시기 바랍니다. 왜냐하

면 그것은 좋은 알곡이 소멸되지 않고 영원히 번식하도록 지켜주는 종자
와 같기 때문입니다."³³ 라고 말하고 있다. 칼뱅은 교리문답이 참된 교회의
보존과 신앙의 대 잇기를 위한 씨앗과 같다는 사실을 분명하게 알고 있었
다. 프로테스탄트 신앙을 담은 교리문답이 없다면 종교개혁은 그저 일회
성 사건으로 끝나 버릴 수도 있다. 프로테스탄트 신앙의 요점이 대를 이어
전해지고 그 신앙에 기초한 참된 교회가 서기 위해서는 어린이와 청소년
들에게 교리문답을 가르치는 것이 절대적으로 필요하였다. 그렇기 때문에
칼뱅은 제네바에 처음 도착했을 때나 다시 귀환했을 때 가장 먼저 교리문
답을 작성하는 일을 했던 것이다. 칼뱅은 1541년과 1561년 제네바 교회헌
법 모두에서 어린이들은 매 주일 정오에 교회에서 교리문답을 배우도록
규정하고 있다.³⁴

   칼뱅의 제네바교리문답은 이후에 나타나는 다양한 개혁교회의 신앙고
백과 교리문답을 위한 하나의 표준 역할을 하였다. 프랑스, 스코틀랜드,
네덜란드, 독일, 잉글랜드에 이르기까지 개혁전통이 전해지는 곳에는 어
디서든지 각자의 상황에 맞는 교리문답이 작성되었는데 그때 가장 중요한
준거가 바로 제네바교리문답이었다. 오늘날 한국에서는 하이델베르크교
리문답이나 웨스트민스터교리문답이 더 널리 알려져 있기는 하지만 그 뿌
리에는 제네바교리문답이 자리하고 있다.

---

33   Jules Bonnet ed., *Letters of John Calvin*, Vol. II (New York: Burt Franklin, rep. 1972), 191. "Be-
lieve me, Monseigneur, the Church of God will never preserve itself without a Catechism, for
it is like the seed to keep the good grain from dying out, and causing it to multiply from age to
age."

34   1541년 교회헌법의 규정에 대해서는 박경수 · 황정욱 옮김, 『칼뱅: 신학논문들』 (서울: 두란노아카
데미, 2011), 84쪽을 보고, 1561년 교회헌법의 규정을 위해서는 박건택 옮김, 『칼뱅작품선집 VII』
(서울: 총신대학교출판부, 2011), 670-71을 참고하라.

V. 결론

필자는 16세기 프로테스탄트 종교개혁을 통해 형성된 개신교의 세 흐름을 대표할 만한 세 교리문답을 살펴보았다. 후프마이어의 교리문답, 루터의 소교리문답, 칼뱅의 제네바교리문답은 재세례파, 루터파, 개혁파 전통을 대표하는 신앙교육서이다. 세 교리문답은 모두 로마가톨릭의 잘못된 신학과 영성을 비판한다는 점에서 공통점을 지니지만 서로 간에 차이점도 가지고 있다.

먼저 후프마이어의 교리문답과 루터나 칼뱅의 교리문답은 구조에서 차이가 있다. 루터와 칼뱅은 교리문답의 전통적인 형식을 따라 율법, 사도신조, 주기도, 말씀과 성례를 다루고 있다. 물론 루터와 칼뱅의 교리문답에서 이런 전통적 주제들을 다루는 순서가 약간 차이가 나기는 한다. 루터는 율법, 신조, 기도, 성례의 순서로 다루고 있는 반면, 칼뱅은 제1차 교리문답에서는 루터와 동일하지만 2차 교리문답에서는 신조, 율법, 기도, 말씀과 성례의 순서로 변경이 일어난다. 칼뱅의 제1차와 제2차 교리문답의 순서가 바뀐 것은 자신의 『기독교강요』를 개정하면서 순서를 재배치하는 것과 연관되어 발생한 변경으로 보인다. 그럼에도 불구하고 교리문답에서 다루고 있는 중요한 주제와 형식은 동일하다. 하지만 후프마이어의 교리문답은 전통적인 형식을 따르지 않고 두 부분으로 구성되어 있다. 첫 번째 부분은 후프마이어가 인간과 하나님의 관계에 대한 상징(신앙)으로서 이해한 세례에 중점을 두고, 두 번째 부분은 후프마이어가 인간과 이웃의 관계에 대한 상징(사랑)으로서 이해한 성만찬에 중점을 둔다. 그는 교리문답을 통해 재세례파의 신앙과 사랑, 믿음과 실천, 세례와 성만찬의 의미를 가르치고자 하였다.

다음으로 세 교리문답 사이에는 강조점의 차이도 있다. 후프마이어는 믿음의 고백을 한 후에 받는 신자의 세례에 대해 길게 설명하며, 후에 은총, 자유의지, 이웃을 향한 사랑의 실천에 대해서 기술한다. 그에 비해 루터나 칼뱅은 값없이 베푸신 그리스도의 은총을 강조하면서도 동시에 은총과 행위 사이에서 균형을 유지하려고 노력한다. 어쩌면 각자의 신학과 신앙에 따라 강조점이 다르게 표현된 것이다.

그리고 세 교리문답의 내용적 관점에서 후프마이어의 교리문답보다 루터나 칼뱅의 교리문답이 보다 쉽고 더욱 대중적이다. 루터나 칼뱅의 교리문답은 어떤 주제에 대해 후프마이어와 달리 신학적 논쟁을 벌이지 않는다. 루터나 칼뱅의 교리문답은 후프마이어의 교리문답보다 청중인 어린이와 청소년들을 더 염두에 두었다. 하지만 후프마이어의 경우 로마가톨릭과 주류 종교개혁자들의 공격에서 스스로를 변호해야만 하는 상황으로 인해 더 변증적이고 논쟁적일 수밖에 없었을 것이다.

교리문답이란 질문과 대답의 형식을 통해 그리스도교 신앙을 고백하도록 하는 교육법이다. 문답식 교육방식은 이미 소크라테스에 의해 사용되었으며, 그리스도교 전통에서도 아우구스티누스, 안셀무스, 에라스무스와 같은 사람들에 의해 애용되었다. 초대교회 시기에는 교리문답을 담당하여 가르치는 교리문답교사(catechist)가 따로 있었다. 후프마이어, 루터, 칼뱅, 녹스와 같은 종교개혁자들 또한 교리문답을 만들어서 신앙교육을 실시하였다. 물론 교리문답에는 약점이 있다. 그리스도교 구속사에 있어서 중요한 가르침들을 선택하여 다루고 있기 때문에, 이스라엘의 전체 구속사, 역사적 예수 그리스도의 전체 삶, 오순절 성령세례와 교회의 탄생과 전개과정이라는 하나님의 구속사 과정 전체를 반영하고 있지는 못하다. 자연스럽게 무시되고 간과되는 수많은 이야기들이 생긴다. 자칫하면 단순화(oversimplification)의 오류나 생략(omission)의 함정에 빠질 수 있는 것이다. 그렇기 때문에 교리문답만을 신앙교육의 전부로 삼아서는 안 된다. 그렇지만 이러한 교리문답의 약점에도 불구하고 교리문답 교육은 우리에게 꼭 필요할 뿐만 아니라 대단히 유익하다.

프로테스탄트 교리문답은 프로테스탄트 신자들이 자기 정체성을 확립하도록 해주며, 바로 알고 바로 믿고 바로 살도록 인도하는 나침반의 역할을 하고, 교회의 구성원들이 동일한 꿈과 비전을 가진 진정한 공동체가 되도록 결속시켜 준다. 이처럼 교리문답은 그리스도를 위해 군병으로 소집을 받은 신자들이 반드시 갖추어야 할 최소한의 무장이다. 교리문답 교육은 일종의 적응(accommodation)이다. 하나님께서 인간을 구원하시기 위해 인간의 수준에 맞추어 자신을 적응시키시듯이, 교사는 학생들의 눈높이에 맞추어 교육해야만 한다. 교리문답 교육은 신앙의 대 잇기이다. 종교개혁의 신앙이 대를 이어 연결되기 위해서는 교리문답을 통한 신앙의 전승이 중요하다. 이것이 잘못되면 교회의 미래가 어두워진다. 교리문답 교육은 그리스도인들의 신앙의 일치를 확립하는 수단이다. 동일한 공동체의 지체들이 같은 신앙으로 연결되고 이어지기 위해서 교리문답은 필수적이다. 물론 각 공동체가 각자의 교리문답을 채택할 수 있는 다양성을 충분히 인정해야 하지만 말이다.

이제 우리는 오랫동안 잃어버리고 지냈던 종교개혁 고백의 진수인 교리문답 교육을 회복할 때이다. 급격한 시류의 변화와 거친 탁류가 흐르는 이 시대에 우리 신앙의 순수성을 지키고자 한다면 우리는 교리문답 교육이라는 닻을 내려야 할 것이다. 목회자들도 종교개혁의 유산인 교리문답을 설교로 바꾸어 전하는 도전을 해보고, 교사들도 어린이들의 눈높이에서 교리문답 교육을 실시해 보자. 다시 시작하자면 쉽지는 않겠지만 꾸준히 그리고 차근차근, 일방통행이 아닌 쌍방소통의 방법으로, 말과 노래와 연극과 같은 다양한 방식으로 교리문답 교육을 시도해 볼 것을 제안한다.

제 12 장

아빌라의 테레사의 통전적 영성:
"많이 기도하는 것은 많이 사랑하는 것입니다."

* 본 글은 *Korean Journal of Christian Studies*, vol. 63 (2009), 117-34쪽에 게재된
  필자의 영어 논문을 번역하고 보완한 것입니다.

I. 서론

오늘날 그리스도교 교회와 신학에서 영성이 다시 중요한 화두로 떠올랐다. 많은 신학자들과 교회사학자들이 영성의 진정한 특징을 찾기 위해 과거의 영적 전통과 대화를 시도하고 있다.[1] 많은 영성가들 가운데 로마가톨릭과 프로테스탄트 모두에게 참된 영성의 본보기로 받아들여지고 있는 16세기 한 여성이 있는데, 그가 바로 흔히 아빌라의 테라사(Teresa of Avila)로 알려진 테레사 데 세페다 이 아우마다(Teresa de Cepeda y Ahumada, 1515-1582)로 흔히 예수의 테레사(Teresa of Jesus)라고도 불린다.

참된 영성은 관상과 행동 모두를 포괄하는 것이어야 한다. 진정한 기도는 실천적 행동과 분리될 수 없다. 이런 관점에서 볼 때 아빌라의 테레사는 매력적인 인물이다. 테레사는 카르멜 수도회의 개혁자로서 여성들을 위해 15개의 수도원을 창설하였고 남성들을 위해서도 2개의 수도원을 세웠는데 이를 '맨발의 카르멜회'라고 부른다.[2] 동시에 그녀는 영성가로서 소위 '영적 결혼'을 경험하고, 이것을 기도생활의 다양한 단계로 풀어 학문적

---

[1] Maria Teresa Porcile, "Solitude and Solidarity," *Ecumenical Review* 38-1 (January 1986), 37.

[2] "맨발이라는 용어는 문자 그대로 신발을 신지 않았다는 뜻이다. 다른 개혁그룹과 마찬가지로 테레사의 수녀들과 수사들은 가난한 그리스도와의 동일시의 표시로 맨발로 다니거나 샌들을 신는 금욕적 관습을 채택하였다. 당시 좋은 신발은 사치로 여겨졌기 때문이다." Steven Payne, "The Tradition of Prayer in Teresa and John of the Cross," *Spiritual Traditions for the Contemporary Church*, ed., by Robin Maas and Gabriel O'Donnell (Nashville: Abingdon Press, 1990), note 10, 257.

으로 설명하였다. 테레사는 신비적 관상과 예언적 행동이 함께할 수 있음을 보여줌으로써 바람직한 영성이 어떤 모습인지를 제시하였다.[3]

본 논문의 목적은 개혁자인 동시에 신비가인 테레사의 통전적 영성을 탐구하는 것이다. 테레사의 영성은 기도와 행동 모두를 포괄하는 진정한 영성을 찾는 오늘날의 그리스도인들에게 좋은 본보기를 제시해 준다. 필자는 먼저 테레사의 생애와 그녀가 살았던 시대의 사회적이며 종교적인 상황을 살펴볼 것이다. 이것은 개혁자인 동시에 신비가로서의 테레사의 특징이 16세기 스페인이라는 구체적 맥락 안에서만 잘 설명될 수 있기 때문이다. 그 후에 필자는 수도원 개혁자로서의 테레사의 영성과 신비주의자로서 그녀가 전해준 기도에 대한 가르침을 검토할 것이다. 테레사에게 기도는 선행과 통합되어야 하고, 신비적 경험은 이웃을 위한 사랑으로 표현되어야 한다. 참된 그리스도교적 영성과 신비주의를 회복하기 위해서라도 균형 잡힌 테레사의 통전적 영성은 탐구할 만한 충분한 가치가 있다.

II. 아빌라의 테레사의 생애와 역사적 배경

1. 생애

테레사는 1515년 3월 28일 스페인의 카스티야 지역에 속한 아빌라에서 태어났다. 테레사는 아버지 알론소(Alonso de Cepeda)의 둘째 부인이었던 어머니 베아트리체(Beatríz de Ahumada)의 9남매 중 셋째로 태어났다. 테레사에게는 아버지의 첫째 부인으로부터 태어난 세 명의 이복 형제자매

---

3   C. G. Thorne, "Teresa of Avila," *The New International Dictionary of the Christian Church*, ed. by J. D. Douglas (Grand Rapids: Zondervan Publishing House, 1978), 959.

들이 있었다. 따라서 테레사는 12남매 가운데 다섯째였다.[4]

테레사의 나이 20살이던 1535년 그녀는 아빌라에 있는 카르멜 수도원에 수녀로 입문하였다. 수도원에서의 처음 생활에서 테레사는 기도생활의 기쁨에 눈뜨기 시작했다. 하지만 1539년 테레사는 심각한 병으로 인해 거의 죽음 직전에까지 가는 경험을 하게 된다. 그녀는 3년 동안 극심한 고통과 마비 증세를 겪었다. 비록 테레사가 종교적 생활을 사랑했고 때때로 거룩한 환상과 계시를 보기도 했지만, 그녀는 기도생활에 전적으로 전념할 수 없었고 회심의 경험을 하지도 못했다.[5]

1555년이 되어서야 테레사는 강렬한 회심의 체험을 하였다. 테레사는 고난 받는 그리스도의 상(像) 앞에 섰을 때 그리고 아우구스티누스의『고백록』을 읽으면서 결정적인 전환을 경험하였다.[6] 이때부터 죽을 때까지 테레사는 기도생활에 몰두하며 그 깊이를 더해갔다. 그러나 테레사는 수도원 안에서 자신이 기도생활에 전념하기 어렵다는 것을 깨달았다. 테레사가 볼 때 카르멜 수도원은 본래의 규율에서 벗어나서 너무 세속화되었기 때문에 수도원의 변화가 반드시 필요하다고 생각하고 개혁을 시도하였다. 강력한 반대와 수많은 장애에도 불구하고 테레사는 1562년 가난(poverty), 평등(equality), 초연(detachment), 봉쇄(enclosure), 자율(autonomy)의 원칙 하에 성 요셉 수도원을 새롭게 창설하였다.[7]

테레사의 생애 마지막 20년 동안 그녀는 17개의 새로운 수도원들을 스페인 땅에 세웠다. 그녀는 참으로 열정적인 수도원 개혁가였다. 더욱이 테레사는『자서전』(*Life of Teresa of Jesus*),『완덕의 길』(*Way of Perfection*),『수도원의 설립』(*Book of Foundations*),『영혼의 성』(*Interior Castle*) 같은 네

4　Teresa of Jesus, *The Life of Teresa of Jesus*, tr. and ed. by E. Allison Peers (New York: Image Books, 1960), Chapter I, 65-66.

5　Mary Frohlich, *The Intersubjectivity of the Mystic: A Study of Teresa of Avila's Interior Castle* (Atlanta: Scholars Press, 1993), 159-60.

6　Teresa of Jesus, *The Life of Teresa of Jesus*, Chapter IX, 114-18.

7　Jodi Bilinkoff, "The Social Meaning of Religious Reform: The Case of St. Teresa and Avila," *Archiv für Reformationsgeschichte*, vol. 79 (1988), 349-51.

권의 책을 집필하였고, 시, 묵상, 권면을 비롯한 많은 소품들과 440여 통에 이르는 편지를 남겼다. 테레사는 스페인의 황금시기를 살았던 탁월한 작가였다.[8] 1582년 10월 4일 테레사는 "아가서의 구절들을 암송하면서 그리고 자신이 교회의 딸로 살아온 것에 대해 하나님께 감사하면서" 숨을 거두었다.[9]

테레사는 로마가톨릭교회에 의해 1614년 4월 24일 복자(福者)로, 1622년 3월 12일에는 성인(聖人)으로 추앙되었다. 그리고 1970년 9월 27일 교황 바오로 6세는 아빌라의 테레사를 여성으로서는 역사상 처음으로 로마가톨릭교회 최고의 영예인 '교회박사'(Doctor of the Church)[10]로 승인하였다. 교회박사란 로마가톨릭교회에서 성인들 가운데서 로마교회의 신학적 기초를 형성하는 데 결정적 공헌을 한 사람들에게만 수여되는 최고의 칭호이다. 테레사는 16세기 이후로 언제나 교회의 좋은 교사로 인정을 받아왔지만, 1970년에 이르러서는 그녀의 기도에 대한 가르침이 로마가톨릭교회의 영성과 신학에 결정적 영향을 미쳤음을 공인받게 된 것이다.

2. 테레사의 사회적 · 종교적 배경

테레사의 영성은 그녀의 독특한 배경과 분리하여 이해될 수 없다. 테레사의 할아버지와 아버지는 유대인으로서 로마가톨릭 교인으로 돌아선 '개종인'(converso)이었다. 테레사는 '여성'이었고 카르멜 수도회의 '수녀'였다. 그녀는 프로테스탄트 종교개혁과 로마가톨릭의 종교재판이 교차하는

8 Jodi Bilinkoff, "Teresa of Jesus and Carmelite Reform," *Religious Orders of the Catholic Reformation*, ed. by Richard L. DeMolen (New York: Fordham University Press, 1994), 178.

9 Kieran Kavanaugh, "Introduction," *The Interior Castle*, by Teresa of Jesus (Mahwah: Paulist Press, 1979), 6.

10 "로마가톨릭교회가 교회박사로 승인한 30명의 남성과 2명의 여성이 있다. 아빌라의 테레사는 1970년 9월 27일, 또 한 명의 여성인 시에나의 카타리나는 일주일 뒤인 10월 4일 교회박사로 선포되었다." Keith J. Egan, "The Significance for Theology of the Doctor of the Church: Teresa of Avila," *The Pedagogy of God's Image*, ed. by Robert Masson (Chico: Scholars Press, 1981), 153-54.

'16세기 스페인의 아빌라'에서 살았다.[11] 이러한 환경들이 테레사의 개혁운동과 신비주의를 이해하는 데 필수적인 요인들이다.

먼저 테레사의 가족 배경을 아는 것이 필요하다. 그녀는 '개종인' 가문에서 태어났다. 15세기 내내 스페인 왕국은 이슬람 세력인 무어족을 축출하고, 제국의 일치와 안정을 이루려고 노력하였다. 이 과정에서 유대주의는 불법으로 선언되었고, 유대인들은 강제로 로마가톨릭 신앙으로 개종해야만 했다. 테레사의 할아버지와 아버지도 비밀리에 유대교의 의식을 행했다는 이유로 스페인 종교재판소에 고발이 되었고, 이 때문에 1485년 톨레도에서 굴욕적인 공개 참회를 해야만 했다. 이 사건 이후 그들은 아빌라로 이사를 했다.[12] 수많은 개종인과 마찬가지로 상업에 종사했던 테레사의 아버지는 부를 축적하여 하위 귀족의 사회적 지위를 얻기를 열망하였다. 결국 테레사의 가족은 자신들의 이름 앞에 영예로운 호칭인 'don'과 'doña'를 얻긴 했지만, 그들의 지위는 여전히 매우 불안정하였다.[13]

테레사는 여성이었다. 16세기 스페인에서 여성의 삶은 오로지 여성에게만 요구되는 성적 순결과 결혼 제도의 관습에 의해 엄격하게 통제를 받았다. 키에란 카바노(Kieran Kavanaugh)는 테레사가 살던 시대 유행하던 여성관을 분명하게 보여준다.

여성은 자연의 실수이며 완성되지 못한 남성이라는 생물발생법칙에 관한 견해들이 지배하였다. 16세기 초반 프란시스코 데 오수나(Fran-cisco de Osuna)의 언급은 반(反)여성주의를 명백하게 보여준다. '만일 당신의 아내가 여러 교회들을 찾아다니고, 경건 활동을 하고, 거룩한 사람인 체 한다면, 문을 걸어 잠그라. 그것으로 충분하지 않다면, 아내가 아직 젊다면 그녀의 다리를 부러뜨리라. 왜냐하면 의심스러운 거룩

11 Steven Payne, "The tradition of Prayer in Teresa and John of the Cross," 236.
12 Evan Fales, "Scientific Explanations of Mystical Experiences, Part I: The Case of St. Teresa," *Religious Studies* 32-2 (1996), 153.
13 Jodi Bilinkoff, "The Social Meaning of Religious Reform," 345.

의 모양을 찾아 헤매기보다 절름발이로 천국에 가는 것이 훨씬 낫기 때문이다. 여성은 설교를 듣고 행하는 것만으로 충분하다. 만일 여성이 무엇인가를 더 원한다면, 남편 곁에서 실로 천을 짜는 동안 책을 읽어주는 것만으로 족하다.' 중세 스콜라 신학자들은 여성은 건전한 판단보다는 감정에 이끌린다는 아리스토텔레스의 추론에 영향을 받았다.[14]

16세기 여성들은 남성보다 열등한 존재로 인식되었으며, 성서를 읽는 것조차 허용되지 않았다. 예를 들면 중세 스콜라신학의 대표자인 토머스 아퀴나스는 여성이 하나님의 형상을 따라 지음을 받았다는 사실을 의심하였다. 아퀴나스는 이렇게 말한다.

하나님의 형상은 여성에게서가 아니라 남성에게서 발견된다. 하나님이 만물의 시작이자 끝인 것처럼, 남성이 여성의 처음이자 마지막이다. 따라서 사도 바울이 '남자는 하나님의 영광의 형상인 반면에 여자는 남자의 영광'(고전 11:7)이라고 말한 후에 왜 자신이 그렇게 말했는지를 보여주면서 덧붙이기를 '남자가 여자에게서 난 것이 아니요 여자가 남자에게서 났으며 또 남자가 여자를 위하여 지음을 받지 아니하고 여자가 남자를 위하여 지음을 받았기 때문'(고전 11:8-9)이라고 말한다.[15]

이와 같은 터무니없는 상황에서 테레사는 카르멜 수도회의 개혁을 위해 일했으며 영성생활에 관한 그녀 자신의 목소리를 높였다. 테레사는『영혼의 성』의 처음과 끝부분에서 분명한 확신을 가지고 말한다. "하나님이 우리를 그 자신의 형상과 모양대로 창조하셨습니다."[16] 그녀의 용기 있는 목소리는 주목할 만한 충분한 가치가 있다.

---

14 Vilma Seelaus, "The Feminine in Prayer in the *Interior Castle*," *Mystics Quarterly* 13-4 (December, 1987), 206.

15 St. Thomas Aquinas, *Summa Theologiae* (New York: McGraw-Hill Book Company, 1964), 61.

16 Teresa of Jesus, *The Interior Castle* (Mahwah: Paulist Press, 1979), 35, 196.

16세기의 종교적 배경도 테레사의 영성을 이해하는 데 중요한 역할을
한다. 키에란 카바노는 아빌라의 테레사가 히에로니무스의『편지』, 프란시
스코 데 오수나의『제3의 영적 알파벳』(Third Spiritual Alphabet), 아우구스
티누스의『고백록』과 같은 초기 영성 서적들의 영향을 받았다고 주장한
다.[17] 히에로니무스의『편지』는 테레사에게 카르멜 수도회에 입문하고자
하는 강력한 열망을 불러일으켰다. 프란시스코 데 오수나의『제3의 영적
알파벳』을 통해서 처음으로 소위 '거둠의 기도'(prayer of recollection)를 배
웠다. 테레사는『자서전』에서 프란시스코의 책으로부터 받은 영향을 이렇
게 고백하였다. "나는 어떻게 기도해야 할지, 어떻게 내 자신을 거두어야
할지 알지 못했습니다. 때문에 나는 이 책이 더없이 기뻤고 힘껏 책이 제
시하는 기도의 방식을 따르기로 결심하였습니다."[18] 아우구스티누스의『고
백록』은 테레사의 회심에 결정적인 영향을 미쳤다. 테레사가 로욜라의 이
냐시오와 같은 인물이나 16세기 스페인의 신비주의자들인 '알룸브라도스'
(alumbrados)[19] 운동의 영향을 받기도 했지만,『고백록』은 그녀의 회심에
가장 중요한 요인이 되었다.

어떤 것도 진공상태에서 발생하지는 않는다. 테레사의 영성 또한 그녀
가 살았던 시대의 경제적, 사회적, 성적, 종교적 배경 안에서 형성된 것이
다. 이제 테레사가 자신의 생애와 가르침 가운데서 어떻게 관상과 행동을
통합시켰는지를 살펴보자.

---

17 Kieran Kavanaugh, "St. Teresa and the Spirituality of Sixteenth-Century Spain," *The Roots of the Modern Christian Tradition* (Kalamazoo: Cistercian Publications, Inc., 1984), 92-93.
18 Teresa of Jesus, *The Life of Teresa of Jesus*, Chapter IV, 80.
19 알룸브라도스 일명 조명파(Illuminati)는 16세기와 17세기 스페인의 신비주의적 분파를 일컫는 용어이다. "이 운동은 영성생활의 목적으로 하나님에 대한 수동적 복종을 강조하였고, 하나님과의 개별적인 죄 없는 일치를 주장하였다. 성례와 선행은 자연스레 평가절하 되었다. 이 분파는 1525년 정죄를 받았다." C. Peter Williams, "Alumbrados," *The New International Dictionary of the Christian Church*, 31.

III. 테레사의 개혁자로서의 영성

테레사의 카르멜 수도회 개혁은 수도원의 본래적인 정신을 회복하고
자 하는 운동이었다. 현대 연구자들에 따르면 처음 카르멜 수도회는 13세
기 초 무렵 카르멜 산 언덕에 모여 살아가던 은수자들의 작은 공동체였
다.[20] 1206–1214년쯤 그들은 지역의 감독인 알베르트(Albert of Avogadro)
에게 그들의 조직과 '삶의 방식'(formula of living)을 공식적으로 승인해 줄
것을 요청하였다. 그들의 삶의 방식은 이후 수도회의 규칙으로 발전하였
다.[21] 수도회 규칙은 복종, 침묵, 고독, 가난, 공유, 공동체의 덕을 강조하
였다. 이와 같은 규칙은 이후 모든 카르멜 수도회의 기본적 교본이 되었을
뿐만 아니라 수도회 내의 모든 갱신 운동의 기준이 되었다.[22] 처음부터 카
르멜 수도회의 규칙은 관상과 행동의 삶을 포괄하고 있었다.

그러나 16세기 아빌라의 카르멜 수도원은 원래의 정신을 잃어버렸다.
카르멜 수도원들은 수도회의 규칙이 정하고 있는 이상을 실천하기에는 너
무 많은 숫자가 모여 있었다.[23] 테레사가 속했던 '성육신 수도원'에는 무려
180명이 넘는 수도자들이 있었다. 많은 인원 때문에 음식의 부족, 계층의
차별과 같은 문제점들이 나타났고 심지어 사람들이 서로 부딪혀 수도원
안에서 다니기에 불편할 정도였다.[24] 심각한 재정난을 해결하기 위해 수도
원은 부자들의 헌금에 의존할 수밖에 없었다. 귀족들은 수도원에 충분한
헌금을 제공하고, 수도원은 기부자들과 그들의 가족들의 영혼을 위해 구

---

20 Steven Payne, "The tradition of Prayer in Teresa and John of the Cross," 236.

21 Steven Payne, "The tradition of Prayer in Teresa and John of the Cross," 236.

22 Steven Payne, "The tradition of Prayer in Teresa and John of the Cross," 236-37.

23 브라운(Judith Brown)에 따르면, 이 당시의 수도원은 어떤 이유에서든 지참금을 제공하지 못한 여
성이나 다른 이유로 결혼에 실패한 여성을 위한 방편이었다. 따라서 브라운은 수도원을 이런 여성
들을 위한 "창고"라고 묘사하였다. Evan Fales, "Scientific Explanations of Mystical Experiences,"
153.

24 John Welch, "No Castles in the Air! The Wisdom of Teresa of Avila," *Listening* 26-3 (Fall 1991),
220.

송기도(vocal prayer)를 제공하였다. 따라서 수도원은 기부자의 영향력에서 벗어나 공동체의 자율성을 유지할 수가 없었다. 사회 계층 제도가 수도원의 생활 안에도 반영되었다. 가난한 자매들은 기숙사에서 잠을 자고 먹을 음식도 부족했지만, 부유한 자매들은 안락한 침실에서 지내면서 개인 몸종을 부리기까지 하였다.[25] 이런 상황에서 테레사는 카르멜 수도회의 규칙이 표방했던 본래의 정신을 지키는 새로운 공동체를 설립하고자 하는 생각을 갖게 되었다.

테레사는 서로를 친밀히 알 수 있도록 처음에는 13명이 넘지 않는 작은 공동체를 지향하였다. 그녀가 세운 새로운 수도원은 가난, 초연, 평등, 자율의 원칙에 기초하여 설립되었다. 테레사는 다른 어떤 것보다 엄격한 가난의 원칙을 더욱 강조하였다. 따라서 테레사는 부유한 가족이 제공하는 기부금을 거절하였다. 그녀는 가난한 삶을 통해 "헌금을 확보하기 위해 기부자들을 만족시켜야 한다는 부담으로부터 수도원을 자유롭게 만들기를"[26] 원했다. 테레사에게는 돈을 받게 되면 수도원의 영적 자유를 상실할 수밖에 없다는 사실이 너무도 명백해 보였다. 그녀는 수도 생활을 위해서는 세속 사회로부터 거리를 유지해야만 한다고 주장했다. 이것을 "초연" (detachment)이라 부른다.[27] 더욱이 테레사는 그녀의 공동체가 사회적 계급과 계층에 근거한 모든 차별을 철폐하고 평등의 원칙 위에 세워지기를 원했다. 테레사의 수도원에서 모든 수녀들은 "자매"라는 호칭만 사용했으며, 수도원의 원장의 경우에는 "어머니"라 불렀다.[28] 테레사는 그녀의 자매들에게 "우리 모두는 평등해야 합니다."[29]라고 말한다. 이렇게 함으로써 테레사는 모든 사회계층의 차별로부터 해방된 자율적 공동체를 추구하였다.

---

25 Steven Payne, "The tradition of Prayer in Teresa and John of the Cross," 241.

26 Jodi Bilinkoff, "The Social Meaning of Religious Reform," 349.

27 Jodi Bilinkoff, "The Social Meaning of Religious Reform," 350-51.

28 Jodi Bilinkoff, "The Social Meaning of Religious Reform," 350.

29 Teresa of Jesus, *The Way of Perfection* (New York: Doubleday, 1991), Chapter XXVII, 181.

조디 빌린코프는 왜 테레사의 카르멜 수도회 개혁 노력이 강한 반대에 부딪쳤는가라는 문제를 제기하였다. 빌린코프에 따르면, 테레사가 추구한 가난의 이상은 당시의 사회경제적 체제를 부정하는 것이며, 평등의 이상은 16세기의 정치와 교회 제도를 부인하는 것이었기 때문이다.[30] 따라서 테레사의 새로운 수도원들은 당시의 정치와 교회 지도자들에게 매우 위험한 것으로 보였던 것이다.

테레사가 수많은 어려움에 직면했음에도 불구하고, 그녀는 17개의 새로운 개혁 수도원을 스페인 곳곳에 설립하였다. 우리는 테레사의 가르침으로부터 뿐만 아니라 반대에 직면했을 때 그녀가 보여준 용기와 견고함으로부터도 많은 것을 배우게 된다. 테레사는 자신의 책『수도원의 설립』에서 1573년부터 1582년까지 새로운 수도원을 설립해 나간 이야기를 기술하였다. 이 책에서 테레사는 "독자들을 매일의 삶의 실제적 문제들로 이끌며, 성속(聖俗)의 영역과 물질을 결합시켰으며, 관상의 삶과 행동의 삶을 결합시킨다."[31] 테레사가 설립한 새로운 카르멜 수도원의 가장 두드러진 목적은 고독과 공동체의 균형과 통합이었다. 테레사의 새로운 수도원 개혁운동은 개인적이며 내적 기도를 가난한 사람들과 공동체를 위한 활동적 섬김과 결합시켰다.

IV. 테레사의 신비주의로서의 영성

이제 테레사의 작품을 통해 그녀의 기도에 대한 가르침을 살펴보자. 기도는 테레사의 작품에 등장하는 가장 중요한 주제이기 때문이다. 새로

---

30   Jodi Bilinkoff, "The Social Meaning of Religious Reform," 353-55.
31   Kieran Kavanaugh, "Introduction," *The Interior Castle*, 12.

운 카르멜 수도회의 영적 어머니로서 테레사는 그녀의 저술을 통해서 자매들에게 기도를 가르쳤다. 테레사는 진정한 '기도의 신학자'였다. 기도에 관한 테레사의 가르침을 알지 못하고서는 우리는 결코 그녀의 신비주의를 이해할 수 없다. 우리는 테레사의 기도에 관한 가르침을 통해 그녀의 통전적 영성을 분명하게 확인할 수 있다.

1. 『자서전』[32]

테레사는 그녀가 살던 당대에 기도를 가장 체계적으로 설명한 사람이다. 테레사는 『자서전』 11-19장에서 정원에 물을 주는 네 가지 방법과 비교하여 기도의 네 단계를 기술한다.

> 정원에 물을 주는 방법은 네 가지가 있다고 생각합니다. 첫째는 우물에서 물을 긷는 방법인데 많은 노동을 필요로 합니다. 둘째는 물레방아를 이용하여 물을 끌어들이는 방법입니다. 셋째는 개울과 시내를 이용하여 물을 끌어들임으로써 땅을 충분하게 흠뻑 적실 수 있으며, 자주 물을 줄 필요가 없습니다. 따라서 정원사의 노동은 훨씬 줄어듭니다. 넷째는 많은 비를 통해 물을 주는 방법인데 주님께서 하시기 때문에 우리의 노동은 전혀 필요치 않으며 앞에서 말한 방법들과는 비교할 수 없이 좋은 방법입니다.[33]

정원에 물을 주는 첫 번째 방법은 우물에서 물을 길어 뿌려주는 것이다. 이런 방식의 기도는 매우 고단한 일이다. 테레사는 첫 번째 단계의 기도를 "마음기도"(mental prayer)라 부른다. 그녀는 마음기도를 그리스도와

---

32 테레사는 1562년 『자서전』을 썼고, 1565년 개정하였다. 초판은 19장으로 이루어졌지만, 이후 테레사는 초판에다가 21개의 장(11-22장, 32-40장)을 추가하였다. 이 책의 원래 제목은 "하나님의 은혜에 관한 책"이었다. Joseph F. Chorpenning, "St. Teresa of Avila as Allegorist: Chapters 11-22 of the *Libro de la vida*," *Studia Mystica*. 9-1 (Spring 1986), 5-6.

33 Teresa of Jesus, *The Life of Teresa of Jesus*, Chapter XI, 127.

의 친밀한 대화라는 관점에서 규정한다. "내 생각에 마음기도는 친밀한 대화에 다름 아닙니다. 때때로 우리를 사랑하시는 그분과 홀로 나누는 대화이기도 합니다."[34] 테레사는 『완덕의 길』 24장에서 마음기도를 자세히 설명한다. 테레사는 마음기도를 "하나님 그리고 이웃과 참된 대화를 일으키는 의지의 교육"이라고 여긴다.[35]

기도의 두 번째 방법은 물레방아로 물을 퍼 올리는 것에 비유된다. 정원사는 훨씬 적은 노력으로 물을 얻기는 하지만 여전히 인간의 노력이 상당히 필요하다. 테레사는 두 번째 단계의 기도를 "정적기도"(quiet prayer)라 부른다. 이 단계에서는 "나무와 꽃들이 싹트기 시작하고, 이러한 싹틈은 덕이 자라가는 것을 의미한다."[36]

기도의 세 번째 방법은 시내를 이용하여 정원에 물을 대는 방식에 비유할 수 있다. 훨씬 적은 노동력으로 정원에 물을 줄 수 있긴 하지만, 물이 잘 흐르도록 하려는 얼마간의 노동이 필요하다. 테레사는 세 번째 기도의 단계를 "관상기도"(contemplation prayer)라 부른다. 이 단계에서는 "정원의 꽃들이 피어나고 향기를 발하기 시작한다. 따라서 이전 정적기도보다 덕이 훨씬 확고해진다."[37]

기도의 네 번째 방법은 하늘에서 비가 내려 정원을 적시는 것이다. 이전의 기도에 비교할 때 힘이 전혀 들지 않는다. 전적으로 하나님의 은혜로 이루어진다. 테레사는 이 마지막 단계를 "일치기도"(union prayer)라 부른다. 이 단계에서는 "영혼이 덕으로 확고해지며, 모든 것이 하나님의 일이며 우리의 일이 아님을 깨닫게 된다. 이제 정원의 열매를 이웃들에게 나누어주기 시작한다."[38]

이와 같은 네 단계의 기도에서 두 가지 두드러진 특징을 발견하게 된

34 Teresa of Jesus, *The Life of Teresa of Jesus*, Chapter VIII, 110.
35 Roberto J. González-Casanovas, "Writing in Saint Teresa as a Dialogue of Faith and Love: "Mental Prayer" in *Camino de perfección*," *Studia Mystica* 13-4 (1990), 72.
36 Joseph F. Chorpenning, "St. Teresa of Avila as Allegorist," 10.
37 Joseph F. Chorpenning, "St. Teresa of Avila as Allegorist," 11.
38 Joseph F. Chorpenning, "St. Teresa of Avila as Allegorist," 11.

다. 인간의 역할이 적어질수록, 하나님의 역할이 많아진다. 우리가 기도하는 삶을 추구할수록, 우리는 이웃을 더 많이 사랑하게 된다. 기도의 삶을 통해, 우리는 하나님의 은혜를 깨달을 뿐만 아니라 어떻게 우리 이웃을 사랑해야 하는지를 배운다. 기도와 사랑은 동전의 양면과 같다. 많이 기도하는 것은 많이 사랑하는 것이다. 정원의 나무와 꽃들이 싹이 나고, 꽃이 피고, 화려하게 자라듯이, 우리의 삶도 이웃을 향한 사랑의 열매를 맺게 된다. 테레사가 사용한 정원의 이미지는 우리에게 카르멜 산의 정원을 상기시킨다. 왜냐하면 "카르멜"이라는 단어는 "정원" 혹은 "과수원"이라는 의미이기 때문이다.[39]

2. 『완덕의 길』[40]

『완덕의 길』에서 테레사는 기도와 관상의 주제를 보다 직접적으로 자세하게 다룬다. "이 책 전체를 관통하여 수녀인 딸들에게 기도를 사랑하도록 가르치고자 하는 저자의 열망이 흐르고 있다. 기도는 덕을 얻는 가장 효과적인 방법이다."[41] 이 책 안에서 독자들은 기도와 덕을 통합하는 테레사의 통전적 영성을 확인할 수 있다. 이 책의 구체적 목적은 기도를 어떻게 훈련하는지에 대한 안내를 제공하는 것이며, 기도를 통해 영적인 완덕에 이르도록 조언과 지도를 하는 것이다.

이 책에서 테레사는 기도 생활의 세 가지 본질적인 주제를 다룬다. 그것은 다름 아닌 사랑(chastity), 초연함(poverty of spirit), 겸손(obedience)으로 정결, 가난, 복종이라는 수도생활의 서약과 연결된다. 테레사는 이렇게 말한다.

---

39 Joseph F. Chorpenning, "St. Teresa of Avila as Allegorist," 14.
40 테레사는 기도생활에 대한 보다 교리적이고 실천적인 가르침을 전하기 위해 1565년 『완덕의 길』을 쓰기 시작했다. 이 책은 1569년에야 개정된 형태로 완성되었으며, 42장으로 구성되어 있다.
41 Teresa of Avila, *The Way of Perfection* (New York: Doubleday, 1991), 13.

나는 오직 세 가지에 대해서만 어느 정도 말하려고 하는데, 이것은 우리의 『회헌』에도 나오는 내용입니다. 주님께서 우리에게 간절히 명하신 내적이며 외적인 평화를 얻으려면 이 세 가지가 왜 중요한지를 분명하게 이해하는 것이 꼭 필요합니다. 첫 번째는 서로 사랑하는 것입니다. 두 번째는 모든 피조물로부터 초연함을 유지하는 것입니다. 세 번째는 참된 겸손입니다. 내가 비록 겸손을 제일 마지막에 말했지만 겸손은 이 세 가지 중에서 가장 중요하며 나머지 모든 덕을 포함하는 것입니다.[42]

테레사는 기도의 내적인 면과 외적인 면을 매우 균형 있게 이해하고 있음을 알 수 있다. 참된 겸손, 피조물로부터의 초연, 서로 사랑하는 것이야말로 기도 생활의 가장 근본적인 기둥이다. 테레사는 기도와 사랑의 균형이 잡힌 공동체를 추구했다. "열셋밖에 없는 이 집에서는 모두가 서로 사랑하고, 서로 좋아하고, 서로 도와야 합니다."[43] 이웃 사랑은 기도의 씨앗일 뿐만 아니라 열매이기도 하다. 사랑이 기도의 알파와 오메가이다.

3. 『영혼의 성』

테레사는 62세가 되던 1577년 자신의 걸작인 『영혼의 성』을 썼다. 이 책은 테레사의 기도에 대한 성숙한 사상을 오롯이 담고 있기 때문에 그녀가 남긴 최고의 작품으로 간주된다. 여기에서 테레사는 신비적 기도의 일곱 단계를 설명하면서 실제적인 조언을 주고 있다. 『영혼의 성』에서 테레사는 자신과 하나님과의 친밀함을 성의 외곽에서부터 중심까지 이르는 영적 여정으로 묘사한다. 일곱 궁방은 테레사가 하나님과 맺는 친밀함의 서로 다른 단계들을 나타낸다. 인간의 영혼은 성(城)이라는 이미지로 표현되

---

42 Teresa of Avila, *The Way of Perfection*, 53.
43 Teresa of Avila, *The Way of Perfection*, 55.

고 있다. "우리 영혼을 다이아몬드나 맑은 크리스털로 만들어진 성이라고 생각해 봅시다. 그 성에 마치 천국에 우리가 거할 처소가 많이 있듯이 수많은 방들이 있다고 생각해 봅시다."[44]

처음의 세 궁방들은 인간의 노력과 일상적인 은혜의 도움을 통해 무엇을 이룰 수 있는지 말해 준다. 뒤의 네 궁방들은 인간의 노력이 아닌 전적으로 하나님으로부터 오는 신비적이며 수동적인 기도를 다룬다.[45] 테레사는 기도의 여정에서 주도권을 가진 분은 우리가 아니라 하나님이라고 말한다. 『영혼의 성』에서 기술하고 있는 기도의 일곱 단계는 『자서전』에서 설명한 네 단계와 비교할 때 훨씬 진전된 것이라 할 수 있을 것이다.

기도의 문을 통해 우리는 하나님의 신비를 경험하고 하나님의 뜻에 일치할 수 있다는 사실은 명백하다. 테레사는 첫 궁방의 시작에서 이 사실을 지적하고 있다. "내가 아는 한, 이 성으로 들어가는 문은 기도와 생각입니다."[46] 테레사에게 기도를 멈추는 것은 하나님과의 소통을 멈추는 것을 의미한다. 따라서 우리는 기도 여정에서 성의 중심에 이르기까지 기도를 멈추어서는 안 된다.

기도의 목표는 무엇인가? 테레사에게 기도의 목표는 인간의 뜻과 하나님의 뜻을 일치시키는 것이다. 테레사는 "기도생활을 시작하는 사람의 목표는(이것은 매우 중요하니 잊어서는 안 됩니다), 가능한 모든 정성을 다해 자신의 뜻을 하나님의 뜻에 일치시키고자 노력하고 철저하게 준비하는 것입니다."[47]라고 말한다. 테레사는 자신의 삶 전부를 이 연합을 추구하는 일에 헌신했으며, 이것이 자기 평생의 열망이었다고 고백한다.[48]

그렇다면 하나님의 뜻은 무엇인가? 테레사에게 하나님의 뜻은 분명했다. "딸들이여, 하나님의 뜻이 무엇이라고 생각하는가? … 우리 신앙생활

44 Teresa of Jesus, *The Interior Castle*, 35. "내 아버지 집에 거할 곳이 많도다."(요 14:2)
45 Kieran Kavanaugh, "Introduction," *The Interior Castle*, 19.
46 Teresa of Jesus, *The Interior Castle*, 38.
47 Teresa of Jesus, *The Interior Castle*, 52.
48 Teresa of Jesus, *The Interior Castle*, 99.

에서 주님이 우리에게 요구하는 것은 오로지 두 가지, 하나님을 사랑하고 이웃을 사랑하는 것입니다. 이것만이 우리가 반드시 행해야 할 것입니다. 이것을 온전하게 지킨다면, 우리는 그분의 뜻을 행하는 것이고 이로써 그분과 하나가 될 것입니다."[49]

하나님과의 연합의 진정한 표식이 바로 이웃 사랑이다. 우리는 이웃 사랑을 통해 하나님에 대한 사랑을 확인할 수 있다.

> 내 생각에는 가장 확실한 표식은 … 우리가 이웃 사랑을 얼마나 잘하고 있는가 하는 것을 보는 것입니다. 비록 하나님을 사랑하는 것을 식별할 수 있는 뚜렷한 징후들이 있기는 하지만, 우리가 하나님을 사랑하는지 아닌지를 정확하게 알 수는 없습니다. 하지만 우리가 이웃을 사랑하는지 아닌지는 분명하게 알 수 있습니다. 만일 당신이 이웃을 사랑하는 일에 열심을 가지고 있다면, 그만큼 당신이 하나님을 사랑한다고 확신할 수 있습니다.[50]

테레사의 신비주의는 격리 혹은 초월의 개념과는 다르다. 그녀는 "신비로운 은혜는 인간 생활로부터의 물러섬이 아니라 오히려 봉사를 요청한다."[51]고 주장한다. 나아가 테레사는 영적 결혼의 목적은 주님을 기쁘게 하는 것이며, 또한 우리가 덕을 실천함으로써 그분을 얼마나 많이 사랑하는지를 주님께 보여주는 것이다. "딸들이여, 기도란 결국 이것을 위한 것입니다. 영적 결혼의 목적도 바로 이것입니다. 영적 결혼에서 언제나 선행, 선행이 나오는 것입니다."[52] 테레사는 여러 차례 이 말을 함으로써 선행을 강조한다. 기도와 사랑이 함께 간다는 것이 핵심이다. 우리의 사랑은 우리

---

49 Teresa of Jesus, *The Interior Castle*, 100.

50 Teresa of Jesus, *The Interior Castle*, 100.

51 Keith J. Egan, "A Castle for These Times: *The Interior Castle*," *The Bent World: Essays on Religion and Culture*. ed. by John R. May (Chico: Scholars Press, 1981), 101.

52 Teresa of Jesus, *The Interior Castle*, 190.

의 가족, 친구, 이웃에게 매일의 삶에서 구체적으로 표현되어야만 한다. 테레사는 말한다.

> 나의 자매들이여, 이것이 바로 우리가 애써야 하는 것입니다. 우리 모두 우리의 즐거움을 위해서가 아니라 오직 섬길 힘을 얻기 위해서 기도 중에 이 뜻을 두고 열심을 가집시다. … 내 말을 믿으십시오. 마르다와 마리아는 꼭 함께 가야 합니다.[53]

여기에서 테레사는 카르멜 수도회의 원래 정신으로 돌아간다. 그녀는 신비적 경험과 이웃 사람을 결합시킨다. 그녀는 마리아의 믿음과 마르다의 봉사를 연합시키는 통전적 영성을 추구한다. "다시 말하지만 여러분의 기초를 기도와 관상에만 두어서는 안 됩니다. 여러분이 덕을 실천하기를 힘쓰지 않는다면 여러분은 항상 난쟁이로 남을 것입니다."[54] 기도는 삶과 분리되어서는 안 된다.

칠 궁방의 마지막에서 테레사는 이렇게 결론짓는다. "나의 자매들이여, 결론적으로 허공에 성을 쌓지 말라고 말하고 싶습니다."[55] 영이 없는 육신이 죽은 것처럼, 사랑이 없는 기도는 죽은 것이다. 기도와 사랑을 분리시키는 것은 마치 허공에 성을 쌓는 것과 마찬가지이다. 테레사의 영성은 신비적 성격에서 출발하지만, 세상으로부터의 퇴각으로 결론나지는 않는다.[56] 하나님에 대한 사랑이 이웃에 대한 사랑으로 변환된다. 우리는 테레사의 강조점, 즉 "중요한 것은 많이 생각하는 것이 아니라 많이 사랑하는 것입니다."[57]라는 금언을 염두에 두어야 한다.

53　Teresa of Jesus, *The Interior Castle*, 192. 눅 10:38-42.
54　Teresa of Jesus, *The Interior Castle*, 191.
55　Teresa of Jesus, *The Interior Castle*, 194.
56　Otger Steggink, "Spiritual Friendship in Teresa of Avila," *Women and Men in Spiritual Culture: XIV-XVII Centuries*, ed., by Elisja Schulte van Kessel (Hague: Netherlands Government Publishing Office, 1986), 214.
57　Teresa of Jesus, *The Interior Castle*, 70.

V. 결론

　　라이문도 파니카(Raimundo Panikkar)가 지적하듯이, 만일 우리가 테레사를 영성가로만 분류한다면 우리는 그녀가 활동적 영역에서 일한 개혁가라는 사실을 간과하는 것이다.[58] "테레사의 풍부한 인격과 하늘로부터 부여받은 고귀한 신비적 재능에도 불구하고, 그녀는 단지 관상과 신비주의만을 가르치거나 주장하지 않았으며, 자기부인을 중심교리로 만들지도 않았다."[59] 테레사는 관상생활을 잃어버리지 않으면서도 스페인의 수도원들을 개혁하는 활동적 삶을 살았다.

　　그리스도교 신비 전통의 역사에 남긴 테레사의 특별한 공헌은 관상과 활동의 통합에 있다. 『영혼의 성』에서 테레사는 기도와 사랑의 균형이 필요함을 이렇게 역설하였다.

> 어떤 사람들은 기도할 때에 음울해 하면서 자기들의 기도를 이해하려고 분주하게 노력합니다. 그들은 영적인 기쁨과 전념을 조금이라도 잃어버리지 않으려고 자신들의 생각을 움직이거나 요동시키지 않으려고 합니다. 그들은 이렇게 하는 것이 모든 문제의 해결책이라도 되는 듯 생각하지만, 내가 볼 때 그들은 하나님과의 합일을 얻는 방법을 전혀 알지 못하고 있는 것입니다. 자매들이여, 결코 그렇지 않습니다. 주님께서는 일하기를 원하십니다! 만일 여러분이 심하게 앓고 있는 자매를 본다면 혹시 앞에서 말한 영적인 전념을 상실할까 걱정하지 말고 그 자매를 돕는 일을 하십시오. 그 자매가 고통을 당하면 함께 아파하고, 그녀를 먹이기 위해서 필요하다면 금식하십시오. 이렇게 하는 것은 단지 그녀를 위해서만이 아니라 우리 주님이 그것을 원하시기 때문임을

58　Raimundo Panikkar, "Preface," *The Interior Castle*, xiii-xiv.
59　Raimundo Panikkar, "Preface," *The Interior Castle*, xviii.

알아야 합니다. 이것이 그분의 뜻과 하나가 되는 진정한 합일입니다.[60]

테레사의 균형 잡힌 생애는 성서에 나타난 예수의 가르침을 기억하게 한다. 복음서에서 예수의 세 제자들, 베드로, 야고보, 요한은 변화산에서 예수의 신비한 변모를 목격한다. 제자들은 신비한 경험을 하고서 계속하여 그 산에 머물기를 원했다. 하지만 예수는 산을 내려갔고 즉시로 간질병 걸린 아이를 고쳐주셨다.[61] 이 이야기는 변화산의 신비적 경험은 이 세상 안에서의 삶으로 표현되어야함을 보여준다. 성서는 우리에게 골방에서 은밀히 기도하고, 시장에서 하나님의 은혜를 나누라고 가르친다. 이런 점에서 아빌라의 테레사는 참으로 "예수의 테레사"로 불릴만하다.[62]

영적 헌신 없는 사회적 헌신은 없다. 동시에 영적인 전념은 공동체 안에서 사랑의 행동으로 표현되어야 한다. 테레사는 신비주의자이자 개혁가로서 기도와 행동을 결합시킨 통전적 영성의 본보기이다. 테레사는 관상과 행동, 믿음과 실천, 기도와 사랑의 균형을 강조하였다. 테레사의 삶은 "고독과 연대"(solitude and solidarity)라는 두 단어로 요약될 수 있을 것이다.[63] 신비주의자이자 개혁자로서의 테레사의 영향력은 세대를 이어 모든 그리스도인들에게 통찰을 줄 것이다.

---

60 Teresa of Jesus, *The Interior Castle*, 101-102.

61 공관복음서의 저자인 마태, 마가, 누가는 모두 변화산 사건(마 17:1-13, 막 9:2-13, 눅 9:28-36)과 간질병을 앓는 아이를 고치는 이야기(마 17:14-20, 막 9:14-29, 눅 9:37-43)를 결합시킨다.

62 Father Gabriel of St. Mary Magdalen, *St. Teresa of Jesus* (Westminster: The Newman Press, 1949), xii.

63 Maria Teresa Porcile, "Solitude and Solidarity," 45.

참고문헌

1장 후스

Butta, Tomas. 이종실 옮김. 『체코 종교개혁자 얀 후스를 만나다』. 서울: 동연, 2015.

Hus, Jan. *De ecclesia*. Translated by David S. Schaff. *The Church*. New York: Charles Scribner's Sons, 1915.

_____. *On Simony*. In *Advocates of Reform: From Wyclif to Erasmus*. Philadelphia: The Westminster Press, 1953.

Otter, Jiri. *Die erste vereinigte Kirche im Herzen Europas. Die Evangelische Kirche der Böhmischen Brüder*. Praha, 1991.

Schaff, David S. "Introduction." *The Church*. New York: Charles Scribner's Sons, 1915.

Spinka, Matthew. "John Hus, Advocate of Spiritual Reform," *Advocates of Reform: From Wyclif to Erasmus*. Philadelphia: The Westminster Press, 1953.

임희국. "후스." 『16세기 종교개혁과 개혁교회의 유산』. 서울: 한국장로교출판사, 2003.

2장 에라스무스

Augustijn, Cornelis. *Erasmus: His Life, Works, and Influence*. Translated by J. C. Grayson. Toronto: University of Toronto Press, 1991; rep. 1995.

Bainton, Roland H. *Erasmus of Christendom*. 박종숙 옮김. 『에라스무스』. 서울: 현대지성사, 1998.

Dust, Philip C. "Rhetorical Persuasion in Erasmus' Querela pacis." *Three Renaissance Pacifists: Essays in the Theories of Erasmus, More, and Vives*. New York: Peter Lang, 1987.

Erasmus. "A Complaint of Peace(Querela pacis)." *The Erasmus Reader*. Edited by Erika Rummel. Toronto: University of Toronto Press, 1990; rep. 2014.

_____. "Brief Outline of His Life(Compendium vitae)." *The Erasmus Reader*. Edited by Erika Rummel. Toronto: University of Toronto Press, 1990; rep. 2014.

_____. "Catalogue of His Works(Catalogus lucubrationum)." *The Erasmus Reader*. Edited by Erika Rummel. Toronto: University of Toronto Press, 1990; rep. 2014.

_____. "On the War against the Turks." *The Erasmus Reader*. Edited by Erika Rummel. Toronto: University of Toronto Press, 1990; rep. 2014.

_____. "Dulce bellum inexpertis (1515 edition)." *The "Adages" of Erasmus: A Study with Transla-tions*, Translated by Margaret M. Phillips. Cambridge: Cambridge University Press, 1964.

_____. *The Complaint of Peace*. Chicago: The Open Court Publishing Co., 1917.

Luther, Martin. *Career of the Reformer I. Luther's Works*. Vol. 31. Edited by Robert C. Schultz and Helmut T. Lehmann. Philadelphia: Fortress Press, 1967.

_____. "On War Against the Turk, 1529." *The Christian in Society III. Luther's Works*. Vol. 46. Edited by Robert C. Schultz and Helmut T. Lehmann. Philadelphia: Fortress Press, 1967.

Pabel, Hilmar M. "The Peaceful People of Christ: The Irenic Ecclesiology of Erasmus of Rotter-dam." *Erasmus' Vision of the Church*. Edited by Hilmar M. Pabel. Kirkswill, Missouri: Sixteenth Century Journal Publishers, Inc., 1995.

Trapman, Hans. "Erasmus, His Life and Work." *Images of Erasmus*. Edited by Peter van der Coel-en. Rotterdam: Museum Boijmans Van Beuningen, 2008.

3장 루터

A Reformation Debate: Karlstadt, Emser, and Eck on Sacred Images. Translated by Bryan D. Man-grum and Giuseppe Scavizz. Toronto: Centre for Reformation and Renaissance Studies, 1998.

Barge, Hermann. *Andreas Bodenstein von Karlstadt*. 2 vols. Leipzig: Friedrich Brandstetter, 1905; reprint Nieuwkoop, 1968.

Beinert, Richard A. "Another look at Luther's Battle with Karlstadt." *Concordia Theological Quar-terly* 73-2 (April 2009): 155-70.

Boutot, M. Hopson. "Invocavit Imperatives: The Third Use of the Law and the Survival of the Wit-tenberg Reformation." *Mid-America Journal of Theology* 27 (2016), 49-66.

Brecht, Martin. *Martin Luther: Shaping and Defining the Reformation, 1521-1532*. Translated by James L. Schaaf. Minneapolis: Fortress Press, 1990.

Capito, Wolfgang. *Was man halten und antworten soll von der Spaltung zwischen Martin Luther und Andres Carolstadt*. Strassburg, 1524.

Eire, Carlos. *War against the Idols: The Reformation of Worship from Erasmus to Calvin*. Cam-bridge: Cambridge University Press, 1986.

Furcha, Edward J. "Zwingli and the Radicals: Zwingli and Carlstadt." *Fides et Historia* 25 (1993), 3-11.

Hendrix, Scott H. 손성현 옮김. 『마르틴 루터: 새 시대를 펼친 비전의 개혁자』. 서울: IVP, 2017.

Hillerbrand, Hans J. "Andreas Bodenstein of Carlstadt, Prodigal Reformer." *Church History* 35-4 (December 1966), 379-98.

_____. "The Origin of 16th Century Anabaptism: Another Look." *Archive für Reformationsges-chichte* 53 (1962), 152-80.

Kahler, Ernst. *Karlstadt und Augustin: Der Kommentar des Andreas Bodenstein von Karlstadt zu Augustins Schrift de Spiritu et Litera*. Halle: Niemayer, 1952.

Karlstadt, Andreas Bodenstein. "Letter from the Community in Orlamünde to the People of All-stedt." *The Radical Reformation*. Edited by Michael G. Baylor. Cambridge: Cambridge University Press, 2008.

_____. "On the Removal of Images." *The Essential Carlstadt*. Translated and Edited by E. J. Furcha. Ontario: Waterloo, Herald Press, 1995.

_____. "Several Main Points of Christian Teaching Regarding Which Dr. Luther Brings Andreas Carlstadt Under Suspicion Through False Accusation and Slander 1525." *The Essential Carlstadt*. Translated and Edited by E. J. Furcha. Ontario: Waterloo, Herald Press, 1995.

_____. "The Manifold, Singular Will of God, The Nature of Sin." *The Essential Carlstadt*. Translated and Edited by E. J. Furcha. Ontario: Waterloo, Herald Press, 1995.

_____. "Whether We Should Go Slowly and Avoid Offending the Weak in Matters Pertaining to God's Will." *The Essential Carlstadt*. Translated and Edited by E. J. Furcha. Ontario: Waterloo, Herald Press, 1995.

Kaufmann, Thomas. "오르람뮌데: 안드레아스 칼슈타트." 『종교개혁, 유럽의 역사를 바꾸다』. 미하엘 벨커 외 엮음. 이준섭 옮김. 서울: 대한기독교서회, 2017.

Kirn, P. and Franz, G. *Thomas Müntzer, Schriften und Briefe*. Gütersloh, 1968.

Leroux, Neil R. "In the Christian City of Wittenberg: Karstadt's Tract on Images and Begging. *Sixteenth Century Journal* 34 (2003), 73-105.

_____. "Why not now? Karlstadt's Whether we should proceed slowly and avoid offending the weak in matters that concern God'd will (1524)." *Reformation & Renaissance Review* 13-1 (April 2011), 33-62.

Lindberg, Carter. "Conflicting Models of Ministry - Luther, Karlstadt, and Müntzer." *Concordia Theological Quarterly* 41-4 (October 1977), 35-50.

_____. "Theory and Practice: Reformation Models of Ministry as Resource for the Present." *Lutheran Quarterly* 27-1 (February 1975), 27-35.

_____. 조영천 옮김. 『유럽의 종교개혁』. 서울: 기독교문서선교회, 2012.

Locher, Gottfried. "Die reformatorische Katholizität Huldrych Zwinglis." *Theologische Zeitschrift* 42-1 (1986), 1-13.

Luther, Martin. "Against the Heavenly Prophets in the Matter of Images and Sacraments." *Luther's Works*. vol. 40. Translated by Bernhard Erling. Edited by Conrad Bergendoff. Philadelphia: Fortress Press, 1958.

_____. "Eight Sermons at Wittenberg, 1522." *Luther's Works*. vol. 51. Edited and Translated by John W. Doberstein. Philadelphia: Fortress Press, 1959.

_____. "The Large Catechism." *The Book of Concord*. Edited by Robert Kolb and Timothy J. Wengert. Translated by Charles Arand et al. Minneapolis: Fortress Press, 2000.

Matthews, Stryder. "Andreas Bodenstein von Karlstadt and Martin Luther: It's Complicated." *Tenor of Our Times* 6 (2017), 48-56.

Maxfield, John A. "Martin Luther and Idolatry." *Logia* 27-1 (Epiphany, 2018), 23-34.

Ozment, Steven. *The Age of Reform 1250-1550*. New Haven: Yale University Press, 1980.

Rank, Thomas L. "The Destruction of Images: Using Law and Gospel to Restore and Maintain Lutheran Sacramental Piety." *Logia* 18-1 (Epiphany, 2009), 31-35.

Rupp, Gordon. "Andrew Karlstadt and Reformation Puritanism." *The Journal of Theological Studies* 10-2 (October 1959), 308-326.

_____. *Patterns of Reformation*. London: Epworth, 1969.

Sider, Ronald J. *Andreas Bodenstein von Karlstadt: The Development of His Thought, 1517-1525*. Leiden: E. J. Brill, 1974.

_____. ed. *Karlstadt's Battle with Luther: Documents in a Liberal-Radical Debate*. Augsburg Fortress Press, 1978; reprint Wipf and Stock Publishers, 2001.

Williams, George H. *The Radical Reformation*. Philadelphia: Westminter Press, 1962.

Zorzin, Alejandro. "안드레아스 보덴슈타인 칼슈타트." 『종교개혁과 신학자들』. 카터 린드버그 편. 조영천 옮김. 서울: 기독교문서선교회, 2012.

김옥주. "16세기 칼슈타트의 성상타파주의." 「피어선 신학논단」 7-1 (2018), 81-104.

최재호. "비텐베르크 운동과 성상파괴주의." 「역사교육」 94 (2005), 117-50.

홍지훈. "초기 비텐베르크 종교개혁에서 '신앙약자보호' 문제에 대한 루터와 칼슈타트의 논쟁." 「한국교회사학회지」 13집 (2003), 351-82.

4장 멜란히톤

Bente, F. *Historical Introductions to the Book of Concord*. St. Louis: Concordia Publishing House, 1921.

Calvin, John. *Letters of John Calvin*. 4 vols. Edited by Jules Bonnet. New York: Burt Franklin, 1972.

Chemnitz, Martin. *Indicium*. Edited by Polycarp Leyser. Wittenberg, 1594.

Dingel, Irene. "Flacius als Schüler Luthers und Melanchthons." *Vestigia Pietatis. Studien zur Geschichte der Frömmigkeit in Thüringen und Sachsen*. Edited by Gerhard Graf. Hans-Peter Hasse. and Ernst Koch. Leipzig: Evangelische Verlagsanstalt, 2000.

_____. ed. *Reaktionen auf das Augsburger Interim: Der Interimistische Streit (1548-1549)*. Göttingen: Vandenhoeck & Ruprecht GmbH & Co. 2010.

Flacius, Matthias. *Liber de veris et falsis adiaphoris. Omnia Latina scripta Matthiae Flacii Illyrici*. Magdeburg: Lotter, 1550.

_____. *Regula generalis de adiaphoris. Omnia Latina scripta Matthiae Flacii Illyrici*. Magdeburg: Lotter, 1550.

Johnson, J. F. "Martin Chemnitz." *Evangelical Dictionary of Theology*. Edited by Walter A. Elwell. Grand Rapids: Baker Book House, 2007.

Kaufmann, Thomas. "'Our Lord God's Chancery' in Magdeburg and Its Fight against the Interim." *Church History* 73-3 (September 2004), 566-82.

_____. "Matthias Flacius Illyricus: Lutherischer Theologe und Magdeburger Publizist." *Mitteldeutsche Lebensbilder: Menschen im Zeitalter der Reformation*. Edited by Werner Freitag. Köln: Böhlau Verlag, 2004.

_____. *Das Ende der Reformation*. Tübingen: Mohr Siebeck, 2003.

_____. *Konfession und Kultur*. Tübingen: Mohr Siebeck, 2006.

Kolb, Robert. and Nestingen, James A. *Sources and Contexts of The Book of Concord*. Minneapolis: Fortress Press, 2001.

Kolb, Robert. and Wengert, Timothy J. *Book of Concord*. Translated by Charles Arand et al. Minneapolis: Fortress Press, 2000.

Luther, Martin. *Luther's Works*. 55 vols. eds. Jaroslav Pelikan and Helmut T. Lehmann. St. Louis: Concordia Publishing House, 1955-1986.

Manschreck, Clyde L. "Preface." *Loci Communes 1555 (Melanchthon on Christian Doctrine)*. Translated and Edited by Clyde L. Manschreck. Grand Rapids: Baker Book House, 1965.

Melanchthon, Philipp. *Corpus Reformatorum: Ph. Melanchtonis opera quae supersunt omnia*. vols. 1-28. Edited by Heinrich Ernst Bindseil and Karl Gottlieb Bretschneider. Halis Saxonum(Halle): Schwetschke, 1834.

Moritz, Anja. *Interim und Apokalypse*. Tübingen: Mohr Siebeck, 2009.

Olson, Oliver K. *Matthias Flacius and the Survival of Luther's Reform*. Wiesbaden, Germany: Harrassowitz Verlag, 2002.

Preger, Wilhelm. *Matthias Flacius Illyricus und seine Zeit*. 2 vols. Erlangen: T. Bläsing, 1859-1861.

Rabe, Horst. *Reichsbund und Interim: Die Verfassungs- und Religionspolitik Karls V und der Reichstag von Augsburg 1547/1548*. Köln: Böhlau Verlag, 1971.

Rein, Nathan. *The Chancery of God: Protestant Print, Polemic and Propaganda against the Empire, Magdeburg 1546-1551*. Burlington, Vermont: Ashgate, 2008.

Schaff, Philip. *Creeds of Christendom*. 3 vols. Grand Rapids: Baker Books; Revised edition, 1984.

Schorn-Schütte, Luise. Edited by *Das Interim 1548/50*. Heidelberg: Verein für Reformationsgeschichte, 2005.

Waddell, Jame Alan. *The Struggle to Reclaim the Liturgy in the Lutheran Church: Adiaphora in Historical, Theological and Practical Perspective*. Lewiston, NY: Edwin Mellen Press, 2005.

Whitford, David M. *Tyranny and Resistance: The Magdeburg Confession and the Lutheran Tradition*. St. Louis: Concordia Publishing House, 2001.

박준철. "16세기 중후반 독일 루터파의 교리적 정체성 확립." 「독일연구」 33 (2016. 11), 5-37.

이은재. "개신교 성서해석의 선구자: 마티아스 플라키우스 일리리쿠스(2)." 「신학과 세계」 54 (2005. 12), 193-217.

이은재. "진정한 루터 신학자: 마티아스 플라키우스 일리리쿠스(1)." 「신학과 세계」 51 (2004. 12), 169-91.

5장 카타리나 쉬츠 젤

A. 16세기 여성과 연구방법론에 관한 문헌

Bainton, Roland H. *Women of the Reformation from Spain to Scandinavia*. Minneapolis: Augsburg Publishing House, 1977.

_____. *Women of the Reformation in France and England*. Minneapolis: Augsburg Publishing House, 1973.

_____. *Women of the Reformation in Germany and Italy*. Minneapolis: Augsburg Publishing House, 1971.

Brady, Thomas A. Jr., Heiko A. Oberman, James D. Tracy. eds. *Handbook of European History 1400-1600: Late Middle Age, Renaissance and Reformation*. vol. I-II. New York: E. J. Brill, 1995.

Moeller, Bernd. *Imperial Cities and the Reformation, Three Essays*. Translated by H. C. Erick Midelfort and Mark U. Edwards, Jr. Philadelphia: Fortress Press, 1972.

Steinmetz, Max. "Probleme der frühbürgerlichen Revolution in Deutschland in der ersten Hälfte des 16. Jahrhunderts." *Die frühbürgerliche Revolution in Deutschland: Referat und Diskussion zum Thema Probleme der frühbürgerlichen Revolution in Deutschland 1476-1535.* Edited by Gerhard Brendler. Berlin: Akademie-Verlag, 1961.

Stjerna, Kirsi. *Women and the Reformation.* 박경수·김영란 옮김. 『여성과 종교개혁』. 서울: 대한기독교서회, 2013.

박경수. "16세기 제네바의 약혼, 결혼, 이혼에 관한 법령에 대한 연구." 『장신논단』 47-2 (2015. 6), 43-68.

B. 스트라스부르와 카타리나 쉬츠 젤에 관한 문헌

1. 스트라스부르

Brady, Thomas A. Jr. *Ruling Class, Regime and Reformation at Strasbourg 1520-1555.* Leiden: Brill, 1978.

Chrisman, Miriam Usher. *Conflicting Visions of Reform: German Lay Propaganda Pamphlets, 1519-1530.* Boston: Humanities Press, Inc., 1996.

_____. *Lay Culture, Learned Culture: Books and Social Change in Strasbourg, 1480-1599.* New Haven: Yale University Press, 1982.

_____. *Strasbourg and the Reform.* New Haven: Yale University Press, 1967.

Ford, Franklin L. *Strasbourg in Transition, 1648-1789.* Cambridge, Mass.: Harvard University Press, 1958.

2. 카타리나 쉬츠 젤

McKee, Elsie Anne. "Katharina Schütz Zell (1498-1562)." *The Reformation Theologians: An Introduction to Theology in the Modern Period.* Edited by Carter Lindberg. Malden, Massachusetts: Blackwell Publishers, 2002.

_____. "Katharina Schütz Zell: A Protestant Reformer." *Telling the Churches' Stories: An Ecumenical Perspectives on Writing Christian History.* Edited by Timothy J. Wengert and Charles W. Brockwell. Jr. Grand Rapids, Michigan: William B. Eerdmans Publishing Company, 1995.

_____. "Katharina Schütz Zell and Caspar Schwenckfeld: A Reassessment of Their Relationship." *Archiv für Reformationsgeschichte.* vol. 97, Issue 1 (December 2006), 83-105.

_____. *Katharina Schütz Zell: The Life and Thought of a Sixteenth-Century Reformer.* vol. 1. Leiden: Brill, 1999.

_____. *Katharina Schütz Zell: The Writings, A Critical Edition.* vol. 2. Leiden: Brill, 1999.

_____. *Reforming Popular Piety in Sixteenth-century Strasbourg: Katharina Schütz Zell and Her Hymnbook.* Princeton, N.J.: Princeton Theological Seminary, 1994.

Nielson, Christian T. "Women Confront the Reformation: Katharina Schütz Zell, Teresa of Avila, and Religious Reform in the Sixteenth Century." Unpublished M. A. Thesis of Simon Fraser University, 2001.

Zell, Katharina Schütz. *Church Mother: The Writings of a Protestant Reformer in Sixteenth Century Germany.* Edited and Translated by Elsie Anne McKee. Chicago: University of Chicago Press, 2006.

Zell, Matthäus. *Christliche Verantwortung über Artickel in vom Bischofflichen Fiscal dasselbs entgegen gesetzt und in rechten übergebe.* Strassburg: Köpfel, 1523.

이정숙. "'교회의 어머니' 카타리나 쉬츠 젤: 그의 삶에서 기도와 실천을 배우다." 『기도의 신학 경건의 실천』. 박경수 책임편집. 서울: 북코리아, 2015.

6장 츠빙글리

A. 1차 자료

1. 라틴어 및 독일어로 되어 있는 대부분의 츠빙글리 작품들은 근대적이고 비평적인 편집본인 *Huldreich Zwinglis Sämtliche Werks* (Berlin, Leipzig, Zurich, 1905-)에 실려 있다. 이것은 멜란히톤, 칼뱅의 작품들과 함께 『종교개혁총서』(*Corpus Reformatorum*: CR)에 포함되어 있다. 『종교개혁총서』는 101권으로 이루어진 종교개혁자들의 작품집으로 멜란히톤(1-28, 28권), 칼뱅(29-87, 59권), 츠빙글리(88-101, 14권)의 작품들을 포괄하고 있다. 이 『종교개혁총서』에 실리지 않은 저작들에 대해서는 19세기 판으로, M. Schuler와 J. Schulthess가 편집한 *Huldreich Zwingli's Werke* (Zurich, 1828-42)를 참조해야 한다. 츠빙글리가 여백에 써넣은 주석과 같은 다른 자료들은 아직까지 출판되지 않았거나 부분적으로만 출판되었다.

2. 츠빙글리 작품들 가운데 영어로 번역된 것들도 다수 있다. 무엇보다 20세기가 초에 S. M. Jackson에 의해 상당 부분이 영어로 번역되어 출판되었고, 이후 재간되었다. 한편 일부 미간행 번역들은 E. J. Furcha와 H. W. Pipkin가 편집한 2권으로 된 츠빙글리 작품집에 수록되어 있다. 이 외에도 G.W. Bromiley가 편집한 기독교고전총서(Library of Christian Classics) 제24권인 *Zwingli and Bullinger* (London, 1953)에 츠빙글리의 몇몇 작품이 수록되어 있는데 이것은 두란노아카데미 출판사를 통해 『츠빙글리와 불링거』라는 제목으로 2011년 번역 출간되었다. 최근 츠빙글리의 작품들을 4권으로 묶어 『츠빙글리 저작선집』으로 번역 출판한 것은 앞으로의 연구를 위한 토대를 마련했다는 점에서 의미가 있다. 아래에서는 알파벳 순서가 아니라 소개한 순서대로 정리하였다.

Jackson, S. M. *Huldreich Zwingli.* New York, 1901; repr. 1969.

_____. *The selected Works of Huldreich Zwingli.* Philadelphia, 1901; repr. Philadelphia, 1972.

_____. *The Latin Works and the Correspondence of Huldreich Zwingli I. 1511-1522.* New York, 1912, repr. as *Ulrich Zwingli Early Writings.* Durham, NC, 1987.

Hinke, W. J. *The Latin Works of Huldreich Zwingli ii.* Philadelphia, 1922; repr. as *Zwingli on Providence and Other Essays.* Durham, NC, 1983.

Heller, C.N. *The Latin Works of Huldreich Zwingli iii.* Philadelphia, 1929; repr. as *Commentary on True and False Religion.* Durham, NC, 1981.

Furcha, E. J. *Selected Writings of Huldrych Zwingli, i. The Defense of the Reformed Faith.* Allison Park, PA, 1985.

Pipkin, H. W. *Selected Writings of Huldrych Zwingli, ii. In Search of True Religion: Reformation, Pastoral and Eucharistic Writings.* Allison Park, PA, 1985.

Bromiley, G. W. *Zwingli and Bullinger.* Library of Christian Classics 24. London, 1953.

"The Marburg Colloquy and The Marburg Articles, 1529." *Luther's Works.* vol. 38. Philadelphia: Fortress Press, 1971, 5-89.

임걸 · 공성철 옮김. 『츠빙글리 저작 선집』 1-4권. 서울: 연세대학교 대학출판위원회, 2014-2018.

B. 2차 자료

1. 츠빙글리에 관한 참고문헌을 담고 있는 중요한 책은 G. Finsler, *Zwingli-Bibliographie* (Zurich, 1897)와 U. Gäbler, *Huldrych Zwingli im 20. Johrhundert* (Zurich, 1975)이다. 1972년 이후 저작들에 대해서는 매년 그 목록이 *Zwingliana*에 실려 출판되고 있다. 영어로 된 참고문헌으로는 H. W. Pipkin, *A Zwingli Bibliography* (Pittsburgh, 1972)가 있다.

2. 영어로 된 츠빙글리에 관한 책으로는 다음과 같은 책들이 있다.

Courvoisier, J. *Zwingli: A Reformed Theologian*. London, 1964.

Farner, O. *Zwingli the Reformer*. London, 1952.

Furcha, E. J. and Pipkin, H. W. *Prophet Pastor Protestant*. Allison Park, PA, 1984.

Gäbler, U. *Huldrych Zwingli*. Edinburgh, 1987.

Garside, C. *Zwingli and the Arts*. New Haven, Conn, 1966.

Locher, G. W. *Zwingli's Thought*. Leiden, 1981.

Pipkin, H. W. *Zwingli: The Positive Value of his Eucharistic Writings*. Leeds, 1985.

Potter, G. R. *Zwingli*. Cambridge, 1976.

Richardson, C. C. *Zwingli and Crammer on the Eucharist*. Evanston, Ill, 1949.

Rilliet, J. *Zwingli*. London, 1964.

Sasse, H. *This is My Body*. Minneapolis, 1959.

Stephens, W. P. *The Theology of Huldrych Zwingli*. Oxford, 1986.

C. 한글로 번역된 츠빙글리 관련 자료

Aland, Kurt. *Four Reformers*. 『네 사람의 개혁자들』. 서울: 컨콜디아사, 1983.

Bromiley, G. W. ed. *Zwingli and Bullinger*. 서원모 · 김유준 옮김. 『츠빙글리와 불링거』. 서울: 두란노아카데미, 2011.

Courvoisler, Jaques. *Zwingli Théologien Réformé*. 『개혁신학자 츠빙글리』. 서울: 한국장로교출판사, 2002.

Gäbler, Ulrich. *Huldrych Zwingli*. 박종숙 옮김. 『쯔빙글리: 그의 생애와 사역』. 서울: 아가페출판사, 1993.

George, Timothy. *Theology of th Reformers*. 이은선 · 피영민 옮김. 『개혁자들의 신학』. 서울: 요단출판사, 1994.

Haas, Martin. *Huldrich Zwingli und Seine Zeit*. 정미현 옮김. 『홀드리히 츠빙글리』. 서울: 한국기독교장로회신학연구소, 1999.

Lindberg, Carter. *The Reformation Theologians*. 조영천 옮김. 『종교개혁과 신학자들』. 서울: 기독교문서선교회, 2012.

Oehninger, R. H. *Das Zwingliportal am Grossmünster in Zürich*. 정미현 옮김. 『츠빙글리의 종교개혁 이야기』. 서울: 한국장로교출판사, 2002.

Schaff, Philip. *History of the Chrisitan Church.* 8. 박경수 옮김. 『스위스종교개혁』. 고양: 크리스찬다 이제스트, 2004.

Stephens, W. P. *Zwingli: An Introduction to His Thought.* 박경수 옮김. 『츠빙글리의 생애와 사상』. 서울: 대한기독교서회, 2007.

박경수. "마르부르크 회담 1529." 『교회와 신학』 75권 (2008 겨울호), 36-44.

_____. 『교회사클래스』. 서울: 대한기독교서회, 2010.

7장 칼뱅

Baldwin, Claude-Marie. "John Calvin and the Ethics of Gender Relations." *Calvin Theological Journal* 26-1 (1991), 133-43.

_____. "Marriage in Calvin's Sermons." *Calviniana: Ideas and Influence of Jean Calvin.* Sixteenth Century Essays & Studies vol. X, Edited by Robert V. Schnucker. Kirksville, 1988.

Biéler, André. *L'Homme et la Femme dans la Morale Calviniste.* Geneva: Labor et Fides, 1963.

Blaisdell, Charmarie Jenkins. "Calvin's Letters to Women: The Courting of Ladies in High Places." *Sixteenth Century Journal* 13-3 (1982), 67-84.

_____. "The Matrix of Reform: Women in the Lutheran and Calvinist Movements." *Triumph over Silence: Women in Protestant History.* Edited by Richard L. Greaves. London: Greenwood Press, 1985.

Brady, Thomas A. Jr., Heiko A. Oberman, James D. Tracy, eds. *Handbook of European History 1400-1600: Late Middle Age, Renaissance and Reformation.* vol. I-II. New York: E. J. Brill, 1995.

Calvin, John. *Calvin's Commentaries.* 22 vols. Grand Rapids: Baker Books, 1974.

_____. "Draft Ecclesiastical Ordinances(1541)." *Calvin: Theological Treatises.* Translated by J. K. S. Reid. London: SCM Press, 1954. 황정욱·박경수 옮김. 『칼뱅: 신학논문들』. 서울: 두란노아카데미, 2011.

_____. "Draft Ecclesiastical Ordinances(1561)." 박건택 편역. 『칼뱅작품선집 VII』. 서울: 총신대학교출판부, 2011.

_____. *Institutes of the Christian Religion* (1559). Edited by John T. McNeill. Translated by Ford L. Battles. Library of Christian Classics. vols. 20-21. Philadelphia: The Westminster Press, 1960.

_____. *Letters of John Calvin.* vol. III. Edited by Jules Bonnet. New York: Burt Franklin, rep. 1972.

Emerson, James G. Jr. "The Contribution of Geneva and the Reformation Period." *Divorce, the Church, and Remarriage.* Philadelphia: The Westminster Press, 1961.

Kingdon, Robert M. *Adultery and Divorce in Calvin's Geneva.* Harvard University Press, 1995.

Les Registres du Conseil de Genève. Edited by Emile Rivoire and Victor van Berchem. 13 vols. Genève, 1900-1940.

"Marriage Ordinance(1546)." *Registres de la Compagnie des Pasteurs de Genève au temps de Calvin.* Edited by Jean-Francois Bergier and Robert M. Kindon. 2 vols. Geneva, 1964.

Monter, E. William. "Crime and Punishment in Calvin's Geneva, 1562." *Archiv für Reformationsgeschichte* 64 (August 1973), 281-87.

Naphy, William G. *Sex Crimes from Renaissance to Enlightenment.* Stroud, Gloucestershire/ Charleston, S. C., 2002.

Parsons, Michael. *Reformation Marriage: The Husband and Wife Relationship in the Theology of Luther and Calvin.* Edinburgh: Rutherford House, 2005.

Registers of the Consistory of Geneva in the Time of Calvin. Vol. 1:1542-44. Edited by T. A. Lambert and I. M. Watt. Translated by M. W. McDonald. Grand Rapids: Wm. B. Eerdmans, 2000.

Registres du Consistoire de Genève au temps de Calvin. 8 vols. Genève: Librairie Droz, 1996-2014.

Stjerna, Kirsi. *Women and the Reformation.* 박경수·김영란 옮김. 『여성과 종교개혁』. 서울: 대한기독교서회, 2013.

Watt, Jeffrey R. "The Marriage Laws Calvin Drafted for Geneva." *Calvinus Sacrae Scripturae Professor: Calvin as Confessor of Holy Scripture.* Edited by Wilhelm H. Neuser. Grand Rapids: William B. Eerdmans Publishing Company, 1990.

Witte, John Jr. "Between Sacrament and Contract: Marriage as Covenant in John Calvin's Geneva." *Calvin Theological Journal* 33-1 (April 1998), 9-75.

_____. "Honor Thy Father and Thy Mother? Child Marriage and Parental Consent in John Calvin's Geneva." Journal of Religion 86 (2006), 580-605.

_____. *From Sacrament to Contract: Marriage, Religion, and Law in the Western Tradition.* Louisville, KY: Westminster John Knox Press, 1997.

Witte, John Jr., and Robert M. Kingdon. *Sex, Marriage, and Family in John Calvin's Geneva: Courtship, Engagement, and Marriage* vol. 1. Grand Rapids: William B. Eerdmans Publishing Company, 2005.

김동주. "칼빈의 결혼과 가정에 관한 소고." 『역사신학논총』 제6집 (2003), 157-75.

박경수. 『교회의 신학자 칼뱅』. 서울: 대한기독교서회, 2009.

_____. 『한국교회를 위한 칼뱅의 유산』. 서울: 대한기독교서회, 2014.

이오갑. "칼뱅에 따른 성(性)문제들 - 간음과 음란, 매매춘, 성병, 동성애를 중심으로." 『장신논단』 제40집 (2011), 234-57.

_____. "칼뱅의 결혼관." 『신학논단』 제63집 (2011), 175-98.

8장 마리 당티에르

Backus, Irena. "Women Around Calvin: Idelette de Bure and Marie Dentière." *Calvin Global: How Faith Influences Societies.* eds. Christoph Stückelberger and Reinhold Bernhardt. Geneva: Globalethics. net, 2009.

Calvin, John. "Prefatory Address to King François I of France." *Institutes of the Christian Religion (1559).* Edited by John T. McNeill. trans. Ford L. Battles. Philadelphia: The Westminster Press, 1960.

_____. 박경수 옮김. "사돌레토에게 보내는 답신." 『칼뱅: 신학논문들』. 서울: 두란노아카데미, 2011.

De Jussie, Jeanne. *The Short Chronicle: A Poor Clare's Account of the Reformation of Geneva.* Translated by Carrie F. Klaus. University Of Chicago Press, 2006.

Dentière, Marie. "A Very Useful Epistle." *Epistle to Marguerite de Navarre and Preface to a Sermon by John Calvin.* Edited and Translated by Mary B. McKinley. Chicago: The University of Chicago Press, 2004.

_____. "Preface to a Sermon by John Calvin." *Epistle to Marguerite de Navarre and Preface to a Sermon by John Calvin.* Edited and Translated by Mary B. McKinley. Chicago: The University of Chicago Press, 2004.

Douglass, Jane D. "Marie Dentière's Use of Scripture in Her Theology of History." *Biblical Hermeneutics in Historical Perspective.* eds. Mark Burrows and Paul Rorem. Grand Rapids: Eerdmans, 1991.

George, Timothy. *Theology of the Reformers.* Nashville: Broadman Press, 1988.

Graesslé, Isabelle "Vie et légendes de Marie Dentière." *Bulletin du Centre Protestant d'Etudes* 55-1 (2003), 3-22.

Greef, W. de. *The Writings of John Calvin: An Introductory Guide.* 박경수 옮김. 『칼뱅의 생애와 작품세계』. 서울: 대한기독교서회, 2016.

Head, Thomas. "Marie Dentière: A Propagandist for the Reform." *Women Writers of the Renaissance and Reformation.* Edited by Katharina M. Wilson. Athens and London: University of Georgia Press, 1987.

Herminjard, Aimé Louis. *Correspondance des Réformateurs dans les pays de langue française, Recueillie et publiée avec d'autres lettres relatives à la réforme et des notes historiques et biographiques.* Reprint, Nieuwkoop: B. De Graaf, 1965.

Kingdon, Robert M. *Geneva and the Coming of the Wars of Religion in France, 1555-1563.* Geneva: Droz, 1956.

_____. *Geneva and the Consolidation of the French Protestant Movement, 1564-1572.* Madison: University of Wisconsin Press, 1967.

_____. "Was the Protestant Reformation a Revolution?: The Case of Geneva." *Transition and Revolution.* ed. Robert Kingdon. Minneapolis: Burgess Publishing Company, 1974.

McKinley, Mary B. "Marie Dentière: An Outspoken Reformer Enters the French Literary Canon." *Sixteenth Century Journal* 37-2 (2006), 401-12.

_____. "Volume Editor's Introduction." *Epistle to Marguerite de Navarre and Preface to a Sermon by John Calvin.* Edited and Translated by Mary B. McKinley. Chicago: The University of Chicago Press, 2004.

McNeill, John T. *The History and Character of Calvinism.* New York: Oxford University Press, 1954.

Monter, William. *Calvin's Geneva.* 신복윤 옮김. 『칼빈의 제네바』. 수원: 합동대학원출판부, 2015.

Naphy, William G. *Calvin and the Consolidation of the Genevan Reformation.* Louisville: Westminster John Knox Press, 1994.

Olin, J. C. ed. *A Reformation Debate: Sadoleto's Letter to the Genevans and Calvin's Reply.* Grand Rapids: Baker Book House, 1966.

Schaff, Philip. *History of the Christian Church* vol. VIII. 박경수 옮김. 『스위스 종교개혁』. 고양: 크리스챤다이제스트, 2004.

Stjerna, Kirsi. *Women and the Reformation.* 박경수 · 김영란 옮김. 『여성과 종교개혁』. 서울: 대한기독교서회, 2013.

Thysell, Carol. "Unearthing the Treasure, Unknitting the Napkin: The Parable of the Talents as a

Justification for Early Modern Women's Preaching and Prophesying." *Journal of Feminist Studies in Religion* 15-1 (Spring 1999), 7-20.

Wallace, Ronald S. *Calvin, Geneva and the Reformation: A Study of Calvin as Social Reformer, Churchman, Pastor, and Theologian*. 박성민 옮김. 『칼빈의 사회개혁 사상』. 서울: 기독교문서선교회, 1995.

박경수. 『교회의 신학자 칼뱅』. 서울: 대한기독교서회, 2009.

_____. 『한국교회를 위한 칼뱅의 유산』. 서울: 대한기독교서회, 2014.

9장 잔 달브레

Bainton, Roland H. *Women of the Reformation in France and England*. Minneapolis: Augsburg Publishing House, 1973.

Brady, Thomas A. Jr. *Ruling Class, Regime and Reformation at Strasbourg, 1520-1555*. Leiden: E. J. Brill, 1978.

Bryson, David. *Queen Jeanne and the Promised Land: Dynasty, Homeland, Religion, and Violence in Sixteenth-Century France*. Leiden; Boston; Köln: Brill, 1999.

Calvin, John. *Letters of John Calvin IV*. Edited by Jules Bonnet. New York: Burt Franklin, 1972.

Delmas, Louis. *The Huguenots of La Rochelle*. Translated by George L. Catlin. New York: BiblioLife, 1880.

Jeanne d'Albret. *Letters from the Queen of Navarre with an Ample Declaration*. Edited and Translated by Kathleen M. Llewellyn, Emily E. Thompson, Colette H. Winn. Tmpe, AZ: Arizona Center for Medieval and Renaissance Studies, 2016.

Knecht, Robert J. *The French Civil Wars 1562-1598*. New York and London: Routledge, 3rd ed., 2010.

La Réforme En Béarn: Nouveaux Documents Provenant du Chateau de Salies. published by Charles Louis Frossard. Paris: Grassart, Libraire, 1896.

Meyer, Judith Pugh. *Reformation in La Rochelle: Tradition and Change in Early Modern Europe 1500-1568*. Genève: Librairie Droz, 1996.

Parker, David. *La Rochelle and the French Monarchy: Conflict and Order in Seventeenth-Century France*. London: Swift Printers Ltd., 1980.

Pettegree, Andrew. *The Book in the Renaissance*. New Haven and London: Yale University Press, 2010.

Robbins, Kevin C. *City on the Ocean Sea La Rochelle, 1530-1650: Urban Society, Religion, and Politics on the French Atlantic Frontier*. New York: Brill, 1997.

Roelker, Nancy Lyman. *Queen of Navarre, Jeanne d'Albret: 1528–1572*. Cambridge, MA: Harvard University Press, 1968.

Stjerna, Kirsi. *Women and the Reformation*. 『여성과 종교개혁』. 박경수·김영란 옮김. 서울: 대한기독교서회, 2013.

김충현. "1560년 크리스마스, 잔 달브레의 공개적인 개종." 『서양사학연구』 10 (2004), 47-68.

_____. "루이 13세의 라로셀 점령과 위그노의 약화." 『서양사학연구』 22 (2010), 1-31.

_____. "프랑스 종교개혁과 종교전쟁에서 잔 달브레의 역할." 『여성과역사』 23 (2015), 271-305.

박경수. "16세기 스트라스부르의 평신도 여성 종교개혁자 카타리나 쉬츠 젤의 프로테스탄트 정체성 연구." 「장신논단」 50-1 (2008), 125-55.

_____. "16세기 제네바의 여성 종교개혁자 마리 당티에르의 『편지』에 나타난 이중의 개혁사상." 「한국교회사학회지」 (2018), 45-80.

_____. "칼뱅의 브라질 '포트 콜리니' 선교에 대한 재평가." 『한국교회를 위한 칼뱅의 유산』. 서울: 대한기독교서회, 2014.

_____. 『개혁교회 그 현장을 가다』. 서울: 대한기독교서회, 2018.

10장 메노 시몬스

A. 1차 자료

메노 시몬스의 저작은 *The Complete Writings of Menno Simons*. Translated by Leonard Verduin. Edited by John C. Wenger. Scottdale, PA: The Mennonite Publishing House, 1956을 참고하였고, 저작 연대순으로 배치하고 쪽수를 표기하였다.

Simons, Menno. "The Blasphemy of Jan van Leiden (1535)." 31-50.

_____. "New Birth (1537)." 87-102.

_____. "Foundation of Christian Doctrine (1539-1540)." 103-226.

_____. "Brief and Clear Confession and Scriptural Declaration concerning the Incarnation (1544)." 419-54.

_____. "Reply to False Accusations (1552)." 541-77.

_____. "Reply to Gellius Faber (1554)." 623-781.

B. 2차 자료

Baergen, Rudy. *The Mennonite Story*. 김복기 옮김. 『메노나이트 이야기』. 춘천: 한국아나뱁티스트출판사, 2005.

Bender, Harold S. "A Brief Biography of Menno Simons." *The Complete Writings of Menno Simons*. trans. Leonard Verduin. Edited by John C. Wenger. Scottdale, PA: The Mennonite Publishing House, 1956, 3-29.

_____. "The Anabaptist Vision." *The Mennonite Quarterly Review* 18-2 (1944), 67-88.

_____. "Pacifism of Anabaptists." *The Mennonite Quarterly Review* 30-1 (January 1956), 5-18.

Estep, William R. *The Anabaptist Story*. 정수영 옮김. 『재침례교도의 역사』. 서울: 요단출판사, 1998.

Hershberger, Guy F. *War, Peace & Non-resistance*. 최봉기 옮김. 『전쟁, 평화, 무저항』. 대전: 대장간, 2012.

Klaassen, Walter. "Menno Simons: Molder of a Tradition." *The Mennonite Quarterly Review* 62-3 (July 1988), 368-86.

Krahn, Cornelius. "Menno Simons." *The Mennonite Encyclopedia III*. Scottdale, PA: The Mennonite Publishing House, 1973, 577-84.

Mennonite Church General Board. *Confession of Faith in a Mennonite Perspective*. 김경중 옮김. 『메노나이트 신앙고백』. 춘천: 한국아나뱁티스트출판사, 2007.

Murray, Stuart. *The Naked Anabaptist*. 강현아 옮김. 『이것이 아나뱁티스트다』. 대전: 대장간, 2011.

김승진. 『근원적 종교개혁』. 대전: 침례신학대학교출판부, 2011.

11장 후프마이어

Calvin, John. "The Catechism of the Church of Geneva." *Calvin: Theological Treatises*. Translated by J. K. S. Reid. Philadelphia: Westminster Press, 1954.

_____. *Institutes of the Christian Religion* (1559). Edited by John T. McNeill. Translated by Ford L. Battles. Library of Christian Classics. vols. 20-21. Philadelphia: The Westminster Press, 1960.

_____. *Letters of John Calvin*. vol. II. Edited by Jules Bonnet. New York: Burt Franklin, rep. 1972.

_____. 박경수·황정욱 옮김. 『칼뱅: 신학논문들』. 서울: 두란노아카데미, 2011.

Van Dyken, Donald. 김희정 옮김. 『잃어버린 기독교의 보물 교리문답 교육』. 서울: 부흥과개혁사, 2012.

Drevlow, Arthur H. "How Luther Wanted the Catechism Used." *Concordia Journal* 7-4 (July 1981), 152-57.

_____. "The History, Significance, and Application of Luther's Catechisms." *Concordia Journal* 5-5 (September 1979), 172-77.

Estep, William R. *The Anabaptist Story*. 정수영 옮김. 『재침례교도의 역사』. 서울: 요단출판사, 1998.

Freudenberg, Mattias. "Catechisms." *The Calvin Handbook*. ed. Herman Selderhuis. 김귀탁 옮김. 『칼빈핸드북』. 서울: 부흥과개혁사, 2013.

Hesselink, I. John. *Calvin's First Catechism: A Commentary*. Louisville: Westminster John Knox Press, 1997.

Hubmaier, Balthasar. "A Christian Catechism." *Three Reformation Catechisms: Catholic, Anabaptist, Lutheran*. Edited by Denis Janz. New York and Toronto: The Edwin Mellen Press, 1982.

_____. "Freedom of the Will. I." *Balthasar Hubmaier: The Theologian of Anabaptism*. Translated and Edited by H. Wayne Pipkin and John H. Yoder. Scottdale, PA: Herald Press, 1989.

Luther, Martin. "The Small Catechism." *Three Reformation Catechisms: Catholic, Anabaptist, Lutheran*. Edited by Denis Janz. New York and Toronto: The Edwin Mellen Press, 1982.

_____. 지원용 편. "대교리문답서." 『루터선집』 9권. 서울: 컨콜디아사, 1983.

McNeill, John T. *The History and Character of Calvinism*. New York: Oxford University Press, 1954.

Ozment, Steven. *The Reformation in the Cities*. New Haven: Yale University Press, 1975.

Reformed Confessions of the 16th and 17th Centuries in English Translation. vol. 1, 1523-1552. Edited by James T. Dennison. Jr. Reformation Heritage Books, 2008.

Scharffenorth, Gerta. "The Ecumenicity of Luther's Catechism." *Mid-Stream* 23-2 (April 1984), 162-75.

Snyder, Arnold. "Modern Reality and Anabaptist Spirituality: Balthasar Hubmaier's Catechism of 1526." *The Conrad Grebel Review* 9-1 (Winter, 1991), 39-51.

Wengert, Timothy. "Forming the Faith Today through Luther's Catechisms." *Lutheran Quarterly*. vol. 11 (1997), 379-96.

Williams, George H. *The Radical Reformation*. Truman State Univ. Press, third edition 2000.

Zwingli, Huldrich. 서원모·김유준 옮김. 『츠빙글리와 불링거』. 서울: 두란노아카데미, 2011.

박건택 옮김. 『칼뱅작품선집 VII』. 서울: 총신대학교출판부, 2011.

황대우. "하나님의 영광과 인생의 위로: 제2제네바 신앙교육서 1-15문답과 하이델베르크 신앙교육서 1-22문답 비교연구." 「개혁논총」 29 (2014), 245-75.

12장 아빌라의 테레사

Aquinas, St. Thomas. *Summa Theologiae*. New York: McGraw-Hill Book Company, 1964.

Bilinkoff, Jodi. "Teresa of Jesus and Carmelite Reform." *Religious Orders of the Catholic Reformation*. Edited by Richard L. DeMolen. New York: Fordham University Press, 1994.

_____. "The Social Meaning of Religious Reform: The Case of St. Teresa and Avila." *Archiv für Reformationsgeschichte*. vol. 79 (1988), 340-57.

Chorpenning, Joseph F. "Images of a Saint: Three Recent Books on Teresa of Avila." *Studia Mystica* 13-4 (1990), 77-87.

_____. "St. Teresa of Avila as Allegorist: Chapters 11-22 of the *Libro de la vida*." *Studia Mystica* (Spring 1986), 3-22.

_____. "The Image of Darkness and Spiritual Development in the *Castillio interior*." *Studia Mystica*. 8-2 (Summer 1985), 45-58.

Egan, Keith J. "A Castle for These Times: *The Interior Castle*." *The Bent World: Essays on Religion and Culture*. Edited by John R. May. Chico: Scholars Press, 1981.

_____. "The Significance for Theology of the Doctor of the Church: Teresa of Avila." *The Pedagogy of God's Image*. Edited by Robert Masson. Chico: Scholars Press, 1981.

Fales, Evan. "Scientific Explanations of Mystical Experiences, Part I: The Case of St. Teresa." *Religious Studies* 32-2 (1996), 143-63.

_____. "Scientific Explanations of Mystical Experiences, Part II: The Case of St. Teresa." *Religious Studies* 32-3 (1996), 297-313.

Father Gabriel of St. Mary Magdalen. *St. Teresa of Jesus*. Westminster: The Newman Press, 1949.

Frohlich, Mary. *The Intersubjectivity of the Mystic: A Study of Teresa of Avila's Interior Castle*. Atlanta: Scholars Press, 1993.

González-Casanovas, Roberto J. "Writing in Saint Teresa as a Dialogue of Faith and Love: "Mental Prayer" in *Camino de perfección*." *Studia Mystica* 13-4 (1990), 60-76.

Judy, Dwight H. *Embracing God: Praying with Teresa of Avila.* Nashville: Abingdon Press, 1996.

Kavanaugh, Kieran. "St. Teresa and the Spirituality of Sixteenth-Century Spain." *The Roots of the Modern Christian Tradition.* intro. by Jean Leclercq, Edited by E. Rozanne Elder. Kalamazoo: Cistercian Publications, Inc. (1984), 91-104.

Meadow, Mary Jo. "Faith Development and Teresa's *Interior Castle.*" *Pastoral Psychology* 41-6 (1993), 377-84.

_____. "Personality Maturity and Teresa's *Interior Castle.*" *Pastoral Psychology* 40-5 (1992), 293-302.

Moltmann, Jürgen. "Teresa of Avila and Martin Luther: The turn to the mysticism of the cross." *Sciences Religieuses* 13-3 (Summer 1984), 265-78.

Nugent, Donald Christopher. "What has Wittenberg to do with Avila?: Martin Luther and St. Teresa." *Journal of Ecumenical Studies* 23-4. Edited by Robin Maas and Gabriel O'Donnell. (Fall 1986), 650-58.

Payne, Steven. "The tradition of Prayer in Teresa and John of the Cross." *Spiritual Traditions for the Contemporary Church.* Nashville: Abingdon Press, 1990.

Porcile, Maria Teresa. "Solitude and Solidarity." *Ecumenical Review* 38-1 (January 1986), 35-47.

Seelaus, Vilma. "The Feminine in Prayer in the Interior Castle." *Mystics Quarterly* 13-4 (December 1987), 203-214.

Steggink, Otger. "Spiritual Friendship in Teresa of Avila." *Women and Men in Spiritual Culture: XIV-XVII Centuries.* Edited by Elisja Schulte van Kessel. Hague: Netherlands Government Publishing Office, 1986.

Sullivan, John. ed. *Carmelite Studies: Centenary of St. Teresa.* Washington, DC: ICS Publications, 1984.

Teresa of Jesus. *Complete Works of St. Teresa of Jesus.* vol. II. Edited by E. Allison Peers. New York: Sheed and Ward, 1946.

_____. *The Interior Castle.* Translated by Kieran Kavanaugh and Otilio Rodriguez. Mahwah: Paulist Press, 1979.

_____. *The Life of Teresa of Jesus,* Translated and Edited by E. Allison Peers. New York: Image Books, 1960.

_____. *The Way of Perfection.* Translated and Edited by E. Allison Peers. New York: Doubleday, 1991.

Thorne, C.G. "Teresa of Avila." *The New International Dictionary of the Christian Church.* Edited by J.D. Douglas. Grand Rapids: Zondervan Publishing House, 1978.

Ward, Benedicta. "Saints and Sybils: Hildegard of Bingen to Teresa of Avila." *After Eve.* Edited by Janet Martin Soskice. London: Marshall Pickering, 1990.

Weber, Alison. *Teresa of Avila and the Rhetoric of Femininity.* Princeton: Princeton University Press, 1990.

Welch, John. "No Castles in the Air! The Wisdom of Teresa of Avila." *Listening* 26-3 (Fall 1991), 220-31.

Williams, C. Peter. "Alumbrados." *The New International Dictionary of the Christian Church.* Edited by J.D. Douglas. Grand Rapids: Zondervan Publishing House, 1978.

Williams, Wendy. "St. Teresa of Avila: Friend of God." *The Duke Divinity School Review* 44-1 (winter 1979), 24-32.